复旦卓越·育兴系列教材

# 财务管理

## 基于工作任务与 Excel 工具

李国渝　张小红　**主　编**
吴平萍　李泽雄　**副主编**
陈兴述　刘绍军　**主　审**

复旦大学出版社

## 内 容 提 要

本书以案例为引导,基于九大工作任务,阐述财务管理的基础理论与方法、风险与收益分析、资金时间价值与证券评价、预算管理、筹资管理、投资管理、营运资金管理、收益与分配管理、财务分析与评价等。针对不同工作任务和环境,设置学习案例,引导学生使用 Excel 工具和相应方法完成学习任务,通过实训项目检验学习效果。有配套练习与实训教材。

# 序 言

自 1958 年美国经济学家弗兰克·莫迪利亚尼（Franco Modigliani）和默顿·米勒（Merton H. Miller）共同发表《资本成本、公司财务与投资理论》，提出了著名的"莫迪利亚尼—米勒定理"（简称 MM 定理）以来，现代财务管理理论与技术得到了飞速发展。20 世纪后半叶发展起来的完全资本市场理论、折现现金流量分析、MM 资本结构理论、MM 股利理论、组合理论与资本资产定价模型、期权定价理论、市场有效性和风险与收益的权衡、代理理论等构成了现代财务管理的理论基础。现代财务管理不仅成为金融经济学的一门重要分支，而且在现代企业管理中也成为一个不可或缺的重要领域。企业的人力资源管理、生产管理、技术创新、物流管理、信息管理、投融资管理都与财务管理有着十分密切的关系，企业的理财活动成为企业经营管理活动的一个重要组成部分。企业财务管理的水平高或低，将有效促进或阻碍企业生产经营的发展。

本课程是为高职高专教育财会类专业及财经大类其他相关专业开设，参照《会计专业技术资格考试暂行规定》及其会计专业资格标准，以公司财务预算、筹资管理、投资管理、营运资金管理、收益与分配管理、财务分析与评价等六大财务工作领域基本理论、行业规范和技术方法为学习对象的一门专业主干课程。

本课程由学校专业课程教师与行业企业经验丰富的财务专业人员共同组成课程教学改革团队，根据财务专业领域和会计职业岗位（群）的任职要求，参照相关会计职业资格标准和"教学过程的实践性、开放性和职业性"的要求，将财务管理基本理论、财会行业规范的学习与职业基本能力培养紧密结合，按公司财务预算、筹资管理、投资管理、营运资金管理、收益与分配管理、财务分析与评价六大工作任务，设置教学单元，序化教学内容，进行"教、学、做"一体化教学设计。本课程选用公司财务管理的鲜活案例作为学习引导和学习材料，以公司财务管理工作领域的真实工作任务为背景安排学习任务和学习过程，理论知识与实践技能融为一体，教师引导与学生实作融为一体;引导学生运用 Excel 作为计算和分析的基本工具,提高学习和工作效率;尽可能开发多种媒体学习资源,为学生主动学习、自主学习、协作学习和研究学习,掌握从事财会工作或相关企业经营管理工作所要求的财务管理基本理论、行业规范和基本职业技能提供学习支持。

本教材内容分为三大板块:第一板块财务管理入门以案例为引导,通过上市公司会计人员职业岗位工作情景的体验和工作经验的分享,引导学生逐步认识财务工作性质、岗位职责、工作环境、工作目标和职业价值,进而培养学生的职业情感和职业态度;第二板块包括风险与收益分析和资金时间价值与证券评价两项学习任务,教学中对每个学习子任务设置了引导案例、学习案例,使学生能充分体会风险与收益、资金时间价值这两大理财观念及由此开发出来的金融分析工具在财务管理中的作用和运用,为后续学习奠定基础;第三板块包括运用前两板块学习所掌握的理论和分析工具,同样通过引导案例,将学生依次带入公司财务预算、筹资管理、投资管理、营运资金管理、收益与分配管理、财务分析与评价六大工作任务情景中,针对不同的工作任务和工作环境,设置学习案例,引导学生选用相应的方法和 Excel 工具完成学习任务,并通过实训项目的完成来检验学习效果。与本教材配套的练习与实训教材另行成书。

本教材为重庆市高等教育教学改革研究重点项目《高职会计类专业课程体系改革与核心课程教学内容整体优化研究与实践(项目编号:102423)》的成果之一,曾以讲义的形式在重庆工商职业学院 2009—2013 级五个年级的财会专业班的教学中试用,期间进行了三次大的修改,最后形成本教材。本教材由李国渝和张小红主编,吴平萍、李泽雄任副主编,重庆财经职业学院院长陈兴述教授和重庆金科地产集团股份有限公司财务副总监刘绍军注册会计师主审。具体分工为:李国渝负责总体设计、文字总纂和修改定稿,并负责财务管理入门和财务分析与评价两部分编写;张小红协助李国渝进行总体设计、文字总纂和修改定稿,负责风险与收益分析、资金时间价值与证券评价、筹资管理、投资管理部分的编写;吴平萍负责编写预算管理、营运资金管理,参与资金时间价值与证券评价、筹资管理的部分编写;李泽雄负责编写收益与分配管理,参与编写营运资金管理;周莉、周强、安存江、范文亚参与部分内容编写。

本教材主要适用于高等职业教育财务会计类、工商管理类专业学生学习,以及企业财务人员、经营管理人员进修学习。本教材作为高职教育财会类专业人才培养模式及核心课程体系改革的探索尝试,既需要先进的职教理念、理论指导,更需要教学探索实践。在教学改革实践中,困难和问题的出现在所难免,敬请同行赐教。

李国渝<br>
2014 年 2 月 14 日

# 目 录

**任务 1　财务管理入门**
【学习目标】/ 1
　任务 1-1　认识财务管理 / 1
　任务 1-2　初识财务管理目标 / 4
　任务 1-3　熟悉财务管理环境 / 11
【任务 1 学习小结】/ 17
【基本概念】/ 17
【思考题】/ 17
【实训案例】/ 17

**任务 2　风险与收益分析**
【学习目标】/ 19
　任务 2-1　认识风险与收益 / 19
　任务 2-2　资产组合的风险与收益分析 / 22
【任务 2 学习小结】/ 27
【基本概念】/ 28
【思考题】/ 28
【实训案例】/ 28

**任务 3　资金时间价值与证券评价**
【学习目标】/ 30
　任务 3-1　认识资金时间价值 / 30
　任务 3-2　普通股及其评价 / 43
　任务 3-3　债券及其评价 / 51
【任务 3 学习小结】/ 56
【基本概念】/ 56

【思考题】/ 56
【实训案例】/ 56

## 任务4　预算管理
【学习目标】/ 58
　任务4-1　认识预算管理 / 58
　任务4-2　认识财务预算的编制方法 / 59
　任务4-3　现金预算与预计财务报表的编制 / 65
【任务4学习小结】/ 81
【基本概念】/ 81
【思考题】/ 81
【实训项目】/ 81

## 任务5　筹资管理
【学习目标】/ 82
　任务5-1　认识筹资管理 / 82
　任务5-2　股权筹资 / 88
　任务5-3　债务筹资 / 97
　任务5-4　资金需要量预测 / 106
　任务5-5　分析资本成本与资本结构 / 109
【任务5学习小结】/ 126
【基本概念】/ 126
【思考题】/ 127
【实训项目】/ 127

## 任务6　投资管理
【学习目标】/ 128
　任务6-1　认识投资管理 / 128
　任务6-2　估算财务可行性要素 / 132
　任务6-3　测算投资项目财务可行性评价指标 / 147
　任务6-4　项目投资决策方法及应用 / 165
【任务6学习小结】/ 175
【基本概念】/ 176

【思考题】/176
【实训项目】/176

## 任务7 营运资金管理

【学习目标】/177
任务7-1 认识营运资金管理/177
任务7-2 现金管理/179
任务7-3 应收账款管理/189
任务7-4 存货管理/198
任务7-5 流动负债管理/209
【任务7学习小结】/214
【基本概念】/214
【思考题】/214
【实训项目】/215

## 任务8 收益与分配管理

【学习目标】/216
任务8-1 认识收益分配/216
任务8-2 制订和运用股利政策/218
任务8-3 制订股利分配程序与方案/222
任务8-4 股票分割和股票回购/224
【任务8学习小结】/227
【基本概念】/228
【思考题】/228
【实训项目】/228

## 任务9 财务分析与评价

【学习目标】/229
任务9-1 认识财务分析/229
任务9-2 学习财务分析方法/232
任务9-3 财务指标分析/236
任务9-4 业绩评价/253
【任务9学习小结】/256

【基本概念】/ 256

【思考题】/ 257

【实训项目】/ 257

附表一　一元复利终值系数表(FVIF)　$F=(1+i)^n$ / 258

附表二　一元复利现值系数表(PVIF)　$P=(1+i)^{-n}$ / 261

附表三　一元年金终值系数表(FVIFA)　$F=[(1+i)^n-1]/i$ / 264

附表四　一元年金现值系数表(PVIFA)　$P=[1-(1+i)^{-n}]/i$ / 267

# 任务 1
# 财务管理入门

【学习目标】

- 掌握财务管理的含义和内容
- 掌握财务管理的目标
- 熟悉财务管理的经济环境、法律环境和金融环境
- 了解相关利益群体的利益冲突及协调方法

## 任务 1-1　认识财务管理

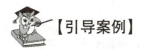【引导案例】

上市公司会计是这样炼成的

**一个"找答案"的过程**

当某天公司宣布准备上市时,大部分员工都在为公司的发展壮大而欢呼,财务人员却在背后战战兢兢:上市意味着有太多的文件要制作、太多的制度要完善、太多的流程要规范、太多的机构要协调……"刚开始没底,心里特别忐忑",国内某知名通讯公司下属子公司的财务部长赵守年回忆起 2004 年公司在香港 H 股上市的那段时光,感触尤为深刻。

以前主要关心"记账规则"的赵守年突然被要求全面掌握国际会计准则、经济法律、金融、税务等有关知识和政策,这让他不得不开始恶补这些"新鲜"知识。

最紧张的一次是,境外投行分析师对公司进行财务尽职调查,"当时对方问了一个有关应收债权与收入确认、现金流等之间的联动问题,这个涉及公司的销售模式、融资方式和会计确认的复杂问题,我一时没有完整地回答上来"。在赵守年看来,财务、业务、法律、金融等方面知识和能力的融合是会计人在参与公司上市运作时的巨大考验。

同样,在哈尔滨一家农作物深加工上市公司做财务主管的王蒙也遇到过类似的烦恼。"当时,我们第一次准备的材料都没有过关,之后券商给我们提了 76 条意见,律师和事务所的审计人员提的意见也是一叠一叠送过来的。"王蒙清楚地记得,当 2002 年 8 月公司的开盘钟声在上海证券交易所响起时,王蒙和她的同事已经熬了整整 3 个月的通宵。

**一个"商务会计"诞生的过程**

这些参与过公司上市运作的会计人都发生了哪些变化呢?王蒙更机警了,只要有新的证券、税务等方面的政策法规,她立马会反应:它们会不会对公司产生影响?会产生哪些影响?

怎么来规避风险？

刘青阳则多了一个工作事项：定期就公司的财务状况向领导提一些经营管理思路。

赵守年把自己的目标定为一个懂会计、业务、金融多方面知识的"商务会计"，"现在的资本市场不仅仅要求我们具备财务技能，还包括全面筹划能力、商务运作能力以及投融资能力"。不仅如此，公司上市后也要求赵守年对整个通讯行业的发展状况、竞争对手的财务状况等作定期分析。

当然，他们经历的变化中有一个共同点：压力更大了。

"募集到的资金怎么用的，没用的话怎么变更的，这都是我们需要重点关注的，不能拿股民的钱开玩笑。"王蒙坦言，自己常常紧张到睡不着觉。

刘青阳的烦恼是，现在公司在税务上常碰到一些连当地税务局都难以解释的新问题。

不管怎样，"感觉职业生涯充实多了"是他们相同的体会。而且，有了"参与公司上市运作"的经历，还愁跳槽时找不着好工作吗？

（来源：《中国会计报》，2009年6月12日，第12版）

**【任务1-1学习目标】**

1. 初步掌握企业财务管理的含义和内容，能将企业财务管理与企业其他职能管理区分开。
2. 了解财务管理的环节及其各环节的主要工作内容、管理技术方法。

## 一、财务管理的含义和内容

企业财务，是指企业在生产经营过程中客观存在的资金运动及其所体现的经济利益关系。前者称为财务活动，后者称为财务关系。

财务管理，是企业组织财务活动、处理财务关系的一项综合性的管理工作。

（一）财务活动

企业的财务活动包括筹资、投资、资金营运和资金分配等一系列行为。

1. 筹资活动

筹资是指企业为了满足投资和资金营运的需要，筹集所需资金的行为。

在筹资过程中，一方面，企业需要根据企业战略发展的需要和投资计划来确定各个时期企业总体的筹资规模，以保证投资所需的资金；另一方面，要通过筹资渠道、筹资方式或工具的选择，合理确定筹资结构，降低筹资成本和风险，提高企业价值。

2. 投资活动

投资是指企业根据项目资金需要投出资金的行为。企业投资可分为广义的投资和狭义的投资两种。

广义的投资包括对外投资（如投资购买其他公司股票、债券，或与其他企业联营，或投资于外部项目）和内部使用资金（如购置固定资产、无形资产、流动资产等）。狭义的投资仅指对外投资。

3. 资金营运活动

为满足企业日常经营活动的需要而垫支的资金，称为营运资金。因企业日常经营而引起的财务活动，也称为资金营运活动。

4. 资金分配活动

企业取得的各种收入在补偿成本、缴纳税金后,还应依据有关法律对剩余收益进行分配。广义的分配是指对企业各种收入进行分割和分派的行为;而狭义的分配仅指对企业净利润的分配。

(二) 财务关系

企业在筹资活动、投资活动、资金营运活动和资金分配活动中,与企业内外的各方面有着广泛的财务关系。这些财务关系主要包括以下八个方面。

1. 企业与投资者之间的财务关系,主要是企业的投资者向企业投入资金,企业向其投资者支付投资报酬所形成的经济关系。

2. 企业与债权人之间的财务关系,主要是指企业向债权人借入资金,并按合同的规定支付利息和归还本金所形成的经济关系。

3. 企业与受资者之间的财务关系,主要是指企业以购买股票或直接投资的形式向其他企业投资所形成的经济关系。

4. 企业与债务人之间的财务关系,主要是指企业将其资金以购买债券、提供借款或商业信用等形式出借给其他单位所形成的经济关系。

5. 企业与供货商、企业与客户之间的关系,主要是指企业购买供货商的商品或劳务,以及向客户销售商品或提供服务过程中形成的经济关系。

6. 企业与政府之间的财务关系,是指政府作为社会管理者,通过收缴各种税款的方式与企业发生经济关系。

7. 企业内部各单位之间的财务关系,是指企业内部各单位之间在生产经营各环节中互相提供产品或劳务所形成的经济关系。

8. 企业与职工之间的财务关系,主要是指企业向职工支付劳动报酬过程中所形成的经济利益关系。

## 二、财务管理的环节

财务管理的环节,是指财务管理的工作步骤与一般工作程序。一般而言,企业财务管理包括三个环节:(1) 计划与预测;(2) 财务决策与控制;(3) 财务分析与考核。

(一) 计划与预测

1. 财务预测

财务预测是根据企业财务活动历史资料,考虑现实财务环境情况,对企业未来财务活动作出具体的预计和测算的过程。通过财务预测,把握企业未来生产经营活动可能的财务状况和经营结果,为经营管理决策提供可靠依据,为确定经营目标、测算各种生产经营定额和标准、编制和分解计划服务。

财务预测的方法分为定性预测方法和定量预测方法两类。定性预测方法主要是利用直观材料,依靠个人的主观判断和综合分析能力,对未来财务活动状况和趋势作出预测的一类方法。定量预测方法主要是根据企业业务变量之间存在的数量关系建立数学模型来进行预测的一类方法。

2. 财务计划

财务计划是根据企业整体战略目标和规划,结合财务预测的结果,对未来财务活动进行规划,并以指标形式落实到每个计划期间的过程。财务计划主要是以货币指标形式反映一定时期企业生产经营活动的财务收支、财务成果、财务分配及其资金需求和来源的变化情况。

确定财务计划指标的方法通常有平衡法、因素法、比例法和定额法。

3. 财务预算

财务预算是根据财务战略、财务计划和企业内外环境因素,确定预算期内各种财务预算指标的过程,是财务战略的具体化,是财务计划的分解和落实。财务预算的主要内容包括现金预算、预计资产负债表、预计利润及分配表,但编制的基础包括业务预算和专门决策预算。

财务预算的方法通常有固定预算与弹性预算法、增量与零基预算法、定期与滚动预算法。

(二) 财务决策与控制

1. 财务决策

财务决策是按照财务战略目标和总体要求,利用专门的方法对财务活动备选方案进行比较和分析,从中选出最佳方案的过程。财务决策是财务管理的核心。

财务决策的方法分为定性分析方法和定量分析方法两类,前者主要根据决策者的经验来判断选择,后者主要利用数学模型为辅助手段再结合决策者的经验来判断选择。

2. 财务控制

财务控制是利用有关生产经营和财务活动信息及特定的方法和手段,对企业财务活动实施影响或调节,以实现计划所规定的财务目标的过程。

财务控制通常采用前馈控制、过程控制和反馈控制等方法。

(三) 财务分析与考核

1. 财务分析

财务分析是根据企业财务报表等信息资料,采用专门的方法,系统分析和评价企业财务状况、经营成果以及未来发展趋势的过程。

财务分析的方法主要包括比较分析、比率分析、综合分析等方法。

2. 财务考核

财务考核是将报告期实际完成数与规定考核指标进行对比,确定有关责任单位和个人完成任务的过程。财务考核与奖惩紧密结合,是实行目标责任管理制的核心要求,是生产经营激励与约束机制的核心内容。

财务考核的形式包括利用绝对指标、相对指标、完成百分比进行考核,也可采用财务指标进行综合考核。

# 任务 1-2　初识财务管理目标

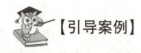
【引导案例】

**财务管理为谁服务?**

某上市公司财务部正开会讨论财务管理到底为谁服务的问题。小蒋认为,我们都是公司的员工,是总经理聘请来的,财务管理当然就是要为总经理服务,尽量完成总经理指派的任务。小赵认为,公司是投资人投资的公司,我们当然要为全体投资人服务,尽可能增加他们的投资报酬率。财务经理认为,虽然企业是投资人的企业,我们是总经理聘请的员工,但是一个企业不能在真空中生存,企业要发展得好,就得与各个方面保持良好的关系,包括投资人、债权人、客户、供应商等,我们在经营中不能损害他们的利益,否则,我们的企业也是不会长久生存的。那么,财务管理到底该为谁服务呢?

【任务 1-2 学习目标】

1. 了解企业财务管理目标的含义和种类。
2. 初步理解各类企业财务管理目标的优点和缺点,了解利益冲突的协调方法。

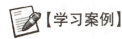【学习案例】

### 青鸟天桥的财务管理目标

1999 年 11 月 18 日至 12 月 2 日,对北京天桥北大青鸟科技股份有限公司的管理层和广大员工来说,是黑色的 15 天!

在这 15 天里,天桥商场经历了 46 年来第一次大规模裁员。

在这 15 天里,283 名天桥员工采取了静坐等非常手段。

在这 15 天里,天桥商场破天荒被迫停业 8 天之久。

在这 15 天里,公司管理层经受了职业道德与人道主义的考验,作出了在改革的道路上是前进还是后退的抉择……

这场风波引起了市场各方面的高度关注,折射了中国经济社会在 20 世纪末新旧体制交替过程中不可避免的大冲撞。

1. 起因

(1)天桥商场的历史。天桥商场是一家老字号商业企业,成立于 1953 年。20 世纪 50 年代,天桥商场是全国第一面"商业红旗"。20 世纪 80 年代初,天桥商场第一个打破中国 30 年工资制,将商业 11 级改为新 8 级。1984 年 7 月 25 日,北京天桥百货股份有限公司正式成立,发行股票 300 万股。1988 年,天桥商场兴建起了营业面积为 8 000 平方米的新楼,发行了第二期 700 万股股票。1993 年 5 月,天桥商场股票在上海证券交易所上市。经济学家万典武概括"天桥"的三个"独占鳌头"之举:全国第一家正式注册的股份制企业、第一批规范化股份制企业、第一批异地上市的股份制企业……

(2)北大青鸟借壳。1998 年 12 月 25 日,北京天桥百货股份有限公司董事会发布公告,宣布进入高科技领域,收购北大青鸟商用信息系统有限公司 98%的股权,同时收购北大青鸟软件系统公司的两项知识产权。

1998 年 12 月 30 日,北大青鸟有限责任公司和北京天桥百货股份有限公司发布公告,宣布北大青鸟通过协议受让方式受让北京天桥部分法人股股权。北大青鸟出资 6 000 多万元,受让天桥商场法人股,拥有了天桥市场 16.76%的股份,股权转让后,该公司持有北京天桥股份 1 524.987 万股,前者借壳上市,成为北京天桥第一大股东。此举表明北大青鸟正式进入北京天桥,后者也顺利进军 IT 产业。同时,北京天桥百货商场更名为"北京天桥北大青鸟科技股份有限公司(股票代码 600657,简称'青鸟天桥')"。

天桥员工闻知,欢欣鼓舞,寄厚望于新进入的大股东,盼望高科技给他们带来新转机。然而,天桥商场的经营并不令人放心,几个月后,滑落到了盈亏临界点,并从此疲态不改。面对严峻的经营形势,1999 年 11 月 2 日,公司董事会下决心实行减员增效,谋求商场的长远发展。

(3) 裁员风波。青鸟天桥有员工 321 122 人，其中有 664 人就业合同于 1999 年 12 月 26 日到期。考虑到减员行动的合法性和稳妥性，也考虑到员工的承受能力，董事会做出了从这 664 人入手，先部分减员的选择。具体有四个条件：一是年老的和年轻的之间，留用老的，女 40 岁、男 45 岁以上的员工可续签合同；二是夫妻两个都在商场工作的留一个；三是军嫂留用；四是专业技术和经营管理骨干留用。

根据上述原则，有 226 人可续签合同，438 人则成为减员的对象。

2. 交锋

当晚，未能续签合同的 438 名员工在一层营业大厅静坐，要求与企业法人对话，其理由是：我们没有一点思想准备，不理解企业为什么要这样做。

1999 年 11 月 20 日，公司董事会秘书、来自北大青鸟的侯琦博士和北大青鸟的另一位代表一起来到现场，阐明了裁员决定的合法性，他们以北大方正新近就裁掉了 500 人等实例，强调在市场经济条件下，企业控制成本、减员增效、追求利润最大化，是符合市场规则的，当然也符合国家有关的政策制度。

"我们不懂什么市场规则，我们只知道生存，明天没有饭吃，"员工们针锋相对，"我们怎么也想不通，商场经理常说，'谁砸天桥的饭碗，我就砸谁的饭碗'。可现在，没有人砸天桥的饭碗，我们的饭碗却被砸了"。他们有一种被出卖、被抛弃的感觉。

天桥裁员风波惊动了中央和北京市领导，市委、市政府高度重视，于 12 月 1 日召开紧急会议进行研究，决定由市委常委、崇文区委书记和北京市劳动局局长组成领导小组，妥善做好部分终止劳动合同员工的思想工作和生活困难补助事宜。12 月 2 日，公司董事会经过投票，通过了对终止劳动合同的职工给予一次性生活困难补助的方案。与此同时，商场发挥各部门负责人的作用，由部门经理出面，对原部门职工进行思想说服教育工作，晓之以理，动之以情。劳动部门也亲临现场设立咨询台，讲解《劳动法》等相关政策法规。公安部门现场维持秩序。崇文区副区长、北大青鸟代表和天桥商场领导，还亲自登门拜访部分生活困难的员工，讲明政策，为他们指明出路。大量深入细致的工作，使得员工们的思想发生了转变，他们开始面对现实，依法办理了终止合同手续，裁员风波得以平息。

对面临失业职工的安抚终于有了最为实际的举措。公司董事会开会决定，同意给予终止合同的职工适当的经济补助，并同意对照解除劳动合同的相关规定，对 438 名终止劳动合同的职工给予人均 1 万元，共计 440 万元左右一次性经济补助。这次董事会同时决定，在未经股东大会批准之前，鉴于实际情况，决定由公司先行预支，并责成天桥百货商场执行。据悉，这次补助方案将在下次召开的股东大会上再行表决。

由不满于下岗解聘的部分员工占据商场楼面而引发的这场劳资纠纷，看来总算找到了一个较为可行的解决方案。事发以后青鸟天桥有关负责人就曾向媒体表示，公司将给面临失业职工再就业问题给予帮助，包括想方设法帮助寻找就业岗位、拨款资助职工参加再就业培训、对部分生活确实困难的职工给予资助等。此次通过的经济补助方案，从文字上看似乎已经跳出了原先"对部分职工给予资助"的框框。

(资料来源：黄财勇：《浅析企业财务管理的目标》，《财会月刊》2001 年第 14 期；严成根、李传双：《财务管理教程》，清华大学出版社、北京大学出版社，2006 年；吕宝军、张远录：《财务管理》，清华大学出版社，2006 年)

**案例分析问题**：分析天桥商场的财务管理目标模式及其在危机中的调整。

## 一、企业财务管理目标的含义和种类

企业财务管理目标是企业财务管理活动所希望实现的结果。企业财务管理目标有以下四种具有代表性的观点。

### （一）利润最大化目标

利润最大化就是假定企业财务管理以实现利润最大化为目标。

以利润最大化作为财务管理目标，其主要原因有三：一是人类从事生产经营活动的目的是为了创造更多的剩余产品，在市场经济条件下，剩余产品的多少可以用利润这个指标来衡量；二是在自由竞争的资本市场中，资本的使用权最终属于获利最多的企业；三是只有每个企业都最大限度地创造利润，整个社会的财富才可能实现最大化，从而带来社会的进步和发展。

利润最大化目标的主要优点是，企业追求利润最大化，就必须讲求经济核算，加强管理，改进技术，提高劳动生产率，降低产品成本。这些措施都有利于企业资源的合理配置，有利于企业整体经济效益的提高。

但是，以利润最大化作为财务管理目标存在以下缺陷：

（1）没有考虑利润实现时间和资金时间价值。比如，今年 100 万元的利润和 10 年以后同等数量的利润其实际价值是不一样的，10 年中还会有时间价值的增加，而且这一数值会随着贴现率的不同而有所不同。

（2）没有考虑风险问题。不同行业具有不同的风险，同等利润值在不同行业中的意义也不相同，比如，风险比较高的高科技企业和风险相对较小的制造业企业无法简单比较。

（3）没有反映创造的利润与投入资本之间的关系。

（4）可能导致企业短期财务决策倾向，影响企业长远发展。由于利润指标通常按年计算，因此，企业决策也往往会服务于年度指标的完成或实现。

### （二）股东财富最大化目标

股东财富最大化是指企业财务管理以实现股东财富最大化为目标。在上市公司，股东财富是由其所拥有的股票数量和股票市场价格两方面决定的。在股票数量一定时，股票价格达到最高，股东财富也就达到最大。

与利润最大化相比，股东财富最大化的主要优点是：

（1）考虑了风险因素，因为通常股价会对风险作出较敏感的反应。

（2）在一定程度上能避免企业短期行为，因为不仅目前的利润会影响股票价格，预期未来的利润同样会对股价产生重要影响。

（3）对上市公司而言，股东财富最大化目标比较容易量化，便于考核和奖惩。

以股东财富最大化作为财务管理目标也存在以下缺点：

（1）通常只适用于上市公司，非上市公司难以应用，因为非上市公司无法像上市公司一样随时准确获得公司股价。

（2）股价受众多因素影响，特别是企业外部的因素，有些还可能是非正常因素。股价不能完全准确反映企业财务管理状况，如有的上市公司处于破产的边缘，但由于可能存在某些机会，其股票市价可能还在走高。

（3）它强调得更多的是股东利益，而对其他相关者的利益重视不够。

### (三) 企业价值最大化目标

企业价值最大化是指企业财务管理行为以实现企业的价值最大化为目标。企业价值可以理解为企业所有者权益的市场价值,或者是企业所能创造的预计未来现金流量的现值。未来现金流量这一概念,包含了资金的时间价值和风险价值两个方面的因素。因为未来现金流量的预测包含了不确定性和风险因素,而现金流量的现值是以资金的时间价值为基础对现金流量进行折现计算得出的。

企业价值最大化要求企业通过采用最优的财务政策,充分考虑资金的时间价值和风险与报酬的关系,在保证企业长期稳定发展的基础上使企业总价值达到最大。

以企业价值最大化作为财务管理目标,具有以下优点:

(1) 考虑了取得报酬的时间,并用时间价值的原理进行了计量。

(2) 考虑了风险与报酬的关系。

(3) 将企业长期、稳定的发展和持续的获利能力放在首位,能克服企业在追求利润上的短期行为,因为不仅目前利润会影响企业的价值,预期未来的利润对企业价值增加也会产生重大影响。

(4) 用价值代替价格,克服了受外界市场因素的过多干扰,有效地规避了企业的短期行为。

但是,以企业价值最大化作为财务管理目标也存在以下问题:

(1) 企业的价值过于理论化,不易操作。尽管对于上市公司,股票价格的变动在一定程度上揭示了企业价值的变化,但是股价是多种因素共同作用的结果,特别是在资本市场效率低下的情况下,股票价格很难反映企业的价值。

(2) 对于非上市公司,只有对企业进行专门的评估才能确定其价值,而在评估企业的资产时,由于受评估标准和评估方式的影响,很难做到客观和准确。

### (四) 相关者利益最大化目标

在现代企业是多边契约关系的总和的前提下,要确立科学的财务管理目标,首先就要考虑哪些利益关系会对企业发展产生影响。在市场经济中,企业的理财主体更加细化和多元化。股东作为企业所有者,在企业中承担着最大的权力、义务、风险和报酬,但是债权人、员工、企业经营者、客户、供应商和政府也为企业承担着风险。比如:

(1) 随着举债经营的企业越来越多,举债比例和规模也不断扩大,使得债权人的风险大大增加。

(2) 在社会分工细化的今天,由于简单劳动越来越少,复杂劳动越来越多,使得职工的再就业风险不断增加。

(3) 在现代企业制度下,企业经理人受所有者委托,作为代理人管理和经营企业,在激烈的市场竞争和复杂多变的形势下,代理人所承担的责任越来越大,风险也随之加大。

(4) 随着市场竞争和经济全球化的影响,企业与客户以及企业与供应商之间不再是简单的买卖关系,更多的情况下是长期的伙伴关系,处于一条供应链上,并共同参与同其他供应链的竞争,因而也与企业共同承担一部分风险。

(5) 政府不管是作为出资人,还是作为监管机构,都与企业各方的利益密切相关。

综上所述,企业的利益相关者不仅包括股东,还包括债权人、企业经营者、客户、供应商、员工、政府等。因此,在确定企业财务管理目标时,不能忽视这些相关利益群体的利益。

相关者利益最大化目标的具体内容包括如下八个方面：

(1) 强调风险与报酬的均衡，将风险限制在企业可以承受的范围内；

(2) 强调股东的首要地位，并强调企业与股东之间的协调关系；

(3) 强调对代理人即企业经营者的监督和控制，建立有效的激励机制以便企业战略目标的顺利实施；

(4) 关心本企业普通职工的利益，创造优美和谐的工作环境和提供合理恰当的福利待遇，培养职工长期努力为企业工作；

(5) 不断加强与债权人的关系，培养可靠的资金供应者；

(6) 关心客户的长期利益，以便保持销售收入的长期稳定增长；

(7) 加强与供应商的协作，共同面对市场竞争，并注重企业形象的宣传，遵守承诺，讲究信誉；

(8) 保持与政府部门的良好关系。

以相关者利益最大化作为财务管理目标，具有以下优点：

(1) 有利于企业长期稳定发展。这一目标注重企业在发展过程中考虑并满足各利益相关者的利益关系。在追求长期稳定发展的过程中，站在企业的角度上进行投资研究，避免只站在股东的角度进行投资可能导致的一系列问题。

(2) 体现了合作共赢的价值理念，有利于实现企业经济效益和社会效益的统一。由于兼顾了企业、股东、政府、客户等的利益，企业就不仅仅是一个单纯牟利的组织，还承担了一定的社会责任，企业在寻求其自身的发展和利益最大化过程中，由于客户及其他利益相关者的利益，就会依法经营，依法管理，正确处理各种财务关系，自觉维护和确实保障国家、集体和社会公众的合法权益。

(3) 这一目标本身是一个多元化、多层次的目标体系，较好地兼顾了各利益主体的利益。这一目标可使企业各利益主体相互作用、相互协调，并在使企业利益、股东利益达到最大化的同时，也使其他利益相关者利益达到最大化。也就是将企业财富这块"蛋糕"做到最大化的同时，保证每个利益主体所得的"蛋糕"更多。

(4) 体现了前瞻性和现实性的统一。比如，企业作为利益相关者之一，有其一套评价指标，如未来企业报酬贴现值；股东的评价指标可以使用股票市价；债权人可以寻求风险最小、利息最大；工人可以确保工资福利；政府可考虑社会效益等。不同的利益相关者有各自的指标，只要合理合法、互利互惠、相互协调，就可以实现所有相关者利益最大化。

因此，本书认为，相关者利益最大化是企业财务管理最理想的目标。

【案例分析 1-1】

### 青鸟天桥的财务管理目标案例分析

财务管理是企业管理的重要组成部分，它是企业资金的获得和有效使用的管理工作，企业财务管理的目标取决于企业的总目标。企业的生产经营活动都是处在具体的特定环境中的，不同环境中的企业，其财务管理目标会有很大的差异。企业所处的社会环境、文化背景、政治法律情况、企业的内部治理结构等因素变动都会引起企业财务管理目标的变化。

青鸟天桥在企业改革发展中，内部治理结构等因素变动引起了企业财务管理目标的变化，是正常现象。

青鸟公司决策层认为,减员增效作为深化改革迈出的第一步,今天不迈,明天还是要迈,明天会比今天更难。这是激烈的市场竞争的必然趋势。

此次停业,使天桥商场丢掉了400万元的销售额和60万元的利润。不过,北大青鸟认为,天桥商场是公司很小的一部分,不足以影响公司的利益,但是,事件给社会所带来的警示意义却是深远的。

在风波开始的初期,青鸟天桥追求的是利润与股东财富的最大化,而风波是在"相关者利益最大化"为目标的指导下才得以平息的。

这次风波的起因就是天桥商场的经营不佳,利润滑落到了盈亏的临界点,并从此疲态不改。面对严峻的经营形势,公司董事会下决心实行减员增效。公司董事会秘书、来自北大青鸟的侯琦博士在对员工解释时,阐明了裁员决定的合法性,公司以北大方正新近就裁掉了500人等实例,强调在市场经济条件下,企业控制成本、减员增效、追求利润最大化,是十分正常的,是符合市场规则的。也就是说,裁员风波是基于企业利润最大化的目标而开始的。当然,在正常情况下,利润的增加,可以增加股东的财富。

但是,当员工们的抵触情绪如此之强,事情已经发展到管理者们难以控制的局面时,就已经处于一个企业发展的非常阶段,此时就不能再以利润最大化来衡量企业的行为,而是必须考虑出现这种特殊情况后企业的应对措施。如果一味地追求利润最大化——在这里就是坚决对员工提出的意见不予理睬——谁都无法想象会出现什么后果。

此时,为了企业的长远利益,首要的任务就是平息这场风波,安抚职工的情绪,所以,适当的利润上的牺牲是必要的,此时的牺牲才会换来更长远的发展。别的不说,单是员工们静坐在大厅时商场不能营业的损失就是巨大的。

所以,企业的财务管理目标要根据具体情况来决定,而且这个目标也不可能是一成不变的,对财务管理目标的适当调整是必要的,只有这样,才能在不断变化的内外环境中处于比较有利的竞争地位。

## 二、利益冲突的协调

将相关者利益最大化作为财务管理目标,其首要任务就是要协调相关者的利益关系,化解他们之间的利益冲突。协调相关者的利益冲突,要把握的原则是:尽可能使企业相关者的利益分配在数量上和时间上达到动态协调平衡。而在所有的利益冲突协调中,所有者与经营者、所有者与债权人的利益冲突协调又至关重要。

(一)所有者与经营者利益冲突的协调

在现代企业中,经营者一般不拥有占支配地位的股权,他们只是所有者的代理人。所有者期望经营者代表他们的利益工作,实现所有者财富最大化,而经营者则有其自身的利益考虑,两者的目标会经常不一致。通常而言,所有者支付给经营者报酬的多少,在于经营者能够为所有者创造多少财富。经营者和所有者的主要利益冲突,就是经营者希望在创造财富的同时,能够获取更多的报酬、更多的享受;而所有者则希望以较小的代价(支付较小的报酬)实现更多的财富。

为了协调这一利益冲突,通常可采取以下方式解决:

1. 解聘

这是一种通过所有者约束经营者的办法。所有者对经营者予以监督,如果经营者绩效不佳,就解聘经营者;经营者为了不被解聘就需要努力工作,为实现财务管理目标服务。

2. 接收

这是一种通过市场约束经营者的办法。如果经营者决策失误、经营不力、绩效不佳,该企业就可能被其他企业强行接收或吞并,相应经营者也会被解聘。经营者为了避免这种接收,就必须努力实现财务管理目标。

3. 激励

激励就是将经营者的报酬与其绩效直接挂钩,以使经营者自觉采取能提高所有者财富的措施。激励通常有两种方式:

(1) 股票期权。它是允许经营者以约定的价格购买一定数量的本企业股票,股票的市场价格高于约定价格的部分就是经营者所得的报酬。经营者为了获得更大的股票涨价益处,就必然主动采取能够提高股价的行动,从而增加所有者财富。

(2) 绩效股。它是企业运用每股收益、资产收益率等指标来评价经营者绩效,并视其绩效大小给予经营者数量不等的股票作为报酬。如果经营者绩效未能达到规定目标,经营者将丧失原先持有的部分绩效股。这种方式使经营者不仅为了多得绩效股而不断采取措施提高经营绩效,而且为了使每股市价最大化,也会采取各种措施使股票市价稳定上升,从而也增加了所有者财富。但即使由于客观原因股价并未提高,经营者也会因为获取绩效股而获利。

(二) 所有者与债权人的利益冲突协调

所有者的目标可能与债权人期望实现的目标发生矛盾。首先,所有者可能要经营者改变举债资金的原定用途,将其用于风险更高的项目,这会增大偿债风险,债权人的负债价值也必然会降低,造成债权人风险与收益的不对称。因为高风险的项目一旦成功,额外的利润就会被所有者独享;但若失败,债权人却要与所有者共同负担由此而造成的损失。其次,所有者可能会在未征得现有债权人同意的情况下,要求经营者举借新债,因为偿债风险相应增大,从而致使原有债权的价值降低。

所有者与债权人的上述利益冲突,可以通过以下方式解决:

1. 限制性借债

债权人通过事先规定借债用途限制、借债担保条款和借债信用条件,使所有者不能通过以上两种方式削弱债权人的债权价值。

2. 收回借款或停止借款

当债权人发现企业有侵蚀其债权价值的意图时,采取收回债权或不再给予新的借款的措施,从而保护自身权益。

# 任务 1-3　熟悉财务管理环境

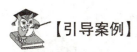
【引导案例】

## 创意产业抓住机遇加快发展

在国际金融危机影响尚未见底、世界经济出现企稳回暖迹象下,创意产业成为推动经济创新的重要力量。媒体大肆宣传创意产业前景广阔,更有学者提出,只有发展创意产业,才能从"中国制造"走向"中国创造"。

席卷全球的金融危机让实体经济遭遇沉重打击的同时,却为创意产业的发展开启了"一扇大门"。

在金融海啸、经济寒冬的影响下,中国经济发展速度脚步放慢,但创意产业却能逆势而上取得突破,具有推动经济发展的巨大动力。去年中国网游的增长超过70%,出口增长超过20%,动漫产业增长超过46%,电影市场增长了30%。在这个经济寒冬中,创意产业的增长一枝独秀。

被誉为"中国创意产业之父"的全国政协副主席厉无畏在厦门表示,任何一场经济危机发生之后,总需要由创新带来突破,由发现新市场战胜困难。当前我们面临经济危机下产能过剩、价格竞争等不利局面,同样需要改换思路、转变角度以寻求突破。这充分说明创意经济、创意产业已经成为一股令人振奋的暖流,成为推动经济创新的重要力量。

厉无畏在厦门召开的中国国际文化创意产业发展论坛上更是提出,在国际金融危机的冲击下,中国经济发展既要解决内外部结构失衡问题,又要形成新的增长引擎,而创新发展思路,大力发展文化创意产业则可为中国经济转型升级提供一条有效路径。

记者近日专访了位于福州的网龙网络有限公司,探寻文化创意产业在金融危机中的"制胜之道"。网龙公司正式对外发布的2008年业绩报告显示:全年收益5.96亿元,毛利5.27亿元,现金净额13.05亿元……

2001年,网龙公司开始进军网游市场时,研发人员只有50多人,2007年增加到412人,2008年研发人员队伍已增加到1 465人。网龙公司首席执行官刘路远说,2009年,网龙公司增加了研发人员和项目开发,对市场充满信心。

网龙制胜之道一:自主研发加海外市场。在强大的研发人才和技术、资金支持下,网龙公司成功开发并运营多款风格迥异的大型网络游戏,包括《魔域》、《征服》、《机战》、《投名状 Online》、《英雄无敌 On line》、《幻灵游侠》等。"在中国的网游市场上,网龙公司的研发实力可以排到全国前三,"刘路远自信地说,"我们必须把核心技术和生产力掌握在自己手中。"

开拓海外市场是网龙公司的另一重要发展策略。据介绍,网龙公司是第一个开拓国际市场并成功运营的中国网游企业,现已成为美国市场上最大的中国网游运营商,覆盖英、法、西班牙等6种语言区域的游戏市场。

网龙制胜之道二:化危为机,乘势扩大市场加招揽人才。刘路远说,经济形势好时,各个行业发展都很好,吸纳人才的能力都很强;经济形势不好,其他产业就会裁员,人才就慢慢流了出来,文化产业可以利用这个机会招揽人才。

近几年,网龙公司不仅没有裁员,反而大量招兵买马。据刘路远介绍,2007年公司有1 000多名员工,2008年增加到3 000多人,2009年达4 000多人。2009年,在充足的人才、技术储备基础上,网龙公司不断扩大项目开发。

"历史上,全球性的金融危机往往会促进文化消费和文化产业的发展,无论是美国经济大萧条造就的好莱坞神话,还是亚洲金融危机催生的日本动漫的兴起和'韩流'的形成,"刘路远说,"这里面看似偶然,其实存在必然。"

刘路远分析说,每个人都有娱乐的需要,经济景气时,选择性很大,可以去看演唱会、出国旅游等;经济不景气时,就不会进行大额消费,而选择玩网络游戏、看电影等成本较低的文化消费。此外,经济困难时,人们的物质消费会抑制,精神消费会增长。在经济困难之时,更需要通过娱乐来缓解精神压力,寻求心灵的慰藉。

福建省社科院副院长黎昕研究员也认为,当文化创意产业遇到金融危机的时候,不应该是简单地缩小规模,甚至依靠裁员来节约成本,而是应该看到金融危机带来的机遇,扩大市场,储备人才,抓住机遇,逆势而上。他说,"网龙公司逆势而上,为这一观点提供了有力的佐证,具有示范意义。"

(来源:中国会计网,2009年)

【任务1-3学习目标】

1. 掌握财务管理环境的含义和内容。
2. 了解财务管理环境类别和要素及其对企业财务活动的影响。
3. 初步掌握财务管理环境的变化对企业财务状况与经营成果的影响和应对策略。

财务管理环境,又称理财环境,是对企业财务活动和财务管理产生影响作用的企业内外各种条件的统称。

## 一、技术环境

财务管理的技术环境,是指财务管理得以实现的技术手段和技术条件,它决定着财务管理的效率和效果。目前,我国进行财务管理所依据的会计信息是通过会计系统所提供的,占企业经济信息总量的60%—70%。在企业内部,会计信息主要是提供给管理层决策使用,而在企业外部,会计信息则主要是为企业的投资者、债权人等提供服务。

目前,我国正全面推进会计信息化工作,力争通过5—10年左右的努力,建立健全会计信息化法规体系和会计信息化标准体系[包括可扩展商业报告语言(XBRL)分类标准],全力打造会计信息化人才队伍,基本实现大型企事业单位会计信息化与经营管理信息化的融合,进一步提升企事业单位的管理水平和风险防范能力,做到数出一门、资源共享,便于不同信息使用者获取、分析和利用,进行投资和相关决策;基本实现大型会计师事务所采用信息化手段对客户的财务报告和内部控制进行审计,进一步提升社会审计质量和效率;基本实现政府会计管理和会计监督的信息化,进一步提升会计管理水平和监管效能。通过全面推进会计信息化工作,使我国的会计信息化达到或接近世界先进水平。我国企业会计信息化的全面推进,必将促使企业财务管理的技术环境得到进一步完善和优化。

## 二、经济环境

在影响财务管理的各种外部环境中,经济环境是最为重要的。

经济环境内容十分广泛,包括经济体制、经济周期、经济发展水平、宏观经济政策及社会通货膨胀水平等。

### (一)经济体制

在计划经济体制下,国家统筹企业资本、统一投资、统负盈亏,企业利润统一上缴、亏损全部由国家补贴,企业虽然是一个独立的核算单位但无独立的理财权利。财务管理活动的内容比较单一,财务管理方法比较简单。在市场经济体制下,企业成为"自主经营、自负盈亏"的经济实体,有独立的经营权,同时也有独立的理财权。企业可以从其自身需要出发,合理确定资本需要量,然后到市场上筹集资本,再把筹集到的资本投放到高效益的项目上获取更大的收益,最后将收益根据需要和可能进行分配,保证企业财务活动自始至终根据自身条件和外部环境作出各种财务管理决策并组织实施。因此,财务管理活动的内容比较丰富,方法也复杂多样。

（二）经济周期

市场经济条件下,经济发展与运行带有一定的波动性。大体上经历复苏、繁荣、衰退和萧条几个阶段的循环,这种循环叫做经济周期。

在不同的经济周期,企业应采用不同的财务管理战略。西方财务学者探讨了经济周期中的财务管理战略,现择其要点归纳如表1-1所示。

表1-1　经济周期中的财务管理战略

| 复　苏 | 繁　荣 | 衰　退 | 萧　条 |
| --- | --- | --- | --- |
| 1. 增加厂房设备 | 1. 扩充厂房设备 | 1. 停止扩张 | 1. 建立投资标准 |
| 2. 实行长期租赁 | 2. 继续建立存货 | 2. 出售多余设备 | 2. 保持市场份额 |
| 3. 建立存货 | 3. 提供产品价格 | 3. 停产不利产品 | 3. 压缩管理费用 |
| 4. 开发新产品 | 4. 开展营销规划 | 4. 停止长期采购 | 4. 放弃次要利益 |
| 5. 增加劳动力 | 5. 增加劳动力 | 5. 削减存货 | 5. 削减存货 |
|  |  | 6. 停止扩招雇员 | 6. 裁减雇员 |

（三）经济发展水平

财务管理的发展水平是和经济发展水平密切相关的,经济发展水平越高,财务管理水平也越好。财务管理水平的提高,将推动企业降低成本,改进效率,提高效益,从而促进经济发展水平的提高;而经济发展水平的提高,将改变企业的财务战略、财务理念、财务管理模式和财务管理的方法手段,从而促进企业财务管理水平的提高。财务管理应当以经济发展水平为基础,以宏观经济发展目标为导向,从业务工作角度保证企业经营目标和经营战略的实现。

（四）宏观经济政策

我国经济体制改革的目标是建立社会主义市场经济体制,以进一步解放和发展生产力。在这个目标的指导下,我国已经正在进行财税体制、金融体制、外汇体制、外贸体制、计划体制、价格体制、投资体制、社会保障制度等各项改革。所有这些改革措施,深刻地影响着我国的经济生活,也深刻地影响着我国企业的发展和财务活动的运行。如金融政策中的货币发行量、信贷规模会影响企业投资的资金来源和投资的预期收益;财税政策会影响企业的资金结构和投资项目的选择等;价格政策会影响资金的投向和投资的回收期及预期收益;会计制度的改革会影响会计要素的确认和计量,进而对企业财务活动的事前预测、决策及事后的评价产生影响等。

（五）通货膨胀水平

通货膨胀对企业财务活动的影响是多方面的。主要表现在:

(1) 引起资金占用的大量增加,从而增加企业的资金需求;

(2) 引起企业利润虚增,造成企业资金由于利润分配而流失;

(3) 引起利润上升,加大企业的权益资金成本;

(4) 引起有价证券价格下降,增加企业的筹资难度;

(5) 引起资金供应紧张,增加企业的筹资困难。

为了减轻通货膨胀对企业造成的不利影响,企业应当采取措施予以防范。在通货膨胀初期,货币面临着贬值的风险,这时企业进行投资可以避免风险,实现资本保值;与客户应签订长期购货合同,以减少物价上涨造成的损失;取得长期负债,保持资本成本的稳定。在通货膨胀持续期,企业可以采用比较严格的信用条件,减少企业债权;调整财务政策,防止和减少企业资本流失等。

## 三、金融环境

### (一) 金融机构、金融工具与金融市场

金融机构主要是指银行和非银行金融机构。银行是指经营存款、放款、汇兑、储蓄等金融业务,承担信用中介的金融机构,包括各种商业银行和政策性银行,如中国工商银行、中国农业银行、中国银行、中国建设银行、国家开发银行、中国农业发展银行。非银行金融机构主要包括保险公司、信托投资公司、证券公司、财务公司、金融资产管理公司、金融租赁公司等机构。

金融工具是指融通资金双方在金融市场上进行资金交易、转让的工具,借助金融工具,资金从供给方转移到需求方。金融工具分为基本金融工具和衍生金融工具两大类。常见的基本金融工具有货币、票据、债券、期货等;衍生金融工具又称派生金融工具,是在基本金融工具的基础上通过特定技术设计形成的新的融资工具,如各种远期合约、互换、掉期、资产支持证券等,种类非常复杂、繁多,具有高风险、高杠杆效应的特点。

金融市场是指资金供应者和资金需求者双方通过一定的金融工具进行交易而融通资金的场所。金融市场的构成要素包括资金供应者和资金需求者、金融工具、交易价格、组织方式等。金融市场为企业融资和投资提供了场所,可以帮助企业实现长短期资金转换、引导资本流向和流量,提高资本效率。

### (二) 金融市场的分类

金融市场可以按照不同的标准进行分类。

**1. 货币市场和资本市场**

以期限为标准,金融市场可分为货币市场和资本市场。货币市场又称短期金融市场,是指以期限在1年以内的金融工具为媒介,进行短期资金融通的市场,包括同业拆借市场、票据市场、大额定期存单市场和短期债券市场。资本市场又称长期金融市场,是指以期限在1年以上的金融工具为媒介,进行长期资金交易活动的市场,包括股票市场和债券市场。

**2. 发行市场和流通市场**

以功能为标准,金融市场可分为发行市场和流通市场。发行市场又称为一级市场,它主要处理金融工具的发行与最初购买者之间的交易;流通市场又称为二级市场,它主要处理现有金融工具转让和变现的交易。

**3. 资本市场、外汇市场和黄金市场**

以融资对象为标准,金融市场可分为资本市场、外汇市场和黄金市场。资本市场以货币和资本为交易对象;外汇市场以各种外汇金融工具为交易对象;黄金市场则是集中进行黄金买卖和金币兑换的交易市场。

**4. 基础性金融市场和金融衍生品市场**

按所交易金融工具的属性,金融市场可分为基础性金融市场与金融衍生品市场。基础性金融市场是指以基础性金融产品为交易对象的金融市场,如商业票据、企业债券、企业股票的交易市场;

金融衍生品交易市场是指以金融衍生品为交易对象的金融市场,如远期、期货、掉期(交换)、期权,以及具有远期、期货、掉期(交换)、期权中一种或多种特征的结构化金融工具的交易市场。

5. 地方性金融市场、全国性金融市场和国际性金融市场

以地理范围为标准,金融市场可分为地方性金融市场、全国性金融市场和国际性金融市场。

### (三) 货币市场

货币市场的主要功能是调节短期资金融通。其主要特点是:(1)期限短。一般为3—6个月,最长不超过1年。(2)交易目的是解决短期资金周转。它的资金来源主要是资金所有者暂时闲置的资金,融通资金的用途一般是弥补短期资金的不足。(3)金融工具有较强的"货币性",具有流动性强、价格平稳、风险较小等特性。

货币市场主要有拆借市场、票据市场、大额定期存单市场和短期债券市场等。拆借市场是指银行(包括非银行金融机构)同业之间短期性资本的借贷活动。这种交易一般没有固定的场所,主要通过电讯手段成交,期限按日计算,一般不超过1个月。票据市场包括票据承兑市场和票据贴现市场。票据承兑市场是票据流通转让的基础;票据贴现市场是对未到期票据进行贴现,为客户提供短期资本融通,包括贴现、再贴现和转贴现。大额定期存单市场是一种买卖银行发行的可转让大额定期存单的市场。短期债券市场主要买卖1年期以内的短期企业债券和政府债券,尤其是政府的国库券交易。短期债券的转让可以通过贴现或买卖的方式进行。短期债券以其信誉好、期限短、利率优惠等优点,成为货币市场中的重要金融工具之一。

### (四) 资本市场

资本市场的主要功能是实现长期资本融通。其主要特点是:(1)融资期限长。至少1年以上,最长可达10年甚至10年以上。(2)融资目的是解决长期投资性资本的需要,用于补充长期资本,扩大生产能力。(3)资本借贷量大。(4)收益较高但风险也较大。

资本市场主要包括债券市场、股票市场和融资租赁市场等。

债券市场和股票市场由证券(债券和股票)发行和证券流通构成。有价证券的发行是一项复杂的金融活动,一般要经过以下三个重要环节:(1)证券种类的选择;(2)偿还期限的确定;(3)发售方式的选择。在证券流通中,参与者除了买卖双方外,中介非常活跃。这些中介主要有证券经纪人、证券商,他们在流通市场中起着不同的作用。

融资租赁市场是通过资产租赁实现长期资金融通的市场,它具有融资与融物相结合的特点,融资期限一般与资产租赁期限一致。

## 四、法律环境

### (一) 法律环境的范畴

市场经济是法制经济,企业的一些经济活动总是在一定法律规范内进行的。法律既约束企业的非法经济行为,也为企业从事各种合法经济活动提供保护。

国家相关法律法规按照对财务管理内容的影响情况可以分如下三类。

(1)影响企业筹资的各种法规,主要有《公司法》、《证券法》、《金融法》、《证券交易法》、《合同法》等。这些法规可以从不同方面规范或制约企业的筹资活动。

(2)影响企业投资的各种法规,主要有《证券交易法》、《公司法》、《企业财务通则》等。这些法规从不同角度规范企业的投资活动。

（3）影响企业收益分配的各种法规，主要有《税法》、《公司法》、《企业财务通则》等。这些法规从不同方面对企业收益分配进行了规范。

（二）法律环境对企业财务管理的影响

法律环境对企业的影响力是全方位的，影响范围包括企业组织形式、公司治理结构、投融资活动、日常经营、收益分配等。《公司法》规定，企业可以采用独资、合伙、公司制等企业组织形式。企业组织形式不同，业主（股东）权利责任、企业投融资、收益分配、纳税、信息披露等不同，公司治理结构也不同。上述不同种类的法律，分别从不同方面约束企业的经济行为，对企业财务管理产生影响。

【任务1学习小结】

本任务主要涉及以下内容：

1. 企业财务，是指企业在生产经营过程中客观存在的资金运动及其所体现的经济利益关系，前者称为财务活动，后者称为财务关系。财务管理，是企业组织财务活动、处理财务关系的一项综合性的管理工作。企业财务活动包括投资、资金营运、筹资和资金分配等一系列行为。财务关系包括企业与投资者、受资人、债权人、债务人、供应商、客户、政府、企业内部单位和职工的利益关系。

2. 财务管理的环节，是指财务管理的工作步骤与一般工作程序，一般而言，企业财务管理包括三个环节：（1）财务计划与预测；（2）财务决策与控制；（3）财务分析与考核。

3. 企业财务管理目标是企业财务管理活动所希望实现的结果。企业财务管理目标有以下四种具有代表性的模式：（1）利润最大化目标；（2）每股收益最大化目标；（3）企业价值最大化目标；（4）相关者利益最大化目标。

4. 财务管理环境，又称理财环境，是对企业财务活动和财务管理产生影响作用的企业内外各种条件的统称。包括：（1）技术环境；（2）经济环境：经济体制、经济周期、经济发展水平和宏观经济政策及社会通货膨胀水平等；（3）金融环境：金融机构、金融工具、金融市场和利率等；（4）法律环境。

【基本概念】

　　企业财务　企业财务活动　财务关系　财务管理　财务计划与预测　财务决策与控制
财务分析与考核　企业财务管理目标　财务管理环境

【思考题】

1. 什么是企业财务？企业财务活动和财务关系的主要内容是什么？
2. 企业财务管理的主要环节有哪些？各环节的工作内容和方法是什么？
3. 企业财务管理目标代表性的模式的内容和特点是什么？
4. 财务管理环境是什么，包括哪些内容？

【实训案例】

财务经理的岗位职责和任职资格

财务经理是很多财务人员职业规划的目标，那么，财务经理的岗位职责和任职资格分别有哪些呢？

虽然各个企业的财务经理工作内容不尽相同，每个企业都是应需而设，但是，一个企业的财务经理的典型工作内容都是类似的，主要内容如下：

（1）全面负责财务部的日常管理工作；

（2）组织制定财务方面的管理制度及有关规定，并监督执行；

（3）制定、维护、改进公司财务管理程序和政策，制定年度、季度财务计划；

（4）负责编制及组织实施财务预算报告，月、季、年度财务报告；

（5）负责公司全面的资金调配，成本核算、会计核算和分析工作；

（6）负责资金、资产的管理工作；

（7）监控可能会对公司造成经济损失的重大经济活动；

（8）管理与银行及其他机构的关系；

（9）协助财务总监开展财务部与内外的沟通与协调工作；

（10）完成上级交给的其他日常事务性工作。

企业对财务经理的要求一般有以下六个方面：

（1）具有全面的财务专业知识、账务处理及财务管理经验；

（2）具备优秀的统计能力和财务分析能力，能够从相关数据中发现和解决问题；

（3）精通国家财税法律规范，具备优秀的职业判断能力和丰富的财会项目分析处理经验；

（4）熟悉国家会计准则以及相关的财务、税务、审计法规、政策；

（5）熟练使用财务软件；

（6）诚信廉洁，勤奋敬业，作风严谨，敬业负责，有良好的职业素养。

（资料来源：中华会计网校 http://www.chinaacc.com/new/635_649_201012/21le338283.shtml）

**问题思考：**

1. 你若是一名公司财务经理，你认为自己的工作职责是哪些？

2. 你认为要做一名优秀的财务经理，你在素质、知识和能力方面还欠缺什么，如何努力？

# 任务 2 风险与收益分析

【学习目标】

- 了解资产的风险与收益的含义
- 掌握资产风险的衡量方法
- 了解资产组合总风险的构成及系统风险的衡量方法

## 任务 2-1 认识风险与收益

【引导案例】

周文与王强是好朋友,他们手里都有一些余钱,于是商量着把这余钱用于证券投资。在选择投资品种时,两人发生了分歧。周文想购买债券,他认为债券收益稳定、风险相对较小,而王强却认为债券收益不高,股票风险虽然大一些,但是收益也很可观。他们说的好像都没有错,那到底应该买股票还是债券呢?

【任务 2-1 学习目标】

1. 了解资产的风险与收益的含义。
2. 掌握资产风险的衡量方法。

### 一、资产的收益与收益率

#### (一) 资产的收益

资产的收益,是指资产的价值在一定时期的增值。一般情况下,有两种表述资产收益的方式。

以绝对数表示的资产价值的增值量,称为资产的收益额。资产的收益额通常来源于两个部分:一是一定期限内资产的现金净收入,多为利息、红利或股息收益等;二是期末资产的价值(或市场价格)相对于期初价值(或市场价格)的升值,一般称为资本利得。

以相对数表示的资产价值的增值率,称为资产的收益率或报酬率。资产的收益率通常是以百分比表示的,是资产增值量与期初资产价值(或价格)的比值,该收益率也包括两个部分:一是利(股)息的收益率;二是资本利得的收益率。

一般情况下,如果不作特殊说明的话,资产的收益均指资产的年收益率。因为:

(1) 收益率便于不同规模下资产收益的比较和分析；

(2) 收益率是相对特定期限的，其大小要受计算期限的影响，但计算期限不一定是一年，对于计算期间短于或长于一年的资产，在计算收益率时一般要将不同期限的收益率转化为年收益率。

$$单期资产收益率 = 资产的收益额 \div 期初资产的价值(价格)$$
$$= (利息或股息收益 + 资本利得) \div 期初资产的价值(价格)$$
$$= 利息或股息收益率 + 资本利得收益率$$

**【案例分析 2-1】**

某股票一年前的价格为 10 元，一年中的税后股息为 0.25，现在的市价为 12 元，在不考虑交易费用的情况下，一年内该股票的收益率是多少？

$$一年中的收益额 = 0.25 + (12 - 10) = 2.25 元$$
$$股票的收益率 = 2.25 \div 10 = 22.5\%$$

股利收益率是 2.5%，利得收益率为 20%。

**(二) 资产收益率的类型**

实际收益率：已经实现的或者确定可以实现的资产收益率。

名义收益率：在资产合约上标明的收益率，如借款协议上的借款利率。

预期收益率：期望收益率，是指在不确定条件下，预测的某资产可能实现的收益率。

预期收益率的估算方法：描述影响收益率的各种可能情况，预测各种情况下发生的概率以及在各种可能情况下收益率的大小，预期收益率 $E(R) = \sum P_i \times R_i$，其中 $P_i$ 表示情况 $i$ 可能出现的概率，$R_i$ 表示情况 $i$ 对应的收益率。

必要收益率：最低必要报酬率或最低要求的收益率，表示投资者对某资产合理要求的最低收益率。

无风险收益率：指可以确定可知的无风险资产的收益率，大小由纯利率和通货膨胀补贴组成，通常用短期国库券的利率近似地代替无风险收益率。

风险收益率：某资产持有者因承担该资产的风险而要求的超过无风险利率的额外收益，等于必要收益率与无风险收益率之差。取决于两个因素：风险的大小以及投资者对风险的偏好。

## 二、资产的风险

从财务管理的角度看，风险是企业在各项财务活动中，由于各种难以预料或无法控制的因素作用，使企业的实际收益与预期收益发生背离，从而蒙受经济损失的可能性。

资产的风险，是指资产收益率的不确定性，其大小可用资产收益率的离散程度来衡量。资产收益率的离散程度，是指资产收益率的各种可能结果与预期收益率的偏差。

**(一) 风险的衡量**

衡量风险的指标主要有收益率的方差、标准差和标准离差率等。

1. 收益率的方差 ($\sigma^2$)

收益率的方差用来表示资产收益率的各种可能值与其期望值之间的偏离程度。其计算公

式为

$$\sigma^2 = \sum_{i=1}^{n}\{[R_i - E(R)]^2 \times P_i\}$$

上式中，$E(R)$表示预期收益率，可用公式

$$E(R) = \sum_{i=1}^{n} P_i \times R_i$$

来计算；$P_i$是第$i$种可能情况发生的概率；$R_i$是在第$i$种可能情况下资产的收益率。

【案例分析 2-2】

A公司股票的报酬率及其概率分布如表 2-1 所示。

表 2-1  A公司股票报酬率的概率分布

| 经济情况 | 可能发生的概率($P_i$) | 报酬率%($R_i$) |
|---|---|---|
| 繁荣 | 0.20 | 40 |
| 一般 | 0.60 | 20 |
| 衰退 | 0.20 | 0 |

$$E(R) = \sum_{i=1}^{n} P_i \times R_i = 40\% \times 0.20 + 20\% \times 0.60 + 0\% \times 0.20 = 20\%$$

$$\sigma^2 = \sum_{i=1}^{n}\{[R_i - E(R)]^2 \times P_i\} = (40\% - 20\%)^2 \times 0.20 + (20\% - 20\%)^2 \times 0.60 + (0\% - 20\%)^2 \times 0.20 = 0.016$$

2. 收益率的标准差($\sigma$)

标准差也是反映资产收益率的各种可能值与其期望值之间的偏离程度的指标，它等于方差的开方。其计算公式为

$$\sigma = \sqrt{\sum_{i=1}^{n}[R_i - E(R)]^2 \times P_i}$$

根据案例分析 2-2 的资料，计算标准差。

$$\sigma = \sqrt{\sum_{i=1}^{n}[R_i - E(R)]^2 \times P_i} = 12.65\%$$

标准差和方差都是用绝对指标来衡量资产的风险大小，在预期收益率相同的情况，标准差或方差越大，则风险越大；标准差或方差越小，则风险也越小。标准差或方差指标衡量的是风险的绝对大小，因而不适用于比较具有不同预期收益率的资产的风险。

3. 收益率的标准离差率($V$)

标准离差率，是资产收益率的标准差与期望值之比，也可称为变异系数。其计算公式为

$$V = \frac{\sigma}{E(R)}$$

标准离差率是一个相对指标,它表示某资产每单位预期收益中所包含的风险的大小。一般情况下,标准离差率越大,资产的相对风险越大;相反,标准离差率越小,资产的相对风险越小。标准离差率指标可以用来比较预期收益率不同的资产之间的风险大小。

仍以案例分析2-2的资料,计算标准离差率。

$$V = \frac{\sigma}{E(R)} = \frac{12.65\%}{20\%} = 63.25\%$$

(二)风险控制对策

1. 规避风险

当资产风险所造成的损失不能由该资产可能获得的收益予以抵消时,应当放弃该资产,以规避风险。例如,拒绝与不守信用的厂商业务往来,放弃可能明显导致亏损的投资项目。

2. 减少风险

减少风险主要包括两个方面:一是控制风险因素,减少风险的发生;二是控制风险发生的频率和降低风险损害程度。减少风险的常用方法有:进行准确的预测;对决策进行多方案优选和相机替代;及时与政府部门沟通获取政策信息;在发展新产品前,充分进行市场调研;采用多领域、多地域、多项目、多品种的投资以分散风险。

3. 转移风险

对可能给企业带来灾难性损失的资产,企业应以一定的代价,采取某种方式转移风险。如向保险公司投保;采取合资、联营、联合开发等措施实现风险共担;通过技术转让、租赁经营和业务外包等实现风险转移。

4. 接受风险

接受风险包括风险自担和风险自保两种方式。风险自担,是指风险损失发生时,直接将损失摊入成本或费用,或冲减利润;风险自保,是指企业预留一笔风险金或随着生产经营的进行,有计划地计提资产减值准备等。

# 任务2-2　资产组合的风险与收益分析

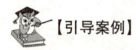

## 美国居民的资产组合

金融学认为,理性的投资者对于风险的态度是单一的,个人在风险决策过程中,一般会寻求收益和风险的匹配。而现实数据表明,人们对于自身财富配比,呈现一个相对复杂的态势,而且随着年龄的变化而发生变化。

表2-2是美国居民家庭持有的金融资产组成情况,表中的百分比数据,表明该年龄层次的居民拥有该金融资产的比例。

表 2-2　美国居民家庭的家庭资产组合　　　　　　　　单位：%

| 户主年龄 | 交易类储蓄账户 | 大额定期存单 | 债券 | 股票 | 共同基金 | 养老金 | 商业生命保险 | 其他金融资产 |
|---|---|---|---|---|---|---|---|---|
| 35 岁以下 | 80.8 | 7.2 | 20.4 | 10.8 | 8.0 | 38.0 | 22.7 | 1.6 |
| 35—44 岁 | 87.3 | 8.1 | 31.0 | 14.6 | 11.2 | 52.1 | 29.2 | 3.5 |
| 45—54 岁 | 89.0 | 12.3 | 25.3 | 17.6 | 16.3 | 55.0 | 38.4 | 3.0 |
| 55—64 岁 | 88.2 | 17.1 | 20.2 | 15.0 | 16.1 | 47.7 | 37.4 | 7.6 |
| 65—74 岁 | 91.3 | 23.9 | 16.8 | 18.6 | 14.9 | 35.5 | 37.4 | 5.9 |
| 75 岁或以上 | 92.9 | 34.7 | 15.3 | 19.8 | 10.2 | 15.5 | 35.6 | 5.2 |

（资料来源：转引自 Statistical Abstract of the United States, 1999, U. S. Census Bureau。）

表 2-2 中的数据表明，居民家庭的资产构成中，既有风险很大的股票等资产，也有风险小、流动性好的储蓄资产，还有基于防范风险为目的的保险资产。同时数据还表明，随着居民的年龄变化，拥有储蓄类资产的居民呈现线性增加的趋势，而股票、基金等风险性比较大的资产分布比重，随着年龄的增加呈现倒"U"型变化，保险资产的变化趋势与其相似。

【任务 2-2 学习目标】

1. 了解资产组合总风险的构成。
2. 了解非系统风险及其如何分散。
3. 掌握系统风险的衡量方法。

## 一、资产组合的风险与收益

（一）资产组合

两个或两个以上资产所构成的集合，称为资产组合。如果资产组合中的资产均为有价证券，则该资产组合也可称为证券组合。

（二）资产组合的预期收益率

资产组合的预期收益率指组成资产组合的各种资产的预期收益率的加权平均数，其权数等于各种资产在整个组合中所占的价值比例。即

$$E(R_p) = \sum_{i=1}^{n} W_i \times E(R_i)$$

式中，$E(R_i)$ 表示第 $i$ 项资产的预期收益率；$W_i$ 表示第 $i$ 项资产在整个组合中所占的价值比例。

（三）资产组合风险的度量

两项资产组合的收益率的方差满足以下关系式：

$$\sigma_p^2 = W_1^2 \sigma_1^2 + W_2^2 \sigma_2^2 + 2W_1 W_2 \rho_{1,2} \sigma_1 \sigma_2$$

上式中，$\sigma_p$ 表示资产组合的标准差，衡量资产组合的风险；$\sigma_1$ 和 $\sigma_2$ 分别表示组合中两项资产的标准差；$W_1$ 和 $W_2$ 分别表示组合中两项资产所占的价值比例；$\rho_{1,2}$ 反映两项资产收益率的相关程度，即两项资产收益率之间相对运动的状态，称为相关系数。理论上，相关系数处于区间[-1, 1]内。

当 $\rho_{1,2}=1$ 时,表明两项资产的收益率具有完全正相关的关系,即它们的收益率变化方向和变化幅度完全相同,这时 $\sigma_p^2=(W_1\sigma_1+W_2\sigma_2)^2$,即 $\sigma_p^2$ 达到最大。由此表明,组合的风险等于组合中各项资产风险的加权平均值。换句话说,当两项资产的收益率完全正相关时,两项资产的风险完全不能互相抵消,所以这样的资产组合不能降低任何风险。

当 $\rho_{1,2}=-1$ 时,表明两项资产的收益率具有完全负相关的关系,即它们的收益率变化方向和变化幅度完全相反。这时 $\sigma_p^2=(W_1\sigma_1-W_2\sigma_2)^2$,即 $\sigma_p^2$ 达到最小,甚至可能是零。因此,当两项资产的收益率具有完全负相关关系时,两者之间的风险可以充分地相互抵消,甚至完全消除。

**【案例分析 2-3】**

假设 A、B 股票为一组完全负相关的证券投资组合,C、D 股票为一组完全正相关的证券投资组合。每种证券在组合中各占 50%,它们的收益率和风险的详细情况见表 2-3。

表 2-3 投资组合的收益率和风险

| 年 份 | A股票收益率(%) | B股票收益率(%) | A、B股票组合后收益率(%) | C股票收益率(%) | D股票收益率(%) | C、D股票组合后收益率(%) |
|---|---|---|---|---|---|---|
| 2009 | 30 | −10 | 10 | 30 | 18 | 24 |
| 2010 | −10 | 30 | 10 | −10 | −6 | −8 |
| 2011 | 35 | −15 | 10 | 36 | 21.6 | 28.8 |
| 2012 | 25 | −5 | 10 | 25 | 13.5 | 19.25 |
| 2013 | −30 | 50 | 10 | −30 | −18 | −24 |
| 平均收益率 | 10 | 10 | 10 | 10.2 | 5.82 | 8.01 |
| 标准离差 | 25.50 | 25.50 | 0 | 25.69 | 15.25 | 20.47 |

从表 2-3 计算中可以看出,证券投资组合后的平均收益率为组合的两种证券收益率的加权平均数。

A、B 组合后的平均收益率 = 10%×50% + 10%×50% = 10%
C、D 组合后的平均收益率 = 10.2%×50% + 5.82%×50% = 8.01%

而证券投资组合后的风险程度可以按公式进行计算:
A、B 组合:

$$\sigma_p^2 = W_1^2\sigma_1^2 + W_2^2\sigma_2^2 + 2W_1W_2\rho_{1,2}\sigma_1\sigma_2$$
$$= 0.5^2 \times 0.255^2 + 0.5^2 \times 0.255^2 + 2 \times 0.5 \times 0.5 \times (-1) \times 0.255 \times 0.255 = 0$$

C、D 组合:

$$\sigma_p^2 = W_1^2\sigma_1^2 + W_2^2\sigma_2^2 + 2W_1W_2\rho_{1,2}\sigma_1\sigma_2$$
$$= 0.5^2 \times 0.2569^2 + 0.5^2 \times 0.1525^2 + 2 \times 0.5 \times 0.5 \times 1 \times 0.2569 \times 0.1525 = 0.0419$$

从计算结果可以看出,证券组合后的风险程度,在证券完全负相关的情况下完全抵消了;在证券完全正相关的情况下虽然没有抵消,但至少不会提高,仍等于两种证券加权平均的风险程度。由于随机的两种股票之间的相关系数一般在 0.5—0.7,所以组合后是可以降低风险的。如果证券数量达到一定程度,可分散风险并使之降低到零,完全抵消。

## 二、非系统风险与风险分散

非系统风险,又被称为企业特有风险或可分散风险,是指由于某种特定原因对某特定资产收益率造成影响的可能性。它是可以通过有效的资产组合来消除掉的风险;它是特定企业或特定行业所特有的,与政治、经济和其他影响所有资产的市场因素无关。对于特定企业而言,企业特有风险可进一步分为经营风险和财务风险。

经营风险,是指因生产经营方面的原因给企业目标带来不利影响的可能性。

财务风险,又称筹资风险,是指由于举债而给企业目标带来不利影响的可能性。

在风险分散的过程中,不应当过分夸大资产多样性和资产数目的作用。实际上,在资产组合中资产数目较少时,通过增加资产的数目,分散风险的效应会比较明显,但当资产的数目增加到一定程度时,风险分散的效应就会逐渐减弱。

## 三、系统风险及其衡量

系统风险又被称为市场风险或不可分散风险,是影响所有资产的、不能通过资产组合来消除的风险。这部分风险是由那些影响整个市场的风险因素所引起的。这些因素包括宏观经济形势的变动、国家经济政策的变化、税制改革、企业会计准则改革、世界能源状况、政治因素等。

单项资产或资产组合受系统风险影响的程度,可以通过 $\beta$ 系数来衡量。

### (一) 单项资产的 $\beta$ 系数

单项资产的 $\beta$ 系数,是指可以反映单项资产收益率与市场平均收益率之间变动关系的一个量化指标。它表示单项资产收益率的变动受市场平均收益率变动的影响程度。换句话说,指相对于市场组合的平均风险而言单项资产系统风险的大小。

### (二) 市场组合及其风险的概念

市场组合是指由市场上所有资产组成的组合。它的收益率就是市场平均收益率,实务中通常用股票价格指数的收益率来代替。而市场组合的方差则代表了市场整体的风险。由于包含了所有资产,因此市场组合中的非系统风险已经被消除,所以市场组合的风险就是市场风险。

(1) 当 $\beta=1$ 时,表示该单项资产的收益率与市场平均收益率呈相同比例的变化,其风险情况与市场投资组合的风险情况一致;(2) 如果 $\beta>1$,说明该单项资产的风险大于整个市场投资组合的风险;(3) 如果 $\beta<1$,说明该单项资产的风险程度小于整个市场投资组合的风险。

### (三) 资产组合的 $\beta$ 系数

对于资产组合来说,其系统风险的大小也可以用 $\beta$ 系数来衡量。资产组合的 $\beta$ 系数是所有单项资产 $\beta$ 系数的加权平均数,权数为各种资产在资产组合中所占的价值比例。

$$\beta = \sum_{i=1}^{n}(W_i \times \beta_i)$$

上式中,$\beta_i$ 为资产组合中第 $i$ 种资产的 $\beta$ 系数,$W_i$ 为第 $i$ 种资产在资产组合中所占的价值比例。

## 四、风险与收益

### (一) 风险与收益的一般关系

对于每项资产,投资者都会因承担风险而要求获得额外的补偿,其要求的最低收益率应该

包括无风险收益率与风险收益率两部分。因此,对于每项资产来说,所要求的必要收益率可以用以下的模式来度量:

$$必要收益率 = 无风险收益率 + 风险收益率$$

上式中,无风险收益率(通常用 $R_f$ 表示)是纯利率与通货膨胀补贴率之和,通常用短期国债的收益率来近似替代;风险收益率则表示因承担该项资产的风险而要求获得的额外补偿,其大小则视所承担风险的大小以及投资者对风险的偏好而定。

风险收益率可以表述为风险价值系数($b$)与标准离差率($V$)的乘积。即

$$风险收益率 = b \times V$$

因此,

$$必要收益率(R) = R_f + b \times V$$

风险价值系数的大小取决于投资者对风险的偏好,对风险的态度越是回避,风险价值系数的值也就越大;反之则越小。标准离差率的大小则由该项资产的风险大小所决定。

【案例分析 2-4】

某种股票的期望收益率为 10%,其标准离差为 0.04,风险价值系数为 30%,求该股票的风险收益率。

解析:

$$标准离差率 = 标准离差/期望值 = 0.04/10\% = 0.4$$
$$风险收益率 = 风险价值系数 \times 标准离差率 = 30\% \times 0.4 = 12\%$$

(二) 资本资产定价模型

1. 资本资产定价模型的基本原理

资本资产定价模型的主要内容是分析风险收益率的决定因素和度量方法,其核心关系式为

$$R = R_f + \beta \times (R_m - R_f)$$

上式中,$R$ 表示某资产的必要收益率;$\beta$ 表示该资产的系统风险系数;$R_f$ 表示无风险收益率,通常以短期国债的利率来近似替代;$R_m$ 表示市场平均收益率,通常用股票价格指数的平均收益率来代替。

公式中的 $(R_m - R_f)$ 称为市场风险溢酬,它是附加在无风险收益率之上的,由于承担了市场平均风险所要求获得的补偿,它反映的是市场作为整体对风险的平均"容忍"程度。对风险的平均容忍程度越低,越厌恶风险,要求的收益率就越高,市场风险溢酬就越大;反之,市场风险溢酬则越小。

某项资产的风险收益率是该资产的 $\beta$ 系数与市场风险溢酬的乘积。即

$$风险收益率 = \beta \times (R_m - R_f)$$

【案例分析 2-5】

甲公司是一家上市公司,有关资料如下:目前一年期国债利息率为 4%,市场组合风险收

益率为6%。不考虑通货膨胀因素。要求：

(1) 若甲公司股票所含系统风险与市场组合的风险一致,确定甲公司股票的β系数;

(2) 若甲公司股票的β系数为1.05,运用资本资产定价模型计算其必要收益率。

解析：

(1) 因为甲公司股票所含系统风险与市场组合的风险一致,所以甲股票的β系数＝1;

(2) 甲股票的必要收益率＝4%＋1.05×6%＝10.3%

2. 资产组合的必要收益率

$$资产组合的必要收益率 = R_f + \beta_P \times (R_m - R_f)$$

上式中,$\beta_P$是资产组合的系统风险系数。

【案例分析2-6】

某公司拟进行股票投资,计划购买A、B、C三种股票,并分别设计了甲乙两种投资组合。已知三种股票的β系数分别为1.5、1.0和0.5,它们在甲种投资组合下的投资比重为50%、30%和20%;乙种投资组合的风险收益率为3.4%。同期市场上所有股票的平均收益率为12%,无风险收益率为8%。要求：

(1) 根据A、B、C股票的β系数,分别评价这三种股票相对于市场投资组合而言的投资风险大小。

(2) 按照资本资产定价模型计算A股票的必要收益率。

(3) 计算甲种投资组合的β系数和风险收益率。

(4) 计算乙种投资组合的β系数和必要收益率。

(5) 比较甲乙两种投资组合的β系数,评价它们的投资风险大小。

解析：

(1) A股票的β系数为1.5＞1,A股票的风险大于市场投资组合的风险;B股票的β系数为1.0,B股票的风险等于市场投资组合的风险;C股票的β系数为0.5＜1,C股票的风险小于市场投资组合的风险。所以A股票相对于市场投资组合的投资风险大于B股票,B股票相对于市场投资组合的投资风险大于C股票。

(2) A股票的必要收益率＝8%＋1.5×(12%－8%)＝14%

(3) 甲种投资组合的β系数＝1.5×50%＋1.0×30%＋0.5×20%＝1.15

甲种投资组合的风险收益率＝1.15×(12%－8%)＝4.6%

(4) 乙种投资组合的β系数＝3.4%/(12%－8%)＝0.85

乙种投资组合的必要收益率＝8%＋3.4%＝11.4%

(5) 甲种投资组合的β系数大于乙种投资组合的β系数,说明甲的投资风险大于乙的投资风险。

【任务2学习小结】

本任务主要涉及以下内容：

1. 资产的收益是指资产的价值在一定时期的增值。一般情况下,有两种表述资产收益的方式：以绝对数表示的资产价值的增值量,称为资产的收益额;以相对数表示的资产价值的增值率,称为资产的收益率或报酬率。

2. 资产的风险,是指资产收益率的不确定性,其大小可用资产收益率的离散程度来衡量。资产收益率的离散程度,是指资产收益率的各种可能结果与预期收益率的偏差。衡量风险的指标主要有收益率的方差、标准差和标准离差率等。

3. 资产组合风险的分散。两个或两个以上资产所构成的集合,称为资产组合。如果资产组合中的资产均为有价证券,则该资产组合也可称为证券组合。

资产组合的预期收益率,就是组成资产组合的各种资产的预期收益率的加权平均数,其权数等于各种资产在整个组合中所占的价值比例。

系统风险又被称为市场风险或不可分散风险,是影响所有资产的、不能通过资产组合来消除的风险。

非系统风险,又被称为企业特有风险或可分散风险,是指由于某种特定原因对某特定资产收益率造成影响的可能性。

4. 资本资产模型。资产收益率由无风险收益率和风险收益率构成,资本资产模型中,必要收益率 $R = R_f + \beta \times (R_m - R_f)$。

## 【基本概念】

资产收益　资产收益率　风险　资产组合　系统风险　非系统风险　风险收益

## 【思考题】

1. 简述资产收益率的含义、类型。
2. 什么是单项资产预期收益率?风险的衡量指标有哪些?
3. 资产组合收益率和资产组合系统风险如何计算?
4. 简述系统风险和非系统风险关系。
5. 简述风险与收益的一般关系。

## 【实训案例】

### 一个普通上班族女生自述的理财之道

首先,我介绍一下自己的理财风格。我是一个比较保守、但又非常渴望能够通过平时的精打细算来赚取一定收益的人,所以,我的理财分类比较多样,根据我承受风险的能力,作了如下的资金理财划分,与大家一起分享。

1. 银行理财产品

收益率:4.6%—5.9%。我买的是浦发银行的理财产品,去年比较低,现在涨上来了,半年就能达到5.8%,非常赞,但只可惜我是年初和年中买了一年的,才4.9%和5.1%,现在完全没有资金买了,所以,以后打算还是买季度或是半年的,以免再错过。

起挣线:5万元起。

周期:1个月、3个月、半年、一年不等。

安全性:尽管银行会申明是非保本的理财,但是以我买了快三年的经验来说,还是相对比较有保证的。风险主要还是来自自然灾害,或是银行倒闭等,所以,如果你觉得不保险,可以分开不同的银行进行理财产品的购买。我目前为了省事,就都在浦发买了,其实这样不好,但是实在懒。

2. 余额宝

收益率:3.7%—6.5%,这个是我在一个论坛里看大家讨论介绍的时候知道的,因为它基于支付宝平台,觉得安全性会比较高,于是很快就投入了手里的一些闲钱。像大家的感受一样,每天看到有收益,真的是非常爽的一件事情。我计划以后将每个月工资的大部分转入余额宝赚利息。在没有很大支出的前提下,手头不会存太多的钱,基本有个2000元就够了,而且我现在刚刚申请了信用卡,身上留个1000元就够了,也许都不用那么多。

起挣线:1元。

周期:每天。

安全性:我之前也担心过安全性,但是,在关注了余额宝的官方微博一篇介绍关于安全性的文章后,我觉得还算安全,所以对于那些比较谨慎的亲们,还是可以推荐的,如果还是有疑虑,也可以关注下他们的官方微博,了解一下具体情况。

3. 爱投资

收益率:13%—15%,这个收益率真是比较高了,我自己目前是属于尝试阶段,而且我在之前也做了一些功课,查看了它的安全性、资历、投资流程等。目前觉得它还是非常靠谱的一家新兴类理财创业公司,但还是本着理性投资的态度,我仅仅用了1万元进行投资。根据官方网站系统的自动计算,每月能收到100多元的收益,而且每个月是可以自己取出来的,我打算取出来就存余额宝进行滚动收益。

起挣线:1万元。

周期:半年、1年。

安全性:主要的考评是来自官方网站的介绍,还有相关的主流媒体新闻的报道,我也看了他们的官方微博,非常认真,每天都会进行投资信息的播报,还有就是手机短信系统的提醒,官方网站自身的专业性设计,所以,就我个人判断,还是值得信赖的。如果亲是一个能够承担这类型风险、想要尝试新型投资方式的话,爱投资是非常不错的选择,虽然它才开始创业,但却因为有良好的运作,现在已经涌入了大量的使用用户,所以如果你投资早的话,还是一个不错的机会。

4. 信用卡

这个其实算不上什么理财,但是我将信用卡作为我一种理财的辅助手段。

我的想法是,以后的外出消费都采用信用卡透支消费,而不去动用我自身的任何资金,而这些资金绝大多数都用来进行理财赚取利息,而且信用卡本身的积分制度和很多优惠,也帮助我能够得到一些实惠,非常赞。

**问题分析:**

1. 比较分析银行理财产品与银行定期存款的收益与风险。

2. 余额宝类产品为何能快速吸引众多投资者?其风险主要有哪些?

3. 爱投资、人人贷等网贷平台推出的P2C(个人对公司)、P2B(个人对企业)、P2P(个人对个人)的直接融资方式,其主要的风险有哪些?如何规避?

4. 案例中该女生的理财方式有哪些值得借鉴的地方?

# 任务 3
# 资金时间价值与证券评价

【学习目标】

- 掌握复利现值和终值的含义与计算方法
- 掌握年金现值、年金终值的含义与计算方法
- 掌握利率的计算,名义利率与实际利率的换算
- 掌握股票收益率的计算,普通股的评价模型
- 掌握债券收益率的计算,债券的估价模型
- 熟悉现值系数、终值系数在计算资金时间价值中的运用

## 任务 3-1 认识资金时间价值

【引导案例】

公元 1797 年,拿破仑参观卢森堡第一国立小学的时候,向该校赠送了一束价值 3 路易的玫瑰花。拿破仑宣称,玫瑰花是两国友谊的象征,为了表示法兰西共和国爱好和平的诚意,只要法兰西共和国存在一天,他将每年向该校赠送一束同样价值的玫瑰花,当然。由于年年征战,拿破仑并没有履行他的诺言。

历史前进的脚步一刻也不曾停息,转眼间已是近一个世纪的时光。公元 1894 年,卢森堡王国郑重向法国政府致函:向法国政府提出这"赠送玫瑰花"的诺言,并且要索赔。一、从 1798 年算起,用 3 路易作为一束玫瑰的本金,以 5 厘复利计息全部清偿;二、要么在法国各大报刊上,公开承认拿破仑是个言而无信的小人。法国政府不想做出有损拿破仑形象的事情,但原本只有 3 路易的一束玫瑰花,本息已达 1 375 596 法郎。1977 年 4 月 22 日,法国总统德斯坦回访卢森堡,将一张象征 4 936 784.68 法郎的支票,交给了卢森堡,以此了却了持续 180 年的"玫瑰花诺言"案。

【任务 3-1 学习目标】

1. 掌握复利终值和现值的含义与计算方法。
2. 掌握年金终值、年金现值的含义与计算方法。
3. 掌握利率的计算,名义利率与实际利率的换算。

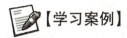

**【学习案例】**

## 王女士的家庭理财计划

王女士在一家企业做会计,今年30岁,丈夫35岁,在一IT公司工作。他们有一个5岁的孩子,目前家庭年收入为20万元。王女士一家过去、现在以及将来的理财情况如下:

今年年初,王女士银行账户中的活期存款余额10万元,考虑到活期存款利率低、近期通货膨胀严重以及未来资金的预防性需求等因素,王女士将5万元用于购买利率为6%的国债,2万元投资入股朋友的企业,占股份5%,该企业年投资回报率为10%,企业章程约定,投资前5年不分配利润,而是将利润用于再投资。

7年后,王女士的孩子将上初中,她计划让孩子上最好的中学,但需要交择校费7万元。

3年前,王女士选择了基金定投,每年定期花6 000元购买某一基金,假如基金的年均收益率为8%。

王女士的企业为私人企业,虽然单位为每个职工缴纳了五险一金,但王女士还计划为自己和丈夫每人购买一份商业养老保险,希望在25年后(即退休后)每人每年能领取24 000元养老保险金,连续领取25年,若保险金利率为4%。

5年前,他们以首付3成20年的银行按揭方式购买了一套120平方米的商品房,总价格60万元,年利率为8%。

请回答以下问题:

1. 王女士目前用5万元购买的年利率为6%的国债,5年后的终值(本利和)是多少?

2. 假如王女士的10万元活期存款中有4.5万元是3年前的一笔到期定期存款,假如三年期定期存款利率为3%,则王女士3年前存入的本金是多少?

3. 王女士用2万元投资入股的年收益率为10%的资金,5年后总收益为多少?如果5年后该企业终止,王女士分得现金5万元,则5年的年均投资收益率是多少?如果希望投入的2万元现金,在年均收益率为10%的条件下达到原来的2倍,则需要花几年时间?

4. 为了7年后有7万元现金替孩子交择校费,王女士想购买一只收益率稳定的基金作为孩子择校基金,该基金年均收益率8%,则目前她需要一次性购买多少?

5. 如果王女士从3年前开始的基金定投一直持续到今后7年,当每年年末购买6 000元时,该基金在7年后的价值为多少?如果每年年初购买,则7年后的价值又是多少?如果王女士没有专门为孩子购买择校基金,则该笔基金定投能否达到择校的金额要求?如果3年前每年年末购入6 000元基金,7年后基金的总价值为8万元,则基金的年均投资收益率是多少?

6. 在王女士退休后的25年(56岁至80岁)中,如果每年年末领取商业养老保险24 000元折算到退休(55岁)时的现值是多少?每年年初领取时,其现值又是多少?

7. 为了达到她和丈夫退休后每年年末每人各领取24 000元保险金的目标,则从明年开始,在每年年末,每人需要购买多少金额的养老保险?如果在年初购买,则每人每年需要购买多少金额?

8. 王女士5年前购买的按揭住房,每年年末需要支付多少银行按揭款?如果每年年初支付,需要支付的金额是多少?如果王女士每年年末能还款60 000元,则需要偿还多少年?

## 一、资金时间价值的含义

资金时间价值是贯穿财务管理的一条主线。资金时间价值,是指一定量资金在不同时点上的价值量差额。比如,现在存入银行100元现金,在年利率为10%的条件下,1年后的本利和为110元,2年后的本利和为120元,在目前、1年后、2年后的三个时间点上,100元资金价值量分别为100元、110元、120元,这三个时间点上的价值量的差额,即10元(110－100)、20元(120－100),就是资金时间价值。

资金的时间价值来源于资金进入社会再生产过程后的价值增值,是一定量的资金经历一定时间的投资和再投资所增加的价值。从量的规定性来看,资金时间价值是指无风险和无通货膨胀条件下的社会平均资金利润率。它是衡量企业经济效益、考核经营成果的重要依据。

资金时间价值的表现形式有两种:一种是绝对数形式(增值额);另一种是相对数形式,即资金时间价值率,是指不考虑风险或通货膨胀因素的社会平均资金利润率。

## 二、资金时间价值的基本计算

终值又称将来值或本利和,是现在一定量的资金折算到未来某一时点所对应的金额,通常记作 $F$。现值,是指未来某一时点上的一定量资金折算到现在所对应的金额,通常记作 $P$。

### (一) 单利终值与现值的计算

利息的计算有单利和复利两种方式。在单利中,只有本金计算利息,利息不计算利息;而复利计算中,本金和利息都要计算利息。通常情况下,资金时间价值采用复利计息方式进行计算。

1. 单利终值

单利终值是指单利计息方式下,一定量的资金经过一段时间后的本利和。其计算公式为

$$F = P(1 + i \cdot n)$$

式中,$P$ 为现值或本金,$F$ 为终值或本利和,$i$ 为折现率(通常用利率替代),$n$ 为计息期期数,$(1 + i \cdot n)$ 为"单利终值系数"。

**【案例分析 3-1】**

针对学习案例中的第1个问题,王女士用5万元购买的年利率为6%的国债,5年后的本利和为

$$F = P(1 + i \cdot n) = 50\,000 \times (1 + 6\% \times 5) = 65\,000(元)$$

2. 单利现值

$$P = \frac{F}{1 + i \cdot n}$$

式中,$\dfrac{1}{1 + i \cdot n}$ 为"单利现值系数"。

**【案例分析 3-2】**

针对学习案例中的第2个问题,王女士3年前的一笔年利率为3%的定期存款,现在本利和为4.5万元,则3年前存入的本金为

$$P = F/(1+n.i) = 45\,000/(1+3\times3\%) \approx 41\,284.4(元)$$

因此，我们可以得到以下结论：(1)单利的终值和单利的现值互为逆运算；(2)单利终值系数$(1+i.n)$和单利现值系数$\dfrac{1}{1+i.n}$互为倒数。

### (二) 复利终值与现值的计算

资金按单利计算进行投资，利息没有进行再投资；而在复利情况下，则利息也进行再投资了。本杰明·富兰克林说："钱可以生钱，钱生的钱又可以再生出更多的钱"，这是解释复利过程的一种生动形象的描述。

采用复利计算方法，上期的利息能够转入下期与本金合在一起计算利息，从而对资金使用期限的长短产生更大的影响，因此资金时间价值通常采用复利计算。

#### 1. 复利终值的计算

复利终值是指一定量的本金按复利计算若干期后的本利和。例如，现在有资金1 000元，如果年利率为10%，则第一年至第三年，各年年末的复利终值如下：

1 000元1年后的终值＝1 000×(1+10%)＝1 100(元)

1 000元2年后的终值＝1 000×(1+10%)×(1+10%)＝1 210(元)

1 000元3年后的终值＝1 000×(1+10%)×(1+10%)×(1+10%)＝1 331(元)

推理总结，复利终值的计算公式如下：

$$F = P(1+i)^n$$

上式是计算复利终值的一般公式，其中的$(1+i)^n$被称为复利终值系数或1元的复利终值，用符号$(F/P, i, n)$表示。例如，$(F/P, 6\%, 3)$表示为6%的3期复利终值系数。为了计算方便，可编制"复利终值系数表"(见附表一)备用。该表的第一行是利率$i$，第一列是计息期数$n$，相应的$(1+i)^n$值在其纵横相交处。通过该表可查出，$(F/P, 6\%, 3) = 1.191$。在时间价值为6%的情况下，现在的1元和3年后的1.191元在经济上是等效的，根据这个系数可以把现值换算成终值。

该表的作用不仅在于已知$i$和$n$时查找1元的复利终值，而且可在已知1元复利终值和$n$时查找$i$，或已知1元复利终值和$i$时查找$n$。

**【案例分析3-3】**

针对学习案例第3个问题，有关分析如下：

(1) 王女士用2万元投资入股的年收益率为10%的资金，5年后总收益为

$$F = 20\,000 \times (1+10\%)^5 = 20\,000(F/P, 10\%, 5) = 20\,000 \times 1.611 = 32\,220(元)$$

(2) 如果5年后该企业终止，王女士分得现金5万元，则5年的年均投资收益率是多少？

将投入的本金20 000元、最终现金收入50 000元以及年限5，代入复利终值公式$F = P(1+i)^n$中，得到：

$$(1+i)^5 = (F/P, i, 5) = 50\,000/20\,000 = 2.5$$

查"复利终值系数表"，在$n=5$的行中查找复利终值系数2.5，最接近的值为

$$(F/P, 20\%, 5) = 2.4883$$

所以，$i \approx 20\%$。

(3) 如果希望投入的 2 万元现金在年均收益率为 10% 的条件达到原来的 2 倍，则需要花几年时间？

将投入的本金 20 000 元、最终现金收入 40 000 元以及利率 10%，代入复利终值公式 $F = P(1+i)^n$ 中，得到：

$$(1+10\%)^n = (F/P, 10\%, n) = 40\,000/20\,000 = 2$$

查"复利终值系数表"，在 $i=10\%$ 的列中查找复利终值系数 2，最接近的值为

$$(F/P, 10\%, 7) = 1.9487$$

所以，$n \approx 7$（年）。

2. 复利现值的计算

复利现值是指未来一定时间的特定资金按复利计算的现在价值，或者说是为了取得将来一定的本利和现在所需要的本金。它是复利终值公式的逆运算，是指已知 $F$、$i$、$n$ 时，求 $P$，因此复利现值公式：

$$P = \frac{F}{(1+i)^n} = F \times (1+i)^{-n}$$

上式中的 $(1+i)^{-n}$ 是把终值折算为现值的系数，称为复利现值系数，或称 1 元的复利现值，用符号 $(P/F, i, n)$ 表示。例如，$(P/F, 10\%, 5)$ 表示为利率为 10% 时 5 期的复利现值系数。为了计算方便，可编制"复利现值系数表"（见附表二）备用。该表的使用方法与"复利终值系数表"相同。

**【案例分析 3-4】**

针对学习案例中的第 4 个问题，为了 7 年后有 7 万元现金替孩子交择校费，王女士需要一次性购买年均收益率 8% 的基金为

$$P = F(1+i)^{-n} = F(P/F, i, n) = 70\,000 \times 0.5835 = 40\,845(元)$$

(三) 年金终值与现值的计算

年金是指等额、定期的系列收支，是一种比较特殊的现金收支形式。年金具有连续性和等额性特点。连续性要求在一定时间内间隔相等时间就要发生一次收支业务，中间不得中断，必须形成现金流系列。等额性要求每期收、付款项的金额必须相等。年金的形式多种多样，如等额分期收款、等额分期付款、保险费等，都属于年金的收付形式。

年金按其每次收付款项的时点不同，可分为普通年金、预付年金、递延年金和永续年金等。无论哪种年金，都是建立在复利基础之上的。利用前面的知识，我们知道了单笔资金的终值和现值的计算方法，年金的终值和现值计算可以利用复利计算方法累加计算得出。

1. 普通年金与预付年金的终值计算

普通年金又称为后付年金。它是指在一定时期内每期期末收付等额款项的年金。这种年金在现实生活中最为常见，而且其他几种年金均可在这种年金的基础上推算出来。因此，应重点掌握普通年金的有关计算方法。

普通年金的收付可用图3-1来表示。图中横轴代表时间的延续,横线以上的数字为各期的顺序号,竖线箭头的位置代表支付的时点,下面的数字表示支付的金额。图3-1表示3期内每年年末收入100元的普通年金。

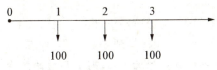

图3-1 普通年金收付示意图

普通年金终值是指一定时期内每期期末等额收付系列款项的复利终值之和。它是每笔年金的本息终值的总和。如按图3-1的数据,假定$i=5\%$,则第3期期末的普通年金终值的计算如图3-2所示。

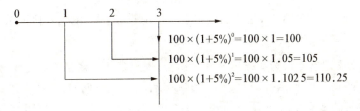

图3-2 普通年金终值计算示意图

从图3-2可知,第1期期末的100元,有2个计息期,其复利终值为110.25元;第2期期末的100元,有1个计息期,其复利终值为105元;第3期期末的100元,没有利息,其终值仍为100元。将这3期的复利终值相加可得315.25元,即为整个普通年金终值。则普通年金终值的计算公式是

$$F_A = A \times \frac{(1+i)^n - 1}{i}$$

公式中:$F_A$——表示年金的终值;
$A$——表示年金;
$i$——表示利率;
$n$——表示期数。

式中,$\frac{(1+i)^n-1}{i}$叫普通年金终值系数,是普通年金为1元、利率为$i$、经过$n$期的年金终值,用符号$(F/A, i, n)$表示,该系数可通过查"年金终值系数表"(见附表三)获得。

预付年金是指每期期初支付的年金,又称即付年金或先付年金。预付年金的终值比普通年金多一期的利息,其公式为

$$F_A = A(1+i)(F/A, i, n) = A[(F/A, i, n+1) - 1]$$

$(1+i)(F/A, i, n)$为预付年金终值系数,它可以在普通年金终值系数的基础上乘以$(1+i)$得到。比如每年年末支付1元,年利率为10%,3年后的终值系数$(F/A, 10\%, 3)$为3.31,如果年初支付,则终值系数为$3.31(1+10\%)=3.641$。

预付年金终值系数也可以用符号$[(F/A, i, n+1)-1]$表示,它与普通年金终值系数相比,期数加1,而系数减1,比如每年年初支付1元,年利率为10%,3年后的预付年金的终值系

数可以查阅 4 期的普通年金的终值系数 $(F/A, 10\%, 4) = 4.641$，在此基础上减 1，即 $4.641 - 1 = 3.641$。

### 【案例分析 3-5】

针对学习案例中的第 5 个问题，有关分析如下：

(1) 如果王女士从 3 年前开始一直持续到今后 7 年（即在 10 年中）每年年末购买 6 000 元基金作为基金定投，如果基金年均收益率为 8%，则 7 年后的基金价值为

$$F_A = A(F/A, i, n) = 6\,000(F/A, 8\%, 10) = 6\,000 \times 14.487 = 86\,922(元)$$

(2) 如果每年年初购买，则 7 年后的价值为：

$$F_A = A(1+i)(F/A, i, n) = 6\,000(1+8\%)(F/A, 8\%, 10)$$
$$= 6\,000 \times (1+8\%) \times 14.487 = 93\,870(元)$$
$$= A[(F/A, i, n+1) - 1] = 6\,000[(F/A, 8\%, 11) - 1]$$
$$= 6\,000 \times (16.645 - 1) = 93\,870(元)$$

(3) 如果王女士没有专门为孩子购买择校基金，则该笔基金定投能否达到择校的金额要求？

因为王女士的孩子 7 年后的择校费为 70 000 元，而 10 年期间，无论是在每年年初购买还是在每年年末购买的基金定投总价值均超过 7 万元，因此，王女士可以用基金定投获取的现金为孩子交择校费。

(4) 如果 3 年前每年年末购入 6 000 元基金，7 年后基金的总价值为 8 万元，则基金的年均投资收益率是多少？

将年金 $A = 6\,000$，年金终值 $F_A = 80\,000$ 元，$n = 10$ 代入普通年金终值公式，即 $80\,000 = 6\,000(F/A, i, 10)$ 得到：

$$(F/A, i, 10) = 13.333\,3$$

查阅普通年金终值系数表，在 $n = 10$ 行查找 13.333 3，最接近的值为

$$(F/A, 6\%, 10) = 13.181，所以，i \approx 6\%。$$

2. 普通年金和预付年金的现值计算

普通年金现值是指在一定时期内，每期期末等额收付系列款项的复利现值之和。它是每笔年金的本息现值的总和。如按图 3-1 的数据，假定 $i = 5\%$，则第 3 期期末的普通年金现值的计算如图 3-3 所示。

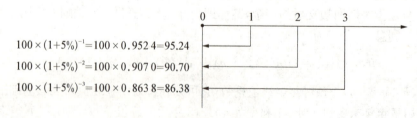

图 3-3 普通年金现值计算示意图

从图 3-3 可知，第 1 期末的 100 元折现到第 1 期期初，有 1 个计息期，其复利现值为 95.24 元；第 2 期末的 100 元折现到第 1 期期初，有 2 个计息期，其复利现值为 90.70 元；第 3

期期末的 100 元折现到第 1 期期初,有 3 个计息期,其复利现值为 86.38 元。将这 3 期的复利现值相加可得 272.32 元,即为整个普通年金现值。则普通年金现值的计算公式为

$$P_A = A \times \frac{1-(1+i)^{-n}}{i}$$

式中,$[1-(1+i)^{-n}]/i$ 为普通年金现值系数,用符号 $(P/A, i, n)$ 表示,该系数可通过查"年金现值系数表"(见附表四)获得。

预付年金的现值比普通年金现值多一期的利息,其公式为

$$P_A = A(1+i)(P/A, i, n) = A[(P/A, i, n-1)+1]$$

$(1+i)(P/A, i, n)$ 为预付年金的现值系数,它可以在普通年金现值系数的基础上乘以 $(1+i)$ 得到。比如每年年末支付 1 元,年利率为 10%,5 年后的现值系数 $(P/A, 10\%, 5)$ 为 3.790 8,如果年初支付,则现值系数为 3.790 8(1+10%)=4.169 9。

预付年金现值系数也可以用符号 $[(P/A, i, n-1)+1]$ 表示,它与普通年金现值系数相比,期数减 1,而系数加 1,比如每年年初支付 1 元,年利率为 10%,5 年后的预付年金的终值系数可以查阅 4 期的普通年金的终值系数 $(F/A, 10\%, 4) = 3.169\ 9$,在此基础上加 1,即 3.169 9+1=4.169 9。

【案例分析 3-6】

针对学习案例中的第 6 个问题,在王女士退休后的 25 年(56 岁至 80 岁)中,养老保险折算分析如下:

(1) 如果每年年末领取商业养老保险 24 000 元,在利率为 4% 的条件下折算到退休(55 岁)时的现值,实际是普通年金现值的计算,其现值为

$$P_A = A(P/A, i, n) = 24\ 000(P/A, 4\%, 25) = 24\ 000 \times 15.622\ 1 = 374\ 930.4(元)$$

(2) 如果每年年初领取时,其现值计算实际是计算预付年金的现值,其现值为

$$P_A = A(1+i)(P/A, i, n) = 24\ 000(1+4\%) \times 15.622\ 1 = 389\ 927.62(元)$$
$$= A[(F/A, i, n-1)+1] = 24\ 000[(F/A, 4\%, 24)+1]$$
$$= 24\ 000(15.247+1) = 389\ 928(元)$$

3. 等额年金的计算

年金的终值(或现值)计算是已知年金 $A$、利率 $i$ 和期限 $n$,利用年金终值(或现值)公式求出年金的终值 $F_A$(或现值 $P_A$)。如果已知年金的终值 $F_A$(或现值 $P_A$)、利率 $i$ 和期限 $n$,利用年金终值(或现值)公式也可以求出年金 $A$。

(1) 已知终值求年金的计算(也称为偿债基金的计算)。

为了使未来终值达到既定金额,在 $n$ 年中,每年应支付多少年金数额,实际是已知终值求年金,其公式为

$$A = F/(F/A, i, n) \quad (普通年金)$$

$$A = F/[(1+i)(F/A, i, n)] \quad (预付年金)$$

**【案例分析 3-7】**

针对学习案例中的第 7 个问题,王女士夫妇退休后每人每年年末要领取 24 000 元保险金,将其折算到退休时的金额为 374 930.4 元(见【案例分析 3-6】中的计算结果),为了使得退休时能达到 374 930.4 元,则从明年开始的 25 年中,每年他们需要为自己购买一定数额的养老保险金。

① 如果他们在每年年末购买,则为已知终值求普通年金的计算,即每年购买的金额为

$$A = F/(F/A, i, n) = 374\ 930.4/(F/A, 4\%, 25) = 374\ 930.4/41.646 = 9\ 002.79(元)$$

② 如果在每年年初购买,则为已知终值求预付年金的计算,即每年购买的金额为

$$A = F/[(1+i)(F/A, i, n)] = 374\ 930.4/[(1+4\%) \times 41.646] = 8\ 656.53(元)$$

(2) 已知现值求年金的计算(也称为投资回收额的计算)。

现在支出一笔金额,在 $n$ 年中,每年能等额回收多少金额,实际是已知现值求年金,其公式为

$$A = P/(P/A, i, n) \quad (普通年金)$$
$$A = P/[(1+i)(P/A, i, n)] \quad (预付年金)$$

**【案例分析 3-8】**

针对学习案例中的第 8 个问题,王女士 5 年前购买的商品房,贷款本金为 42 万元(60 万元 × 70%),偿还期限为 20 年,在贷款利率为 8% 的条件下,每年需要支付多少按揭款,这就是已知现值求年金,具体计算如下:

(1) 如果按揭款为每年年末支付,则为已知现值求普通年金,每年支付的金额为

$$A = P/(P/A, i, n) = 420\ 000/(P/A, 8\%, 20) = 420\ 000/9.818\ 1 = 42\ 778.13(元)$$

(2) 如果按揭款为每年年初支付,则为已知现值求预付年金,每年支付的金额为

$$A = P/[(1+i)(P/A, i, n)] = 420\ 000/[(1+8\%) \times 9.818\ 1] = 39\ 609.38(元)$$

(3) 如果王女士每年年末能还款 60 000 元,实际是已知现值、年金和利率,将现值 420 000 元,年金 60 000 元,利率 8% 带入普通年金现值公式:

$$420\ 000 = 60\ 000\ (P/A, 8\%, n),得到(P/A, 8\%, n) = 7$$

查阅"年金现值系数表",查找 8% 的列中与系数 7 接近系数: $(P/A, 8\%, 11) = 7.139$,所以 $n \approx 11$(年)。

**4. 递延年金终值和现值的计算**

递延年金是指第一次支付发生在第二期或第二期以后的普通年金。一般用 $m$ 表示递延期数,$n$ 表示实际支付的期数。递延年金的支付形式见图 3-4,本例中 $m = 3$,$i = 10\%$,$n = 4$。

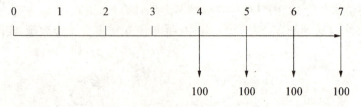

图 3-4

递延年金终值与普通年金终值的计算相同。

$$F = A(F/A, i, n) = 100 \times (F/A, 10\%, 4) = 100 \times 4.641 = 464.1(元)$$

递延年金的现值计算方法有两种：

第一种方法，是把递延年金视为 $n$ 期普通年金，求出递延期末（即第 $m$ 期期末，图 3-4 中 3 的位置）的现值，然后再将此现值调整到第一期期初（即图 3-4 中 0 的位置）。

$$P_3 = A(P/A, i, n) = 100 \times (P/A, 10\%, 4) = 100 \times 3.17 = 317(元)$$
$$P_0 = P_3(P/F, i, m) = 317 \times (P/F, 10\%, 3) = 317 \times 0.7513 = 238.16(元)$$

第二种方法，是假设递延期中也进行支付，先求出 $(m+n)$ 期的年金现值，然后，扣除实际并未支付的递延期 $(m)$ 的年金现值，即可求出最终结果。

$$P_{(m+n)} = A(P/A, i, m+n) = 100 \times (P/A, 10\%, 3+4) = 100 \times 4.868 = 486.8(元)$$
$$P_{(m)} = A(P/A, i, m) = 100 \times (P/A, 10\%, 3) = 100 \times 2.487 = 248.7(元)$$
$$P_{(n)} = A(P/A, i, n) = 100 \times (P/A, 10\%, 4) = 486.8 - 248.7 = 238.1(元)$$

5. 永续年金的计算

永续年金是指无限期等额收付的特殊年金，也称为永久年金，如优先股股利、金边债券（一种英国债券）等。它可视为普通年金的特殊形式，即期限趋于无穷的普通年金。因为它的持续期无限，所以没有终值，只有现值。其现值的公式可由普通年金现值公式推导得

$$P = A/i$$

【案例分析 3-9】

某公司拟在某大学建立一项永久性的奖学金，每年计划颁发 100 000 元奖学金，若年利率为 5%，现在应存入多少钱？

$$P = A/i = 100\,000/5\% = 2\,000\,000(元)$$

上述货币时间价值的计算，在财务管理实务中有着广泛的应用，如企业向银行申请贷款进行投资，对于债务的清偿可以运用货币时间价值原理选择企业还债方式。值得一提的是，对于实务中的不定期、非等额、不连续的收支情况，可以运用复利和年金的计算原理灵活计算求得。

（四）利率的计算

1. 复利计息方式下利率的计算

前面计算终值和现值过程中，当已知终值或现值、期数时，我们可以利用终值或现值系数表，查阅近似的利率值。如果希望得到利率更为精确的值，则可以通过内插法公式来计算：

$$i = i_1 + \frac{B - B_1}{B_2 - B_1} \times (i_2 - i_1)$$

式中，$i$ 为所要求的利率；$B$ 为 $i$ 对应的现值（或者终值）系数；$B_1$、$B_2$ 为现值（或者终值）系数表中与 $B$ 相邻的系数；$i_1$、$i_2$ 为 $B_1$、$B_2$ 对应的利率。

（1）若已知复利现值（或者终值）系数 $B$ 以及期数 $n$，可以查"复利现值（或者终值）系数表"，找出与已知复利现值（或者终值）系数最接近的两个系数及其对应的利率，按内插法公式

计算出利率。

**【案例分析 3‑10】**

郑先生下岗获得 50 000 元现金补助,他决定趁现在还有劳动能力,先找工作糊口,将款项存起来。郑先生预计,如果 20 年后这笔款项连本带利达到 250 000 元,那就可以解决自己的养老问题。问银行存款的年利率为多少,郑先生的预计才能变为现实?

解析:将本金 50 000 元,终值 250 000 元和期限 20 代入复利终值公式:

$$50\ 000 \times (F/P, i, 20) = 250\ 000,得到$$
$$(F/P, i, 20) = 5,即(1+i)^{20} = 5$$

查阅"复利终值系数表",在期限为 20 的行中,查找与系数 5 相邻的两个复利终值系数:
当 $i = 8\%$ 时,$(F/P, 8\%, 20) = 4.661$
当 $i = 9\%$ 时,$(F/P, 9\%, 20) = 5.604$
因此 $i$ 在 8%—9%。

运用内插法有 $i = i_1 + \dfrac{B - B_1}{B_2 - B_1} \times (i_2 - i_1)$

$$i = 8\% + (5 - 4.661) \times (9\% - 8\%)/(5.604 - 4.661) = 8.359\%$$

说明如果银行存款的年利率为 8.359%,则郑先生的预计可以变为现实。

(2) 若已知年金现值(或者终值)系数 $B$ 以及期数 $n$,可以查"年金现值(或者终值)系数表",找出与已知年金现值(或者终值)系数最接近的两个系数及其对应的利率,按内插法公式计算出利率。

**【案例分析 3‑11】**

某公司第一年年初借款 20 000 元,每年年末还本付息额均为 4 000 元,连续 9 年付清。问借款利率为多少?

解析:将本金 20 000 元,年金 4 000 元,期数 9 代入年金现值系数公式:

$$20\ 000 = 4\ 000(P/A, i, 9),得到:$$
$$(P/A, i, 9) = 20\ 000/4\ 000 = 5$$

查年金现值系数表,在期数为 9 的行中查找与系数 5 相邻的两个现值系数值,可得:
当 $i = 12\%$ 时,$(P/A, 12\%, 9) = 5.328\ 2$
当 $i = 14\%$ 时,$(P/A, 14\%, 9) = 4.946\ 4$

所以 $i = 12\% + \dfrac{5.328\ 2 - 5}{5.328\ 2 - 4.946\ 4} \times (14\% - 12\%) \approx 13.72\%$

如果已知终值或现值、利率,需要比较精确计算期限,也可以通过查阅终值或现值系数表,用内插法公式进行计算。

(3) 永续年金的利率可以通过公式 $i = \dfrac{A}{P}$ 来计算。

**【案例分析 3－12】**

某公司现在存入 2 000 000 元,想每年颁发 100 000 万元的奖学金,那么年利率为多少时才能够设立永久性奖学金?

$$i = \frac{100\ 000}{2\ 000\ 000} = 5\%$$

2. 名义利率与实际利率

如果以"年"作为基本计息期,每年计算一次复利,这种情况下的年利率为名义利率。如果按照短于一年的计息期计算复利,并将全年利息额除以年初的本金,此时得到的利率则为实际利率。名义利率与实际利率的换算关系如下:

$$i = \left(1 + \frac{r}{m}\right)^m - 1$$

式中,$i$ 为实际利率,$r$ 为名义利率,$m$ 为每年复利计息次数。

**【案例分析 3－13】**

年利率为 12%,按季复利计息,试求实际利率。

$$i = \left(1 + \frac{r}{m}\right)^m - 1 = (1 + 12\%/4)^4 - 1 = 1.125\ 5 - 1 = 12.55\%$$

## 三、利用财务函数进行资金时间价值的计算

在资金时间价值的计算中,终值、现值、利率、年金、期限的计算都可以在 Excel 环境下,通过插入财务函数来完成。

（一）现值的计算

在 Excel 中,计算现值的函数是 PV,其语法格式为:PV(rate, nper, pmt, fv, type)。其中,参数 rate 为各期利率;参数 nper 为投资期(或付款期)数;参数 pmt 为各期支付的金额,省略 pmt 参数就不能省略 fv 参数;fv 参数为未来值,省略 fv 参数即假设其值为 0,也就是一笔贷款的未来值为零,此时不能省略 pmt 参数;type 参数值为 1 或 0,用以指定付款时间是在期初还是在期末,如果省略 type 则假设值为 0,即默认付款时间在期末。

步骤:1. 建立 Excel 工作表,选中任意单元格,单击工具栏中的"fx"粘贴函数,弹出"函数分类"对话框,如图 3－5。

选择"财务"中的"PV"函数,点击"确定",在参数对话框中,分别在"rate, nper, fv"栏中分别输入数据"10%, 5, －1 000 000",点击"确定",D2 单元格中显示 620 921.32。即在 10% 的利率的情况下,现在需要存 620 921.32 元,才能在 5 年后得到 100 万元。

（二）终值的计算

在 Excel 中,计算终值的函数是 FV,其语法格式为 FV(rate, nper, pmt, pv, type)。其中,参数 rate 为各期利率;参数 nper 为期数;参数 pmt 为各期支付的金额,省略 pmt 参数则不能省略 pv 参数;参数 pv 为现值,省略参数 pv 即假设其值为零,此时不能省略 pmt 参数;type

参数值为 1 或 0,用以指定付款时间是在期初还是在期末,如果省略 type 则假设值为 0,即默认付款时间在期末。

（三）贴现率计算

在 Excel 工作表中,计算贴现率的函数为 RATE,其语法格式为：RATE(nper, pmt, pv, fv, type, guess)。其中 guess 为预期(猜测)利率,如果省略预期利率则假设该值为 10％。

（四）期数计算

在 Excel 中,计算期数的函数为 NPER,其语法格式为 NPER(rate, pmt, pv, fv, typ)。

（五）等额收(付)款计算

在 Excel 中,计算等额收(付)款的函数是 PMT,其语法格式为 PMT(rate, nper, pv, fv, type)。

【案例分析 3-14】

将学习案例中第 2—8 个问题的有关计算,在 Excel 环境下用插入财务函数进行计算的结果图 3-5。

| | A | B | C | D | E |
|---|---|---|---|---|---|
| 1 | 3.复利终值、利率和期限的计算 | | | 7.已知终值求年金 | |
| 2 | (1) 复利终值的计算 | | | (1) 已知终值求普通年金 | |
| 3 | 终值函数公式：=FV (rate, nper, pmt, pv, type )  =FV(10%,5,,-20000) | | | 年金函数公式：=PMT(4%,25,-374930.4) | |
| 4 | 计算结果 | 32,210.20 | | 计算结果 | 9,002.80 |
| 5 | (2) 复利利率计算 | | | (2) 已知终值求预付年金 | |
| 6 | 利率函数公式：=RATE (nper, pmt, pv, fv, type, guess)  =RATE(5,,-20000,50000) | | | 年金函数公式：=PMT(4%,25,-374930.4,,1) | |
| 7 | 计算结果 | 20.11% | | 结算结果 | 8,656.55 |
| 8 | (3) 期限的计算 | | | | |
| 9 | 期限函数公式：=NPER (rate, pmt, pv, fv, typ)  =NPER(10%,,-20000,40000) | | | 8.已知现值求年金 | |
| 10 | 计算结果 | 7.27 | | (1) 已知现值求普通年金 | |
| 11 | | | | 年金函数公式：=PMT(8%,20,420000) | |
| 12 | 4.复利现值的计算 | | | 计算结果 | 42,777.93 |
| 13 | 现值函数公式：=PV (rate, nper, pmt, fv, type ) | | | (2) 已知现值求预付年金 | |
| 14 | 计算结果 | 40,844.33 | | 年金函数公式：=PMT (8%,20,-420000,,1) | |
| 15 | | | | 结算结果 | 39,609.19 |
| 16 | 5.年金终值的计算 | | | (3) 已知年金求期限 | |
| 17 | (1) 普通年金终值的计算 | | | 期限函数：=NPER(8%,,60000,-420000) | |
| 18 | 终值函数公式：=FV(8%,10,-6000) | | | 计算结果 | 10.67 |
| 19 | 计算结果 | 86,919.37 | | | |
| 20 | (2)预付年金终值的计算 | | | | |
| 21 | 预付年金终值函数公式：=FV(8%,10,-6000,,1) | | | | |
| 22 | 结算结果 | 93,872.92 | | | |
| 23 | (2)普通年金利率的计算 | | | | |
| 24 | 利率函数公式：=RATE(10,-6000,,80000) | | | | |
| 25 | 计算结果 | 6.24% | | | |
| 26 | | | | | |
| 27 | 6.年金现值的计算 | | | | |
| 28 | (1) 普通年金现值的计算 | | | | |
| 29 | 普通年金现值函数公式：=PV(4%,25,-24000) | | | | |
| 30 | 结算结果 | 374,929.92 | | | |

图 3-5 利用财务函数计算资金时间价值

（六）净现值计算

在 Excel 中,计算净现值的函数是 NPV,其语法格式为 NPV(rate, value1, value2, …)。Rate 为某一期间的固定贴现率;Value1、value2……为一系列现金流,代表支出或收入。利用 NPV 函数可以计算未来投资或支出的总现值、未来收入的总现值以及净现金流量的总现值。当每期收支的现金流相等时,即为年金,可以用现值函数计算年金的现值,如果每期收付的现金流不等时,则用净现值函数。在用净现值函数计算系列不等额现金流的总现值时,假设现金流是每期期末发生,然后将这一系列不等额现金流折算到计算期的期初的现值。如果计算期期初有现金流则不折算。

**【案例分析 3-15】**

某企业准备融资租赁一台设备,在 5 年中每年年末支付租金分别为 5 000 元、6 000 元、7 000 元、8 000 元、9 000 元,假如租金利率为 10%。要求:计算 5 年租金的总现值。

利用财务函数的 NPV 函数进行计算:

(1) 在 Excel 工作表中的 A1:G2 单元格输入下表内容:

| 时间(年) | 0 | 1 | 2 | 3 | 4 | 5 |
| --- | --- | --- | --- | --- | --- | --- |
| 租金(元) |  | 5 000 | 6 000 | 7 000 | 8 000 | 9 000 |

(2) 光标移至 A3 单元格,单击工具栏中的 fx,选择"财务"函数中的"NPV"函数,单击"确定",在 rate 参数栏中输入 10%,在 value1 参数栏中选定表格中的 C2:G2 区域,单击"确定",A3 单元格出现 25 815.74。即设备租金的总现值为 25 815.74 元。

# 任务 3-2 普通股及其评价

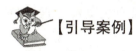
**【引导案例】**

### 美国股市价值型股票上演王者归来

从目前的美股市场来看,价值型股票或将在一段时间内跑赢成长型股票。

海外媒体 12 日报道称,自美国股市 22 个月前开始启动本轮牛市以来,股价相对于盈利、营收和资产价值而言被低估的股票涨幅已经超越利润、营收增幅居前的股票。

根据彭博资讯的数据,截至本周初,标准普尔 500 纯价值型股票指数和纯增长型股票指数均跑赢标普 500 指数自 2009 年 3 月低点以来 88% 的涨幅,而价值型股票指数跑赢增长型股票指数 91 个百分点。这两个指数包含了分别符合价值型和增长型的标普 500 指数成分股。

"在市场触底后的约三年时间中,价值型股票的回报率通常超越增长型股票,"投资公司 Oppenheimer 首席市场策略师布莱恩·比尔斯基在昨日发布的一份报告中称:"当盈利增长变得稀缺的时候,我们将重新青睐增长型股票。"

分析师预计今年标普 500 指数成分公司的利润增幅为 14.4%,低于去年的 31.6%,2012 年则将进一步放缓至 11.7%。

(来源:新民网,2011-01-13)

**【任务 3-2 学习目标】**

1. 掌握股票收益率的计算,普通股的评价模型。
2. 熟悉股票和股票价格。

## 一、股票与股票收益率

(一) 股票的价值与价格

股票,是股份公司发行的、用以证明投资者的股东身份和权益,并据以获得股利的一种可转让的有价证券。

1. 股票的价值形式

股票的价值形式有票面价值、账面价值、清算价值和市场价值。

股票的票面价值又称面值,即在股票票面上标明的金额。

股票账面价值又称股票净值或每股净资产,是每股股票所代表的实际资产的价值。

清算价值是指在评估对象处于被迫出售、快速变现等非正常市场条件下的价值估计数额。

市场价值是指自愿买方和自愿卖方在各自理性行事且未受任何强迫的情况下,评估对象在评估基准日进行正常公平交易的价值估计数额。

2. 股票的价格

股票价格有广义和狭义之分。狭义的股票价格就是股票交易价格;广义的股票价格则包括股票的发行价格和交易价格两种形式。股票交易价格具有事先的不确定性和市场性特点。

3. 股价指数

股价指数,是指金融机构通过对股票市场上一些有代表性的公司发行的股票价格进行平均计算和动态对比后得出的数值,它是用以表示多种股票平均价格水平及其变动,并权衡股市行情的指标。

(二) 股票的收益率

股票的收益,是指投资者从购入股票开始到出售股票为止整个持有期间的收入,由股利和资本利得两方面组成。

股票收益率是股票收益额与购买成本之比。为便于与其他年度收益指标相比较,可折算为年均收益率。股票收益率主要有本期收益率、持有期收益率两种。

1. 本期收益率,是指股份公司上年派发的现金股利与本期股票价格的比率,反映了以现行价格购买股票的预期收益情况。

$$本期收益率 = \frac{年现金股利}{本期股票价格} \times 100\%$$

式中,年现金股利是指上年发放的每股股利;本期股票价格是指该股票当日证券市场收盘价。

2. 持有期收益率,是指投资者买入股票持有一定时期后又将其卖出,在持有该股票期间的收益率,反映了股东持有股票期间的实际收益情况。

如投资者持有股票的时间不超过1年,不考虑复利计息问题,其持有期收益率可按如下公式计算:

$$持有期收益率 = \frac{(股票售出价 - 买入价) + 持有期间分得现金的股利}{股票买入价} \times 100\%$$

$$持有期年均收益率 = \frac{持有期收益率}{持有年限}$$

$$持有年限 = \frac{股票实际持有天数}{360}$$

如股票持有时间超过1年,则需要按每年复利一次考虑资金时间价值,其持有期年均收益率可按如下公式计算:

$$P = \sum_{t=1}^{n} \frac{D_t}{(1+i)^t} + \frac{F}{(1+i)^n}$$

式中,$i$ 为股票的持有期年均收益率;$P$ 为股票的购买价格;$F$ 为股票的售出价格;$D_t$ 为每年分得的股利;$n$ 为投资期限。

【案例分析 3-16】

某公司在 2007 年 4 月 1 日投资 510 万元购买某种股票 100 万股,在 2008 年、2009 年和 2010 年的 3 月 31 日每股各分得现金股利 0.5 元、0.6 元和 0.8 元,并于 2010 年 3 月 31 日以每股 6 元的价格将股票全部出售,试计算这项投资的投资收益率。

可采用逐次测试法、插值法进行计算,计算过程如表 3-1 所示。

表 3-1 逐次测试表    单位:万元

| 时间 | 股利及出售股票的现金流量 | 测试 20% | | 测试 18% | | 测试 16% | |
|---|---|---|---|---|---|---|---|
| | | 系数 | 现值 | 系数 | 现值 | 系数 | 现值 |
| 2008 年 | 50 | 0.833 3 | 41.67 | 0.847 5 | 42.38 | 0.862 1 | 43.11 |
| 2009 年 | 60 | 0.694 4 | 41.66 | 0.718 2 | 43.09 | 0.743 2 | 44.59 |
| 2010 年 | 680 | 0.578 7 | 393.52 | 0.608 6 | 413.85 | 0.640 7 | 435.68 |
| 合计 | — | — | 476.85 | — | 499.32 | — | 523.38 |

通过表 3-1 的测试,可以看出我们要求的收益率处于 16%—18%,采用插值法计算如下:

$$\frac{i - 16\%}{18\% - 16\%} = \frac{523.38 - 510}{523.38 - 499.32}$$

$$i = 16\% + 1.11\% = 17.11\%$$

说明该项投资的收益率为 17.11%。

仍以【案例分析 3-14】为例,运用财务函数进行持有期收益率的计算。

第一步:在 Excel 表上输入例【3-16】的资料,如图 3-6 所示。

| | A | B | C | D | E |
|---|---|---|---|---|---|
| 1 | 持有期收益率 | 08年现金股利 | 9年现金股利 | 10年现金股利及售价 | 净现值 |
| 2 | 10% | =100*0.5 | =100*0.6 | =100*0.8+100*6 | |
| 3 | 得到: | | | | |
| 4 | 持有期收益率 | 08年现金股利 | 9年现金股利 | 10年现金股利及售价 | 净现值 |
| 5 | 10% | 50.00 | 60.00 | 680.00 | |
| 6 | | | | | |
| 7 | | | | | |

图 3-6

第二步:选中 E5 单元格,点击"fx",出现图 3-7 的对话框,选择"财务"函数的"NPV"函数。

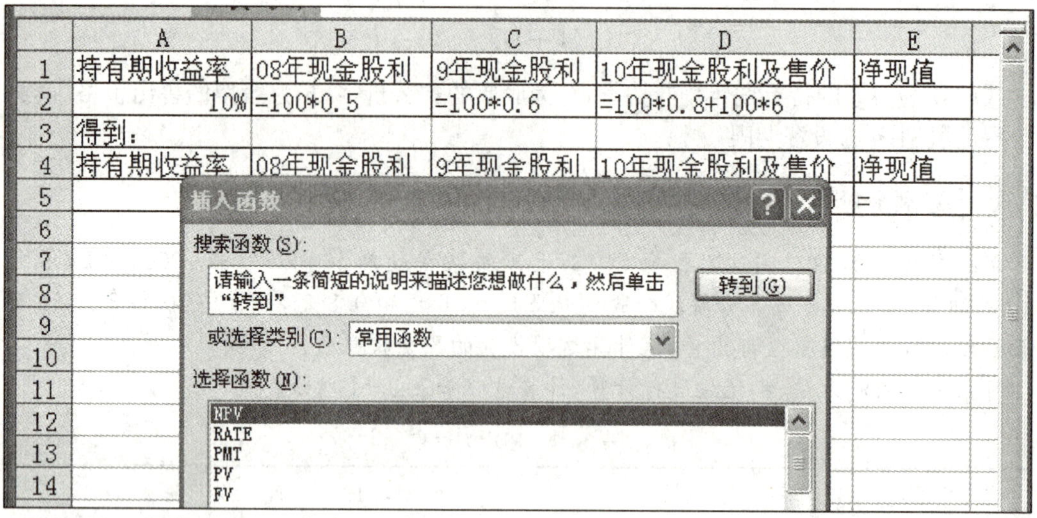

图 3-7

第三步：在参数对话框中，分别在"RATE,Value1"栏中分别选中"A5,B5：D5"单元格，然后点击确定，单元格中显示605.94，如图3-8所示。

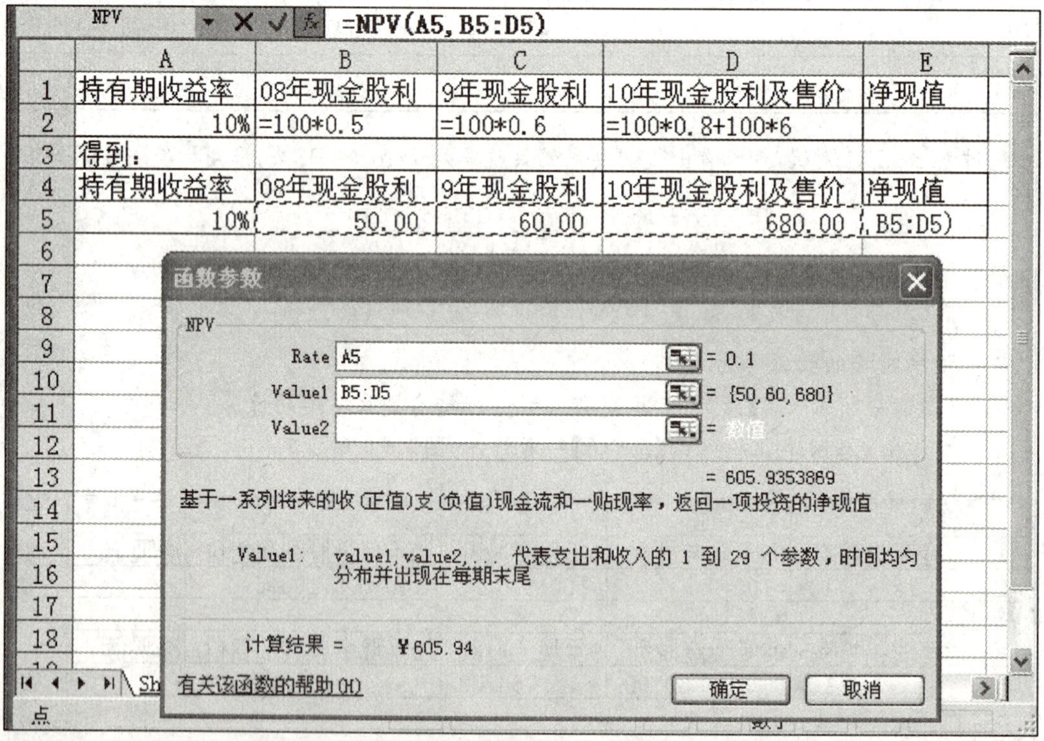

图 3-8

第四步：单击工具栏中的"工具"，在下拉菜单中选择"单变量求解"，在弹出的对话框中，在"目标单元格"栏选择 E5 单元格，在"目标值"栏中输入"510"，在"可变单元格"中选定 A5 单元格，点击"确定"，A5 单位各显示为"17％"，这就是股票持有期的收益率，如图3-9所示。

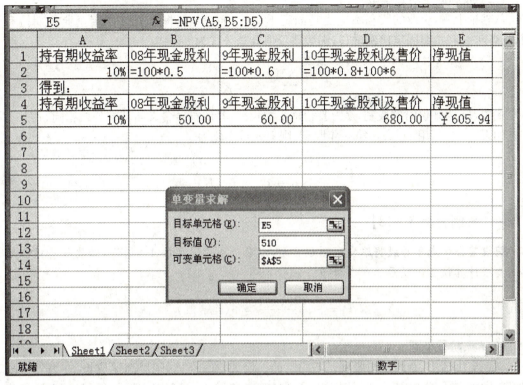

图 3-9

## 二、普通股的评价模型

普通股的价值(内在价值)是由普通股产生的未来现金流量的现值决定的,股票给持有者带来的未来现金流入包括两部分:股利收入和股票出售时的收入。其基本计算公式为

$$P = \sum_{t=1}^{n} \frac{R_t}{(1+K)^t}$$

式中,$P$ 是股票价值;$R_t$ 是股票第 $t$ 年带来现金流入量(包括股利收入、卖出股票的收入);$K$ 是折现率;$n$ 是持有年限。

(一) 股利固定模型

如果长期持有股票,且各年股利固定,其支付过程是一个永续年金,股票价值计算公式为

$$P = \frac{D}{K}$$

式中,$D$ 为各年收到的固定股息,其他符号的含义与基本公式相同。

【案例分析 3-17】

某公司股票每年分配股利 2 元,若投资者要求的最低报酬率为 16%,要求计算该股票的价值。

解析:$P = 2 \div 16\% = 12.5(元)$

## (二) 股利固定增长模型

从理论上看,企业的股利不应当是固定不变的,而应当不断增长。假定企业长期持有股票,且各年股利按照固定比例增长,则股票价值计算公式为

$$P = \sum_{t=1}^{\infty} \frac{D_0(1+g)^t}{(1+K)^t}$$

式中, $D_0$ 为评价时的股利, $g$ 为股利每年增长率,其他符号含义与基本公式相同。

如果 $g < K$, 用 $D_1$ 表示第一年股利,则上式可简化为

$$P = \frac{D_0 \times (1+g)}{K-g} = \frac{D_1}{K-g}$$

**【案例分析 3-18】**

假设某公司本年每股将派发股利 0.2 元,以后每年的股利按 4% 递增,必要投资报酬率为 9%,要求计算该公司股票的内在价值。

$$P = \frac{0.2}{9\% - 4\%} = 4(元/股)$$

## (三) 三阶段模型

在现实生活中,有的公司股利是不固定的。例如,在一段时间里高速成长,在另外一段时间里正常固定成长或固定不变,则可以分别计算高速增长、正常固定增长、固定不变等各阶段未来现金流量的现值,各阶段现值之和就是三阶段模型的股票价值。

**【案例分析 3-19】**

一个投资人持有 ABC 公司的股票,他的投资最低报酬率为 15%。预计 ABC 公司未来 3 年股利将高速增长,成长率为 20%。在此以后转为正常增长,增长率为 12%。公司最近支付的股利是 2 元。计算该公司股票的内在价值。

首先,计算非正常增长期的股利现值,如表 3-2 所示。

表 3-2　非正常增长期的股利现值

| 年 份 | 股 利 | 现值系数 | 现 值 |
| --- | --- | --- | --- |
| 1 | 2×1.2=2.4 | 0.870 | 2.088 |
| 2 | 2.4×1.2=2.88 | 0.756 | 2.177 |
| 3 | 2.88×1.2=3.456 | 0.658 | 2.274 |
| 合计 | — | — | 6.539 |

其次,计算第三年年底的普通股内在价值:

$$P_3 = \frac{D_4}{K-g} = \frac{D_3 \times (1+g)}{K-g} = \frac{3.456 \times 1.12}{0.15 - 0.12} = 129.02(元)$$

计算其现值:

$$P = 129.02 \times (P/F, 15\%, 3) = 129.02 \times 0.658 = 84.9(元)$$

最后计算股票目前的内在价值：

$$P_0 = 6.539 + 84.9 = 91.439(元)$$

仍以【案例分析3-17】为例，运用财务函数进行股票内在价值的计算。

第一步：在Excel表上输入例【3-19】的资料，如图3-10所示。

| | A | B | C | D | E |
|---|---|---|---|---|---|
| 1 | 资料 | | | | |
| 2 | 投资报酬率 | 15% | | 成长率 | 20% |
| 3 | 增长率 | 12% | | 期初股利 | 2 |
| 4 | | | | | |
| 5 | | | 股票增长模型 | | |
| 6 | 年份 | 股利 | 第三年末股票价值 | 现值 | |
| 7 | 1 | | | | |
| 8 | 2 | | | | |
| 9 | 3 | | | | |
| 10 | 小计 | | | | |
| 11 | 第4年及以后 | | | | |
| 12 | 股票价值 | | | | |
| 13 | | | | | |

图3-10

第二步：在单元格输入公式，如图3-11所示。

| | A | B | C | D | E |
|---|---|---|---|---|---|
| 1 | 资料 | | | | |
| 2 | 投资报酬率 | 15% | | 成长率 | 20% |
| 3 | 增长率 | 12% | | 期初股利 | 2 |
| 4 | | | | | |
| 5 | | | 股票增长模型 | | |
| 6 | 年份 | 股利 | 第三年末股票价 | 现值 | |
| 7 | 1 | =E3*（1+E2） | | =ABS(PV(B2,A7,,B7)) | |
| 8 | 2 | =B7*（1+E2） | | =ABS(PV(B2,A8,,B8)) | |
| 9 | 3 | =B8*（1+E2） | | =ABS(PV(B2,A9,,B9)) | |
| 10 | 小计 | | | | |
| 11 | 第4年及以后 | | | | |
| 12 | 股票价值 | | | | |
| 13 | | | | | |

图3-11

第三步：得到单元格B7：D9的计算结果，并且输入B11：D12的计算公式，如图3-12所示。

|   | A | B | C | D | E |
|---|---|---|---|---|---|
| 1 | 资料 | | | | |
| 2 | 投资报酬率 | 15% | | 成长率 | 20% |
| 3 | 增长率 | 12% | | 期初股利 | 2 |
| 4 | | | | | |
| 5 | | | 股票增长模型 | | |
| 6 | 年份 | 股利 | 第三年末股票价值 | 现值 | |
| 7 | 1 | 2.4 | | 2.0869565 | |
| 8 | 2 | 2.88 | | 2.1776938 | |
| 9 | 3 | 3.456 | | 2.2723761 | |
| 10 | 小计 | | | 6.5370264 | |
| 11 | 第4年及以后 | =B9 | =(B11*(1+B3))/(B2-B3) | =ABS(PV(B2,A9,,C11)) | |
| 12 | 股票价值 | | | =D10+D11 | |
| 13 | | | | | |

图 3-12

第四步：得到 B11：D12 的结果，如图 3-13 所示。

D12    fx  =D10+D11

|   | A | B | C | D | E |
|---|---|---|---|---|---|
| 1 | 资料 | | | | |
| 2 | 投资报酬率 | 15% | | 成长率 | 20% |
| 3 | 增长率 | 12% | | 期初股利 | 2 |
| 4 | | | | | |
| 5 | | | 股票增长模型 | | |
| 6 | 年份 | 股利 | 第三年末股票价值 | 现值 | |
| 7 | 1 | 2.4 | | 2.0869565 | |
| 8 | 2 | 2.88 | | 2.1776938 | |
| 9 | 3 | 3.456 | | 2.2723761 | |
| 10 | 小计 | | | 6.5370264 | |
| 11 | 第4年及以后 | 3.456 | 129.024 | 84.835374 | |
| 12 | 股票价值 | | | 91.372401 | |
| 13 | | | | | |

图 3-13

## （四）普通股评价模型的局限性

第一，未来经济利益流入量的现值只是决定股票价值的基本因素而不是全部因素，其他很多因素（如投机行为等）可能会导致股票的市场价格大大偏离根据模型计算得出的价值。

第二，模型对未来期间股利流入量预测数的依赖性很强，而这些数据很难准确预测。股利固定不变、股利固定增长等假设与现实情况可能存在一定差距。

第三，股利固定模型、股利固定增长模型的计算结果受 $D_0$ 或 $D_1$ 的影响很大，而这两个数据可能具有人为性、短期性和偶然性，模型放大了这些不可靠因素的影响力。

第四，折现率的选择有较大的主观随意性。

# 任务 3-3 债券及其评价

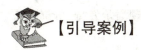【引导案例】

### 发现债券投资价值

李小羽曾经具备多年股票投资经历,在他看来,债市与股市有着千丝万缕的联系,李小羽说:"其实债券市场更本质地反映了资金的价格,债券利率水平可以客观反映市场上资金的态度,而这种跷跷板关系,也让两者紧密联系在一起。就最近来说,年初2月股市整体表现不振,导致部分避险资金流入债市,也助推了债券市场的反弹走势。"

李小羽认为,相比股市,债券投资也是个价值挖掘的过程。对股票而言,投资者关注的是盈利预期和估值水平;而对债券来说,投资人更关注的是借债人的信用风险和定价水平。"很多债券都有价值低估的时候,而这个时候,就需要我们洞察秋毫,去发现那些有潜力的投资品种。"

做固定收益投资,需要投资人具有更敏锐的眼光去把握宏观经济。对于目前的宏观经济,李小羽认为,以目前形势来看,维持目前的状态和趋势是较难的。"政策退出在逐渐进行,继续信贷30%的增速是不可持续的,同时在大量投放货币的情况下,通胀也只是时间问题。"

对于今年的债券市场,李小羽表示,中长期保持乐观态度,结构性机会是今年投资债券的主要脉络。"从现在的情况看,今年趋势性的机会较少,投资策略还是以捕捉阶段性机会为主,我们将继续采取短期策略,并且继续看好国债、信用债。长期债持谨慎态度,一旦加息对中长期债的影响会非常大,同时也会继续挖掘价值低估的品种。"

(来源:《新民晚报》,朱嘉,2010年3月22日)

【任务 3-3 学习目标】

1. 掌握债券收益率的计算,债券的估价模型。
2. 熟悉债券的含义和基本要素。

## 一、债券及其构成要素

债券,是债务人依照法定程序发行,承诺按约定的利率和日期支付利息,并在特定日期偿还本金的书面债务凭证。

一般而言,债券包括面值、期限、利率和价格等基本要素。

### (一) 债券的面值

债券面值是指设定的票面金额,它代表发行人借入并且承诺于未来某一特定日期偿付给债权持有人的金额。

### (二) 债权的期限

债券从发行之日起至到期日之间的时间成为债券的期限。债券到期时必须还本付息。

### (三) 债券的利率

债券上标明的利率一般是年利率或固定利率,近年来也有浮动利率。债券面值与票面利率上的乘积为年利息额。此外,也有的债券票面利率为零,债券持有期间不计利息,到期只要按面值偿还即可。

(四) 债券价格

从理论上看，债券的面值就是其价格，但由于资金供求关系、市场利率等因素的变化，债券的价格往往偏离其面值。正因为债券发行价格往往偏离面值，所以会出现溢价发行、折价发行等情况。

## 二、债券的评价

(一) 债券的估价模型

债券的估价是对债券在某一时点的价值量的估算，是债券评价的一项重要内容。对于新发行的债券而言，估价模型的计算结果反映了债券的发行价格。

1. 债券估价的基本模型

债券估价的基本模型，是指对典型债券所使用的估价模型，典型债券是票面利率固定，每年年末计算并支付当年利息、到期偿还本金的债券。这种情况下，新发行债券的价值可采用如下模型进行评定：

$$P = \sum_{t=1}^{n} \frac{I_t}{(1+K)^t} + \frac{M}{(1+K)^n}$$

或者 $P = I(P/A, k, n) + M(P/F, k, n)$

式中，$P$ 是债券价值；$I$ 为每年利息；$k$ 是折现率（可以用当时的市场利率或者投资者要求的必要报酬率替代）；$M$ 是债券面值；$i$ 是票面利率；$n$ 是债券期限（偿还年数）。

债券发行时，若 $i>k$，则 $P>M$，债券溢价发行；若 $i<k$，则 $P<M$，债券折价发行；若 $i=k$，则 $P=M$，债券按面值发行。

【案例分析 3-20】

宏发公司拟于 2000 年 2 月 1 日发行面额为 1 000 元的债券，其票面利率为 8%，每年 2 月 1 日计算并支付一次利息，并于 5 年后的 1 月 31 日到期。同等风险投资的必要报酬率为 10%。要求计算债券的价值。

解析： $P = 80 \times (P/A, 10\%, 5) + 1\,000 \times (P/F, 10\%, 5)$
$= 80 \times 3.791 + 1\,000 \times 0.621 = 924.28(元)$

2. 到期一次还本付息的债券估价模型

到期一次还本付息模型是指用于估算到期一次还本付息债券价格的模型，用公式表示为

$$P = \frac{M \cdot i \cdot n + M}{(1+k)^n} = M(1+i.n)(P/F, k, n)$$

式中符号含义与基本模型相同。

【案例分析 3-21】

如上例，若票面利率为 10%，市场利率为 8%，债券到期一次还本付息，则债券价格为

$$P = \frac{1\,000 \times 10\% \times 5 + 1\,000}{(1+8\%)^5} = 1\,020(元)$$

3. 零票面利率债券的估价模型

$$P = \frac{M}{(1+k)^n}$$

式中符号含义与基本模型相同。

【案例分析 3-22】

某债券面值为 1 000 元,期限为 3 年,期内不计利息,到期按面值偿还,当时市场利率为 10%。请问其价格为多少时,企业购买该债券较为合适?

解析: $P = 1\,000 \times (P/F, 10\%, 3) = 1\,000 \times 0.751\,3 = 751.3(元)$

该债券价格在低于 751.3 元时,企业购买才合适。

(二) 债券收益的来源及影响收益率的因素

债券的收益主要包括两方面的内容:一是债券的利息收入;二是资本损益,即债券卖出价(在持有至到期的情况下为到期偿还额)与买入价的差额,卖出价高于买入价时为资本收益,反之,为资本损失。此外,有的债券还可能因参与公司盈余分配,或者拥有转股权而获得额外收益。

决定债券收益率的因素主要有债券票面利率、期限、面值、持有时间、购买价格和出售价格。

(三) 债券收益率的计算

1. 票面收益率

票面收益率又称名义收益率或息票率,是印制在债券票面上的固定利率,通常是债券年利息收入与债券面值的比率,其计算公式为

$$票面收益率 = \frac{债券年利息收入}{债券面值} \times 100\%$$

票面收益率反映了债券按面值购入、持有至期满所获得的年收益水平。

2. 本期收益率

本期收益率又称直接收益率、当前收益率,是指债券的年实际利息收入与买入债券的实际价格的比率,其计算公式为

$$本期收益率 = \frac{债券年利息收入}{债券买入价} \times 100\%$$

本期收益率反映了购买债券的实际成本所带来的收益情况,但与票面收益率一样,不能反映债券的资本损益情况。

【案例分析 3-23】

某投资者购买面值为 1 000 元,票面利率为 8%,每年付息一次的人民币债券 10 张,偿还期 10 年,如果购买价格分别是 950 元、1 000 元和 1 020 元,其各自的认购者收益率是多少?

解析：

$$债券收益率(1) = 1\,000 \times 8\% / 950 \times 100\% = 8.42\%$$
$$债券收益率(2) = 1\,000 \times 8\% / 1\,000 \times 100\% = 8\%$$
$$债券收益率(3) = 1\,000 \times 8\% / 1\,020 \times 100\% = 7.84\%$$

3. 持有期收益率

持有期收益率，是指债券持有人在持有期间获得的收益率，能综合反映债券持有期间的利息收入情况和资本损益水平。其中，债券的持有期是指从购入债券至售出债券或者债券到期清偿之间的期间，通常以"年"为单位表示(持有期的实际天数除以 360)。

(1) 持有时间较短(不超过 1 年)的，直接按债券持有期间的收益额除以买入价计算持有期收益率。

$$持有期收益率 = \frac{债券持有期间的利息收入 + (债券卖出价 - 债券买入价)}{债券买入价} \times 100\%$$

$$持有期年均收益率 = \frac{持有期收益率}{债券持有年限}$$

$$持有年限 = \frac{债券实际持有天数}{360}$$

【案例分析 3 - 24】

某投资者 1 月 1 日以每张 980 元价格购买上市债券 10 张，该债券面值 1 000 元，票面年利息率 8%，半年付息一次，期限三年，当年 7 月 1 日收到上半年利息 40 元，9 月 30 日以 995 元卖出。要求计算债券的收益率。

$$持有期收益率 = \frac{1\,000 \times 8\%/2 + (995 - 980)}{980} \times 100\% = 5.61\%$$

$$持有期年均收益率 = 5.61\% \times \frac{12}{9} = 7.48\%$$

(2) 持有时间较长(超过 1 年)的，应按每年复利一次计算持有期年均收益率(即计算使债券投资产生的现金流量净现值为零的折现率)。

① 到期一次还本付息债券：

$$债券持有期年均收益率 = \sqrt[t]{\frac{M}{P}} - 1$$

式中，$P$ 为债券买入价；$M$ 为债券到期兑付的金额或者提前出售时的卖出价；$t$ 为债券实际持有期限(年)，等于债券买入交割日至到期兑付日或卖出交割日之间的实际天数除以 360。

【案例分析 3 - 25】

某企业于 1 月 1 日购入 B 公司同日发行的 3 年期、到期一次还本付息的债券，面值 100 000 元，票面利率为 6%，买入价为 90 000 元。则债券持有期年均收益率为(债券利息采用单利计息方式)：

$$持有期年均收益率 = \sqrt[3]{\frac{100\,000 + 100\,000 \times 6\% \times 3}{90\,000}} - 1$$

$$= \sqrt[3]{\frac{118\,000}{90\,000}} - 1 \approx 1.09 - 1 = 9\%$$

② 每年年末支付利息的债券：

$$P = \sum_{i=1}^{t} \frac{I}{(1+k)^t} + \frac{M}{(1+k)^n}$$

或者

$$P = I(P/A, k, n) + M(P/F, k, n)$$

式中，$p$ 为债券买入价；$k$ 为债券持有期年均收益率；$I$ 为持有期间每期收到的利息额；$M$ 为债券兑付的金额或者提前出售的卖出价；$t$ 为债券实际持有期限(年)。

**【案例分析 3-26】**

某公司 1998 年 1 月 1 日用平价购买一张面值为 1 000 元的债券，其票面利率为 8%，每年 1 月 1 日计算并支付一次利息，该债券于 2003 年 1 月 1 日到期，按面值收回本金。计算其到期收益率。

解：已知 $I = 1\,000 \times 8\% = 80(元)$。设收益率 $i = 8\%$，则

$$80 \times (P/A, 8\%, 5) + 1\,000 \times (P/F, 8\%, 5) = 1\,000(元)$$

由上面计算表明，用 8% 计算出来的债券价值正好等于债券买价，所以该债券的收益率为 8%。可见，平价发行的每年复利计息一次的债券，其到期收益率等于票面利率。

如果该公司购买该债券的价格为 1 100 元，即高于面值，则该债券收益率为多少？

要求算出收益率，必须使下式成立：

$$1\,100 = 80 \times (P/A, i, 5) + 1\,000 \times (P/F, i, 5)$$

通过前面计算已知，$i = 8\%$ 时，上式等式右边为 1 000 元。由于利率与现值呈反向变化，即现值越大，利率越小。而债券买价为 1 100 元，收益率一定低于 8%，降低贴现率进一步试算。

(1) $i_1 = 6\%$，计算：

$$80 \times (P/A, 6\%, 5) + 1\,000 \times (P/F, 6\%, 5) = 80 \times 4.212\,4 + 1\,000 \times 0.747\,3 = 1\,084.29(元)$$

由于贴现结果仍小于 1 100 元，还应进一步降低贴现率试算。

(2) $i_2 = 5\%$，计算：

$$80 \times (P/A, 5\%, 5) + 1\,000 \times (P/F, 5\%, 5) = 80 \times 4.329\,5 + 1\,000 \times 0.783\,5 = 1\,129.86(元)$$

(3) 用内插法计算：

$$i = 5\% + \frac{1\,129.86 - 1\,100}{1\,129.86 - 1\,084.29} \times (6\% - 5\%) = 5.66\%$$

所以，如果债券的购买价格为 1 100 元时，债券的收益率为 5.66%。

## 【任务3学习小结】

本任务主要涉及以下内容:

1. 资金的时间价值,是指一定量的资金在不同时点上价值量的差额,是资金在使用过程中所产生的增值额。时间价值原理正确地揭示了不同时间点上资金之间的换算关系,是财务决策的基本依据。

2. 时间价值的计算有单利和复利两种方法。重点学习了一次性首付款项的复利现值和终值的计算、年金现值和终值的计算。年金按其收付款项方式的不同,又可为普通年金、预付年金、递延年金、永续年金等。

3. 股票和债券价值的估算。股票,是股份公司发行的、用以证明投资者的股东身份和权益,并据以获得股利的一种可转让的有价证券。债券,是债务人依照法定程序发行,承诺按约定的利率和日期支付利息,并在特定日期偿还本金的书面债务凭证。重点学习了股票和债券的评价模型以及债券收益率的计算方法。

## 【基本概念】

资金时间价值　单利　复利　年金　股票收益率　债券收益率

## 【思考题】

1. 什么是资金时间价值?如何计算?
2. 什么是普通股?如何进行普通股的评价?
3. 什么是债券?如何进行债券的评价?

## 【实训案例】

### 个人怎样贷款买房?

一般的购房人只知道贷款必须偿还利息,可是,采用不同的还贷方法,利息却有天壤之别。40万元左右、期限30年的贷款,利息差额可以达到10万元之巨!至于这个,不少人都还被蒙在鼓里——两种还贷法利息差额大,在此摘录一篇供您参阅。

市民刘先生上个月刚买了新房,并办完了住房贷款手续,每月还贷额近2 000元。谁知道就在本月即第一次还贷后,刘先生却知道了一件让他大为惊讶的事——他的一位亲戚和自己贷款额度相差无几、年限相同,但是总体还贷利息却相差近2.5万元!原因只是他们采用了不同的还贷方式。而此前,刘先生称自己对另一种还贷方式一无所知。

"在签合同的时候,银行工作人员只是抱来一大堆贷款合同,密密麻麻的,然后帮你一会翻到这里、一会翻到那里,指着一些空白的地方,让你签上姓名、填上身份证号码、按上手印即可,根本没有提及还有另外一种还款方法。"

签下这份贷款合同后,刘先生自己测算了一下,利息总额高达17.6万多元。要不是亲戚提醒,刘先生还以为贷款就是这样办的,又气愤又心疼的刘先生忍不住把自己的贷款合同拿出来又仔细翻了好几遍,发现合同里的确有两种贷款方法可供自己选择,但是空白处已经被银行事先填上了等额本息还款法,根本就没有自己考虑的余地。他请朋友算了一下,如果套用另外一种还款方法,那么自己30万元、20年商业性住房贷款利息总额不到15.2万元,比现在要少

2.49万元。

**工薪族购房的两种贷款方式**

工薪族贷款可用公积金贷款和"按揭"贷款两种方式。

(一)用公积金贷款购房。公积金贷款是为支持一般收入的职工家庭购房而设立的一种低息长期贷款。某市规定最高贷款限度为30万元,贷款偿还最长年限30年。公积金贷款的对象是:具有城镇常住户口,缴存住房公积金的职工。贷款条件是:有相当于所购住房价格30%以上的自筹资金(可以用住房公积金存款抵充),有偿还贷款本息的能力,同意办理住房抵押和保险。贷款额度在可贷额度和最高限度内,根据具体情况确定。

贷款本息是如何偿还的呢?偿还时采用每月等额均还的方式。还款方式:每月偿还贷款本息:$A = P_i/[1-(Hi)^{-n}]$,其中:$P$为贷款本金,$i$为月利率,$n$为还款总月数。

(二)用"按揭"贷款购房。对于无法享用公积金低息贷款的家庭,可争取享用"按揭"贷款。但按揭贷款仅对某些房产项目提供支持,挑选得当,才能享受按揭贷款,但它与公积金贷款相比,利率较高。按揭贷款的对象和条件,与公积金贷款基本相同。可贷额度主要根据偿还能力而定,每月经济收入应高于每月贷款偿还额的2倍。贷款限额不得超过房价的70%,贷款最长偿还期限20年。

**两种还贷方式比较**

1. 计算方法不同。

等额本息还款法,即借款人每月以相等的金额偿还贷款本息。

等额本金还款法,即借款人每月等额偿还本金,贷款利息随本金逐月递减。

2. 两种方法支付的利息总额不一样。在相同贷款金额、利率和贷款年限的条件下,"本金还款法"的利息总额要少于"本息还款法";

3. 还款前几年的利息、本金比例不一样。"本息还款法"前几年还款总额中利息占的比例较大(有时高达90%左右),"本金还款法"的本金平摊到每一次,利息借一天算一天,所以两者的比例最高时也就各占50%左右。

4. 还款前后期的压力不一样。因为"本息还款法"每月的还款金额数是一样的。

**问题分析**:你现在准备贷款购买一套总价为60万元的新住房,首付30%,贷款期限20年。请分别采用公积金贷款方式和房企按揭贷款方式,并分别选择等额本息还款法和等额本金还款法,计算你月供房贷金额是多少,并分析其差异及原因(提示:可利用搜房网房贷计算工具http://loan.cq.soufun.com/和重庆市公积金管理中心贷款计算器http://www.cqgjj.cn/html/yhkejsjmx/index.html)。

# 任务 4
# 预 算 管 理

【学习目标】

- 掌握财务预算的具体构成内容
- 掌握弹性预算、零基预算和滚动预算等具体方法的特征及操作技巧
- 理解财务预算编制程序和方法
- 了解财务预算的概念和作用
- 了解固定预算、增量预算和定期预算的含义及内容

## 任务 4-1  认识预算管理

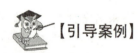

### 没有预算将意味着什么?

世纪傲东公司是一家模具制造企业,该公司在短短的几年时间里,公司资产由几万元发展到目前近千万元。随着企业规模的扩大,企业的生产、财务等管理显得力不从心,远远跟不上企业的发展步伐,这主要表现在生产无计划、采购无计划、资金需求无计划等方面。企业每天都在采购,有时会因为急着需要某种材料而不能货比三家,使得采购成本增加;企业需要支付现金时没有足够的资金而必须借高利贷。如果公司能做到生产有计划,采购有计划,能及早清楚什么时候需要多少资金,就会使得管理更为规范,各项成本得以降低。要做到这一点,编制好预算是必不可少的。

【任务 4-1 学习目标】

1. 了解预算管理的概念及内容。
2. 了解财务预算的作用。

### 一、预算管理的概念及内容

全面预算就是企业未来一定期间内全部经营活动各项具体目标的计划与相应措施的数量说明。具体包括特种决策预算、日常业务预算和财务预算三大类内容。其中,财务预算是一系列专门反映企业未来一定预算期内预计财务状况和经营成果,以及现金收支等价值指标的各种预算总称。具体包括反映现金收支活动的现金预算、反映企业财务状况的预计资产负债表、反映企业财务成果的预计损益表和预计现金流量表等内容。

## 二、财务预算的作用

财务预算是企业全面预算体系中的组成部分,它在全面预算体系中具有重要的作用,主要表现在三个方面。

(一) 财务预算使决策目标具体化、系统化和定量化

在现代企业财务管理中,财务预算必须服从决策目标的要求,尽量做到全面地、综合地协调、规划企业内部各部门、各层次的经济关系与职能,使之统一服从于未来经营总体目标的要求。同时,财务预算又能使决策目标具体化、系统化和定量化,能够明确规定企业有关生产经营人员各自职责及相应的奋斗目标,做到人人事先心中有数。

(二) 财务预算是总预算,其余预算是辅助预算

财务预算作为全面预算体系中的最后环节,可以从价值方面总括地反映经营特种决策预算与业务预算的结果,使预算执行情况一目了然。

(三) 财务预算有助于财务目标的顺利实现

通过财务预算,可以建立评价企业财务状况的标准,以预算数作为标准的依据,将实际数与预算数对比,及时发现问题和调整偏差,使企业的经济活动按预定的目标进行,从而实现企业的财务目标。

编制财务预算,并建立相应的预算管理制度,可以指导与控制企业的财务活动,提高预见性,减少盲目性,使企业的财务活动有条不紊地进行。

# 任务 4-2 认识财务预算的编制方法

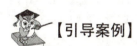

【引导案例】

大亚湾核电站是我国第一座大型商用核电站,从开工建设起就非常重视预算管理的运用。基建期核电站就设立了投资预算管理机构进行专门预算管理,1994 年进入商业运营期以后电站推行预算管理,从 1997 年开始电站推行全面预算管理,至今已建立起一整套行之有效的以成本为中心的全面预算管理体制,取得了巨大的经济效益。据统计,从 1997 年推行全面预算管理以来,核电站年平均节省资金近亿元人民币。

针对核电站运行管理的特点,大亚湾核电站采用了"零基预算"的管理方法。每年在预算申报时都需对以往的工作进行进一步的检查、讨论,同时亦可有效消除、减少"今年存在或开支的费用支出在下一年度就一定存在"的习惯性心理,所有项目均需重新审视其开支的合理性。采用零基预算管理方法的难点是所有项目均需重新审视,工作量极大,而且效率低,时效性差,投入成本巨大。为了避免上述问题,充分发挥公司预算计划的作用,他们在设计公司预算运作模式的时候,采用"折中"模式,即对新的项目、重要的项目(5 万美元以上)全部采用"零基预算"管理,对其他项目采用滚动预算进行管理,同时采取年度预算编制、年中预算调整、预算变更等具体的工作方式来使预算与实际工作相匹配,真正实现通过工作计划来编制预算,又通过预算来衡量指导工作计划的目标。

**【任务 4–2 学习目标】**

1. 掌握弹性预算、零基预算和滚动预算编制方法。
2. 了解固定预算、增量预算和定基预算。

## 一、固定预算与弹性预算

### (一) 固定预算

固定预算又称静态预算,是把企业预算期的业务量固定在某一预计水平上,以此为基础来确定其他项目预计数的预算方法。也就是说,预算期内编制财务预算所依据的成本费用和利润信息都只是在一个预定的业务量水平的基础上确定的。显然,以未来固定不变的业务水平所编制的预算其存在的前提条件,必须是预计业务量与实际业务量相一致(或相差很小)才比较适合。但是,在实际工作中,预计业务量与实际水平相差比较大时,必然导致有关成本费用及利润的实际水平与预算水平因基础不同而失去可比性,不利于开展控制与考核。而且有时会引起人们的误解,例如,编制财务预算时,预计业务量为生产能力的90%,其成本预算总额为40 000元,而实际业务量为生产能力的110%,其成本总额为55 000元,实际成本与预算业务量的成本相比超支很大,但是,实际成本脱离预算成本的差异包括了因业务量增长而增加的成本差异,而业务量差异对成本分析来说是无意义的。

### (二) 弹性预算

弹性预算是固定预算的对称,它关键在于把所有的成本按其性态划分为变动成本与固定成本两大部分。在编制预算时,变动成本随业务量的变动而予以增减,固定成本则在相关的业务量范围内稳定不变。分别按一系列可能达到的预计业务量水平编制的能适应企业在预算期内任何生产经营水平的预算。由于这种预算是随着业务量的变动作机动调整,适用面广,具有弹性,故称为弹性预算或变动预算。

由于未来业务量的变动会影响到成本费用和利润各个方面,因此,弹性预算从理论上讲适用于全面预算中与业务量有关的各种预算。但从实用角度看,主要用于编制制造费用、销售及管理费用等半变动成本(费用)的预算和利润预算。

制造费用与销售及管理费用的弹性预算,均可按下列弹性预算公式进行计算:

$$成本的弹性预算 = 固定成本预算数 + \sum (单位变动成本预算数 \times 预计业务量)$$

但两者略有区别,制造费用的弹性预算按照生产业务量(生产量、机器工作小时等)来编制;销售及管理费用的弹性预算按照销售业务量(销售量、销售收入)来编制。

成本的弹性预算编制出来以后,就可以编制利润的弹性预算。它是以预算的各种销售收入为出发点,按照成本的性态,扣减相应的成本,从而反映企业预算期内各种业务量水平上应该获得的利润指标。

**【案例分析 4–1】**

A公司第一车间,生产能力为20 000机器工作小时,按生产能力80%、90%、100%、110%编制20﹡1年9月份该车间制造费用弹性预算,见表4–1。

表 4-1 弹 性 预 算

部门：第一车间
预算期：20*1年9月                                                        20 000机器工作小时

| 费用项目 | 变动费用率（元/小时） | 生产能力（机器工作小时） | | | |
|---|---|---|---|---|---|
| | | 80% | 90% | 100% | 110% |
| | | 16 000 | 18 000 | 20 000 | 22 000 |
| 变动费用 | | | | | |
| 间接材料 | 0.5 | 8 000 | 9 000 | 10 000 | 11 000 |
| 间接人工 | 1.5 | 24 000 | 27 000 | 30 000 | 33 000 |
| 维修费用 | 2 | 32 000 | 36 000 | 40 000 | 44 000 |
| 电 力 | 0.45 | 7 200 | 8 100 | 9 000 | 9 900 |
| 水 费 | 0.3 | 4 800 | 5 400 | 6 000 | 6 600 |
| 电话费 | 0.25 | 4 000 | 4 500 | 5 000 | 5 500 |
| 小 计 | 5 | 80 000 | 90 000 | 100 000 | 110 000 |
| 固定费用 | | | | | |
| 间接人工 | | 4 000 | 4 000 | 4 000 | 4 500 |
| 维修费用 | | 5 000 | 5 000 | 5 000 | 5 500 |
| 电话费 | | 1 000 | 1 000 | 1 000 | 1 000 |
| 折 旧 | | 10 000 | 10 000 | 10 000 | 14 000 |
| 小 计 | | 20 000 | 20 000 | 20 000 | 25 000 |
| 合 计 | | 100 000 | 110 000 | 120 000 | 135 000 |
| 小时费用率 | | 6.25 | 6.11 | 6 | 6.14 |

从表 4-1可知，当生产能力超过100%达到110%时，固定费用中的有些费用项目将发生变化，间接人工、维修费用各增加500元，折旧增加4 000元。这就说明固定成本超过一定的业务量范围，成本总额也会发生变化，并不是一成不变的。

从弹性预算中也可以看到，当生产能力达到100%时，小时费用率为最低6元，它说明企业充分利用生产能力，且产品销路没有问题时，应向这个目标努力，从而降低成本，增加利润。

假定该企业9月份的实际生产能力达到90%，有了弹性预算，就可以据以与实际成本进行比较，衡量其业绩，并分析其差异。

实际成本与预算成本的比较，可通过编制弹性预算执行报告，见表4-2：

表 4-2 弹性预算执行报告

部门：第一车间　　　　　　　　　　　　　　正常生产能力(100％)20 000 机器工作小时
预算期：20*1 年 9 月　　　　　　　　　　　实际生产能力(90％)18 000 机器工作小时

| 费用项目 | 预算 | 实际 | 差异 |
|---|---|---|---|
| 间接材料 | 9 000 | 9 500 | 500 |
| 间接人工 | 31 000 | 30 000 | −1 000 |
| 维修费用 | 41 000 | 39 000 | −2 000 |
| 电力 | 8 100 | 8 500 | 400 |
| 水费 | 5 400 | 6 000 | 600 |
| 电话费 | 5 500 | 5 600 | 100 |
| 折旧费 | 10 000 | 10 000 | 0 |
| 合计 | 110 000 | 108 600 | −1 400 |

**【案例分析 4-2】**

A 公司 20*1 年 9 月份利润弹性预算见表 4-3。

表 4-3 利润弹性预算

预算期：20*1 年 9 月　　　　　　　　　　　　　　　　　　　　　　单位：元

| 销售收入百分比 | 90％ | 100％ | 110％ |
|---|---|---|---|
| 销售收入 | 810 000 | 900 000 | 990 000 |
| 变动生产成本 | 330 750 | 367 500 | 404 250 |
| 变动销管费用 | 115 830 | 128 700 | 141 570 |
| 边际贡献 | 363 420 | 403 800 | 444 180 |
| 固定制造费用 | 250 000 | 250 000 | 250 000 |
| 固定销管费用 | 83 000 | 83 000 | 83 000 |
| 利润 | 30 420 | 70 800 | 111 180 |

从表 4-3 中可知，利润的弹性预算，是以成本的弹性预算为其编制的基础。现假定实际销售收入为 900 000 元，为了考核利润预算完成情况，评价工作成绩，还须编制利润弹性预算执行报告，见表 4-4。

表 4-4 利润弹性预算执行报告

预算期：20*1年9月　　　　　　　　　　　　　　　　　　　　　　　　　单位：元

| 项　　目 | 预　算 | 实　际 | 差　异 |
|---|---|---|---|
| 销售收入 | 900 000 | 900 000 | 0 |
| 变动生产成本 | 367 500 | 372 300 | 4 800 |
| 变动销管费用 | 128 700 | 123 600 | −5 100 |
| 边际贡献 | 403 800 | 404 100 | 300 |
| 固定制造费用 | 250 000 | 248 000 | −2 000 |
| 固定销管费用 | 83 000 | 83 000 | 0 |
| 利润 | 70 800 | 73 100 | 2 300 |

弹性预算的优点在于：一方面能够适应不同经营活动情况的变化，扩大了预算的适用范围，更好地发挥预算的控制作用；另一方面能够对预算的实际执行情况进行评价与考核，使预算能真正起到为企业经营活动服务。

## 二、增量预算与零基预算

### （一）增量预算

增量预算是指在基期成本费用水平的基础上，结合预算期业务量水平及有关低成本的措施，通过调整有关原有成本费用项目而编制预算的方法。这种预算方法比较简单，但它是以过去的水平为基础，实际上就是承认过去是合理的，无需改进。因此往往不加分析地保留或接受原有成本项目，或按主观臆断平均削减，或只增不减，这样容易造成预算的不足，或者是安于现状，造成预算不合理的开支。

### （二）零基预算

零基预算，或称零底预算，是指在编制预算时，对于所有的预算支出均以零为基础，不考虑其以往情况如何，从实际需要与可能出发，研究分析各项预算费用开支是否必要合理，进行综合平衡，从而确定预算费用。这种预算不以历史为基础，修修补补，而是以零为出发点，一切推倒重来，零基预算即因此而得名。

零基预算编制的程序是：首先，根据企业在预算期内的总体目标，对每一项业务说明其性质、目的，以零为基础，详细提出各项业务所需要的开支或费用；其次，按"成本—效益分析"方法比较分析每一项预算费用是否必要，能否避免，以及它所产生的效益，以便区别对待；第三，对不可避免费用项目优先分配资金，对可延缓成本则根据可动用资金情况，按轻重缓急，以及每项项目所需经费的多少分成等级，逐项下达费用预算。

零基预算的优点是不受现有条条框框限制，对一切费用都以零为出发点，这样不仅能压缩资金开支，而且能切实做到把有限的资金用在最需要的地方，从而调动各部门人员的积极性和创造性，量力而行，合理使用资金，提高效益。其缺点是由于一切支出均以零为起点进行分析、研究，势必带来繁重的工作量，有时甚至得不偿失，难以突出重点。为了弥补零基预算这一缺点，企业不是每年都按零基预算来编制预算，而是每隔若干年进行一次零基预算，以后几年内略作适当调整,这样既减轻了预算编制的工作量,又能适当控制费用。

### 三、定期预算与滚动预算

（一）定期预算

定期预算就是以会计年度为单位编制的各类预算。这种定期预算有三大缺点。第一,盲目性。因为定期预算多在其执行年度开始前两、三个月进行,难以预测预算期后期情况,特别是在多变的市场下,许多数据资料只能估计,具有盲目性。第二,不变性。预算执行中,许多不测因素会妨碍预算的指导功能,甚至使之失去作用,而预算在实施过程中又往往不能进行调整。第三,间断性。预算的连续性差,定期预算只考虑一个会计年度的经营活动,即使年中修订的预算也只是针对剩余的预算期,对下一个会计年度很少考虑,形成人为的预算间断。

（二）滚动预算

滚动预算法又称连续预算或永续预算,是指按照"近细远粗"的原则,根据上一期的预算完成情况,调整和具体编制下一期预算,并将编制预算的时期逐期连续滚动向前推移,使预算总是保持一定的时间幅度。简单地说,就是根据上一期的预算指标完成情况,调整和具体编制下一期预算,并将预算期连续滚动向前推移的一种预算编制方法。

其主要特点：在于不将预算期与会计年度挂钩,而始终保持12个月,每过去1个月,就根据新的情况进行调整和修订后几个月的预算,并在原预算基础上增补下一个月预算,从而逐期向后滚动,连续不断地以预算形式规划未来经营活动。这种预算要求一年中,头几个月的预算要详细完整,后几个月可以略粗一些。随着时间的推移,原来较粗的预算逐渐由粗变细,后面随之又补充新的较粗的预算,以此不断滚动。如某企业20*1年月1月份和2月份滚动预算的编制方式,如图4-1所示。

20*1年预算（一）

| 1月 | 2月 | 3月 | 4月 | 5月 | 6月 | 7月 | 8月 | 9月 | 10月 | 11月 | 12月 |
|---|---|---|---|---|---|---|---|---|---|---|---|

| 预算调整和修订因素 | | |
|---|---|---|
| 预算与实际差异分析 | 客观条件变化 | 经营方针调整 |

20*1年预算（二）                                                    20*2年

| 2月 | 3月 | 4月 | 5月 | 6月 | 7月 | 8月 | 9月 | 10月 | 11月 | 12月 | 1月 |
|---|---|---|---|---|---|---|---|---|---|---|---|

图4-1 滚动预算的编制方法

滚动预算可以保持预算的连续性和完整性。企业的生产经营活动是连续不断的,因此,企业的预算也应该全面地反映这一延续不断的过程,使预算方法与生产经营过程相适应,同时,企业的生产经营活动是复杂的,而滚动预算便于随时修订预算,确保企业经营管理工作秩序的稳定性,充分发挥预算的指导与控制作用。滚动预算能克服传统定期预算的盲目性、不变性和间断性,从这个意义上说,编制预算已不再仅仅是每年末才开展的工作了,而是与日常管理密切结合的一项措施。当然,滚动预算采用按月滚动的方法,预算编制工作比较繁重,所以,也可以采用按季度滚动来编制预算。

## 任务 4-3  现金预算与预计财务报表的编制

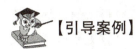【引导案例】

### 潍坊亚星集团公司预算管理

潍坊亚星集团公司目前拥有两个控股子公司、三个全资子公司和十几个分支机构。亚星集团逐步建立和完善了一套切合本企业实际的全面预算控制制度作为贯彻落实以财务管理为中心的基本制度。在内容上,全面预算体系具体包括8个预算:资本性支出预算、销售预算、产量预算、采购预算、成本预算、各项费用预算、现金预算和总预算。

亚星集团全面预算的编制按时间分为年度预算编制和月度预算编制。全面预算编制紧紧围绕资金收支两条线,涉及企业生产经营活动的方方面面,将产供销、人财物全部纳入预算范围,每个环节疏而不漏。具体细化到:① 销售收入、税金、利润及利润分配预算;② 产品产量、生产成本、销售费用、财务费用预算;③ 材料、物资、设备采购预算;④ 工资及奖金支出预算;⑤ 大、中、小修预算;⑥ 固定资产基建、技改、折旧预算;⑦ 各项基金提取及使用预算;⑧ 对外投资预算;⑨ 银行借款及还款预算;⑩ 货币资金收支预算等。预算编制过程中,每一收支项目的数字指标得依据充分确实的材料,并总结出规律,进行严密的计算,不能随意编造。全面预算确定后,层层分解到各分厂、车间、部门、处室,各部门再落实到每个人,从而使每个人都紧紧围绕预算目标各负其责,各司其职。

全面预算实现了财务部门对整个生产经营活动的动态监控,加强了财务部门与其他部门之间的联系,尤其是财务部门与购销业务部门的沟通。全面预算控制制度的正常运行必须建立在规范的分析和考核的基础上,财务部门根据某个时期(月度、年度)企业静态的会计资料的反映和各部门会计派驻员掌握的动态经济信息,全面、系统分析各部门预算项目的完成情况和存在的问题,并提出纠偏的建议和措施,报经总经理批准后协同职能部门按程序对各部门的预算执行情况进行全面考核,经被考核部门、责任人确认后奖惩兑现。

全面预算控制制度的实施,规范了企业生产经营活动的行为,将企业各项经济行为都纳入了科学的管理轨道,基本上在物资和货币资金及经营等方面实现了企业资金流、信息流、实物流的同步控制,为企业进入市场,以市场为导向打下了基础。

(资料来源:《中国财经报》,2000年7月6日)

【任务 4-3 学习目标】

1. 了解现金预算的含义和内容,初步掌握生产经营各环节中现金收支预算方法。
2. 了解预计财务报表的含义和预计损益表、预计资产负债表、预计现金流量表的编制方法。

### 一、现金预算的编制

现金预算又称为现金收支预算,是反映预算期企业全部现金收入和全部现金支出的预算。

完整的现金预算,一般包括以下四个组成部分:(1)现金收入;(2)现金支出;(3)现金收支差额;(4)资金的筹集与运用。

现金收入主要指经营业务活动的现金收入,主要来自现金余额和产品销售现金收入。现金支出除了涉及有关直接材料、直接人工、制造费用和销售及管理费用、缴纳税金、股利分配等方面的经营性现金支出外,还包括购买设备等资本性支出。现金收支差额反映了现金收入合计与现金支出合计之间的差额,差额为正说明现金有多余,可用于偿还过去向银行取得的借款,或用于购买短期证券;差额为负,说明现金不足,要向银行取得新的借款。资金的筹集和运用主要是反映了预算期内向银行借款还款、支付利息以及进行短期投资及投资收回等内容。

现金预算实际上是其他预算有关现金收支部分的汇总,以及收支差额平衡措施的具体计划。它的编制,要以其他各项预算为基础,或者说其他预算在编制时要为现金预算做好数据准备。

下面分别介绍各项预算的编制,为现金预算的编制提供数据以及编制依据。

(一)销售预算

销售预算是整个预算的编制起点,其他预算的编制都以销售预算作为基础,根据预算期现销收入与回收赊销货款的可能情况反映现金收入,以便为编制现金收支预算提供信息。

【案例分析 4-3】

假定辉映有限公司生产和销售甲产品,根据 20*2 年各季度的销售量及售价的有关资料编制"销售预算表",见表 4-5。

表 4-5 辉映有限公司销售预算表

20*2 年度                                              单位:元

| 项 目 | 第一季度 | 第二季度 | 第三季度 | 第四季度 | 合 计 |
|---|---|---|---|---|---|
| 预计销售量(件) | 5 000 | 7 500 | 10 000 | 9 000 | 31 500 |
| 预计单位售价(元/件) | 20 | 20 | 20 | 20 | 20 |
| 销售收入 | 100 000 | 150 000 | 200 000 | 180 000 | 630 000 |

在实际工作中,产品销售往往不是现购现销的,即产生了很大数额的应收账款,所以,销售预算中通常还包括预计现金收入的计算,其目的是为编制现金预算提供必要的资料。

假设本例中,每季度销售收入在本季收到现金 60%,其余赊销在下季度收账。辉映有限公司 20*2 年预计现金收入表见表 4-6。

(二)生产预算

生产预算是根据销售预算编制的。通常,企业的生产和销售不能做到"同步量",生产数量除了满足销售数量外,还需要设置一定的存货,以保证能在发生意外需求时按时供货,并可均衡生产,节省赶工的额外开支。预计生产量可用下列公式计算:

预计生产量=预计销售量+预计期末存货量-预计期初存货量

表 4-6　辉映有限公司预计现金收入表

20*2年度　　　　　　　　　　　　　　　　　　　　　　　　　　单位：元

| 项　目 | 本期发生额 | 现　金　收　入 | | | |
|---|---|---|---|---|---|
| | | 第一季度 | 第二季度 | 第三季度 | 第四季度 |
| 期初数 | 31 000 | 31 000 | | | |
| 第一季度 | 100 000 | 60 000 | 40 000 | | |
| 第二季度 | 150 000 | | 90 000 | 60 000 | |
| 第三季度 | 200 000 | | | 120 000 | 80 000 |
| 第四季度 | 180 000 | | | | 108 000 |
| 期末数 | (72 000) | | | | |
| 合　计 | 589 000 | 91 000 | 130 000 | 180 000 | 188 000 |

**【案例分析 4-4】**

假设【案例分析 4-3】中,辉映有限公司希望能在每季末保持相当于下季度销售量10%的期末存货,上年末产品的期末存货为500件,单位成本8元,共计4 000元。预计下年第一季度销售量为10 000件,辉映有限公司20*2年生产预算见表4-7。

表 4-7　辉映有限公司生产预算表

20*2年度　　　　　　　　　　　　　　　　　　　　　　　　　　单位：件

| 项　目 | 第一季度 | 第二季度 | 第三季度 | 第四季度 | 全年合计 |
|---|---|---|---|---|---|
| 预计销售量 | 5 000 | 7 500 | 10 000 | 9 000 | 31 500 |
| 加：期末存货 | 750 | 1 000 | 900 | 1 000 | 1 000 |
| 合　计 | 5 750 | 8 500 | 10 900 | 10 000 | 32 500 |
| 减：期初存货 | 500 | 750 | 1 000 | 900 | 500 |
| 预计生产量 | 5 250 | 7 750 | 9 900 | 9 100 | 32 000 |

### (三) 直接材料预算

在生产预算的基础上,我们可以编制直接材料预算,但同时还要考虑期初、末原材料存货的水平。直接材料生产上的需要量同预计采购量之间的关系可按下列公式计算:

$$预计采购量 = 生产需要量 + 期末库存量 - 期初库存量$$

期末库存量一般是按照下期生产需要量的一定百分比来计算的。

$$生产需要量 = 预计生产量 \times 单位产品材料耗用量$$

**【案例分析 4-5】**

根据【案例分析 4-4】资料,假设甲产品只耗用一种材料,辉映有限公司期望每季末材料库存量分别为 2 100 千克、3 100 千克、3 960 千克、3 640 千克。上年末库存材料 1 500 千克。

辉映有限公司 20*2 年直接材料预算见表 4-8。

**表 4-8　辉映有限公司直接材料预算**

20*2 年度　　　　　　　　　　　　　　　　　　　　　　　单位：元

| 项　　目 | 第一季度 | 第二季 | 第三季度 | 第四季度 | 全年合计 |
| --- | --- | --- | --- | --- | --- |
| 预计生产量（件） | 5 250 | 7 750 | 9 900 | 9 100 | 32 000 |
| 单位产品材料用量（千克/件） | 2 | 2 | 2 | 2 | 2 |
| 生产需用量（千克） | 10 500 | 15 500 | 19 800 | 18 200 | 64 000 |
| 加：预计期末存量 | 2 100 | 3 100 | 3 960 | 3 640 | 3 640 |
| 　合　　计 | 12 600 | 18 600 | 23 760 | 21 840 | 67 640 |
| 减：预计期初存量 | 1 500 | 2 100 | 3 100 | 3 960 | 1 500 |
| 预计采购量 | 11 100 | 16 500 | 20 660 | 17 880 | 66 140 |
| 单价（元/千克） | 2.5 | 2.5 | 2.5 | 2.5 | 2.5 |
| 预计采购金额（元） | 27 750 | 41 250 | 51 650 | 44 700 | 165 350 |

材料的采购与产品的销售有相类似处，即货款也不是马上用现金全部支付的，这样就可能存在一部分应付款项，所以，对于材料采购我们还须编制现金支出预算，目的是为了便于编制现金预算。

假设本例材料采购的货款有 50% 在本季度内付清，另外 50% 在下季度付清。辉映有限公司 20*2 年度预计现金支出表见表 4-9。

**表 4-9　辉映有限公司预计现金支出表**

20*2 年度　　　　　　　　　　　　　　　　　　　　　　　单位：元

| 项　　目 | 本期发生额 | 现　金　支　出 | | | |
| --- | --- | --- | --- | --- | --- |
| | | 第一季度 | 第二季度 | 第三季度 | 第四季度 |
| 期初数 | 11 000 | 11 000 | | | |
| 第一季度 | 27 750 | 13 875 | 13 875 | | |
| 第二季度 | 41 250 | | 20 625 | 20 625 | |
| 第三季度 | 51 650 | | | 25 825 | 25 825 |
| 第四季度 | 44 700 | | | | 22 350 |
| 期末数 | (22 350) | | | | |
| 合　计 | 154 000 | 24 875 | 34 500 | 46 450 | 48 175 |

**（四）直接人工预算**

直接人工预算也是以生产预算为基础编制的。其主要内容有预计生产量、单位产品工时、人工总工时、每小时人工成本和人工总成本。直接人工预算也能为编制现金预算提供资料。

**【案例分析 4-6】**

辉映有限公司 20*2 年直接人工预算见表 4-10。

表 4-10 辉映有限公司直接人工预算

20*2 年度　　　　　　　　　　　　　　　　　　　　　　　　　单位：元

| 项　　目 | 第一季度 | 第二季度 | 第三季度 | 第四季度 | 全年合计 |
|---|---|---|---|---|---|
| 预计生产量(件) | 5 250 | 7 750 | 9 900 | 9 100 | 32 000 |
| 单位产品工时(小时) | 0.2 | 0.2 | 0.2 | 0.2 | 0.2 |
| 人工总工时(小时) | 1 050 | 1 550 | 1 980 | 1 820 | 6 400 |
| 每小时人工成本(元) | 10 | 10 | 10 | 10 | 10 |
| 人工总成本(元) | 10 500 | 15 500 | 19 800 | 18 200 | 64 000 |

（五）制造费用预算

制造费用预算指除了直接材料和直接人工预算以外的其他一切生产成本的预算。制造费用按其成本性态可分为变动制造费用和固定制造费用两部分。变动制造费用以生产预算为基础来编制，即根据预计生产量和预计的变动制造费用分配率来计算；固定制造费用是期间成本直接列入损益作为当期利润的一个扣减项目，与本期的生产量无关，一般可以按照零基预算的编制方法编制。

**【案例分析 4-7】**

辉映有限公司 20*2 年制造费用预算见表 4-11。

表 4-11 辉映有限公司制造费用预算

20*2 年度　　　　　　　　　　　　　　　　　　　　　　　　　单位：元

| 项　　目 | 每小时费用分配率（元/小时） | 第一季度 | 第二季度 | 第三季度 | 第四季度 | 全年合计 |
|---|---|---|---|---|---|---|
| 预计人工总工时(小时) |  | 1 050 | 1 550 | 1 980 | 1 820 | 6 400 |
| 变动制造费用 |  |  |  |  |  |  |
| 间接材料 | 1 | 1 050 | 1 550 | 1 980 | 1 820 | 6 400 |
| 间接人工 | 0.6 | 630 | 930 | 1 188 | 1 092 | 3 840 |
| 修理费 | 0.4 | 420 | 620 | 792 | 728 | 2 560 |
| 水电费 | 0.5 | 525 | 775 | 990 | 910 | 3 200 |
| 小　计 | 2.5 | 2 625 | 3 875 | 4 950 | 4 550 | 16 000 |
| 固定制造费用 |  |  |  |  |  |  |
| 修理费 |  | 3 000 | 3 000 | 3 000 | 3 000 | 12 000 |

续 表

| 项 目 | 每小时费用分配率（元/小时） | 第一季度 | 第二季度 | 第三季度 | 第四季度 | 全年合计 |
|---|---|---|---|---|---|---|
| 水电费 | | 1 000 | 1 000 | 1 000 | 1 000 | 4 000 |
| 管理人员工资 | | 2 000 | 2 000 | 2 000 | 2 000 | 8 000 |
| 折旧 | | 5 000 | 5 000 | 5 000 | 5 000 | 20 000 |
| 保险费 | | 1 000 | 1 000 | 1 000 | 1 000 | 4 000 |
| 小 计 | | 12 000 | 12 000 | 12 000 | 12 000 | 48 000 |
| 合 计 | | 14 625 | 15 875 | 16 950 | 16 550 | 64 000 |
| 减：折旧 | | 5 000 | 5 000 | 5 000 | 5 000 | 20 000 |
| 现金支出费用 | | 9 625 | 10 875 | 11 950 | 11 550 | 44 000 |

在制造费用预算中，除了折旧费以外都需支付现金。为了便于编制现金预算，需要预计现金支出，将制造费用预算额扣除折旧费后，调整为"现金支出的费用"。

（六）产品生产成本预算

为了计算产品的销售成本，必须先确定产品的生产总成本和单位成本。产品生产成本预算是生产预算、直接材料预算、直接人工预算、制造费用预算的汇总。

【案例分析 4-8】

辉映有限公司 20*2 年度产品生产成本预算见表 4-12。

表 4-12 辉映有限公司产品生产成本预算

20*2 年度　　　　　　　　　　　　　　　　　单位：元

| 成本项目 | 全年生产量 32 000（件） | | | |
|---|---|---|---|---|
| | 单耗（千克/件或小时/件） | 单价（元/千克或元/小时） | 单位成本（元/件） | 总成本 |
| 直接材料 | 2 | 2.5 | 5 | 160 000 |
| 直接人工 | 0.2 | 10 | 2 | 64 000 |
| 变动制造费用 | 0.2 | 2.5 | 0.5 | 16 000 |
| 合 计 | | | 7.5 | 240 000 |
| 产成品存货 | 数量（件） | 单位成本（元） | 总成本 | |
| 年初存货 | 500 | 8 | 4 000 | |
| 年末存货 | 1 000 | 7.5 | 7 500 | |
| 本年销售 | 31 500 | | 236 500① | |

① 236 500＝500×8+31 000×7.5

由于期初存货的单位成本为 8 元，而本年生产产品的单位成本为 7.5 元，两者不一致，所以，存货流转采用先进先出法。

## (七) 销售及管理费用预算

销售及管理费用预算,是指为了实现产品销售和维持一般管理业务所发生的各项费用。它是以销售预算为基础,按照成本的性态分为变动销售及管理费用和固定销售及管理费用。其编制方法与制造费用预算相同。

**【案例分析 4-9】**

辉映有限公司 20*2 年度销售及管理费用预算见表 4-13。

表 4-13 辉映有限公司销售及管理费用预算

20*2 年度　　　　　　　　　　　　　　　　　　　单位:元

| 项 目 | 变动费用率<br>(按销售收入) | 第一季度 | 第二季度 | 第三季度 | 第四季度 | 全年合计 |
|---|---|---|---|---|---|---|
| 预计销售收入 |  | 100 000 | 150 000 | 200 000 | 180 000 | 630 000 |
| 变动销管费用 |  |  |  |  |  |  |
| 　销售佣金 | 1% | 1 000 | 1 500 | 2 000 | 1 800 | 6 300 |
| 　运输费 | 1.60% | 1 600 | 2 400 | 3 200 | 2 880 | 10 080 |
| 　广告费 | 5% | 5 000 | 7 500 | 10 000 | 9 000 | 31 500 |
| 　小 计 | 7.60% | 7 600 | 11 400 | 15 200 | 13 680 | 47 880 |
| 固定销管费用 |  |  |  |  |  |  |
| 　薪 金 |  | 5 000 | 5 000 | 5 000 | 5 000 | 20 000 |
| 　办公用品 |  | 4 500 | 4 500 | 4 500 | 4 500 | 18 000 |
| 　杂 项 |  | 3 500 | 3 500 | 3 500 | 3 500 | 14 000 |
| 　小 计 |  | 13 000 | 13 000 | 13 000 | 13 000 | 52 000 |
| 合 计 |  | 20 600 | 24 400 | 28 200 | 26 680 | 99 880 |

## (八) 现金预算

现金预算的编制,是以各项日常业务预算和特种决策预算为基础来反映各预算的收入款项和支出款项。其目的在于资金不足时如何筹措资金,资金多余时怎样运用资金,并且提供现金收支的控制限额,以便发挥现金管理的作用。

**【案例分析 4-10】**

根据【案例分析 4-3】至【案例分析 4-9】所编制的各种预算提供的资料,并假设辉映有限公司每季度末应保持现金余额至少 10 000 元,若资金不足或多余,可以以 2 000 元为单位进行借入或偿还,借款年利率为 8%,于每季初借入,每季末偿还,借款利息于偿还本金时一起支付。同时,在 20*2 年度辉映有限公司准备投资 100 000 元购入设备,于第二季度与第三季度分别支付价款 50%;每季度预交所得税 20 000 元;预算在第三季度发放现金股利 30 000 元;第四季度购买国库券 10 000 元。

依上述资料编制辉映有限公司 20*2 年度现金预算表见表 4-14。

表 4-14　辉映有限公司现金预算表

20*2年度　　　　　　　　　　　　　　　　　　　　　　　　　单位：元

| 项　　目 | 第一季度 | 第二季度 | 第三季度 | 第四季度 | 全年合计 |
|---|---|---|---|---|---|
| 期初现金余额 | 8 000 | 13 400 | 10 125 | 11 725 | 8 000 |
| 加：销货现金收入 | 91 000 | 130 000 | 180 000 | 188 000 | 589 000 |
| 可供使用现金 | 99 000 | 143 400 | 190 125 | 199 725 | 597 000 |
| 减：现金支出 | | | | | |
| 直接材料 | 24 875 | 34 500 | 46 450 | 48 175 | 154 000 |
| 直接人工 | 10 500 | 15 500 | 19 800 | 18 200 | 64 000 |
| 制造费用 | 9 625 | 10 875 | 11 950 | 11 550 | 44 000 |
| 销售及管理费用 | 20 600 | 24 400 | 28 200 | 26 680 | 99 880 |
| 预交所得税 | 20 000 | 20 000 | 20 000 | 20 000 | 80 000 |
| 购买国库券 | | | | 10 000 | 10 000 |
| 发放股利 | | | 30 000 | | 30 000 |
| 购买设备 | | 50 000 | 50 000 | | 100 000 |
| 支出合计 | 85 600 | 155 275 | 206 400 | 134 605 | 581 880 |
| 现金收支差额 | 13 400 | (11 875) | (16 275) | 65 120 | 15 120 |
| 向银行借款 | | 22 000 | 28 000 | | 50 000 |
| 归还银行借款 | | | | 50 000 | 50 000 |
| 借款利息(年利8%) | | | | 2 440 | 2 440 |
| 期末现金余额 | 13 400 | 10 125 | 11 725 | 12 680 | 12 680 |

## 二、预算财务报表的编制

预计的财务报表是财务管理的重要工具,包括预计损益表、预计资产负债表和预计现金流量表。

(一) 预计损益表

**【案例分析 4-11】**

根据前述的各种预算,辉映有限公司 20*2年度的预计损益表见表 4-15。

表 4-15　辉映有限公司预计损益表

20*2年度　　　　　　　　　　　　　　　　　　　　　　　　　单位：元

| 项　　目 | 第一季度 | 第二季度 | 第三季度 | 第四季度 | 全年合计 |
|---|---|---|---|---|---|
| 销售收入 | 100 000 | 150 000 | 200 000 | 180 000 | 630 000 |
| 减：变动生产成本 | 37 750① | 56 250 | 75 000 | 67 500 | 236 500 |

续表

| 项目 | 第一季度 | 第二季度 | 第三季度 | 第四季度 | 全年合计 |
|---|---|---|---|---|---|
| 变动销管费用 | 7 600 | 11 400 | 15 200 | 13 680 | 47 880 |
| 边际贡献 | 54 650 | 82 350 | 109 800 | 98 820 | 345 620 |
| 减：固定制造费用 | 12 000 | 12 000 | 12 000 | 12 000 | 48 000 |
| 固定销管费用 | 13 000 | 13 000 | 13 000 | 13 000 | 52 000 |
| 利息支出 |  |  |  | 2 440 | 2 440 |
| 税前利润 | 29 650 | 57 350 | 84 800 | 71 380 | 243 180 |
| 减：所得税（40%） | 11 860 | 22 940 | 33 920 | 28 552 | 97 272 |
| 税后利润 | 17 790 | 34 410 | 50 880 | 42 828 | 145 908 |

① 变动生产成本（第一季度）＝500×8＋4 500×7.5＝37 750

### （二）预计资产负债表

预计资产负债表是以货币单位反映预算期末财务状况的总括性预算。编制时，以期初资产负债表为基础，根据销售、生产、资本等预算的有关数据加以调整编制的。

**【案例分析 4－12】**

辉映有限公司 20 * 2 年度的预计资产负债表见表 4－16。

表 4－16　辉映有限公司预计资产负债表

20 * 2 年度　　　　　　　　　　　　　　　　　　　　　　单位：元

| 资产 | 期初数 | 期末数 | 负债和权益 | 期初数 | 期末数 |
|---|---|---|---|---|---|
| 流动资产 |  |  | 流动负债 |  |  |
| 现金 | 8 000 | 12 680 | 应付账款 | 11 000 | 22 350 |
| 应收账款 | 31 000 | 72 000 | 应付所得税 |  | 17 272③ |
| 原材料 | 3 750 | 9 100 |  |  |  |
| 产成品 | 4 000 | 7 500 | 流动负债合计 | 11 000 | 39 622 |
| 交易性金融资产 |  | 10 000 | 长期负债 |  |  |
| 流动资产合计 | 46 750 | 111 280 | 长期借款 | 40 000 | 40 000 |
| 固定资产原值 | 270 000 | 370 000① | 股东权益 |  |  |
| 减：累计折旧 | 32 250 | 52 250② | 普通股 | 200 000 | 200 000 |
| 固定资产净值 | 237 750 | 317 750 | 留存收益 | 33 500 | 149 408④ |
| 资产总计 | 284 500 | 429 030 | 负债和权益总计 | 284 500 | 429 030 |

注：① ＝270 000＋100 000（表 4－14）
　　② ＝32 250＋20 000（表 4－11）
　　③ ＝97 272－80 000（表 4－14、表 4－15）
　　④ ＝33 500＋145 908－30 000（表 4－14、表 4－15）

### (三) 预计现金流量表

现金流量表以现金的流入和流出来反映企业一定时期内的经营活动、投资活动和筹资活动的动态情况。该表能说明企业一定期间内现金流入和流出的原因、偿债能力和支付股利的能力,能够为企业管理部门控制财务收支和提高经济效益提供有用的信息。

现金流量表的编制方法有直接法与间接法两种,本教材以直接法编制现金流量表。

【案例分析 4-13】

辉映有限公司 20*2 年度预计现金流量表见表 4-17。

表 4-17 辉映有限公司预计现金流量表

20*2 年度                  单位:元

| 项目 | 金额 | 备注 |
|---|---|---|
| 一、经营活动产生的现金流量 | | |
|  销售商品、提供劳务收到的现金 | 589 000 | 表 4-6 |
|  收到的其他与经营活动有关的现金 | | |
|  现金流入小计 | 589 000 | |
|  购买商品、接受劳务支付现金 | 198 000 | 表 4-9、表 4-11 |
|  支付给职工以及为职工支付的现金 | 64 000 | 表 4-10 |
|  支付的其他与经营活动有关的现金 | 99 880 | 表 4-13 |
|  支付预交的所得税 | 80 000 | 表 4-14 |
|  现金流出小计 | 441 880 | |
|  经营活动产生的现金流量净额 | 147 120 | |
| 二、投资活动产生的现金流量 | | |
|  收回投资所收到的现金 | | |
|  收回的其他与投资活动有关的现金 | | |
|  现金流入小计 | 0 | |
|  购建固定资产、无形资产和其他长期资产支付的现金 | 100 000 | 表 4-14 |
|  支付的其他与投资活动有关的现金 | 10 000 | |
|  现金流出小计 | 110 000 | |
|  投资活动产生的现金流量净额 | -110 000 | |
| 三、筹资活动产生的现金流量 | | |
|  吸收权益性投资所收到的现金 | | |
|  发行债券所支付的现金 | | |
|  借款所收到的现金 | 50 000 | 表 4-14 |
|  收到的其他与筹资活动有关的现金 | | |
|  现金流入小计 | 50 000 | |

续 表

| 项　　目 | 金　额 | 备　注 |
|---|---|---|
| 偿还债务所支付的现金 | 50 000 | 表 4－14 |
| 分配股利或利润所支付的现金 | 30 000 | 表 4－14 |
| 偿还利息所支付的现金 | 2 440 | 表 4－14 |
| 支付的其他与筹资活动有关的现金 | | |
| 现金流出小计 | 82 440 | |
| 筹资活动产生的现金流量净额 | —32 440 | |
| 现金流量净增加额 | 4 680 | |

以【案例分析 4－3】到【案例分析 4－13】为例，用 Excel 表编制全面预算。

第一步：根据资料编制销售预算表，如图 4－2 所示。

B6　=B4*B5

| | A | B | C | D | E | F |
|---|---|---|---|---|---|---|
| 1 | 辉映有限公司销售预算表 | | | | | |
| 2 | | | 2002年度 | | 单位：元 | |
| 3 | 项目 | 第一季度 | 第二季度 | 第三季度 | 第四季度 | 合计 |
| 4 | 预计销售量 | 5000 | 7500 | 10000 | 9000 | 31500 |
| 5 | 预计单位售价（元/件） | 20 | 20 | 20 | 20 | 20 |
| 6 | 销售收入 | 100000 | 150000 | 200000 | 180000 | 630000 |
| 7 | | | | | | |

图 4－2

第二步：根据销售预算表及资料编制预计现金收入表，如图 4－3 所示。

B6　=销售预算表!B6

| | A | B | C | D | E | F | G |
|---|---|---|---|---|---|---|---|
| 1 | 辉映有限公司预计现金收入表 | | | | | | |
| 2 | | | 2002年度 | | 单位：元 | | |
| 3 | 项目 | 本期发生额 | 现金收入 | | | | |
| 4 | | | 第一季度 | 第二季度 | 第三季度 | 第四季度 | |
| 5 | 期初数 | 31000 | 31000 | | | | |
| 6 | 第一季度 | 100000 | 60000 | 40000 | | | |
| 7 | 第二季度 | 150000 | | 90000 | 60000 | | |
| 8 | 第三季度 | 200000 | | | 120000 | 80000 | |
| 9 | 第四季度 | 180000 | | | | 108000 | |
| 10 | 期末数 | 72000 | | | | | |
| 11 | 合计 | 589000 | 91000 | 130000 | 180000 | 188000 | |
| 12 | | | | | | | |

预计现金收入表 / 生产预算表 / 直接材料

就绪　数字

图 4－3

第三步：根据销售预算表及资料编制生产预算表，如图4-4所示。

|   | A | B | C | D | E | F |
|---|---|---|---|---|---|---|
|   |   |   | C8 |   | fx | =C6-C7 |
| 1 |   | 辉映有限公司生产预算表 | | | | |
| 2 |   |   | 2002年度 |   | 单位：件 |   |
| 3 | 项目 | 第一季度 | 第二季度 | 第三季度 | 第四季度 | 全年合计 |
| 4 | 预计销售量 | 5000 | 7500 | 10000 | 9000 | 31500 |
| 5 | 加：期末存货 | 750 | 1000 | 900 | 1000 | 1000 |
| 6 | 合计 | 5750 | 8500 | 10900 | 10000 | 32500 |
| 7 | 减：期初存货 | 500 | 750 | 1000 | 900 | 500 |
| 8 | 预计生产量 | 5250 | 7750 | 9900 | 9100 | 32000 |

图4-4

第四步：根据生产预算表及资料编制直接材料预算表，如图4-5所示。

|   | A | B | C | D | E | F |
|---|---|---|---|---|---|---|
|   |   |   | B12 |   | fx | =B10*B11 |
| 1 |   | 辉映有限公司直接材料预算 | | | | |
| 2 |   |   | 2002年度 |   |   | 单位：元 |
| 3 | 项目 | 第一季度 | 第二季度 | 第三季度 | 第四季度 | 全年合计 |
| 4 | 预计生产量（件） | 5250 | 7750 | 9900 | 9100 | 32000 |
| 5 | 单位产品材料用量（千克/件） | 2 | 2 | 2 | 2 | 2 |
| 6 | 生产需要量（千克） | 10500 | 15500 | 19800 | 18200 | 64000 |
| 7 | 加：预计期末存量 | 2100 | 3100 | 3960 | 3640 | 3640 |
| 8 | 合计 | 12600 | 18600 | 23760 | 21840 | 67640 |
| 9 | 减：预计期初存量 | 1500 | 2100 | 3100 | 3960 | 1500 |
| 10 | 预计采购量 | 11100 | 16500 | 20660 | 17880 | 66140 |
| 11 | 单价（元/千克） | 2.5 | 2.5 | 2.5 | 2.5 | 2.5 |
| 12 | 预计采购金额（元） | 27750 | 41250 | 51650 | 44700 | 165350 |

图4-5

第五步：根据直接材料预算表及资料编制预计现金支出表，如图4-6所示。
第六步：根据生产预算表及资料编制直接人工预算表，如图4-7所示。
第七步：根据直接人工预算表及资料编制制造费用预算表，如图4-8所示。

C11  =SUM(C5:C10)

| | A | B | C | D | E | F | G |
|---|---|---|---|---|---|---|---|
| 1 | 辉映有限公司预计现金支出表 | | | | | | |
| 2 | | | 2002年度 | | | 单位：元 | |
| 3 | 项目 | 本期发生额 | 现金支出 | | | | |
| 4 | | | 第一季度 | 第二季度 | 第三季度 | 第四季度 | |
| 5 | 期初数 | 11000 | 11000 | | | | |
| 6 | 第一季度 | 27750 | 13875 | 13875 | | | |
| 7 | 第二季度 | 41250 | | 20625 | 20625 | | |
| 8 | 第三季度 | 51650 | | | 25825 | 25825 | |
| 9 | 第四季度 | 44700 | | | | 22350 | |
| 10 | 期末数 | 22350 | | | | | |
| 11 | 合计 | 154000 | 24875 | 34500 | 46450 | 48175 | |

图 4-6

B4  =生产预算表!B8

| | A | B | C | D | E | F |
|---|---|---|---|---|---|---|
| 1 | 辉映有限公司直接人工预算 | | | | | |
| 2 | | 2002年度 | | | | |
| 3 | 项目 | 第一季度 | 第二季度 | 第三季度 | 第四季度 | 全年合计 |
| 4 | 预计生产量（件） | 5250 | 7750 | 9900 | 9100 | 32000 |
| 5 | 单位产品工时（小时） | 0.2 | 0.2 | 0.2 | 0.2 | 0.2 |
| 6 | 人工总工时（小时） | 1050 | 1550 | 1980 | 1820 | 6400 |
| 7 | 每小时人工成本（元） | 10 | 10 | 10 | 10 | 10 |
| 8 | 人工总成本（元） | 10500 | 15500 | 19800 | 18200 | 64000 |

图 4-7

C9  =C4*$B$9

| | A | B | C | D | E | F | G |
|---|---|---|---|---|---|---|---|
| 1 | 辉映有限公司制造费用预算 | | | | | | |
| 2 | | | 2002年度 | | | | 单位：元 |
| 3 | 项目 | 每小时费用分配率（元/小时） | 第一季度 | 第二季度 | 第三季度 | 第四季度 | 全年合计 |
| 4 | 预计人工总工时（小时） | | 1050 | 1550 | 1980 | 1820 | 6400 |
| 5 | 变动制造费用 | | | | | | |
| 6 | 间接材料 | 1 | 1050 | 1550 | 1980 | 1820 | 6400 |
| 7 | 间接人工 | 0.6 | 630 | 930 | 1188 | 1092 | 3840 |
| 8 | 修理费 | 0.4 | 420 | 620 | 792 | 728 | 2560 |
| 9 | 水电费 | 0.5 | 525 | 775 | 990 | 910 | 3200 |
| 10 | 小计 | 2.5 | 2625 | 3875 | 4950 | 4550 | 16000 |
| 11 | 固定制造费用 | | | | | | |
| 12 | 修理费 | | 3000 | 3000 | 3000 | 3000 | 12000 |
| 13 | 水电费 | | 1000 | 1000 | 1000 | 1000 | 4000 |
| 14 | 管理人员工资 | | 2000 | 2000 | 2000 | 2000 | 8000 |
| 15 | 折旧 | | 5000 | 5000 | 5000 | 5000 | 20000 |
| 16 | 保险费 | | 1000 | 1000 | 1000 | 1000 | 4000 |
| 17 | 小计 | | 12000 | 12000 | 12000 | 12000 | 48000 |
| 18 | 合计 | | 14625 | 15875 | 16950 | 16550 | 64000 |
| 19 | 减：折旧 | | 5000 | 5000 | 5000 | 5000 | 20000 |
| 20 | 现金支出费用 | | 9625 | 10875 | 11950 | 11550 | 44000 |

图 4-8

第八步：根据直接材料、直接人工、制造费用、生产预算表及资料编制生产成本预算表,如图4-9所示。

| | A | B | C | D | E |
|---|---|---|---|---|---|
| 1 | | 辉映有限公司产品生产成本预算 | | | |
| 2 | | | 2002年度 | | 单位：元 |
| 3 | | | 全年生产量32000（件） | | |
| 4 | 成本项目 | 单耗 | 单价 | 单位成本 | 总成本 |
| 5 | | （千克/件或小时/件） | （元/千克或元/小时） | （元/件） | |
| 6 | 直接材料 | 2 | 2.5 | 5 | 160000 |
| 7 | 直接人工 | 0.2 | 10 | 2 | 64000 |
| 8 | 变动制造费用 | 0.2 | 2.5 | 0.5 | 16000 |
| 9 | 合计 | | | 7.5 | 240000 |
| 10 | | | | | |
| 11 | 产成品存货 | 数量（件） | 单位成本（元） | 总成本 | |
| 12 | 年初存货 | 500 | 8 | 4000 | |
| 13 | 年末存货 | 1000 | 7.5 | 7500 | |
| 14 | 本年销售 | 31500 | | 236500 | |
| 15 | | | | | |

图4-9

第九步：根据销售预算表及资料编制销售及管理费用预算表,如图4-10所示。

| | A | B | C | D | E | F | G |
|---|---|---|---|---|---|---|---|
| 1 | | 辉映有限公司销售及管理费用预算 | | | | | |
| 2 | | | | 2002年度 | | | 单位：元 |
| 3 | 项目 | 变动费用率（按销售收入） | 第一季度 | 第二季度 | 第三季度 | 第四季度 | 全年合计 |
| 4 | 预计销售收入 | | 100000 | 150000 | 200000 | 180000 | 630000 |
| 5 | 变动销管费用 | | | | | | |
| 6 | 销售佣金 | 1% | 1000 | 1500 | 2000 | 1800 | 6300 |
| 7 | 运输费 | 1.60% | 1600 | 2400 | 3200 | 2880 | 10080 |
| 8 | 广告费 | 5% | 5000 | 7500 | 10000 | 9000 | 31500 |
| 9 | 小计 | 8% | 7600 | 11400 | 15200 | 13680 | 47880 |
| 10 | 固定销管费用 | | | | | | |
| 11 | 薪金 | | 5000 | 5000 | 5000 | 5000 | 20000 |
| 12 | 办公用品 | | 4500 | 4500 | 4500 | 4500 | 18000 |
| 13 | 杂项 | | 3500 | 3500 | 3500 | 3500 | 14000 |
| 14 | 小计 | | 13000 | 13000 | 13000 | 13000 | 52000 |
| 15 | 合计 | | 20600 | 24400 | 28200 | 26680 | 99880 |
| 16 | | | | | | | |

图4-10

第十步：根据预计现金收入、现金支出表等及已知资料编制现金预算表，如图4-11所示。

| | A | B | C | D | E | F |
|---|---|---|---|---|---|---|
| | | \=销售及管理费用预算!C15 | | | | |
| 1 | | 辉映有限公司现金预算表 | | | | |
| 2 | | 2002年度 | | | | 单位：元 |
| 3 | 项目 | 第一季度 | 第二季度 | 第三季度 | 第四季度 | 全年合计 |
| 4 | 期初现金余额 | 8000 | 13400 | 10125 | 11725 | 8000 |
| 5 | 加：销货现金收入 | 91000 | 130000 | 180000 | 188000 | 589000 |
| 6 | 可供使用现金 | 99000 | 143400 | 190125 | 199725 | 632250 |
| 7 | 减：现金支出 | | | | | |
| 8 | 　直接材料 | 24875 | 34500 | 46450 | 48175 | 154000 |
| 9 | 　直接人工 | 10500 | 15500 | 19800 | 18200 | 64000 |
| 10 | 　制造费用 | 9625 | 10875 | 11950 | 11550 | 44000 |
| 11 | 　销售及管理费用 | 20600 | 24400 | 28200 | 26680 | 99880 |
| 12 | 　预交所得税 | 20000 | 20000 | 20000 | 20000 | 80000 |
| 13 | 　购买国库券 | | | | 10000 | 10000 |
| 14 | 　发放股利 | | | 30000 | | 30000 |
| 15 | 　购买设备 | | 50000 | 50000 | | 100000 |
| 16 | 支出合计 | 85600 | 155275 | 206400 | 134605 | 581880 |
| 17 | 现金收支差额 | 13400 | -11875 | -16275 | 65120 | 15120 |
| 18 | 向银行借款 | | 22000 | 28000 | | 50000 |
| 19 | 归还银行借款 | | | | 50000 | 50000 |
| 20 | 借款利息（年利8%） | | | | 2440 | 2440 |
| 21 | 期末现金余额 | 13400 | 10125 | 11725 | 12680 | 12680 |

图4-11

第十一步：根据前述各种预算及已知资料编制预计损益表，如图4-12所示。

| | A | B | C | D | E | F |
|---|---|---|---|---|---|---|
| | | \=生产成本预算!B12*生产成本预算!C12+(生产预算表!B4-生产预算表!B7)*生产成本预算!C13 | | | | |
| 1 | | 辉映有限公司预计损益表 | | | | |
| 2 | | 2002年度 | | | | 单位：元 |
| 3 | 项目 | 第一季度 | 第二季度 | 第三季度 | 第四季度 | 全年合计 |
| 4 | 销售收入 | 100000 | 150000 | 200000 | 180000 | 630000 |
| 5 | 减：变动生产成本 | 37750 | 56250 | 75000 | 67500 | 236500 |
| 6 | 　变动销管费用 | 7600 | 11400 | 15200 | 13680 | 47880 |
| 7 | 边际贡献 | 54650 | 82350 | 109800 | 98820 | 345620 |
| 8 | 减：固定制造费用 | 12000 | 12000 | 12000 | 12000 | 48000 |
| 9 | 　固定销管费用 | 13000 | 13000 | 13000 | 13000 | 52000 |
| 10 | 　利息支出 | 0 | 0 | 0 | 2440 | 2440 |
| 11 | 税前利润 | 29650 | 57350 | 84800 | 71380 | 243180 |
| 12 | 减：所得税（40%） | 11860 | 22940 | 33920 | 28552 | 97272 |
| 13 | 税后利润 | 17790 | 34410 | 50880 | 42828 | 145908 |

图4-12

第十二步：根据前述各种预算及已知资料编制预计资产负债表，如图4-13所示。

| | A | B | C | D | E | F |
|---|---|---|---|---|---|---|
| 1 | | | 辉映有限公司预计资产负债表 | | | |
| 2 | | | 2002年度 | | | 单位：元 |
| 3 | 资产 | 期初数 | 期末数 | 负债和权益 | 期初数 | 期末数 |
| 4 | 流动资产 | | | 流动负债 | | |
| 5 | 现金 | 8000 | 12680 | 应付账款 | 11000 | 22350 |
| 6 | 应收账款 | 31000 | 72000 | 应付所得税 | | 17272 |
| 7 | 原材料 | 3750 | 9100 | | | |
| 8 | 产成品 | 4000 | 7500 | 流动负债合计 | 11000 | 39622 |
| 9 | 短期投资 | | 10000 | 长期负债 | | |
| 10 | 流动资产合计 | 46750 | 111280 | 长期借款 | 40000 | 40000 |
| 11 | 固定资产原值 | 270000 | 370000 | 股东权益 | | |
| 12 | 减：累计折旧 | 32250 | 52250 | 普通股 | 200000 | 200000 |
| 13 | 固定资产净值 | 237750 | 317750 | 留存收益 | 33500 | 149408 |
| 14 | 资产合计 | 284500 | 429030 | 负债及权益合计 | 284500 | 429030 |

图 4-13

**第十三步**：根据前述各种预算及已知资料编制预计现金流量表，如图 4-14 所示。

| | A | B |
|---|---|---|
| 1 | 辉映有限公司预计现金流量表 | |
| 2 | 2002年度 | 单位：元 |
| 3 | 项目 | 金额 |
| 4 | 一、经营活动产生的现金流量 | |
| 5 | 销售产品、提供劳务收到的现金 | 589000 |
| 6 | 收到的其他与经营活动有关的现金 | |
| 7 | 现金流入小计 | 589000 |
| 8 | 购买商品、接受劳务支付现金 | 198000 |
| 9 | 支付给职工以及为职工支付的现金 | 64000 |
| 10 | 支付的其他与经营活动有关的现金 | 99880 |
| 11 | 支付预交的所得税 | 80000 |
| 12 | 现金流出小计 | 441880 |
| 13 | 经营活动产生的现金流量金额 | 147120 |
| 14 | 二、投资活动产生的现金流量 | |
| 15 | 收回投资所收到的现金 | |
| 16 | 收回的其他与投资活动有关的现金 | |
| 17 | 现金流入小计 | 0 |
| 18 | 构建固定资产、无形资产和其他长期资产支付的现金 | 100000 |
| 19 | 支付的其他与投资活动有关的现金 | 10000 |
| 20 | 现金流出小计 | 110000 |
| 21 | 投资活动产生的现金流量净额 | -110000 |
| 22 | 三、筹资活动产生的现金流量 | |
| 23 | 吸收权益性投资所收到的现金 | |
| 24 | 发行债券所支付的现金 | |
| 25 | 借款所收到的现金 | 50000 |
| 26 | 收到的其他与筹资活动有关的现金 | |
| 27 | 现金流入小计 | 50000 |
| 28 | 偿还债务所支付的现金 | 50000 |
| 29 | 分配股利或利润所支付的现金 | 30000 |
| 30 | 偿还利息所支付的现金 | 2440 |
| 31 | 支付的其他与筹资活动有关的现金 | |
| 32 | 现金流出小计 | 82440 |
| 33 | 筹资活动产生的现金流量净额 | -32440 |
| 34 | 现金流量净增加额 | 4680 |

图 4-14

## 【任务4学习小结】

本任务主要涉及以下内容

1. 财务预算的概念及作用。财务预算是一系列专门反映企业未来一定预算期内预计财务状况和经营成果,以及现金收支等价值指标的各种预算总称,包括现金预算、预计损益表、预计资产负债表和预计现金流量表。

财务预算的作用,包括财务预算使决策目标具体化、系统化和定量化;财务预算是总预算,其余预算是辅助预算;财务预算有助于财务目标的顺利实现。

2. 现金预算的内容包括现金收入、现金支出、现金收支差额和资金的筹集及运用。现金预算实际上是销售预算、生产预算、直接材料预算、直接人工预算、制造费用预算、产品生产成本预算、销售及管理费用预算等预算中有关现金收支部分的汇总。现金预算的编制,要以其他各项预算为基础。

3. 预计财务报表的编制包括预计损益表的编制、预计资产负债表的编制和预计现金流量表的编制。

## 【基本概念】

固定预算　弹性预算　增量预算　零基预算　定期预算　滚动预算

## 【思考题】

1. 什么是财务预算,财务预算的作用?
2. 现金预算的内容包括哪些?
3. 怎样进行全面预算?

## 【实训项目】

见配套教材《财务管理综合练习与实训》。

# 任务 5
# 筹 资 管 理

【学习目标】

- 了解筹资的概念、分类及原则
- 了解企业资本金制度
- 掌握股权筹资的特点及优缺点
- 掌握债务筹资的特点及优缺点
- 掌握资金需要量的预测
- 掌握资本成本的计算和资本结构决策

## 任务 5-1　认识筹资管理

【引导案例】

### 合力破解中小企业融资瓶颈

2012 年,我国小微企业贷款再度实现大幅增长,增速分别高于同期大、中型企业贷款增速。不过,众多小微企业依然感到贷款难、贷款贵。中小企业融资状况究竟如何?怎样通过金融创新为其提供服务? 1 月 31 日,在由中国经济网主办的中小企业金融服务创新研讨会上,有关部门、行业协会、银行和企业的代表就此话题展开了讨论。

中国中小企业协会企管中心副主任陈晶说,目前只有不到 10% 的中小企业获得了银行贷款。这一方面是由于中小企业"无抵押无担保无财务报表"的"三无"状况不符合大银行发放贷款的标准;另一方面也是由于市场信息不对称,很多小微企业不知道该找哪家银行贷款,又该如何进行贷款。中小企业协会要在其中起到"一手托两家"、搭建平台的作用。

在利率市场化、金融脱媒的双重夹击下,商业银行普遍强化了对小微金融业务的重视。外资银行渣打银行东北亚兼中国中小企业理财部总裁顾韵婵认为,金融服务定制化、经营机构专门化、信用评级标准化、客户经理专业化和行业培育持续化这"五化"运作,保证了银行从事小企业贷款的盈利性和安全性,"我们的坏账率非常低"。

与会者普遍认为,解决中小企业融资难的问题,并非只有银行信贷"华山一条道",而应多管齐下,合力突围。

中国国际经济交流中心信息部副部长徐洪才认为,小微企业融资难的问题,很大程度上缘于资金的供求不相匹配。应该建立包括中小金融机构、存款保险制度、区域性资本市场以及风险投资基金等在内的多层次金融体系,以满足中小企业多样化的金融投资需求。

工信部中小企业司巡视员狄娜则用"4 个三"来概括帮助中小企业融资的体系:信贷市场做"三批(匹)"——大银行做批量,政策性银行做批发,中小金融机构银行做匹配;债券市场做"三集"——中小企业集合债券、集合票据和集合信托;证券市场做"三板"——中小板、创业板和新三板;最后,在政策扶持上,应该做好"三策"——产业政策、金融政策和财政政策。

(资料来源:中华会计网 http://www.canet.com.cn/news/cjyw/201302/01-281617.html。)

## 【任务 5-1 学习目标】

1. 了解筹资的概念以及分类。
2. 了解筹资管理的原则。
3. 掌握企业资本金制度。

企业筹资,是指企业为了满足其经营活动、投资活动、资本结构调整等需要,运用一定的筹资方式,筹措和获取所需资金的一种行为。资金是企业的血液,是企业设立、生存和发展的物质基础,是企业开展生产经营业务活动的基本前提。任何一个企业,为了形成生产经营能力、保证生产经营正常运行,必须拥有一定数量的资金。

筹资活动是企业一项重要的财务活动。如果说企业的财务活动是以现金收支为主的资金流转活动,那么筹资活动则是资金运转的起点。筹资的作用主要有两个。

第一,满足经营运转的资金需要。企业筹资,能够为企业生产经营活动的正常开展提供财务保障。筹集资金,作为企业资金周转运动的起点,决定着企业资金运动的规模和生产经营发展的程度。企业新建时,要按照企业战略所确定的生产经营规模核定长期资本和流动资金的需要量。在企业日常生产经营活动运行期间,需要维持一定数额的资金,以满足营业活动的正常波动需求。这些都需要筹措相应数额的资金,来满足生产经营活动的需要。

第二,满足投资发展的资金需要。企业在成长时期,往往因扩大生产经营规模或对外投资需要大量资金。企业生产经营规模的扩大有两种形式,一种是新建厂房、增加设备,这是外延式的扩大再生产;另一种是引进技术、改进设备,提高固定资产的生产能力,培训工人,提高劳动生产率,这是内涵式的扩大再生产。不管是外延式的扩大再生产还是内涵式的扩大再生产,都会发生扩张性的筹资机动。同时,企业由于战略发展和资本经营的需要,还会积极开拓有发展前途的投资领域,以联营投资、股权投资和债权投资等形式对外投资。经营规模扩张和对外产权投资,往往会产生大额的资金需求。

## 一、筹资的分类

企业筹资可以按不同的标准进行分类。

### (一)股权筹资、债务筹资及衍生工具筹资

按企业所取得资金的权益特性不同,企业筹资分为股权筹资、债务筹资及衍生工具筹资三类,这也是企业筹资方式最常见的分类方法。

股权筹资形成股权资本,是企业依法长期拥有、能够自主调配运用的资本。股权资本在企业持续经营期间内,投资者不得抽回,因而也称为企业的自有资本、主权资本或股东权益资本。股权资本是企业从事生产经营活动和偿还债务的本钱,是代表企业基本资信状况的一个主要指标。企业的股权资本通过吸收直接投资、发行股票、内部积累等方式取得。股权资本由于一

般不用还本，形成了企业的永久性资本，因而财务风险小，但付出的资本成本相对较高。

股权筹资项目，包括实收资本（股本）、资本公积金、盈余公积金和未分配利润等。其中，实收资本（股本）和实收资本溢价部分形成的资本公积金，是投资者的原始投入部分；盈余公积金、未分配利润和部分资本公积金是原始投入资本在企业持续经营中形成的经营积累。通常，盈余公积金、未分配利润共称为留存收益。股权筹资在经济意义上形成了企业的所有者权益，其金额等于企业资产总额减去负债总额后的余额。

债务筹资，是企业通过借款、发行债券、融资租赁以及赊销商品或服务等方式取得的资金形成在规定期限内需要清偿的债务。由于债务筹资到期要归还本金和支付利息，对企业的经营状况不承担责任，因而具有较大的财务风险，但付出的资本成本相对较低。从经济意义上来说，债务筹资也是债权人对企业的一种投资，也要依法享有企业使用债务所取得的经济利益，因而也可以称之为债权人权益。

衍生工具筹资包括兼具股权与债务特性的混合融资和其他衍生工具融资。我国上市公司目前最常见的混合融资是可转换债券融资，最常见的其他衍生工具融资是认股权证融资。

（二）直接筹资与间接筹资

按其是否以金融机构为媒介，企业筹资分为直接筹资和间接筹资两种类型。

直接筹资，是企业直接与资金供应者协商融通资本的一种筹资活动。直接筹资方式主要有吸收直接投资、发行股票、发行债券等。通过直接筹资，既可以筹集股权资金，也可以筹集债务资金。按法律规定，公司股票、公司债券等有价证券的发行需要通过证券公司等中介机构进行，但证券公司所起到的只是承销的作用，资金拥有者并未向证券公司让渡资金使用权，因此发行股票、债券属于直接向社会筹资。

间接筹资，是企业借助银行等金融机构融通资本的筹资活动。在间接筹资方式下，银行等金融机构发挥了中介的作用，预先集聚资金，资金拥有者首先向银行等金融机构让渡资金的使用权，然后再由银行等金融机构将资金提供给企业。间接筹资的基本方式是向银行借款，此外还有融资租赁等筹资方式，间接筹资形成的主要是债务资金，主要用于满足企业资金周转的需要。

（三）内部筹资与外部筹资

按资金的来源范围不同，企业筹资分为内部筹资和外部筹资两种类型。

内部筹资是指企业通过利润留存而形成的筹资来源。内部筹资数额的大小主要取决于企业可分配利润的多少和利润分配政策（股利政策），一般无须花费筹资费用，从而降低了资本成本。

外部筹资是指企业向外部筹措资金而形成的筹资来源。处于初创期的企业，内部筹资的可能性是有限的；处于成长期的企业，内部筹资往往难以满足需要。这就需要企业广泛地开展外部筹资，如发行股票、债券，取得商业信用、向银行借款等。企业向外部筹资大多需要花费一定的筹资费用，从而提高了筹资成本。

因此，企业筹时首先应利用内部筹资，然后再考虑外部筹资。

（四）长期筹资与短期筹资

按所筹集资金的使用期限不同，企业筹资分为长期筹资和短期筹资两种类型。

长期筹资，是指企业筹集使用期限在1年以上的资金筹集活动。长期筹资的目的主要在于形成和更新企业的生产和经营能力，或扩大企业的生产经营规模，或为对外投资筹集资金。

长期筹资通常采取吸收直接投资、发行股票、发行债券、取得长期借款、融资租赁等方式,所形成的长期资金主要用于购建固定资产、形成无形资产、进行对外长期投资、垫支流动资金、产品和技术研发等。从资金权益性质来看,长期资金可以是股权资金,也可以是债务资金。

短期筹资,是指企业筹集使用期限在1年以内的资金筹集活动。短期资金主要用于企业的流动资产和日常资金周转,一般在短期内需要偿还。短期筹资经常利用商业信用、短期借款、保理业务等方式来筹集。

## 二、筹资管理的原则

企业筹资管理的基本要求,是在严格遵守国家法律法规的基础上,分析影响筹资的各种因素,权衡资金的性质、数量、成本和风险,合理选择筹资方式,提高筹集效果。

（一）遵循国家法律法规,合法筹措资金

不论是直接筹资还是间接筹资,企业最终都通过筹资行为向社会获取资金。企业的筹资活动不仅为自身的生产经营提供资金来源,而且也会影响投资者的经济利益,影响社会经济秩序。企业的筹资行为和筹资活动必须遵循国家的相关法律法规,依法履行法律法规和投资合同约定的责任,合法合规筹资,依法信息披露,维护各方的合法权益。

（二）分析生产经营情况,正确预测资金需要量

企业筹集资金,首先要合理预测资金的需要量。筹资规模与资金需要量应当匹配一致,既避免因筹资不足,影响生产经营的正常进行,又要防止筹资过多,造成资金闲置。

（三）合理安排筹资时间,适时取得资金

企业筹集资金,还需要合理预测确定资金需要的时间。要根据资金需求的具体情况,合理安排资金的筹集时间,适时获取所需资金。使筹资与用资在时间上相衔接,既避免过早筹集资金形成的资金投放前闲置,又防止取得资金的时间滞后,错过资金投放的最佳时间。

（四）了解各种筹资渠道,选择资金来源

企业所筹集的资金都要付出资本成本的代价,不同的筹资渠道和筹资方式所取得的资金,其资本成本各有差异。企业应当在考虑筹资难易程度的基础上,针对不同来源资金的成本进行分析,尽可能选择经济、可行的筹资渠道与方式,力求降低筹资成本。

（五）研究各种筹资方式,优化资本结构

企业筹资要综合考虑股权资金与债务资金的关系、长期资金与短期资金的关系、内部筹资与外部筹资的关系,合理安排资本结构,保持适当偿债能力,防范企业财务危机,提高筹资效益。

## 三、企业资本金制度

资本金制度是国家就企业资本金的筹集、管理以及所有者的责权利等方面所做的法律规范。资本金是企业权益资本的主要部分,是企业长期稳定拥有的基本资金,此外,一定数额的资本金也是企业取得债务资本的必要保证。

（一）资本金的本质特征

设立企业必须有法定的资本金。资本金,是指企业在工商行政管理部门登记的注册资金,是投资者用以进行企业生产经营、承担民事责任而投入的资金。资本金在不同类型的企业中表现形式有所不同,股份有限公司的资本金被称为股本,股份有限公司以外的一般企业的资本

金被称为实收资本。

从性质上看,资本金是投资者创建企业所投入的资本,是原始启动资金;从功能上看,资本金是投资者用以享有权益和承担责任的资金,有限责任公司和股份有限公司以其资本金为限对所负债务承担有限责任;从法律地位来看,资本金要在工商行政管理部门办理注册登记,投资者只能按所投入的资本金而不是所投入的实际资本数额享有权益和承担责任,已注册的资本金如果追加或减少,必须办理变更登记;从时效来看,除了企业清算、减资、转让回购股权等特殊情形外,投资者不得随意从企业收回资本金,企业可以无限期地占用投资者的出资。

(二) 资本金的筹集

1. 资本金的最低限额

有关法规制度规定了各类企业资本金的最低限额,我国《公司法》规定,股份有限公司注册资本的最低限额为人民币 500 万元,上市的股份有限公司股本总额不少于人民币 3 000 万元;有限责任公司注册资本的最低限额为人民币 3 万元,一人有限责任公司的注册资本最低限额为人民币 10 万元。

如果需要高于这些最低限额的,可以由法律、行政法规另行规定。比如,《注册会计师法》和《资产评估机构审批管理办法》均规定,设立公司制的会计师事务所或资产评估机构,注册资本应当不少于人民币 30 万元。《保险法》规定,采取股份有限公司形式设立的保险公司,其注册资本的最低限额为人民币 2 亿元。《证券法》规定,可以采取股份有限公司形式设立证券公司,在证券公司中属于经纪类的,最低注册资本为人民币 5 000 万元;属于综合类的,公司注册资本最低限额为人民币 5 亿元。

2. 资本金的出资方式

根据我国《公司法》等法律法规的规定,投资者可以采取货币资产和非货币资产两种形式出资。全体投资者的货币出资金额不得低于公司注册资本的 30%;投资者可以用实物、知识产权、土地使用权等可以依法转让的非货币财产作价出资;法律、行政法规规定不得作为出资的财产除外。

3. 资本金缴纳的期限

资本金缴纳的期限,通常有三种办法:一是实收资本制,在企业成立时一次筹足资本金总额,实收资本与注册资本数额一致,否则企业不能成立;二是授权资本制,在企业成立时不一定一次筹足资本金总额,只要筹集了第一期资本,企业即可成立,其余部分由董事会在企业成立后进行筹集,企业成立时的实收资本与注册资本可能不相一致;三是折中资本制,在企业成立时不一定一次筹足资本金总额,类似于授权资本制,但规定了首期出资的数额或比例及最后一期缴清资本的期限。

我国《公司法》规定,资本金的缴纳采用折中资本制,资本金可以分期缴纳,但首次出资额不得低于法定的注册资本最低限额。股份有限公司和有限责任公司的股东首次出资额不得低于注册资本的 20%,其余部分由股东自公司成立之日起 2 年内缴足,投资公司可以在 5 年内缴足。而对于一人有限责任公司,股东应当一次足额缴纳公司章程规定的注册资本额。

4. 资本金的评估

吸收实物、无形资产等非货币资产筹集资本金的,应按照评估确认的金额或者按合同、协议约定的金额计价。其中,为了避免虚假出资或通过出资转移财产,导致国有资产流失,国有及国有控股企业以非货币资产出资或者接受其他企业的非货币资产出资,需要委托有资格的资产评估机构进行资产评估,并以资产评估机构评估确认的资产价值作为投资作价的基础。经国务院、省政府批准实施的重大经济事项涉及的资产评估项目,分别由本级政府国有资产监管部门或者财政部门负责核准,其余资产评估项目一律实施备案制度。严格来说,其他企业的资本金评估时,并不一定要求必须聘请专业评估机构评估,相关当事人或者聘请的第三方专业中介机构评估后认可的价格也可成为作价依据。不过,聘请第三方专业中介机构来评估相关的非货币资产,能够更好地保证评估作价的真实性和准确性,有效地保护公司及其债权人的利益。

(三) 资本金的管理原则

企业资本金的管理,应当遵循资本保全这一基本原则。实现资本保全的具体要求,可分为资本确定、资本充实和资本维持三部分内容。

1. 资本确定原则

资本确定,是指企业设立时资本金数额的确定。企业设立时,必须明确规定企业的资本总额以及各投资者认缴的数额。如果投资者没有足够认缴资本总额,企业就不能成立。为了强化资本确定的原则,法律规定由工商行政管理机构进行企业注册资本的登记管理。这是保护债权人利益、明晰企业产权的根本需要。根据《公司法》等法律法规的规定,一方面,投资者以认缴的资本为限对公司承担责任;另一方面,投资者以实际缴纳的资本为依据行使表决权和分取红利。

《企业财务通则》规定,企业获准工商登记(即正式成立)后30日内,应依据验资报告向投资者出具出资证明书等凭证,以此为依据确定投资者的合法权益,界定其应承担的责任。特别是占有国有资本的企业需要按照国家有关规定申请国有资产产权登记,取得企业国有资产产权登记证,但这并不免除企业向投资者出具出资证明书的义务,因为前者仅是国有资产管理的行政手段。

2. 资本充实原则

资本充实,是指资本金的筹集应当及时、足额。企业筹集资本金的数额、方式、期限均要在投资合同或协议中约定,并在企业章程中加以规定,以确保企业能够及时、足额筹得资本金。对企业登记注册的资本金,投资者应在法律法规和财务制度规定的期限内缴足。如果投资者未按规定出资,即为投资者违约,企业和其他投资者可以依法追究其责任,国家有关部门还将按照有关规定对违约者进行处罚。投资者在出资中的违约责任有两种情况:一是个别投资者单方违约,企业和其他投资者可以按企业章程的规定,要求违约方支付延迟出资的利息、赔偿经济损失;二是投资各方均违约或外资企业不按规定出资,则由工商行政管理部门进行处罚。

企业筹集的注册资本,必须进行验资,以保证出资的真实可信。对验资的要求,一是依法委托法定的验资机构,二是验资机构要按照规定出具验资报告,三是验资机构依法承担提供验资虚假或重大遗漏报告的法律责任,因出具的验资证明不实给公司债权人造成损失的,除能够证明自己没有过错的外,在其证明不实的金额范围内承担赔偿责任。

3. 资本维持原则

资本维持,指企业在持续经营期间有义务保持资本金的完整性。企业除由股东大会或投资者会议作出增减资本决议并按法定程序办理者外,不得任意增减资本总额。

企业筹集的实收资本,在持续经营期间可以由投资者依照相关法律法规以及企业章程的规定转让或者减少,投资者不得抽逃或者变相抽回出资。除《公司法》等有关法律法规另有规定外,企业不得回购本企业发行的股份。在下列四种情况下,股份公司可以回购本公司股份:减少公司注册资本;与持有本公司股份的其他公司合并;将股份奖励给本公司职工;股东因对股东大会作出的公司合并、分立决议持有异议而要求公司收购其股份。

股份公司依法回购股份,应当符合法定要求和条件,并经股东大会决议。用于将股份奖励给本公司职工而回购本公司股份的,不得超过本公司已发行股份总额的5%;用于收购的资金应当从公司的税后利润中支出;所收购的股份应当在1年内转让给职工。

## 任务 5-2 股权筹资

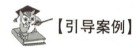【引导案例】

### 2011年1月21日沪深股市公告提示
### 发行融资

600141 兴发集团(19.50,0.20,1.04%) 1月19日,公司2011年度第一期短期融资券正式发行。本期融资券发行额为2亿元,期限为365天,单位面值为100元,发行利率为4.8%,发行招标日为1月19日,起息日期为1月20日,兑付日期2012年1月20日。

600415 小商品城(31.61,-0.81,-2.50%) 董事会通过关于滚动发行短期融资券的议案。临时股东大会通过关于提请股东大会授权董事会择优选择融资方式的议案等。

600886 国投电力(7.36,0.21,2.94%) 公司公开发行可转换公司债券发行公告。

601137 博威合金 确定本次发行价格为27元/股;网上中签率为2.574 205 87%。

000925 众合机电(23.80,0.76,3.30%) 中国证券监督管理委员会核准公司非公开发行不超过2 650万股新股。

002065 东华软件(24.80,-0.19,-0.76%) 中国证券监督管理委员会核准本公司向张秀珍、张建华、江海标、王佺、吕兴海合计发行16 301 577股股份购买相关资产。

(来源:http://www.sina.com.cn 2011年01月21日 07:05 新浪财经)

【任务5-2学习目标】

1. 了解吸收直接投资的种类、出资方式、程序及特点。
2. 掌握股票的含义、特点及种类。
3. 掌握股票发行和上市的有关规定。
4. 掌握普通股筹资的特点。
5. 了解留存收益筹资的特点。

企业所能采用的筹资方式,一方面受法律环境和融资市场的制约,另一方面也受企业性质的制约。中小企业和非公司制企业的筹资方式比较受限;股份有限公司和有限责任公司的筹资方式相对多样。

前已述及,股权筹资形成企业的股权资金,也称之为权益资本,是企业最基本的筹资方式。股权筹资又包含吸收直接投资、发行股票和利用留存收益三种主要形式,此外,我国上市公司引入战略投资者的行为,也属于股权筹资的范畴。

## 一、吸收直接投资

吸收直接投资,是指企业按照"共同投资、共同经营、共担风险、共享收益"的原则,直接吸收国家、法人、个人和外商投入资金的一种筹资方式。吸收直接投资是非股份制企业筹集权益资本的基本方式,采用吸收直接投资的企业,资本不分为等额股份,无须公开发行股票。吸收直接投资实际出资额,注册资本部分形成实收资本;超过注册资本的部分属于资本溢价,形成资本公积。

### (一)吸收直接投资的种类

**1. 吸收国家投资**

国家投资是指有权代表国家投资的政府部门或机构,以国有资产投入公司,这种情况下形成的资本叫国有资本。根据《公司国有资本与公司财务暂行办法》的规定,在公司持续经营期间,公司以盈余公积、资本公积转增实收资本的,国有公司和国有独资公司由公司董事会或经理办公会决定,并报主管财政机关备案;股份有限公司和有限责任公司由董事会决定,并经股东大会审议通过。吸收国家投资一般具有以下特点:(1)产权归属国家;(2)资金的运用和处置受国家约束较大;(3)在国有公司中采用比较广泛。

**2. 吸收法人投资**

法人投资是指法人单位以其依法可支配的资产投入公司,这种情况下形成的资本称为法人资本。吸收法人资本一般具有以下特点:(1)发生在法人单位之间;(2)以参与公司利润分配或控制为目的;(3)出资方式灵活多样。

**3. 吸收外商直接投资**

企业可以通过合资经营或合作经营的方式吸收外商直接投资,即与其他国家的投资者共同投资,创办中外合资经营企业或者中外合作经营企业,共同经营、共担风险、共负盈亏、共享利益。

**4. 吸收社会公众投资**

社会公众投资是指社会个人或本公司职工以个人合法财产投入公司,这种情况下形成的资本称为个人资本。吸收社会公众投资一般具有以下特点:(1)参加投资的人员较多;(2)每人投资的数额相对较少;(3)以参与公司利润分配为基本目的。

### (二)吸收直接投资的出资方式

**1. 以货币资产出资**

以货币资产出资是吸收直接投资中最重要的出资方式。企业有了货币资产,便可以获取其他物质资源,支付各种费用,满足企业创建时的开支和随后的日常周转需要。我国《公司法》规定,公司全体股东或者发起人的货币出资金额不得低于公司注册资本的30%。

**2. 以实物资产出资**

实物出资是指投资者以房屋、建筑物、设备等固定资产和材料、燃料、商品产品等流动资产所进行的投资。实物投资应符合以下条件:(1)适合企业生产、经营、研发等活动的需要;(2)技术性能良好;(3)作价公平合理。

实物出资中实物的作价,可以由出资各方协商确定,也可以聘请专业资产评估机构评估确定。国有及国有控股企业接受其他企业的非货币资产出资,需要委托有资格的资产评估机构进行资产评估。

3. 以土地使用权出资

土地使用权是指土地经营者对依法取得的土地在一定期限内有进行建筑、生产经营或其他活动的权利。土地使用权具有相对的独立性，在土地使用权存续期间，包括土地所有者在内的其他任何人和单位，不能任意收回土地和非法干预使用权人的经营活动。企业吸收土地使用权投资应符合以下条件：(1)适合企业科研、生产、经营、研发等活动的需要；(2)地理、交通条件适宜；(3)作价公平合理。

4. 以工业产权出资

工业产权通常是指专有技术、商标权、专利权、非专利技术等无形资产。投资者以工业产权出资应符合以下条件：(1)有助企业研究、开发和生产出新的高科技产品；(2)有助于企业提高生产效率，改进产品质量；(3)有助于企业降低生产消耗、能源消耗等各种消耗；(4)作价公平合理。

吸收工业产权等无形资产出资的风险较大。因为以工业产权投资，实际上是把技术转化为资本，使技术的价值固定化。而技术具有强烈的时效性，会因其不断老化落后而导致实际价值不断减少甚至完全丧失。

此外，对无形资产出资方式的限制，《公司法》规定，股东或发起人不得以劳务、信用、自然人姓名、商誉、特许经营权或者设定担保的财产等作价出资。对于非货币资产出资，需要满足三个条件：可以用货币估价；可以依法转让；法律不禁止。

《公司法》对无形资产出资的比例要求没有明确限制，但《外企企业法实施细则》另有规定，外资企业的工业产权、专有技术的作价应与国际上通常的作价原则相一致，且作价金额不得超过注册资本的 20%。

(三) 吸收直接投资的程序

1. 确定筹资数量

企业在新建和扩大经营时，首先确定资金的需要量。资金的需要量应根据企业的生产经营规模和供销条件等来核定，确保筹资数量与资金需要量相适应。

2. 寻找投资单位

企业既要广泛了解有关投资者的资信、财力和投资意向，又要通过信息交流和宣传，使出资方了解企业的经营能力、财务状况以及未来预期，以便于公司从中寻找最合适的合作伙伴。

3. 协商和签署投资协议

找到合适的投资伙伴后，双方进行具体协商，确定出资数额、出资方式和出资时间。企业应尽可能吸收货币投资，如果投资方确有先进而适合需要的固定资产和无形资产，亦可采取非货币投资方式。对实物投资、工业产权投资、土地使用权投资等非货币资产，双方应按公平合理的原则协商定价。当出资数额、资产作价确定后，双方须签署投资的协议或合同，以明确双方的权利和责任。

4. 取得所筹集的资金

签署投资协议后，企业应按规定或计划取得资金。如果采取现金投资方式，通常还要编制拨款计划，确定拨款期限、每期数额及划拨方式，有时投资者还要规定拨款的用途，如把拨款区分为固定资产投资拨款、流动资金拨款、专项拨款等。如为实物、工业产权、非专利技术、土地使用权投资，一个重要的问题就是核实财产。财产数量是否准确，特别是价格有无高估低估的情况，关系到投资各方的经济利益，必须认真处理，必要时可聘请专业资产评估机构来评定，然后办理产权的转移手续取得资产。

（四）吸收直接投资的筹资特点

1. 能够尽快形成生产能力。吸收直接投资不仅可以取得一部分货币资金，而且能够直接获得所需的先进设备和技术，尽快形成生产经营能力。

2. 容易进行信息沟通。吸收直接投资的投资者比较单一，股权没有社会化、分散化，甚至于有的投资者直接担任公司管理层职务，公司与投资者易于沟通。

3. 吸收投资的手续相对比较简便，筹资费用较低。

4. 资本成本较高。相对于股票筹资来说，吸收直接投资的资本成本较高。当企业经营较好、盈利较多时，投资者往往要求将大部分盈余作为红利分配，因为企业向投资者支付的报酬是按其出资数额和企业实现利润的比率来计算的。

5. 企业控制权集中，不利于企业治理。采用吸收直接投资方式筹资，投资者一般都要求获得与投资数额相适应的经营管理权。如果某个投资者的投资额比例较大，则该投资者对企业的经营管理就会有相当大的控制权，容易损害其他投资者的利益。

6. 不利于产权交易。吸收投入资本由于没有证券为媒介，不利于产权交易，难以进行产权转让。

## 二、发行普通股股票

股票是股份有限公司为筹措股权资本而发行的有价证券，是公司签发的证明股东持有公司股份的凭证。股票作为一种所有权凭证，代表着股东对发行公司净资产的所有权。股票只能由股份有限公司发行。

（一）股票的特征与分类

1. 股票的特点

（1）永久性。公司发行股票所筹集的资金属于公司的长期自有资金，没有期限，不需归还。换言之，股东在购买股票之后，一般情况下不能要求发行企业退还股金。

（2）流通性。股票作为一种有价证券，在资本市场上可以自由转让、买卖和流通，也可以继承、赠送或作为抵押品。股票特别是上市公司发行的股票具有很强的变现能力，流动性很强。

（3）风险性。由于股票的永久性，股东成了企业风险的主要承担者。风险的表现形式有：股票价格的波动性、红利的不确定性、破产清算时股东处于剩余财产分配的最后顺序等。

（4）参与性。股东作为股份公司的所有者，拥有参与企业管理的权利，包括重大决策权、经营者选择权、财务监控权、公司经营的建议和质询权等。此外，股东还有承担有限责任、遵守公司章程等义务。

2. 股东的权利

股东最基本的权利是按投入公司的股份额，依法享有公司收益获取权、公司重大决策参与权和选择公司管理者的权利，并以其所持股份为限对公司承担责任。

（1）公司管理权。股东对公司的管理权主要体现在重大决策参与权、经营者选择权、财务监控权、公司经营的建议和质询权、股东大会召集权等方面。

（2）收益分享权。股东有权通过股利方式获取公司的税后利润，利润分配方案由董事会提出并经过股东大会批准。

(3) 股份转让权。股东有权将其所持有的股票出售或转让。

(4) 优先认股权。原有股东拥有优先认购本公司增发股票的权利。

(5) 剩余财产要求权。当公司解散、清算时,股东有对清偿债务、清偿优先股股东以后的剩余财产索取的权利。

3. 股票的种类

(1) 按股东权利和义务,分为普通股股票和优先股股票。

普通股股票简称普通股,是公司发行的代表着股东享有平等的权利、义务,不加特别限制的,股利不固定的股票。普通股是最基本的股票,股份有限公司通常情况只发行普通股。

优先股股票简称优先股,是公司发行的相对于普通股具有一定优先权的股票。其优先权利主要表现在股利分配优先权和分配剩余财产优先权上。优先股股东在股东大会上无表决权,在参与公司经营管理上受到一定限制,仅对涉及优先股权利的问题有表决权。

(2) 按票面有无记名,分为记名股票和无记名股票。

记名股票是在股票票面上记载有股东姓名或将名称记入公司股东名册的股票,无记名股票不登记股东名称,公司只记载股票数量、编号及发行日期。

我国《公司法》规定,公司向发起人、国家授权投资机构、法人发行的股票,为记名股票;向社会公众发行的股票,可以为记名股票,也可以为无记名股票。

(3) 按发行对象和上市地点,分为A股、B股、H股、N股和S股等。

A股即人民币普通股票,由我国境内公司发行,境内上市交易,它以人民币标明面值,以人民币认购和交易。B股即人民币特种股票,由我国境内公司发行,境内上市交易,它以人民币标明面值,以外币认购和交易。H股是注册地在内地、上市在香港的股票,依此类推,在纽约和新加坡上市的股票,就分别称为N股和S股。

(二) 股份有限公司的设立、股票的发行与上市

1. 股份有限公司的设立

设立股份有限公司,应当有2人以上200人以下的发起人,其中须有半数以上的发起人在中国境内有住所。股份有限公司的设立,可以采取发起设立或者募集设立两种方式。发起设立,是指由发起人认购公司应发行的全部股份而设立公司。募集设立,是指由发起人认购公司应发行股份的一部分,其余股份向社会公开募集或者向特定对象募集而设立公司。我国证券监管当局目前停止了公开募集设立方式,募集设立的实质是公司设立和股票发行(即募集)同步进行,发起设立则不包含发行行为。我国股份公司的设立实质上是发起设立和有限责任公司改制设立。

以发起设立方式设立股份有限公司的,公司全体发起人的首次出资额不得低于注册资本的20%,其余部分由发起人自公司成立之日起2年内缴足(投资公司可以在5年内缴足)。

以募集设立方式设立股份有限公司的,发起人认购的股份不得少于公司股份总数的35%;法律、行政法规另有规定的,从其规定。

股份有限公司的发起人应当承担下列责任:(1) 公司不能成立时,发起人对设立行为所产生的债务和费用负连带责任;(2) 公司不能成立时,发起人对认股人已缴纳的股款,负返还股款并支付银行同期存款利息的连带责任;(3) 在公司设立过程中,由于发起人的过失致使公司利益受到损害的,应当对公司承担赔偿责任。

2. 股份有限公司首次发行股票的一般程序

(1) 发起人认足股份，缴付股资。发起方式设立的公司，发起人认购公司的全部股份；募集方式设立的公司，发起人认购的股份不得少于公司股份总数的35%。发起人可以用货币出资，也可以非货币资产作价出资。在发起设立方式下，发起人缴付全部股资后，应选举董事会、监事会，由董事会办理公司设立的登记事项；在募集设立方式下，发起人认足其应认购的股份并缴付股资后，其余部分向社会公开募集。

(2) 提出公开募集股份的申请。以募集方式设立的公司，发起人向社会公开募集股份时，必须向国务院证券监督管理部门递交募股申请，并报送批准设立公司的相关文件，包括公司章程、招股说明书等。

(3) 公告招股说明书，签订承销协议。公开募集股份申请经国家批准后，应公告招股说明书。招股说明书应包括公司的章程、发起人认购的股份数、本次每股票面价值和发行价格、募集资金的用途等。同时，与证券公司等证券承销机构签订承销协议。

(4) 招认股份，缴纳股款。发行股票的公司或其承销机构一般用广告或书面通知的办法招募股份。认股者一旦填写了认股书，就要承担认股书中约定的缴纳股款义务。如果认股者的总股数超过发起人拟招募的总股数，可以采取抽签的方式确定哪些认股者有权认股。认股者应在规定的期限内向代收股款的银行缴纳股款，同时交付认股书。股款认足后，发起人应委托法定的机构验资，出具验资证明。

(5) 召开创立大会，选举董事会、监事会。发行股份的股款募足后，发起人应在规定期限内(法定30天)主持召开创立大会。创立大会由发起人、认股人组成，应有代表股份总数半数以上的认股人出席方可举行。创立大会通过公司章程，选举董事会和监事会成员，并有权对公司的设立费用进行审核，对发起人用于抵作股款的财产作价进行审核。

(6) 办理公司设立登记，交割股票。经创立大会选举的董事会，应在创立大会结束后30天内，办理申请公司设立的登记事项。登记成立后，即向股东正式交付股票。

3. 股票上市交易

(1) 股票上市的目的。股票上市的目的是多方面的，主要包括：① 便于筹措新资金。证券市场是资本商品的买卖市场，证券市场上有众多的资金供应者。同时，股票上市经过了政府机构的审查批准并接受严格的管理，执行股票上市和信息披露的规定，容易吸引社会资本投资者。公司上市后，还可以通过增发、配股、发行可转换债券等方式进行再融资。② 促进股权流通和转让。股票上市后便于投资者购买，提高股权的流动性和股票的变现力，便于投资者认购和交易。③ 促进股权分散化。上市公司拥有众多的股东，加之上市股票的流通性强，能够避免公司的股权集中，分散公司的控制权，有利于公司治理结构的完善。④ 便于确定公司价值。股票上市后，公司股价有市价可循，便于确定公司的价值。对于上市公司来说，即时的股票交易行情，就是对公司价值的市场评价。同时，市场行情也能够为公司收购兼并等资本运作提供询价基础。

但股票上市也有对公司不利的一面，这主要有：上市成本较高，手续复杂严格；公司将负担较高的信息披露成本；信息公开的要求可能会暴露公司的商业机密；股价有时会歪曲公司的实际情况，影响公司声誉；可能会分散公司的控制权，造成管理上的困难。

(2) 股票上市的条件。公司公开发行的股票进入证券交易所交易，必须受严格的条件限制。我国《证券法》规定，股份有限公司申请股票上市，应当符合下列条件：① 股票经国务院证券监督管理机构核准已公开发行;② 公司股本总额不少于人民币 3 000 万元;③ 公开发行的股份达到公司股份总数的 25% 以上;公司股本总额超过人民币 4 亿元的,公开发行股份的比例为 10% 以上;④ 公司最近 3 年无重违法行为,财务会计报告无虚假记载。

(3) 股票上市的暂停、终止与特别处理。当上市公司出现经营情况恶化、存在重大违法违规行为或其他原因导致不符合上市条件时,就可能被暂停或终止上市。

上市公司出现财务状况或其他状况异常的,其股票交易将被交易所"特别处理(ST: Special Treatment)"。"财务状况异常"是指以下六种情况:① 最近 2 个会计年度的审计结果显示的净利润为负值;② 最近 1 个会计年度的审计结果显示其股东权益低于注册资本;③ 最近 1 个会计年度经审计的股东权益扣除注册会计师和有关部门不予确认的部分后,低于注册资本;④ 注册会计师对最近 1 个会计年度的财产报告出具无法表示意见或否定意见的审计报告;⑤ 最近一份经审计的财务报告对上年度利润进行调整,导致连续 2 个会计年度亏损;⑥ 经交易所或中国证监会认定为财务状况异常的。"其他状况异常"是指自然灾害、重大事故等导致生产经营活动基本中止,公司涉及的可能赔偿金额超过公司净资产的诉讼等情况。

在上市公司的股票交易被实行特别处理期间,其股票交易遵循下列规则:① 股票报价日涨跌幅限制为 5%;② 股票名称改为原股票名前加"ST";③ 上市公司的中期报告必须经过审计。

(三) 上市公司的股票发行

上市的股份有限公司在证券市场上发行股票,包括公开发行和非公开发行两种类型。公开发行股票又分为首次上市公开发行股票和上市公开发行股票,非公开发行即向特定投资者发行,也叫定向发行。

1. 首次上市公开发行股票(IPO)

首次上市公开发行股票(Initial Public Offering,IPO),是指股份有限公司对社会公开发行股票并上市流通和交易。实施 IPO 的公司,应当符合中国证监会 2006 年 5 月 18 日颁布并实施的《首次公开发行股票并上市管理办法》规定的相关条件,并经中国证监会核准。

IPO 的发行人应当是依法设立且合法存续的股份有限公司,发行人自股份有限公司成立后,持续经营时间应当在 3 年以上。

实施 IPO 的基本程序是:(1) 公司董事会应当依法就本次股票发行的具体方案、本次募集资金使用的可行性及其他事项作出决议,并提请股东大会批准;(2) 公司股东大会就本次发行股票作出决议;(3) 由保荐人保荐并向证监会申报;(4) 证监会受理,并审核批准;(5) 自证监会核准发行之日起,公司应在 6 个月内公开发行股票;超过 6 个月未发行的,核准失效,须经证监会重新核准后方可发行。

2. 上市公开发行股票

上市公开发行股票,是指股份有限公司已经上市后,通过证券交易所在证券市场上对社会公开发行股票。上市公司公开发行股票,包括增发和配股两种方式。其中,增发是指增资发行,即上市公司向社会公众发售股票的再融资方式,而配股是指上市公司向原有股东配售发行股票的再融资方式。增发和配股也应符合证监会规定的条件,并经过证监会的核准。

3. 非公开发行股票

上市公司非公开发行股票,是指上市公司采用非公开方式,向特定对象发行股票的行为,也叫定向募集增发。其目的往往是为了引入该机构的特定能力,如管理、渠道等。定向增发的对象可以是老股东,也可以是新投资者。总之,定向增发完成之后,公司的股权结构往往会发生较大变化,甚至发生控股权变更的情况。

在公司设立时,上市公开发行股票与非上市不公开发行股票相比较,上市公开发行股票方式的发行范围广,发行对象多,易于足额筹集资本,同时还有利于提高公司的知名度。但公开发行方式审批手续复杂严格,发行成本高。在公司设立后再融资时,上市公司定向增发和非上市公司定向增发相比较,上市公司定向增发优势在于:(1)有利于引入战略投资者和机构投资者;(2)有利于利用上市公司的市场化估值溢价,将母公司资产通过资本市场放大,从而提升母公司的资产价值;(3)定向增发是一种主要的并购手段,特别是资产并购型定向增发,有利于集团企业整体上市,并同时减轻并购的现金流压力。

(四)发行普通股的筹资特点

(1)所有权与经营权相分离,分散公司控制权,有利于公司自主管理、自主经营。普通股筹资的股东众多,公司的日常经营管理事务主要由公司的董事会和经理层负责。

(2)没有固定的股息负担,资本成本较低。公司有盈利,并认为适于分配时才分派股利;公司盈利较少,或者虽有盈利但现金短缺或有更好的投资机会,也可以少支付或不支付股利。相对于吸收直接投资来说,普通股筹资的资本成本较低。

(3)能增强公司的社会声誉。普通股筹资使得股东大众化,由此给公司带来了广泛的社会影响。特别是上市公司,其股票的流通性强,有利于市场确认公司的价值。

(4)促进股权流通和转让。普通股筹资以股票作为媒介的方式便于股权的流通和转让,便于吸收新的投资者。

(5)筹资费用较高,手续复杂。

(6)不易尽快形成生产能力。普通股筹资吸收的一般都是货币资金,还需要通过购置和建造形成生产经营能力。

(7)公司控制权分散,容易被经理人控制。同时,流通性强的股票交易,也容易被恶意收购。

## 三、留存收益

(一)留存收益的性质

从性质上看,企业通过合法有效地经营所实现的税后净利润,都属于企业的所有者。企业将本年度的利润部分甚至全部留存下来的原因很多,主要包括:第一,收益的确认和计量是建立在权责发生制基础上的,企业有利润,但企业不一定有相应的现金净流量增加,因而企业不一定有足够的现金将利润全部或部分派给所有者。第二,法律法规从保护债权人利益和要求企业可持续发展等角度出发,限制企业将利润全部分配出去。《公司法》规定,企业每年的税后利润,必须提取10%的法定盈余公积金。第三,企业基于自身扩大再生产和筹资的需求,也会将一部分利润留存下来。

(二)留存收益的筹资途径

1. 提取盈余公积金

盈余公积金,是指有指定用途的留存净利润。盈余公积金是从当期企业净利润中提取的积累资金,其提取基数是本年度的净利润,而不是税后利润,这是因为税后利润属于纳税申报时计算的利润,包含纳税调整因素。盈余公积金主要用于企业未来的经营发展,经投资者审议后也可以用于转增股本(实收资本)和弥补以前年度经营亏损,但不得用于以后年度的对外利润分配。

2. 未分配利润

未分配利润,是指未限定用途的留存净利润。未分配利润有两层含义:第一,这部分净利润本年没有分配给公司的股东投资者;第二,这部分净利润未指定用途,可以用于企业未来的经营发展、转增资本(实收资本)、弥补以前年度的经营亏损及以后年度的利润分配。

(三) 利用留存收益的筹资特点

1. 不用发生筹资费用

企业从外界筹集长期资本,与普通股筹资相比较,留存收益筹资不需要发生筹资费用,资本成本较低。

2. 维持公司的控制权分布

利用留存收益筹资,不用对外发行新股或吸收新投资者,由此增加的权益资本不会改变公司的股权结构,不会稀释原有股东的控制权。

3. 筹资数额有限

留存收益的最大数额是企业本期的净利润和以前年度未分配利润之和,不像外部筹资一次性可以筹集大量资金。如果企业发生亏损,那么当年就没有利润留存。另外,股东和投资者从自身期望出发,往往希望企业每年发放一定的利润,保持一定的利润分配比例。

## 四、股权筹资的优缺点

(一) 股权筹资的优点

1. 股权筹资是企业稳定的资本基础

股权资本没有固定的到期日,无须偿还,是企业的永久性资本,除非企业清算时才有可能予以偿还。这对于保障企业对资本的最低需求,促进企业长期持续稳定经营具有重要意义。

2. 股权筹资是企业良好的信誉基础

股权资本作为企业最基本的资本,代表了公司的资本实力,是企业与其他单位组织开展经营业务、进行业务活动的信誉基础。同时,股权资本也是其他方式筹资的基础,尤其可为债务筹资,包括银行借款、发行公司债券等提供信用保障。

3. 企业财务风险较小

股权资本不用在企业正常运营期内偿还,不存在还本付息的财务风险。相对于债务资本而言,股权资本筹资限制少,资本使用上也无特别限制。另外,企业可以根据其经营状况和业绩的好坏,决定向投资者支付报酬的多少,资本成本负担比较灵活。

(二) 股权筹资的缺点

1. 资本成本负担较重

尽管股权资本的资本成本负担比较灵活,但一般而言,股权筹资的资本成本要高于债务筹资。这主要是由于投资者投资于股权特别是投资于股票的风险较高,投资者或股东相应要求得到较高的报酬率。企业长期不派发利润和股利,将会影响企业的市场价值。从企业成本开支的角度来看,股利、红利从税后利润中支付,而使用债务资本的资本成本允许税前扣除。此外,普通股的发行、上市等方面的费用也十分庞大。

2. 容易分散企业的控制权

利用股权筹资，由于引进了新的投资者或出售了新的股票，必然会导致企业控制权结构的改变，分散了企业的控制权。控制权的频繁迭变，势必要影响企业管理层的人事变动和决策效率，影响企业的正常经营。

3. 信息沟通与披露成本较大

投资者或股东作为企业的所有者，有了解企业经营业务、财务状况、经营成果等的权利。企业需要通过各种渠道和方式加强与投资者的关系管理，保障投资者的权益。特别是上市公司，其股东众多而分散，只能通过公司的公开信息披露了解公司状况，这就需要公司花更多的精力，有些还需要设置专门的部分，用于公司的信息披露和投资者关系管理。

## 任务 5-3　债 务 筹 资

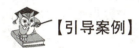

【引导案例】

### 债券发行与上市提示

企业债发行：11 宁交通 CP01(Z1081049)

发行主体：南京市交通建设投资控股（集团）有限责任公司，预计发行规模：6亿元，债券期限：1年，票面金额：100元，计息方式：固定利率，年付息次数：到期一次还本付息，信用级别：A-1级，发行对象：全国银行间债券市场机构投资者（国家法律、法规禁止的投资者除外），发行价格：100元，开始发行日期：2011-1-11，结束发行日期：2011-1-11。

企业债发行：11 鲁黄金 MTN1(Z1081055)

发行主体：山东黄金集团有限公司，预计发行规模：12亿元，债券期限：5年，票面金额：100元，计息方式：固定利率，年付息次数：每年付息一次，信用级别：AA+级，发行对象：全国银行间债券市场机构投资者（国家法律、法规禁止的投资者除外），发行价格：100元，开始发行日期：2011-1-11，结束发行日期：2011-1-11。

企业债发行：11 水务 MTN1(Z1081056)

发行主体：珠海水务集团有限公司，预计发行规模：4亿元，债券期限：5年，票面金额：100元，计息方式：固定利率，年付息次数：每年付息一次，信用级别：AA级，发行对象：全国银行间债券市场机构投资者（国家法律、法规禁止的投资者除外），发行价格：100元，开始发行日期：2011-1-10，结束发行日期：2011-1-12。

（来源：港澳资讯，http://www.secon.cn/，发布时间：2011年01月10日 08:30）

【任务 5-3 学习目标】

1. 了解银行借款的种类及保护性条款。
2. 掌握债券发行和上市的条件、债券筹资的特点。
3. 了解金融租赁与融资租赁的区别。
4. 掌握融资租赁租金的计算、融资租赁筹资的特点。

债务筹资主要是企业通过向银行借款、向社会发行公司债券、融资租赁以及赊购商品或劳务等方式筹集和取得的资金。向银行借款、发行债券、融资租赁和商业信用，是债务筹资的基本形式。其中不足1年的短期借款与企业资金营运有密切关系；另外，商业信用与企业之间的商品或劳务交易密切相关，我们将在第七章对上述两部分内容予以介绍。因此，本节的债务筹资主要涉及长期债务筹资。

## 一、银行借款

银行借款是指企业向银行或其他非银行金融机构借入的、需要还本付息的款项，包括偿还期限超过1年的长期借款和不足1年的短期借款，主要用于企业购建固定资产和满足流动资金周转的需要。

### （一）银行借款的种类

1. 按提供贷款的机构，分为政策性银行贷款、商业银行贷款和其他金融机构贷款

政策性银行贷款是指执行国家政策性贷款业务的银行向企业发放的贷款，通常为长期贷款。如国家开发银行贷款，主要满足企业承建国家重点建设项目的资金需要；中国进出口信贷银行贷款，主要为大型设备的进出口提供的买方信贷或卖方信贷；中国农业发展银行贷款，主要用于确保国家对粮、棉、油等政策性收购资金的供应。

商业性银行贷款是指由各商业银行，如中国工商银行、中国建设银行、中国农业银行、中国银行等，向工商企业提供的贷款，用以满足企业生产经营的资金需要，包括短期贷款和长期贷款。

其他金融机构贷款，如从信托投资公司取得实物或货币形式的信托投资贷款，从财务公司取得的各种中长期贷款，从保险公司取得的贷款等。其他金融机构的贷款一般较商业银行贷款的期限要长，要求的利率较高，对借款企业的信用要求和担保的选择比较严格。

2. 按机构对贷款有无担保要求，分为信用贷款和担保贷款

信用贷款是指以借款人的信誉或保证人的信用为依据而获得的贷款。企业取得这种贷款，无须以财产作抵押。对于这种贷款，由于风险较高，银行通常要收取较高的利息，往往还附加一定的限制条件。

担保贷款是指由借款人或第三方依法提供担保而获得的贷款。担保包括保证责任、财务抵押、财产质押，由此，担保贷款包括保证贷款、抵押贷款和质押贷款。

保证贷款是指按《担保法》规定的保证方式，以第三人作为保证人承诺在借款人不能偿还借款时，按约定承担一定保证责任或连带责任而取得的贷款。

抵押贷款是指按《担保法》规定的抵押方式，以借款人或第三人的财产作为抵押物而取得的贷款。抵押是指债务人或第三人不转移财产的占有，将该财产作为债权的担保，债务人不履行债务时，债权人有权将该财产折价或者以拍卖、变卖的价款优先受偿。作为贷款担保的抵押品，可以是不动产、机器设备、交通运输工具等实物资产，可以是依法有权处分的土地使用权，也可以是股票、债券等有价证券等，它们必须是能够变现的资产。如果贷款到期借款企业不能或不愿偿还贷款，银行可取消企业对抵押品的赎回权。抵押贷款有利于降低银行贷款的风险，提高贷款的安全性。

质押贷款是指按《担保法》规定的质押方式，以借款人或第三人的动产或财产权利作为质押物而取得的贷款。质押是指债务人或第三人将其动产或财产权利移交给债权人占有，将该动产或财务权利作为债权的担保，债务人不履行债务时，债权人有权以该动产或财产权利折价或者以拍卖、变卖的价款优先受偿。作为贷款担保的质押品，可以是汇票、支票、债券、存款单、

提单等信用凭证,可以是依法可以转让的股份、股票等有价证券,也可以是依法可以转让的商标专用权、专利权、著作权中的财产权等。

3. 按企业取得贷款的用途,分为基本建设贷款、专项贷款和流动资金贷款

基本建设贷款是指企业因从事新建、改建、扩建等基本建设项目需要资金而向银行申请借入的款项。

专项贷款是指企业因为专门用途而向银行申请借入的款项,包括更新改造技改贷款、大修理贷款、研发和新产品研制贷款、小型技术措施贷款、出口专项贷款、引进技术转让费周转金贷款、进口设备外汇贷款、进口设备人民币贷款及国内配套设备贷款等。

流动资金贷款是指企业为满足流动资金的需求而向银行申请借入的款项,包括流动资金借款、生产周转借款、临时借款、结算借款和卖方信贷。

(二) 银行借款的程序与保护性条款

1. 银行借款的程序

(1) 提出申请。企业根据筹资需求向银行书面申请,按银行要求的条件和内容填报借款申请书。

(2) 银行审批。银行按照有关政策和贷款条件,对借款企业进行信用审查,依据审批权限,核准公司申请的借款金额和用款计划。银行审查的主要内容是:公司的财务状况;信用情况;盈利的稳定性;发展前景;借款投资项目的可行性;抵押品和担保情况。

(3) 签订合同。借款申请获批准后,银行与企业进一步协商贷款的具体条件,签订正式的借款合同,规定贷款的数额、利率、期限和一些约束性条款。

(4) 取得借款。借款合同签订后,企业在核定的贷款指标范围内,根据用款计划和实际需要,一次或分次将贷款转入公司的存款结算户,以便使用。

2. 长期借款的保护性条款

由于银行等金融机构提供的长期贷款金额高、期限长、风险大,因此,除借款合同的基本条款之外,债权人通常还在借款合同中附加各种保护性条款,以确保企业按要求使用借款和按时足额偿还借款。保护性条款一般有三类。

(1) 例行性保护条款。这类条款作为例行常规,在大多数借款合同中都会出现。主要包括:① 要求定期向提供贷款的金融机构提交财务报表,以使债权人随时掌握公司的财务状况和经营成果;② 不准在正常情况下出售较多的非产成品存货,以保持企业正常生产经营能力;③ 如期清偿应缴纳税金和其他到期债务,以防被罚款而造成不必要的现金流失;④ 不准以资产作其他承诺的担保或抵押;⑤ 不准贴现应收票据或出售应收账款,以避免或有负债等。

(2) 一般性保护条款。一般性保护条款是对企业资产的流动性及偿债能力等方面的要求条款,这类条款应用于大多数借款合同,主要包括:① 保持企业的资产流动性。要求企业需持有最低限度的货币资金及其他流动资产,以保持企业资产的流动性和偿债能力,一般规定了企业必须保持的最低营运资金数额和最低流动比率数值;② 限制企业非经营性支出。如限制支付现金股利、购入股票和职工加薪的数额规模,以减少企业资金的过度外流;③ 限制企业资本支出的规模。控制企业资产结构中的长期性资产的比例,以减少公司日后不得不变卖固定资产以偿还贷款的可能性;④ 限制公司再举债规模。目的是以防止其他债权人取得对公司资产的优先索偿权;⑤ 限制公司的长期投资。如规定公司不准投资于短期内不能收回

资金的项目,不能未经银行等债权人同意而与其他公司合并等。

(3) 特殊性保护条款。这类条款是针对某些特殊情况而出现在部分借款合同中的条款,只有在特殊情况下才能生效。主要包括:要求公司的主要领导人购买人身保险;借款的用途不得改变;违约惩罚条款,等等。

上述各项条款结合使用,将有利于全面保护银行等债权人的权益。但借款合同是经双方充分协商后决定的,其最终结果取决于双方谈判能力的大小,而不是完全取决于银行等债权人的主观愿望。

(三) 银行借款的筹资特点

(1) 筹资速度快。与发行债券、融资租赁等债权筹资方式相比,银行借款的程序相对简单,所花时间较短,公司可以迅速获得所需资金。

(2) 资本成本较低。利用银行借款筹资,比发行债券和融资租赁的利息负担要低。而且,无须支付证券发行费用、租赁手续费用等筹资费用。

(3) 筹资弹性较大。在借款之前,公司根据当时的资本需求与银行等贷款机构直接商定贷款的时间、数量和条件。在借款期间,若公司的财务状况发生某些变化,也可与债权人再协商,变更借款数量、时间和条件,或提前偿还本息。因此,借款筹资对公司具有较大的灵活性,特别是短期借款更是如此。

(4) 限制条款多。与债券筹资相比较,银行借款合同对借款用途有明确规定,通过借款的保护性条款,对公司资本支出额度、再筹资、股利支付等行为有严格的约束,以后公司的生产经营活动和财务政策必将受到一定程度的影响。

(5) 筹资数额有限。银行借款的数额往往受到贷款机构资本实力的制约,不可能像发行债券、股票那样一次筹集到大笔资金,无法满足公司大规模筹资的需要。

## 二、发行公司债券

企业债券又称公司债券,是企业依照法定程序发行的、约定在一定期限内还本付息的有价证券。债券是持有人拥有公司债权的书面证书,它代表持券人同发债公司之间的债权债务关系。

(一) 发行债券的条件与种类

1. 发行债券的条件

在我国,根据《公司法》的规定,股份有限公司、国有独资公司和两个以上的国有公司或者两个以上的国有投资主体投资设立的有限责任公司,具有发行债券的资格。

根据《证券法》规定,公开发行公司债券,应当符合下列条件:(1) 股份有限公司的净资产不低于人民币 3 000 万元,有限责任公司的净资产不低于人民币 6 000 万元;(2) 累计债券余额不超过公司净资产的 40%;(3) 最近 3 年平均可分配利润足以支付公司债券 1 年的利息;(4) 筹集的资金投向符合国家产业政策;(5) 债券的利率不超过国务院限定的利率水平;(6) 国务院规定的其他条件。

公开发行公司债券筹集的资金,必须用于核准的用途,不得用于弥补亏损和非生产性支出。

根据《证券法》规定,公司申请公司债券上市交易,应当符合下列条件:(1) 公司债券的期限为 1 年以上;(2) 公司债券实际发行额不少于人民币 5 000 万元;(3) 公司申请债券上市时仍符合法定的公司债券发行条件。

2. 公司债券的种类

(1) 按是否记名,分为记名债券和无记名债券。

记名公司债券,应当在公司债券存根簿上载明债券持有人的姓名及住所、债券持有人取得债券的日期及债券的编号等债券持有人信息。记名公司债券,由债券持有人以背书方式或者法律、行政法规规定的其他方式转让;转让后由公司将受让人的姓名或者名称及住所记载于公司债券存根簿。

无记名公司债券,应当在公司债券存根簿上载明债券总额、利率、偿还期限和方式、发行日期及债券的编号。无记名公司债券的转让,由债券持有人将该债券交付给受让人后即发生转让的效力。

(2) 按是否能够转换成公司股权,分为可转换债券与不可转换债券。

可转换债券,债券持有者可以在规定的时间内按规定的价格转换为发债公司的股票。这种债券在发行时,对债券转换为股票的价格和比率等都作了详细规定。《公司法》规定,可转换债券的发行主体是股份有限公司中的上市公司。

不可转换债券,是指不能转换为发债公司股票的债券,大多数公司债券属于这种类型。

(3) 按有无特定财产担保,分为担保债券和信用债券。

担保债券是指以抵押方式担保发行人按期还本付息的债券,主要是指抵押债券。抵押债券按其抵押品的不同,又分为不动产抵押债券、动产抵押债券和证券信托抵押债券。

信用债券是无担保债券,是仅凭公司自身的信用发行的、没有抵押品作抵押担保的债券。在公司清算时,信用债券的持有人因无特定的资产作担保品,只能作为一般债权人参与剩余财产的分配。

(二) 发行债券的程序

1. 作出决议

公司发行债券要由董事会制订方案,股东大会作出决议。

2. 提出申请

我国规定,公司申请发行债券由国务院证券管理部门批准。证券管理部门按照国务院确定的公司债券发行规模,审批公司债券的发行。公司申请应提交公司登记证明、公司章程、公司债券募集办法、资产评估报告和验资报告。

3. 公告募集办法

企业发行债券的申请经批准后,向社会公告债券募集办法。公司债券分私募发行和公募发行,私募发行是以特定的少数投资者为对象发行债券,而公募发行则是在证券市场上以非特定的广大投资者为对象公开发行债券。

4. 委托证券经营机构发售

公募间接发行是各国通行的公司债券发行方式,在这种发行方式下,发行公司与承销团签订承销协议。承销团由数家证券公司或投资银行组成,承销方式有代销和包销两种。代销是指承销机构代为推销债券,在约定期限内未售出的余额可退还发行公司,承销机构不承担发行风险。包销是由承销团先购入发行公司拟发行的全部债券,然后再售给社会上的投资者,如果约定期限内未能全部售出,余额要由承销团负责认购。

5. 交付债券,收缴债券款,登记债券存根簿

发行债券通常不需经过填写认购证过程,由债券购买人直接向承销机构付款购买,承销单位付给企业债券。然后,发行公司向承销机构收缴债券款并结算代理费及预付款项。

(三) 债券的偿还

债券偿还时间按其实际发生与规定的到期日之间的关系,分为提前偿还与到期偿还两类,其中后者又包括分批偿还和一次偿还两种。

1. 提前偿还

提前偿还又称提前赎回或收回,是指在债券尚未到期之前就予以偿还。只有在公司发行债券的契约中明确规定了有关允许提前偿还的条款,公司才可以进行此项操作。提前偿还所支付的价格通常要高于债券的面值,并随到期日的临近而逐渐下降。具有提前偿还条款的债券可使公司筹资有较大的弹性。当公司资金有结余时,可提前赎回债券;当预测利率下降时,也可提前赎回债券,而后以较低的利率来发行新债券。

2. 分批偿还

如果一个公司在发行同一种债券的当时就为不同编号或不同发行对象的债券规定了不同的到期日,这种债券就是分批偿还债券。因为各批债券的到期日不同,它们各自的发行价格和票面利率也可能不相同,从而导致发行费较高;但由于这种债券便于投资人挑选最合适的到期日,因而便于发行。

3. 一次偿还

到期一次偿还的债券是最为常见的。

(四) 发行公司债券的筹资特点

1. 一次筹资数额大

利用发行公司债券筹资,能够筹集大额的资金,满足公司大规模筹资的需要。这是在银行借款、融资租赁等债权筹资方式中,企业选择发行公司债券筹资的主要原因,也能够适应大型公司经营规模的需要。

2. 提高公司的社会声誉

公司债券的发行主体,有严格的资格限制。发行公司债券,往往是股份有限公司和有实力的有限责任公司所为。通过发行公司债券,一方面筹集了大量资金,另一方面也扩大了公司的社会影响。

3. 筹集资金的使用限制条件少

与银行借款相比,债券筹资筹集资金的使用具有相对的灵活性和自主性。特别是发行债券所筹集的大额资金,能够用于流动性较差的公司长期资产上。从资金使用的性质来看,银行借款一般期限短、额度小,主要用途为增加适量存货、增加小型设备等;反之,期限较长、额度较大,用于公司扩展、增加大型固定资产和基本建设投资的需求多采用发行债券方式。

4. 能够锁定资本成本的负担

尽管公司债券的利息比银行借款高,但公司债券的期限长、利率相对固定。在预计市场利率持续上升的金融市场环境下,发行公司债券筹资,能够锁定资本成本。

5. 发行资格要求高,手续复杂

发行公司债券,实际上是公司面向社会负债,债权人是社会公众,因此国家为了保护投资

者利益,维护社会经济秩序,对发债公司的资格有严格的限制。从申报、审批、承销到取得资金,需要经过众多环节和较长时间。

6. 资本成本较高

相对于银行借款筹资,发行债券的利息负担和筹资费用都比较高。而且债券不能像银行借款一样进行债务展期,加上大额的本金和较高的利息,在固定的到期日,将会对公司现金流量产生巨大的财务压力。

### 三、融资租赁

租赁,是指通过签订资产出让合同的方式,使用资产的一方(承租方)通过支付租金,向出让资产的一方(出租方)取得资产使用权的一种交易行为。在这项交易中,承租方通过得到所需资产的使用权,完成了筹集资金的行为。

(一) 租赁的特征与分类

1. 租赁的基本特征

(1) 所有权与使用权相分离。租赁资产的所有权与使用权分离是租赁的主要特点之一。银行信用虽然也是所有权与使用权相分离,但载体是货币资金,租赁则是资金与实物相结合基础上的分离。

(2) 融资与融物相结合。租赁是以商品形态与货币形态相结合提供的信用活动,出租人在向企业出租资产的同时,解决了企业的资金需求,具有信用和贸易双重性质。它不同于一般的借钱还钱、借物还物的信用形式,而是借物还钱,并以分期支付租金的方式来体现。租赁的这一特点将银行信贷和财产信贷融合在一起,成为企业融资的一种新形式。

(3) 租金的分期归流。在租金的偿还方式上,租金与银行信用到期还本付息不一样,采取了分期回流的方式。出租方的资金一次投入,分期收回。对于承租方而言,通过租赁可以提前获得资产的使用价值,分期支付租金便于分期规划未来的现金流出量。

2. 租赁的分类

租赁分为融资租赁和经营租赁。

经营租赁是由租赁公司向承租单位在短期内提供设备,并提供维修、保养、人员培训等的一种服务性业务,又称服务性租赁。经营租赁的特点主要是:(1)出租的设备一般由租赁公司根据市场需要选定,然后再寻找承租企业;(2)租赁期较短,短于资产的有效使用期,在合理的限制条件内承租企业可以中途解约;(3)租赁设备的维修、保养由租赁公司负责;(4)租赁期满或合同中止以后,出租资产由租赁公司收回。经营租赁比较适用于租用技术过时较快的生产设备。

融资租赁是由租赁公司按承租单位要求出资购买设备,在较长的合同期内提供给承租单位使用的融通信用业务,它是以融通资金为主要目的的租赁。融资租赁的主要特点是:(1)出租的设备由承租企业提出要求购买,或者由承租企业直接从制造商或销售商那里选定;(2)租赁期较长,接近于资产的有效使用期,在租赁期间双方无权取消合同;(3)由承租企业负责设备的维修、保养;(4)租赁期满,按事先约定的方法处理设备,包括退还租赁公司,或继续租赁,或企业留购。通常采用企业留购办法,即以很少的"名义价格"(相当于设备残值)买下设备。两者的区别如表 5-1 所示。

表 5-1  融资租赁与经营租赁的区别

| 对比项目 | 融资租赁(Financial Lease) | 经营租赁(Operational Lease) |
| --- | --- | --- |
| 业务原理 | 融资融物于一体 | 无融资租赁特征,只是一种融物方式 |
| 租赁目的 | 融通资金,添置设备 | 暂时性使用,预防无形损耗风险 |
| 租期 | 较长,相当于设备经济寿命的大部分 | 较短 |
| 租金 | 包括设备价款 | 只是设备使用费 |
| 契约法律效力 | 不可撤销合同 | 经双方同意可中途撤销合同 |
| 租赁标的 | 一般为专用设备,也可为通用设备 | 通用设备居多 |
| 维修与保养 | 专用设备多为承租人负责,通用设备多为出租人负责 | 全部为出租人负责 |
| 承租人 | 一般为一个 | 设备经济寿命期内轮流租给多个承租人 |
| 灵活方便 | 不明显 | 明显 |

(二)融资租赁的基本程序与形式

1. 融资租赁的基本程序

(1)选择租赁公司,提出委托申请。当企业决定采用融资租赁方式以获取某项设备时,需要了解各个租赁公司的资信情况、融资条件和租赁费率等,分析比较选定一家作为出租单位。然后,向租赁公司申请办理融资租赁。

(2)签订购货协议。由承租企业和租赁公司中的一方或双方,与选定的设备供应厂商进行购买设备的技术谈判和商务谈判,在此基础上与设备供应厂商签订购货协议。

(3)签订租赁合同。承租企业与租赁公司签订租赁设备的合同,如需要进口设备,还应办理设备进口手续。租赁合同是租赁业务的重要文件,具有法律效力。融资租赁合同的内容可分为一般条款和特殊条款两部分。

(4)交货验收。设备供应厂商将设备发运到指定地点,承租企业要办理验收手续。验收合格后签发交货及验收证书交给租赁公司,作为其支付货款的依据。

(5)定期交付租金。承租企业按租赁合同规定,分期交纳租金,这也就是承租企业对所筹资金的分期还款。

(6)合同期满处理设备。承租企业根据合同约定,对设备续租、退租或留购。

2. 融资租赁的基本形式

(1)直接租赁。直接租赁是融资租赁的主要形式,承租方提出租赁申请时,出租方按照承租方的要求选购,然后再出租给承租方。

(2)售后回租。售后回租是指承租方由于急需资金等各种原因,将自己资产售给出租方,然后以租赁的形式从出租方原封不动地租回资产的使用权。在这种租赁合同中,除资产所有者的名义改变之外,其余情况均无变化。

(3)杠杆租赁。杠杆租赁是指涉及承租人、出租人和资金出借人三方的融资租赁业务。一般来说,当所涉及的资产价值昂贵时,出租方自己只投入部分资金,通常为资产价值的20%—40%,其余资金则通过将该资产抵押担保的方式,向第三方(通常为银行)申请贷款解决。租赁公司然后将购进的设备出租给承租方,用收取的租金偿还贷款,该资产的所有权属于出租方。出租人既是债权人也是债务人,如果出租人到期不能按期偿还借款,资产所有权则转移给资金的出借者。

(三) 融资租赁租金的计算

1. 租金的构成

融资租赁每期租金的多少,取决于以下三项因素:(1) 设备原价及预计残值,包括设备买价、运输费、安装调试费、保险费等,以及该设备租赁期满后,出售可得的市价;(2) 利息,指租赁公司为承租企业购置设备垫付资金所应支付的利息;(3) 租赁手续费,指租赁公司承办租赁设备所发生的业务费用和必要的利润。

2. 租金的支付方式

租金的支付方式有以下三种分类方式:(1) 按支付间隔期长短,分为年付、半年付、季付和月付等方式;(2) 按在期初和期末支付,分为先付和后付;(3) 按每次支付额,分为等额支付和不等额支付。实务中,承租企业与租赁公司商定的租金支付方式,大多为后付等额年金。

3. 租金的计算

我国融资租赁实务中,租金的计算大多采用等额年金法。等额年金法下,通常要根据利率和租赁手续费率确定一个租费率,作为折现率。

【案例分析 5-1】

某企业于 2007 年 1 月 1 日从租赁公司租入一套设备,价值 60 万元,租期 6 年,租赁期满时预计残值 5 万元,归租赁公司。年利率 10%。租金每年年末支付一次,则:

每年租金 = [600 000 − 50 000 × (P/F, 10%, 6)] / (P/A, 10%, 6) = 131 283(元)

为了便于有计划地安排租金的支付,承租企业可编制租金摊销计划表。根据本例的有关资料编制租金摊销计划表如表 5-2 所示。

表 5-2 租金摊销计划表

单位:元

| 年 份 | 期初本金 ① | 支付租金 ② | 应计租费 ③=①×10% | 本金偿还额 ④=②−③ | 本金余额 ⑤=①−④ |
|---|---|---|---|---|---|
| 2007 年 | 600 000 | 131 283 | 60 000 | 71 283 | 528 717 |
| 2008 年 | 528 717 | 131 283 | 52 872 | 78 411 | 450 306 |
| 2009 年 | 450 306 | 131 283 | 45 031 | 86 252 | 364 054 |
| 2010 年 | 364 054 | 131 283 | 36 405 | 94 878 | 269 176 |
| 2011 年 | 269 176 | 131 283 | 26 918 | 104 365 | 164 811 |
| 2012 年 | 164 811 | 131 283 | 16 481 | 114 802 | 50 009 |
| 合 计 | | 787 698 | 237 707 | 549 991 | 50 009* |

* 50 009 即为到期残值。尾数 9 系中间计算过程四舍五入的误差导致。

(四) 融资租赁的筹资特点

1. 在资金缺乏情况下,能迅速获得所需资产

融资租赁集"融资"与"融物"于一身,融资租赁使企业在资金短缺的情况下引进设备成为

可能。特别是针对中小企业、新创企业而言,融资租赁是一条重要的融资途径。有时,大型企业对于大型设备、工具等固定资产,也需要融资租赁解决巨额资金的需要,如商业航空公司的飞机,大多是通过融资租赁取得的。

2. 财务风险小,财务优势明显

融资租赁与购买的一次性支出相比,能够避免一次性支付的负担,而且租金支出是未来的、分期的,企业无须一次筹集大量资金偿还。还款时,租金可以通过项目本身产生的收益来支付,是一种基于未来的"借鸡生蛋、卖蛋还钱"的筹资方式。

3. 融资租赁筹资的限制条件较少

企业运用股票、债券、长期借款等筹资方式,都受到相当多的资格条件的限制,如足够的抵押品、银行贷款的信用标准、发行债券的政府管制等。相比之下,租赁筹资的限制条件很少。

4. 租赁能延长资金融通的期限

通常为设备而贷款的借款期限比该资产的物理寿命要短得多,而租赁的融资期限却可接近其全部使用寿命期限;并且其金额随设备价款金额而定,无融资额度的限制。

5. 免遭设备陈旧过时的风险

随着科学技术的不断进步,设备陈旧过时的风险很高,而多数租赁协议规定此种风险由出租人承担,承租企业可免受这种风险。

6. 资本成本高

其租金通常比举借银行借款或发行债券所负担的利息高得多,租金总额通常要高于设备价值的 30%。尽管与借款方式比,融资租赁能够避免到期一次性集中偿还的财务压力,但高额的固定租金也给各期的经营带来了分期的负担。

# 任务 5-4 资金需要量预测

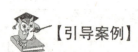

【引导案例】

### 资金需要量如何计算?

年末,银翔公司财务经理王芳安排会计小李预测下一年资金总需求量。小李根据分析预测出了下一年度公司流动资产以及固定资产等非流动资产的需求量共计 1 000 万元,然后又估算出下一年度的流动负债以及非流动负债的金额 600 万元。本年末所有者权益金额为 300 万元,小李按照"资产=负债+所有者权益"的恒等式,得出下一年度资金需求为 100 万元的结论。但是,经理王芳却认为小李的计算有问题,那么小李的计算到底错在哪里呢?

【任务 5-4 学习目标】

1. 了解资金需要量预测的方法。
2. 掌握用销售百分比法预测资金需要量。

资金的需要量是筹资的数量依据,必须科学合理地进行预测。筹资数量预测的基本目的,是保证筹集的资金既能满足生产经营的需要,又不会产生资金多余而闲置。

## 一、因素分析法

因素分析法又称分析调整法,是以有关项目基期年度的平均资金需要量为基础,根据预测年度的生产经营任务和资金周转加速的要求,进行分析调整,来预测资金需要量的一种方法。这种方法计算简便,容易掌握,但预测结果不太精确。它通常用于品种繁多、规格复杂、资金用量小的项目。因素分析法的计算公式如下:

$$资金需要量=(基期资金平均占用额-不合理资金占用额)\times(1\pm预测期销售增减率)\\ \times(1\pm预测期资金周转速度变动率)$$

**【案例分析 5-2】**

甲企业上年度资金平均占用额为 2 200 万元,经分析,其中不合理部分 200 万元,预计本年度销售增长 5%,资金周转加速 2%。则:

$$预测年度资金需要量=(2\,200-200)\times(1+5\%)\times(1-2\%)=2\,058(万元)$$

## 二、销售百分比法

### (一) 基本原理

销售百分比法,是根据销售增长与资产增长之间的关系,预测未来资金需要量的方法。企业的销售规模扩大时,要相应增加流动资产;如果销售规模增加很多,还必须增加长期资产。为取得扩大销售所需增加的资产,企业需要筹措资金。这些资金,一部分来自留存收益,另一部分通过外部筹资取得。通常,销售增长率较高时,仅靠留存收益不能满足资金需要,即使获利良好的企业也需外部筹资。因此,企业需要预先知道自己的筹资需求,提前安排筹资计划,否则就可能发生资金短缺问题。

销售百分比法,将反映生产经营规模的销售因素与反映资金占用的资产因素连接起来,根据销售与资产之间的数量比例关系,预计企业的外部筹资需要量。销售百分比法首先假设某些资产与销售额存在稳定的百分比关系,根据销售与资产的比例关系预计资产额,根据资产额预计相应的负债和所有者权益,进而确定筹资需要量。

### (二) 基本步骤

**1. 确定随销售额变动而变动的资产和负债项目**

资产是资金使用的结果,随着销售额的变动,经营性资产项目将占用更多的资金。同时,随着经营性资产的增加,相应的经营性短期债务也会增加,如存货增加会导致应付账款增加,此类债务称之为"自动性债务",可以为企业提供暂时性资金。经营性资产与经营性负债的差额通常与销售额保持稳定的比例关系。这里,经营性资产项目包括库存现金、应收账款、存货等项目;而经营性负债项目包括应付票据、应付账款等项目,不包括短期借款、短期融资券、长期负债等筹资性负债。

**2. 确定经营性资产与经营性负债有关项目与销售额的稳定比例关系**

如果企业资金周转的营运效率保持不变,经营性资产与经营性负债会随销售额的变动而呈正比例变动,保持稳定的百分比关系。企业应当根据历史资料和同业情况,剔除不合理的资金占用,寻找与销售额的稳定百分比关系。

### 3. 确定需要增加的筹资数量

预计由于销售增长而需要的资金需求增长额,扣除利润留存后,即为所需要的外部筹资额。即

$$外部融资需求量 = \frac{A}{S_0} \times \Delta S - \frac{B}{S_0} \times \Delta S - P \times E \times S_1$$

上式中,$A$ 为随销售而变化的敏感性资产;$B$ 为随销售而变化的敏感性负债;$S_0$ 为基期销售额;$S_1$ 为预测期销售额;$\Delta S$ 为销售变动额;$P$ 为销售净利率;$E$ 为利润留存率;$A/S_0$ 为基期敏感资产与销售额的关系百分比;$B/S_0$ 为基期敏感负债与销售额的关系百分比。

【案例分析 5-3】

光华公司 20*8 年 12 月 31 日的简要资产负债表如表 5-2 所示。假定光华公司 20*8 年销售额为 10 000 万元,销售净利率为 10%,利润留存率为 40%。20*9 年销售额预计增长 20%,公司有足够的生产能力,无须追加固定资产投资。

首先,确定有关项目及其与销售额的关系百分比。在表 5-3 中,N 为不变动,是指该项目不随销售的变化而变化。

其次,确定需要增加的资金量。从表中可以看出,销售收入每增加 100 元,必须增加 50 元的资金占用,但同时自动增加 15 元的资金来源,两者差额还有 35% 的资金需求。因此,每增加 100 元的销售收入,公司必须取得 35 元的资金来源,销售额从 10 000 万元增加到 12 000 万元,按照 35% 的比率可预测将增加 700 万元的资金需求。

表 5-3 光华公司资产负债表(20*8 年 12 月 31 日)

单位:万元

| 资产 | 金额 | 与销售关系(%) | 负债与权益 | 金额 | 与销售关系(%) |
|---|---|---|---|---|---|
| 货币资金 | 500 | 5 | 短期借款 | 2 500 | N |
| 应收账款 | 1 500 | 15 | 应付账款 | 1 000 | 10 |
| 存货 | 3 000 | 30 | 预提费用 | 500 | 5 |
| 固定资产 | 3 000 | N | 应付债券 | 1 000 | N |
|  |  |  | 实收资本 | 2 000 | N |
|  |  |  | 留存收益 | 1 000 | N |
| 合计 | 8 000 | 50 | 合计 | 8 000 | 15 |

最后,确定外部融资需求的数量。20*9 年的净利润为 1 200 万元(12 000×10%),利润留存为 40%,则将有 480 万元利润被留存下来,还有 220 万元的资金必须从外部筹集。

根据光华公司的资料,可求得对外融资的需求量为:

外部融资需求量:

$$50\% \times 2\,000 - 15\% \times 2\,000 - 40\% \times 12\,000 \times 10\% = 220(万元)$$

销售百分比法的优点,是能为筹资管理提供短期预计的财务报表,以适应外部筹资的需

要,且易于使用。但在有关因素发生变动的情况下,必须相应地调整原有的销售百分比。

## 任务 5-5 分析资本成本与资本结构

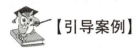【引导案例】

### 民营企业德隆倒台

中国最大的民营企业之一"德隆",从最初只有 400 元的投资到鼎盛时拥有逾 200 亿元市值,可谓风光无限。然而,正是这样一个声名鹊起的企业却遭遇了重创。"德隆"的败落固有多方面的原因,但其独特的资本结构却给商海中沉浮的企业敲响了沉重的警钟。"德隆模式"的核心思想是以资本运作作为纽带,通过企业并购,打造具有"中国特色的金融工业集团"。其融资途径主要是借助上市公司进行大量未披露的抵押、担保,从银行套取资金;借助金融机构违规吸纳巨额民间资金,并把这种短期债务融资挪作股权收购。这样的资本结构是银行业认为风险最高的贷款方式。德隆国际 2003 年 6 月 30 日的资产负债表显示,德隆国际总资产为 204.95 亿元,其中净资产只有 18.79 亿元,并且大量的资金沉淀为流动性较差的资产。德隆系上市公司旗下产业,每年大约产生 6 亿元利润,而德隆每年用于融资成本的资金高达几十亿元。在财务领域里有一个基本信条:"千万不要把短期借款用于长期投资,尤其是战略性投资。"遗憾的是"德隆"违背了这一信条,最终导致其 200 亿元市值在 10 余个交易日内灰飞烟灭。

【任务 5-5 学习目标】

1. 掌握资本成本的含义,了解资本成本的作用和影响因素。
2. 掌握个别资本成本、平均资本成本和边际资本成本的计算。
3. 了解经营杠杆、财务杠杆和总杠杆的含义。
4. 掌握经营杠杆系数、财务杠杆系数和总杠杆系数的计算。
5. 了解资本结构的含义、影响资本结构的因素。
6. 掌握资本结构优化的方法。

企业的筹资管理,不仅要合理选择筹资方式,而且还要科学安排资本结构。资本结构优化是企业筹资管理的基本目标,也会对企业的生产经营安排产生制约性的影响。资本成本是资本结构优化的标准,不同性质的资本所具有的资本成本特性,带来了杠杆效应。

### 一、资本成本

资本成本是衡量资本结构优化程度的标准,也是对投资获得经济效益的最低要求。企业筹得的资本付诸使用以后,只有投资报酬率高于资本成本率,才能表明所筹集的资本取得了较好的经济效益。

(一) 资本成本的含义

资本成本是指企业为筹集和使用资本而付出的代价,包括筹资费用和占用费用。资本成本是资本所有权与资本使用权分离的结果。对出资者而言,由于让渡了资本使用权,必须要求取得一定的补偿,资本成本表现为让渡资本使用权所带来的投资报酬。对筹资者而言,由于取得了资本使用权,必须支付一定代价,资本成本表现为取得资本使用权所付出的代价。

1. 筹资费用

筹资费用,是指企业在资本筹措过程中为获得资本而付出的代价,如向银行支付的借款手续费,因发行股票、公司债券而支付的发行费等。筹资费用通常在资本筹集时一次性发生,在资本使用过程中不再发生,因此,视为筹资数额的一项扣除。

2. 占用费用

占用费用,是指企业在资本使用过程中因占用资本而付出的代价,如向银行等债权人支付的利息、向股东支付的股利等。占用费用是因为占用了他人资金而必须支付的,是资本成本的主要内容。

(二) 资本成本的作用

1. 资本成本是比较筹资方式、选择筹资方案的依据

各种资本的资本成本率,是比较、评价各种筹资方式的依据。在评价各种筹资方式时,一般会考虑的因素包括对企业控制权的影响、对投资者吸引力的大小、融资的难易和风险、资本成本的高低等,而资本成本是其中的重要因素。在其他条件相同时,企业筹资应选择资本成本最低的方式。

2. 平均资本成本是衡量资本结构是否合理的依据

企业财务管理目标是企业价值最大化,企业价值是企业资产带来的未来经济利益的现值。计算现值时采用的贴现率通常会选择企业的平均资本成本,当平均资本成本率最小时,企业价值最大,此时的资本结构是企业理想的最佳资本结构。

3. 资本成本是评价投资项目可行性的主要标准

资本成本是企业对投入资本所要求的报酬率,即最低必要报酬率。任何投资项目,如果它预期的投资报酬率超过该项目使用资金的资本成本率,则该项目在经济上就是可行的。因此,资本成本率是企业用以确定项目要求达到的投资报酬率的最低标准。

4. 资本成本是评价企业整体业绩的重要依据

一定时期企业资本成本率的高低,不仅反映企业筹资管理的水平,还可作为评价企业整体经营业绩的标准。企业的生产经营活动,实际上就是所筹集资本经过投放后形成的资产营运,企业的总资产报酬率应高于其平均资本成本率,才能带来剩余收益。

(三) 影响资本成本的因素

1. 总体经济环境

总体经济环境和状态决定企业所处的国民经济发展状况和水平,以及预期的通货膨胀。总体经济环境变化的影响,反映在无风险报酬率上,如果国民经济保持健康、稳定、持续增长,整个社会经济的资金供给和需求相对均衡且通货膨胀水平低,资金所有者投资的风险小,预期报酬率低,筹资的资本成本相应就比较低。相反,如果国民经济不景气或者经济过热,通货膨胀持续居高不下,投资者投资风险大,预期报酬率高,筹资的资本成本就高。

2. 资本市场条件

资本市场效率表现为资本市场上的资本商品的市场流动性。资本商品的流动性高,表现为容易变现且变现时价格波动较小。如果资本市场缺乏效率,证券的市场流动性低,投资者投资风险大,要求的预期报酬率高,那么,通过资本市场筹集的资本成本就比较高。

3. 企业经营状况和融资状况

企业内部经营风险是企业投资决策的结果,表现为资产报酬率的不确定性;企业融资状况

导致的财务风险是企业筹资决策的结果,表现为股东权益资本报酬率的不确定性。两者共同构成企业总体风险,如果企业经营风险高,财务风险大,则企业总体风险水平高,投资者要求的预期报酬率高,企业筹资的资本成本相应就大。

4. 企业对筹资规模和时限的需求

在一定时期内,国民经济体系中资金供给总量是一定的,资本是一种稀缺资源。因此,企业一次性需要筹集的资金规模越大、占用资金时限越长,资本成本就越高。当然,融资规模、时限与资本成本的正向相关性并非线性关系,一般说来,融资规模在一定限度内,并不引起资本成本的明显变化,当融资规模突破一定限度时,才引起资本成本的明显变化。

(四)个别资本成本的计算

个别资本成本是指单一融资方式的资本成本,包括银行借款资本成本、公司债券资本成本、融资租赁资本成本、普通股资本成本和留存收益成本等,其中前三类是债务资本成本,后两类是权益资本成本。个别资本成本率可用于比较和评价各种筹资方式。

1. 资本成本计算的基本模式

(1)一般模式。为了便于分析比较,资本成本通常不考虑时间价值的一般通用模型计算,用相对数即资本成本率表达。计算时,将初期的筹资费用作为筹资额的一项扣除,扣除筹资费用后的筹资额称为筹资净额,通用的计算公式为

$$资本成本率 = \frac{年资金占用费}{筹资总额 - 筹资费用} = \frac{年资金占用费}{筹资总额 \times (1 - 筹资费用率)}$$

(2)折现模式。对于金额大、时间超过一年的长期资本,更准确一些的资本成本计算方式是采用折现模式,即将债务未来还本付息或股权未来股利分红的折现值与目前筹资净额相等时的折现率作为资本成本率。

由:筹资净额现值 - 未来资本清偿额现金流量现值 = 0

得:资本成本率 = 所采用的折现率

2. 银行借款资本成本的计算

银行借款资本成本包括借款利息和借款手续费用。利息费用税前支付,可以起抵税作用,一般计算税后资本成本率,税后资本成本率与权益资本成本率具有可比性。银行借款的资本成本率按一般模式计算为

$$k_L = \frac{年利率 \times (1 - 所得税税率)}{1 - 手续费率} \times 100\% = \frac{R_L \times (1 - T)}{1 - f} \times 100\%$$

上式中,$k_L$为银行借款资本成本率;$R_L$为银行借款年利率;$f$为筹资费用率;$T$为所得税税率。对于长期借款,考虑时间价值问题,还可以用折现模式计算资本成本率。

**【案例分析 5-4】**

某企业取得 5 年期长期借款 200 万元,年利率 10%,每年付息一次,到期一次还本,借款费用率 0.2%,企业所得税税率 20%,该项借款的资本成本率为

(1)一般模式:

$$k_L = \frac{10\% \times (1 - 20\%)}{1 - 0.2\%} = 8.16\%$$

(2) 折现模式：

考虑时间价值，该项长期借款的资本成本计算如下（M 为债务面值）：

$$M(1-f) = \sum_{t=1}^{n} \frac{I_t \times (1-T)}{(1+k_L)^t} + \frac{M}{(1+k_L)^n}$$

即 $200 \times (1-0.2\%) = 200 \times 10\% \times (1-20\%) \times (P/A, K_b, 5) + 200 \times (P/F, K_b, 5)$

按插值法计算，得：$K_L = 8.05\%$

利用 IRR 函数法计算如下：

① 在任意 Excel 空白工作表中 A1：G3 区域输入下表中的信息：

| 期数 | 0 | 1 | 2 | 3 | 4 | 5 |
|---|---|---|---|---|---|---|
| 现金流量 | −199.6 | 16 | 16 | 16 | 16 | 216 |
| IRR | | | | | | |

表中有关数据的计算：

筹资净额 $199.6 = 200 \times (1-0.2\%)$；1—5 年各年的税后利息：$16 = 200 \times 10\% \times (1-20\%)$

最后一年数据：216 = 面值 200 + 最后一年的税后利息 16

② 在单元格 B3 中输入函数：=IRR(B2：G2)，回车，得到 IRR＝8.05%，即借款资本成本率。

3. 公司债券资本成本的计算

公司债券资本成本包括债券利息和借款发行费用。债券可以溢价发行，也可以折价发行，其资本成本率按一般模式计算为：

$$k_B = \frac{\text{年利息} \times (1-\text{所得税税率})}{\text{债券筹资总额} \times (1-\text{手续费率})} \times 100\% = \frac{I(1-T)}{B(1-f)} \times 100\%$$

上式中，$B$ 为公司债券筹资总额；$I$ 为公司债券年利息。

【案例分析 5-5】

某企业以 1 100 元的价格，溢价发行面值为 1 000 元、期限 5 年、票面利率为 7% 的公司债券一批。每年付息一次，到期一次还本，发行费用率 3%，所得税税率 20%。该批债券的资本成本率可计算如下。

(1) 一般模式：

$$k_B = \frac{1\,000 \times 7\% \times (1-20\%)}{1\,100 \times (1-2\%)} = 5.25\%$$

(2) 折现模式：

考虑时间价值，该项公司债券的资本成本计算如下：

$1\,100 \times (1-3\%) = 1\,000 \times 7\% \times (1-20\%) \times (P/A, k_B, 5) + 1\,000 \times (P/F, k_B, 5)$

按插值法计算，得：$k_B = 4.09\%$

利用 IRR 函数法计算如下：

① 在任意Excel空白工作表中A1：G3区域输入下表中的信息：

| 期数 | 0 | 1 | 2 | 3 | 4 | 5 |
|---|---|---|---|---|---|---|
| 现金流量 | −1 067 | 56 | 56 | 56 | 56 | 1 056 |
| IRR | | | | | | |

表中有关数据的计算：

筹资净额1 067=1 100×(1−3％)；1—5年各年的税后利息：56=1 000×7％×(1−20％)

最后一年数据：1 056=面值1 000+最后一年的税后利息56

② 在单元格B3中输入函数：=IRR(B2：G2)，回车，得到IRR=4.09％，即债券资本成本率。

4. 融资租赁资本成本的计算

融资租赁各期的租金中，包含有本金每期的偿还和各期手续费用（即租赁公司的各期利润），其资本成本率只能按贴现模式计算。

【案例分析5-6】

续案例分析5-1基本资料，该设备价值60万元，租期6年，租赁期满时预计残值5万元，归租赁公司。每年租金131 283元，所得税率为20％，则：

$$600\,000 - 50\,000 \times (P/F, k_B, 6) = 131\,283 \times (1-20\%) \times (P/A, k_B, 6)$$

得：$k_B = 10\%$

利用IRR函数法计算如下：

① 在任意Excel空白工作表中A1：G3区域输入下表中的信息：

| 期数 | 0 | 1 | 2 | 3 | 4 | 5 | 6 |
|---|---|---|---|---|---|---|---|
| 现金流量 | −600 000 | 131 283 | 131 283 | 131 283 | 131 283 | 132 283 | 182 283 |
| IRR | 10.06％ | | | | | | |

表中有关数据的计算：

设备价值：600 000元；1—6年各年的租金：131 283元。

最后一年数据：182 283元=残值收入50 000元+最后一年的租金131 283元

② 在单元格B3中输入函数：=IRR(B2：H2)，回车，得到IRR=10.06％，即融资租赁资本成本率。

5. 普通股资本成本的计算

普通股资本成本主要是向股东支付的各期股利。由于各期股利并不一定固定，随企业各期收益波动，因此普通股的资本成本只能按贴现模式计算，并假定各期股利的变化具有一定的规律性。如果是上市公司普通股，其资本成本还可以根据该公司的股票收益率与市场收益率的相关性，按资本资产定价模型法估计。

(1) 股利增长模型法。假定资本市场有效，股票市场价格与价值相等。假定某股票本期支付的股利为$D_0$，未来一期的股利为$D_1$，未来各期股利按$g$速度增长。目前股票市场价格为$P_0$，则普通股资本成本为

$$k_s = \frac{D_0(1+g)}{P_0(1-f)} + g = \frac{D_1}{P_0(1-f)} + g$$

**【案例分析 5-7】**

某公司普通股市价 30 元,筹资费用率 2%,本年发放现金股利每股 0.6 元,预期股利年增长率为 10%。则

$$k_S = \frac{0.6 \times (1+10\%)}{30 \times (1-2\%)} + 10\% = 12.24\%$$

(2) 资本资产定价模型法。假定资本市场有效,股票市场价格与价值相等。假定无风险报酬率为 $R_f$,市场平均报酬率为 $R_m$,某股票贝塔系数为 $\beta$,则普通股资本成本率为

$$k_S = R_s = R_f + \beta(R_m - R_f)$$

**【案例分析 5-8】**

某公司普通股 $\beta$ 系数为 1.5,此时一年期国债利率 5%,市场平均报酬率 15%,则该普通股资本成本率为:

$$k_S = 5\% + 1.5 \times (15\% - 5\%) = 20\%$$

6. 留存收益资本成本的计算

留存收益是企业税后净利形成的,是一种所有者权益,其实质是所有者向企业的追加投资。企业利用留存收益筹资无需发生筹资费用。如果企业将留存收益用于再投资,所获得的收益率低于股东自己进行一项风险相似的投资项目的收益率,企业就应该将其分配给股东。留存收益的资本成本率,表现为股东追加投资要求的报酬率,其计算与普通股成本相同,也分为股利增长模型法和资本资产定价模型法,不同点在于留存收益资本成本不考虑筹资费用。

(五) 平均资本成本的计算

平均资本成本是指多元化融资方式下的综合资本成本,反映了企业资本成本整体水平的高低。在衡量和评价单一融资方案时,需要计算个别资本成本;在衡量和评价企业筹资总体的经济性时,需要计算企业的平均资本成本。平均资本成本用于衡量企业资本成本水平,确立企业理想的资本结构。

企业平均资本成本,是以各项个别资本在企业总资本中的比重为权数,对各项个别资本成本率进行加权平均而得到的总资本成本率。计算公式为

$$k_W = \sum_{j=1}^{n} k_j W_j$$

上式中,$k_W$ 为平均资本成本;$k_j$ 为第 $j$ 种个别资本成本;$W_j$ 为第 $j$ 种个别资本在全部资本中的比重。

平均资本成本的计算,存在着权数价值的选择问题,即各项个别资本按什么权数来确定资本比重。通常,可供选择的价值形式有账面价值、市场价值、目标价值等。

**【案例分析 5-9】**

万达公司 20×5 年期末的长期资本账面总额为 1 000 万元,其中:银行长期贷款 400 万元,占 40%;长期债券 150 万元,占 15%;普通股 450 万元,占 45%。长期贷款、长期债券和普通股的个别资本成本分别为:5%、6%、9%。普通股市场价值为 1 600 万元,债务市场价值等于账面价值。该公司的平均资本成本为:

按账面价值计算:

$$k_w = 5\% \times 40\% + 6\% \times 15\% + 9\% \times 45\% = 6.95\%$$

按市场价值计算:

$$k_w = \frac{5\% \times 400 + 6\% \times 150 + 9\% \times 1\,600}{400 + 150 + 1\,600} = \frac{173}{2\,150} = 8.05\%$$

(六) 边际资本成本的计算

边际资本成本是企业追加筹资的成本。企业的个别资本成本和平均资本成本,是企业过去筹集的单项资本的成本和目前使用全部资本的成本。然而,企业在追加筹资时,不能仅仅考虑目前所使用资本的成本,还要考虑新筹集资金的成本,即边际资本成本。边际资本成本是企业进行追加筹资的决策依据。筹资方案组合时,边际资本成本的权数采用目标价值权数。

**【案例分析 5-10】**

某公司设定的目标资本结构为:银行借款 20%、公司债券 15%、普通股 65%。现拟追加筹资 300 万元,按此资本结构来筹资。个别资本成本率预计分别为:银行借款 7%,公司债券 12%,普通股权益 15%。追加筹资 300 万元的边际资本成本如表 5-4 所示。

表 5-4 边际资本成本计算表

| 资本种类 | 目标资本结构 | 追加筹资额 | 个别资本成本 | 边际资本成本 |
|---|---|---|---|---|
| 银行借款 | 20% | 60 万元 | 7% | 1.4% |
| 公司债券 | 15% | 45 万元 | 12% | 1.8% |
| 普通股 | 65% | 195 万元 | 15% | 9.75% |
| 合　计 | 100% | 300 万元 | — | 12.95% |

## 二、杠杆效应

财务管理中存在着类似于物理学中的杠杆效应,即由于特定固定支出或费用的存在,导致当某一财务变量以较小幅度变动时,另一相关变量会以较大幅度变动。财务管理中的杠杆效应,包括经营杠杆、财务杠杆和总杠杆三种效应形式。杠杆效应既可以产生杠杆利益,也可能带来杠杆风险。

(一) 经营杠杆效应

1. 经营杠杆

经营杠杆,是指由于固定性经营成本的存在,而使得企业的资产报酬(息税前利润)变动率大于业务量变动率的现象。经营杠杆反映了资产报酬的波动性,用以评价企业的经营风险。用息税前利润(EBIT)表示资产总报酬,则:

$$EBIT = S - V - F = (P - V_c)Q - F = M - F$$

上式中,$EBIT$ 为息税前利润;$S$ 为销售额;$V$ 为变动性经营成本;$F$ 为固定性经营成本;$Q$ 为产销业务量;$P$ 为销售单价;$V_c$ 为单位变动成本;$M$ 为边际贡献(即销售收入扣除总的变动成本)。

上式中,影响 $EBIT$ 的因素包括产品售价、产品需求、产品成本等因素。当产品成本中存在固定成本时,如果其他条件不变,产销业务量的增加虽然不会改变固定成本总额,但会降低单位产品分摊的固定成本,从而提高单位产品利润,使息税前利润的增长率大于产销业务量的增长率,进而产生经营杠杆效应。当不存在固定性经营成本时,所有成本都是变动性经营成本,边际贡献等于息税前利润,此时息税前利润变动率与产销业务量的变动率完全一致。

2. 经营杠杆系数

只要企业存在固定性经营成本,就存在经营杠杆效应。但不同的产销业务量,其经营杠杆效应的大小程度是不一致的。测算经营杠杆效应程度,常用指标为经营杠杆系数。经营杠杆系数($DOL$),是息税前利润变动率与产销业务量变动率的比,计算公式为

$$DOL = \frac{息税前利润变动率}{产销量变动率} = \frac{\Delta EBIT}{EBIT} \Big/ \frac{\Delta Q}{Q}$$

上式中,$DOL$ 为经营杠杆系数;$\Delta EBIT$ 为息税前利润变动额;$\Delta Q$ 为产销业务量变动值。上式经整理,经营杠杆系数的计算也可以简化为

$$DOL = \frac{基期边际贡献}{基期息税前利润} = \frac{M}{M-F} = \frac{EBIT+F}{EBIT}$$

**【案例分析 5-11】**

泰华公司产销某种服装,固定成本 500 万元,变动成本率 70%。年产销额 5 000 万元时,变动成本 3 500 万元,固定成本 500 万元,息税前利润 1 000 万元;年产销额 7 000 万元时,变动成本 4 900 万元,固定成本仍为 500 万元,息税前利润为 1 600 万元。可以看出,该公司产销量增长了 40%,息税前利润增长了 60%,产生了 1.5 倍的经营杠杆效应。

$$DOL = \frac{\Delta EBIT}{EBIT} \Big/ \frac{\Delta Q}{Q} = \frac{600}{1\,000} \Big/ \frac{2\,000}{5\,000} = 1.5$$

$$DOL = \frac{M}{M-F} = \frac{5\,000 \times 30\%}{1\,000} = 1.5$$

3. 经营杠杆与经营风险

经营风险是指企业由于生产经营上的原因而导致的资产报酬波动的风险。引起企业经营风险的主要原因是市场需求和生产成本等因素的不确定性,经营杠杆本身并不是资产报酬不确定的根源,只是资产报酬波动的表现。但是,经营杠杆放大了市场和生产等因素变化对利润波动的影响。经营杠杆系数越高,表明资产报酬等利润波动程度越大,经营风险也就越大。根据经营杠杆系数的计算公式,有:

$$DOL = \frac{EBIT + F}{EBIT} = 1 + \frac{F}{EBIT}$$

上式表明,在企业不发生经营性亏损、息税前利润为正的前提下,经营杠杆系数最低为1,不会为负数;只要有固定性经营成本存在,经营杠杆系数总是大于1。

从上式可知,影响经营杠杆的因素包括:企业成本结构中的固定成本比重;息税前利润水平。其中,息税前利润水平又受产品销售数量、销售价格、成本水平(单位变动成本和固定成本总额)高低的影响。固定成本比重越高、成本水平越高、产品销售数量和销售价格水平越低,经营杠杆效应越大,反之亦然。

**【案例分析 5-12】**

某企业生产 A 产品,固定成本 100 万元,变动成本率 60%,当销售额分别为 1 000 万元,500 万元,250 万元时,经营杠杆系数分别为

$$DOL_{1\,000} = \frac{1\,000 - 1\,000 \times 60\%}{1\,000 - 1\,000 \times 60\% - 100} = 1.33$$

$$DOL_{500} = \frac{500 - 500 \times 60\%}{500 - 500 \times 60\% - 100} = 2$$

$$DOL_{250} = \frac{250 - 250 \times 60\%}{250 - 250 \times 60\% - 100} \to \infty$$

上例计算结果表明:在其他因素不变的情况下,销售额越小,经营杠杆系数越大,经营风险也就越大,反之亦然。如销售额为 1 000 万元时,DOL 为 1.33,销售额为 500 万元时,DOL 为 2,显然后者的不稳定性大于前者,经营风险也大于前者。在销售额处于盈亏临界点 250 万元时,经营杠杆系数趋于无穷大,此时企业销售额稍有减少便会导致更大的亏损。

(二) 财务杠杆效应

1. 财务杠杆

财务杠杆,是指由于固定性资本成本的存在,而使得企业的普通股收益(或每股收益)变动率大于息税前利润变动率的现象。财务杠杆反映了股权资本报酬的波动性,用以评价企业的财务风险。用普通股收益或每股收益表示普通股权益资本报酬,则:

$$TE = (EBIT - I)(1 - T)$$

$$EPS = (EBIT - I)(1 - T)/N$$

上式中,$TE$ 为全部普通股净收益;$EPS$ 为每股收益;$I$ 为债务资本利息;$T$ 为所得税税率;$N$ 为普通股股数。

上式中,影响普通股收益的因素包括资产报酬、资本成本、所得税税率等因素。当有固定利息费用等资本成本存在时,如果其他条件不变,息税前利润的增加虽然不改变固定利息费用总额,但会降低每一元息税前利润分摊的利息费用,从而提高每股收益,使得普通股收益的增长率大于息税前利润的增长率,进而产生财务杠杆效应。当不存在固定利息、股息等资本成本时,息税前利润就是利润总额,此时利润总额变动率与息税前利润变动率完全一致。如果两期所得税税率和普通股股数保持不变,每股收益的变动率与利润总额变动率也完全一致,进而与

息税前利润变动率一致。

2. 财务杠杆系数

只要企业融资方式中存在固定性资本成本,就存在财务杠杆效应。如固定利息、固定融资租赁费等的存在,都会产生财务杠杆效应。在同一固定的资本成本支付水平上,不同的息税前利润水平,对固定的资本成本的承受负担是不一样的,其财务杠杆效应的大小程度是不一致的。测算财务杠杆效应程度,常用指标为财务杠杆系数。财务杠杆系数(DFL),是每股收益变动率与息税前利润变动率的倍数,计算公式为

$$DFL = \frac{每股收益变动率}{息税前利润变动率} = \frac{\Delta EPS}{EPS} \Big/ \frac{\Delta EBIT}{EBIT}$$

上式经整理,财务杠杆系数的计算也可以简化为

$$DFL = \frac{息税前利润总额}{息税前利润总额 - 利息} = \frac{EBIT}{EBIT - I}$$

**【案例分析 5-13】**

有 A、B、C 三个公司,资本总额均为 1 000 万元,所得税税率均为 30%,每股面值均为 1 元。A 公司资本全部由普通股组成;B 公司债务资本 300 万元(利率 10%),普通股 700 万元;C 公司债务资本 500 万元(利率 10.8%),普通股 500 万元。三个公司 20*8 年 EBIT 均为 200 万元,20*9 年 EBIT 均为 300 万元,EBIT 增长了 50%。有关财务指标如表 5-5 所示。

表 5-5 普通股收益及财务杠杆的计算

单位:万元

| 利润项目 | | A公司 | B公司 | C公司 |
|---|---|---|---|---|
| 普通股股数 | | 1 000 万股 | 700 万股 | 500 万股 |
| 利润总额 | 20*8 年 | 200 | 170 | 146 |
| | 20*9 年 | 300 | 270 | 246 |
| | 增长率 | 50% | 58.82% | 68.49% |
| 净利润 | 20*8 年 | 140 | 119 | 102.2 |
| | 20*9 年 | 210 | 189 | 172.2 |
| | 增长率 | 50% | 58.82% | 68.49% |
| 普通股收益 | 20*8 年 | 140 | 119 | 102.2 |
| | 20*9 年 | 210 | 189 | 172.2 |
| | 增长率 | 50% | 58.82% | 68.49% |
| 每股收益 | 20*8 年 | 0.14 元 | 0.17 元 | 0.20 元 |
| | 20*9 年 | 0.21 元 | 0.27 元 | 0.34 元 |
| | 增长率 | 50% | 58.82% | 68.49% |
| 财务杠杆系数 | | 1.000 | 1.176 | 1.370 |

可见，资本成本固定型的资本所占比重越高，财务杠杆系数就越大。A 公司由于不存在固定资本成本的资本，没有财务杠杆效应；B 公司存在债务资本，其普通股收益增长幅度是息税前利润增长幅度的 1.176 倍；C 公司存在债务资本，并且债务资本的比重比 B 公司高，其普通股收益增长幅度是息税前利润增长幅度的 1.370 倍。

3. 财务杠杆与财务风险

财务风险是指企业由于筹资原因产生的资本成本负担而导致的普通股收益波动的风险。引起企业财务风险的主要原因是资产报酬的不利变化和资本成本的固定负担。由于财务杠杆的作用，当企业的息税前利润下降时，企业仍然需要支付固定的资本成本，导致普通股剩余收益以更快的速度下降。财务杠杆放大了资产报酬变化对普通股收益的影响，财务杠杆系数越高，表明普通股收益的波动程度越大，财务风险也就越大。只要有固定性资本成本存在，财务杠杆系数总是大于 1。

从公式可知，影响财务杠杆的因素包括：企业资本结构中债务资本比重；普通股收益水平；所得税税率水平。其中，普通股收益水平又受息税前利润、固定资本成本（利息）高低的影响。债务成本比重越高、固定的资本成本支付额越高、息税前利润水平越低，财务杠杆效应越大，反之亦然。

【案例分析 5-14】

在例 5-13 中，三个公司 20*8 年的财务杠杆系数分别为：A 公司 1.000；B 公司 1.176；C 公司 1.370。这意味着，如果 EBIT 下降时，A 公司的 EPS 与之同步下降，而 B 公司和 C 公司的 EPS 会以更大的幅度下降。

| 公司 | DFL | EPS 降低 | EBIT 降低 |
|---|---|---|---|
| A | 1.000 | 100% | 100% |
| B | 1.176 | 100% | 85.03% |
| C | 1.370 | 100% | 72.99% |

上述结果意味着，20*9 年在 20*8 年的基础上，EBIT 降低 72.99%，C 公司普通股收益会出现亏损；EBIT 降低 85.03%，B 公司普通股收益和指率先亏损；EBIT 降低 100%，A 公司普通股收益会出现亏损。显然，C 公司不能支付利息、不能满足普通股股利要求的财务风险远高于其他公司。

(三) 总杠杆效应

1. 总杠杆

经营杠杆和财务杠杆可以独自发挥作用，也可以综合发挥作用，总杠杆是用来反映两者之间共同作用结果的，即权益资本报酬与产销业务量之间的变动关系。由于固定性经营成本的存在，产生经营杠杆效应，导致产销业务量变动对息税前利润变动有放大作用；同样，由于固定性资本成本的存在，产生财务杠杆效应，导致息税前利润变动对普通股收益有放大作用。两种杠杆共同作用，将导致产销业务量的变动引起普通股每股收益更大的变动。

总杠杆，是指由于固定经营成本和固定资本成本的存在，导致普通股每股收益变动率大于产销业务量的变动率的现象。

## 2. 总杠杆系数

只要企业同时存在固定性经营成本和固定性资本成本,就存在总杠杆效应。产销量变动通过息税前利润的变动,传导至普通股收益,使得每股收益发生更大的变动。用总杠杆系数(DTL)表示总杠杆效应程度,可见,总杠杆系数是经营杠杆系数和财务杠杆系数的乘积,是普通股每股收益变动率相对于产销量变动率的倍数,计算公式为

$$DTL = \frac{每股收益变动率}{产销量变动率} = \frac{\Delta EPS}{EPS} \Big/ \frac{\Delta Q}{Q}$$

上式经整理,财务杠杆系数的计算也可以简化为

$$DTL = DOL \times DFL = \frac{基期边际贡献}{基期利润总额} = \frac{M}{M - F - I} = \frac{EBIT + F}{EBIT - I}$$

【案例分析 5-15】

某企业有关资料如表 5-6 所示,可以分别计算其 20*8 年经营杠杆系数、财务杠杆系数和总杠杆系数。

表 5-6 杠杆效应计算表

单位:万元

| 项 目 | 20*8 年 | 20*9 年 | 变动率 |
|---|---|---|---|
| 销售收入(售价 10 元) | 1 000 | 1 200 | +20% |
| 边际贡献(单位 4 元) | 400 | 480 | +20% |
| 固定成本 | 200 | 200 | — |
| 息税前利润(EBIT) | 200 | 280 | +40% |
| 利息 | 50 | 50 | — |
| 利润总额 | 150 | 230 | +53.33% |
| 净利润(税率 20%) | 120 | 184 | +53.33% |
| 每股收益(200 万股,元) | 0.60 | 0.92 | +53.33% |
| 经营杠杆(DOL) | | | 2.000 |
| 财务杠杆(DFL) | | | 1.333 |
| 总杠杆(DTL) | | | 2.667 |

## 3. 总杠杆与公司风险

公司风险包括企业的经营风险和财务风险。总杠杆系数反映了经营杠杆和财务杠杆之间的关系,用以评价企业的整体风险水平。在总杠杆系数一定的情况下,经营杠杆系数与财务杠杆系数此消彼长。总杠杆效应的意义在于:第一,能够说明产销业务量变动对普通股收益的影响,据以预测未来的每股收益水平;第二,揭示了财务管理的风险管理策略,即要保持一定的风险状况水平,需要维持一定的总杠杆系数,经营杠杆和财务杠杆可以有不同的组合。

一般来说,固定资产比较重大的资本密集型企业,经营杠杆系数高,经营风险大,企业筹资

主要依靠权益资本,以保持较小的财务杠杆系数和财务风险;变动成本比重较大的劳动密集型企业,经营杠杆系数低,经营风险小,企业筹资主要依靠债务资本,保持较大的财务杠杆系数和财务风险。

一般来说,在企业初创阶段,产品市场占有率低,产销业务量小,经营杠杆系数大,此时企业筹资主要依靠权益资本,在较低程度上使用财务杠杆;在企业扩张成熟期,产品市场占有率高,产销业务量大,经营杠杆系数小,此时,企业资本结构中可扩大债务资本,在较高程度上使用财务杠杆。

### 三、资本结构

资本结构及其管理是企业筹资管理的核心问题。企业应综合考虑有关影响因素,运用适当的方法确定最佳资本结构,提升企业价值。如果企业现有资本结构不合理,应通过筹资活动优化调整资本结构,使其趋于科学合理。

(一) 资本结构的含义

资本结构是指企业资本总额中各种资本的构成及其比例关系。筹资管理中,资本结构有广义和狭义之分。广义的资本结构包括全部债务与股东权益的构成比率;狭义的资本结构则指长期负债与股东权益资本构成比率。狭义资本结构下,短期债务作为营运资金来管理。本书所指的资本结构通常仅是狭义的资本结构,也就是债务资本在企业全部资本中所占的比重。

不同的资本结构会给企业带来不同的后果。企业利用债务资本进行举债经营具有双重作用,既可以发挥财务杠杆效应,也可能带来财务风险。因此企业必须权衡财务风险和资本成本的关系,确定最佳的资本结构。评价企业资本结构最佳状态的标准应该是能够提高股权收益或降低资本成本,最终目的是提升企业价值。股权收益,表现为净资产报酬率或普通股每股收益;资本成本,表现为企业的平均资本成本率。根据资本结构理论,当公司平均资本成本最低时,公司价值最大。所谓最佳资本结构,是指在一定条件下使企业平均资本成本率最低、企业价值最大的资本结构。资本结构优化的目标,是降低平均资本成本率或提高普通股每股收益。

从理论上讲,最佳资本结构是存在的,但由于企业内部条件和外部环境的经常性变化,动态地保持最佳资本结构十分困难。因此在实践中,目标资本结构通常是企业结合自身实际进行适度负债经营所确立的资本结构。

(二) 影响资本结构的因素

资本结构是一个产权结构问题,是社会资本在企业经济组织形式中的资源配置结果。资本结构的变化,将直接影响社会资本所有者的利益。

1. 企业经营状况的稳定性和成长率

企业产销业务量的稳定程度对资本结构有重要影响:如果产销业务量稳定,企业可较多地负担固定的财务费用;如果产销业务量和盈余有周期性,则要负担固定的财务费用将承担较大的财务风险。经营发展能力表现为未来产销业务量的增长率,如果产销业务量能够以较高的水平增长,企业可以采用高负债的资本结构,以提升权益资本的报酬。

2. 企业的财务状况和信用等级

企业财务状况良好,信用等级高,债权人愿意向企业提供信用,企业容易获得债务资本。相反,如果企业财务情况欠佳,信用等级不高,债权人投资风险大,这样会降低企业获得信用的能力,加大债务资本筹资的资本成本。

3. 企业资产结构

资产结构是企业筹集资本后进行资源配置和使用后的资金占用结构,包括长短期资产构成和比例,以及长短期资产内部的构成和比例。资产结构对企业资本结构的影响主要包括:拥有大量固定资产的企业主要通过长期负债和发行股票筹集资金;拥有较多流动资产的企业更多地依赖流动负债筹集资金;资产适用于抵押贷款的企业负债较多;以技术研发为主的企业则负债较少。

4. 企业投资人和管理当局的态度

从企业所有者的角度看,如果企业股权分散,企业可能更多地采用权益资本筹资以分散企业风险。如果企业为少数股东控制,股东通常重视企业控股权问题,为防止控股权稀释,企业一般尽量避免普通股筹资,而是采用优先股或债务资本筹资。从企业管理当局的角度看,高负债资本结构的财务风险高,一旦经营失败或出现财务危机,管理当局将面临市场接管的威胁或者被董事会解聘。因此,稳健的管理当局偏好于选择低负债比例的资本结构。

5. 行业特征和企业发展周期

不同行业资本结构差异很大。产品市场稳定的成熟产业经营风险低,因此可提高债务资本比重,发挥财务杠杆作用。高新技术企业的产品、技术、市场尚不成熟,经营风险高,因此可降低债务资本比重,控制财务杠杆风险。在同一企业不同发展阶段,资本结构安排不同。企业初创阶段,经营风险高,在资本结构安排上应控制负债比例;企业发展成熟阶段,产品产销业务量稳定和持续增长,经营风险低,可适度增加债务资本比重,发挥财务杠杆效应;企业收缩阶段,产品市场占有率下降,经营风险逐步加大,应逐步降低债务资本比重,保证经营现金流量能够偿付到期债务,保持企业持续经营能力,减少破产风险。

6. 经济环境的税务政策和货币政策

资本结构决策必然要研究理财环境因素,特别是宏观经济状况。政府调控经济的手段包括财政税收政策和货币金融政策,当所得税税率较高时,债务资本的抵税作用大,企业可以充分利用这种作用来提高企业价值。货币金融政策影响资本供给,从而影响利率水平的变动,当国家执行紧缩的货币政策时,市场利率较高,企业债务资本成本增大。

(三) 资本结构优化

资本结构优化,要求企业权衡负债的低资本成本和高财务风险的关系,确定合理的资本结构。资本结构优化的目标,是降低平均资本成本率或提高普通股每股收益。

1. 每股收益分析法

可以用每股收益的变化来判断资本结构是否合理,即能够提高普通股每股收益的资本结构,就是合理的资本结构。在资本结构管理中,利用债务资本的目的之一,就在于债务资本能够提供财务杠杆效应,利用负债筹资的财务杠杆作用来增加股东财富。

每股收益受到经营利润水平、债务资本成本水平等因素的影响,分析每股收益与资本结构的关系,可以找到每股收益无差别点。所谓每股收益无差别点,是指不同筹资方式下每股收益都相等时的息税前利润和业务量水平。根据每股收益无差别点,可以分析判断在什么样的息税前利润水平或产销业务量水平前提下,适于采用何种筹资组合方式,进而确定企业的资本结构安排。

在每股收益无差别点上,无论是采用债务还是股权筹资方案,每股收益都是相等的。当预期息税前利润或业务量水平大于每股收益无差别点时,应当选择财务杠杆效应较大的筹资方

案,反之亦然。在每股收益无差别点时,不同筹资方案的 EPS 是相等的,用公式表示如下:

$$\frac{(\overline{EBIT}-I_1)(1-T)}{N_1}=\frac{(\overline{EBIT}-I_2)}{N_2}$$

$$\overline{EBIT}=\frac{I_1N_2-I_2N_1}{N_2-N_1}$$

上式中,$\overline{EBIT}$ 为息税前利润平衡点,即每股收益无差别点;$I_1$、$I_2$ 为两种筹资方式下的债务利息;$N_1$、$N_2$ 为两种筹资方式下普通股股数;$T$ 为所得税税率。

【案例分析 5-16】

光华公司目前资本结构为:总资本 1 000 万元,其中债务资本 400 万元,年利率为 10%;普通股资本 600 万元(600 万股,面值 1 元,市价 5 元)。企业由于有一个较好的新投资项目,需要追加筹资 300 万元,有两种筹资方案:

甲方案:向银行取得长期借款 300 万元,年利率 16%。

乙方案:增发普通股 100 万股,每股发行价 3 元。

根据财务人员测算,追加筹资后销售额可望达到 1 200 万元,变动成本率 60%,固定成本为 200 万元,所得税税率 20%,不考虑筹资费用因素。根据上述数据,代入无差别点公式:

$$\frac{(\overline{EBIT}-40)\times(1-20\%)}{600+100}=\frac{(\overline{EBIT}-40-48)\times(1-20\%)}{600}$$

得: $\overline{EBIT}=376(万元)$

或: $\overline{EBIT}=\dfrac{40\times600-(40+48)\times(600+100)}{600-(600+100)}=376(万元)$

这里,$\overline{EBIT}$ 为 376 万元是两个筹资方案的每股收益无差别点(见图 5-1)。在此点上,两个方案的每股收益相等,均为 0.384 元。企业预期追加筹资后销售额 1 200 万元,预期获利 280 万元,低于无差别点 376 万元,应当采用财务风险较小的乙方案,即增发普通股方案。在 1 200 万元销售额水平上,乙方案的 EPS 为 0.274 元,甲方案的 EPS 为 0.256 元。

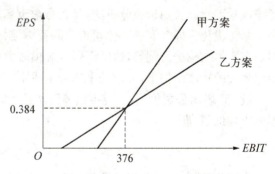

图 5-1 两个方案每股收益无差别点

当企业需要的资本额较大时,可能会采用多种筹资方式组合融资。这时,需要详细比较分析各种组合筹资方式下的资本成本及其对每股收益的影响,选择每股收益最高的筹资方式。

2. 平均资本成本比较法

平均资本成本比较法,是通过计算和比较各种可能的筹资组合方案的平均资本成本,选择平均资本成本率最低的方案,即能够降低平均资本成本的资本结构,就是合理的资本结构。这种方法侧重于从资本投入的角度对筹资方案和资本结构进行优化分析。

**【案例分析 5-17】**

长达公司需筹集 100 万元长期资本，可以用贷款、发行债券、发行普通股三种方式筹集，其个别资本成本率已分别测定，有关资料如表 5-7 所示。

表 5-7　长达公司资本成本与资本结构数据表

| 筹资方式 | 资本结构 | | | 个别资本成本率 |
| --- | --- | --- | --- | --- |
|  | A 方案 | B 方案 | C 方案 |  |
| 贷款 | 40% | 30% | 20% | 6% |
| 债券 | 10% | 15% | 20% | 8% |
| 普通股 | 50% | 55% | 60% | 9% |
| 合计 | 100% | 100% | 100% |  |

首先，分别计算三个方案的综合资本成本 $K$。

A 方案：$K=40\%\times 6\%+10\%\times 8\%+50\%\times 9\%=7.7\%$

B 方案：$K=30\%\times 6\%+15\%\times 8\%+55\%\times 9\%=7.95\%$

C 方案：$K=20\%\times 6\%+20\%\times 8\%+60\%\times 9\%=8.2\%$

其次，根据企业筹资评价的其他标准，考虑企业的其他因素，对各个方案进行修正之后，再选择其中成本最低的方案。本例中，我们假设其他因素对方案选择的影响甚小，则 A 方案的综合资本成本最低。这样，该公司的资本结构为贷款 40 万元，发行债券 10 万元，发行普通股 40 万元。

3. 公司价值分析法

以上两种方法都是从账面价值的角度进行资本结构优化分析，没有考虑市场反应，也没有考虑风险因素。公司价值分析法，是在考虑市场风险的基础上，以公司市场价值为标准，进行资本结构优化。即能够提升公司价值的资本结构，就是合理的资本结构。这种方法主要用于对现有资本结构进行调整，适用于资本规模较大的上市公司资本结构优化分析。同时，在公司价值最大的资本结构下，公司的平均资本成本率也是最低的。

设：$V$ 表示公司价值，$B$ 表示债务资本价值，$S$ 表示权益资本价值。公司价值应该等于资本的市场价值，即

$$V=S+B$$

为简化分析，假设公司各期的 EBIT 保持不变，债务资本的市场价值等于其面值，权益资本的市场价值可通过下式计算：

$$S=\frac{\text{净利润}}{\text{权益资本成本}}=\frac{(EBIT-I)(1-T)}{k_S}$$

且：

$$k_S=R_s=R_f+\beta(R_m-R_f)$$

此时：

$$k_W=\frac{B}{V}k_B(1-T)+\frac{S}{V}k_S$$

**【案例分析 5-18】**

某公司息税前利润为 400 万元,资本总额账面价值 1 000 万元。假设无风险报酬率为 6%,证券市场平均报酬率为 10%,所得税率为 25%。经测算,不同债务水平下的权益资本成本率和债务资本成本率如表 5-8 所示。

表 5-8 不同债务水平下的债务资本成本率和权益资本成本率

| 债务市场价值 B(万元) | 税前债务利息率 $K_b$ | 股票 $\beta$ 系数 | 权益资本成本率 $R_s$ |
|---|---|---|---|
| 0 | | 1.50 | 12.0% |
| 200 | 8.0% | 1.55 | 12.2% |
| 400 | 8.5% | 1.65 | 12.6% |
| 600 | 9.0% | 1.80 | 13.2% |
| 800 | 10.0% | 2.00 | 14.0% |
| 1 000 | 12.0% | 2.30 | 15.2% |
| 1 200 | 15.0% | 2.70 | 16.8% |

根据表 5-8 资料,可计算出不同资本结构下的企业总价值和综合资本成本。如表 5-9 所示。

表 5-9 公司价值和平均资本成本率

单位:万元

| 债务市场价值 | 股票市场价值 | 公司总价值 | 债务税后资本成本 | 普通股资本成本 | 平均资本成本 |
|---|---|---|---|---|---|
| 0 | 2 500 | 2 500 | 0.0% | 12.0% | 12.0% |
| 200 | 2 361 | 2 561 | 6.0% | 12.2% | 11.7% |
| 400 | 2 179 | 2 579 | 6.4% | 12.6% | 11.6% |
| 600 | 1 966 | 2 566 | 6.8% | 13.2% | 11.7% |
| 800 | 1 714 | 2 514 | 7.5% | 14.0% | 11.9% |
| 1 000 | 1 382 | 2 382 | 9.0% | 15.2% | 12.6% |
| 1 200 | 982 | 2 182 | 11.3% | 16.8% | 13.7% |

可以看出,在没有债务资本的情况下,公司的总价值等于股票的账面价值。当公司增加一部分债务时,财务杠杆开始发挥作用,股票市场价值大于其账面价值,公司总价值上升,平均资本成本率下降。在债务达到 400 万元时,公司总价值最高,平均资本成本率最低。债务超过 400 万元后,随着利息率的不断上升,财务杠杆作用逐步减弱甚至呈现负作用,公司总价值下降,平均资本成本率上升。因此,债务为 400 万元时的资本结构是该公司的最优资本结构。

**【任务5学习小结】**

本任务主要涉及以下内容：

1. 企业筹资是指企业为了满足其经营活动、投资活动和其他需要，运用一定的筹资方式，筹措和获取所需资金的一种行为。筹资分为股权筹资和债务筹资。企业设立必须要有法定的资本金作为保证。

2. 股权筹资包括吸收直接投资、发行普通股股票以及留存收益等方式。股权筹资是企业稳定的资本基础，是企业良好的信誉基础，财务风险较小，但是，股权筹资资本成本负担较重、容易分散公司的控制权、信息沟通与披露成本较大。

3. 债务筹资包括银行借款、发行公司债券以及融资租赁等方式。债务筹资速度较快，筹资弹性大，资本成本负担较轻，可以利用财务杠杆，稳定公司的控制权，但是，债务筹资不能形成企业稳定的资本基础，财务风险较大，筹资数额有限。

4. 衍生工具筹资包括发行可转换债券和发行认股权证等方式。

5. 资金的需要量是筹资的数量依据，必须科学合理地进行预测。资金需要量的预测可以利用因素分析法和销售百分比法进行。

6. 企业筹集和使用资本都要付出代价，这个代价就是资本成本，它包括筹资费用和占用费用。资本成本有不同的表达方式，即个别资本成本、平均资本成本和边际资本成本。个别资本成本是每种筹资方式的成本，平均资本成本是指企业总资本的加权资本成本，边际资本成本是指企业追加筹资的成本。

个别资本成本的计算分为一般模式与折现模式。

(1) 一般模式(不考虑货币时间价值)：

资本成本率＝年资金占用费用/(筹资总额－筹资费用)

＝年资金占用费/筹资总额×(1－筹资费用率)

＝年资金占用额/筹资净额

(2) 贴现模式：

由：筹资净额现值－未来资本清偿额现金流量现值＝0

得：资本成本率＝所采用的折现率

7. 财务管理中存在着类似于物理学中的杠杆效应，即由于特定固定支出或费用的存在，导致当某一财务变量以较小幅度变动时，另一相关变量会以较大幅度变动。财务管理中的杠杆效应，包括经营杠杆、财务杠杆和总杠杆三种效应形式。杠杆效应既可以产生杠杆利益，也可能带来杠杆风险。

8. 资本结构及其管理是企业筹资管理的核心问题。资本结构优化的目标，是降低平均资本成本率或提高普通股每股收益。确定最优资本结构的方法包括每股收益无差别点法、平均资本成本法、公司价值分析法。

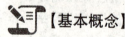 **【基本概念】**

企业筹资　股票　债券　资本成本　资本结构　经营杠杆　财务杠杆　总杠杆

【思考题】

1. 筹资管理的意义和原则有哪些？筹资方式有哪些？
2. 吸收直接投资的有哪些特点？
3. 什么是股票？它有哪些特点？
4. 股票发行与上市有何规定？
5. 发行普通股的有哪些优缺点？

【实训项目】

见配套教材《财务管理综合练习与实训》。

# 任务 6　投 资 管 理

【学习目标】

- 掌握财务可行性要素的估算
- 掌握投资项目财务可行性评价指标的测算
- 熟悉投资项目决策方法及其应用
- 了解投资的概念与分类
- 了解项目投资的定义、特点、可行性研究的含义、内容

## 任务 6-1　认识投资管理

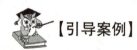【引导案例】

### 环境评价对项目投资的影响

某市拟建一发电厂，规模为 2 台功率为 600 MW 的超临界燃煤发电机组。项目工程总投资 55 亿元，主体工程包括 2 座 1 900 t/h 的锅炉，2 台 600 MW 的汽轮机和 2 台 600 MW 的发电机。辅助工程包括供水系统、灰渣场、除灰系统以及燃料的运输等。配套工程包括石灰石—石膏法烟气脱硫系统和烟气脱氮装置。项目主要废水为冷却塔排污水，废水产生量 600 t/h，其余废水基本不排放；主要大气污染物排放量为 $SO_2$ 0.40 t/h，烟尘排放量 0.21 t/h，NOx 折合成 $NO_2$ 排放量 0.80 t/h。

项目所地气候温和，光照充足，年降水量充沛，春秋季短，冬夏季长；冬寒干燥，夏热多雨，春秋干旱突出，全年主导风向 ENE。项目选址区位于山区丘陵地带的矿区，距市区 45 km，区内工业以煤炭、水泥为主，区内煤炭和石灰石资源十分丰富。选址区南 0.35 km 处为 A 村庄，东北 8 km 为 B 镇，西偏北约 15 km 为一市级森林生态系统自然保护区，北偏西 19 km 处为区政府，东南约 2.1 km 处为一河流，主要功能为农业灌溉和航运。

该拟建电厂建成后能对当地经济提供充足的电力支持，但由于是燃煤发电，对周围环境有很大影响，那么该不该建这个项目呢？项目上马前需要做哪些工作呢？

【任务 6-1 学习目标】

1. 了解投资及其分类。
2. 掌握投资决策的含义及其影响因素。

3. 了解投资项目可行性研究的内容。

## 一、投资的含义和种类

投资,是指特定经济主体(包括国家、企业和个人)为了在未来可预见的时期内获得收益或使资金增值,在一定时机向一定领域的标的物投放足够数额的资金或实物等货币等价物的经济行为。从特定企业角度看,投资就是企业为获取收益而向一定对象投放资金的经济行为。

投资按不同标志可分为以下四种类型。

(1) 按照投资行为的介入程度,分为直接投资和间接投资。直接投资,是指不借助金融工具,由投资人直接将资金转移交付给被投资对象使用的投资,包括企业内部直接投资和对外直接投资,前者形成企业内部直接用于生产经营的各项资产,如各种货币资金、实物资产、无形资产等,后者形成企业持有的各种股权性资产,如持有的子公司或联营公司股份等。间接投资,是指投资者通过购买被投资对象发行的金融工具而将资金间接转移交付给被投资对象使用的投资,如企业购买特定投资对象发行的债券、股票和基金等。

(2) 按照投入的领域不同,分为生产性投资和非生产性投资。生产性投资,是指将资金投入生产、建设等物质生产领域中,并能够形成生产能力或可以产出生产资料的一种投资,又称为生产资料投资。这种投资的最终成果将形成各种生产性资产,包括固定资产投资、无形资产投资、其他资产投资和流动资金投资。其中,前三项属于垫支资本投资,后者属于周转资本投资。生产性投资通过循环和周转可以回流,并且可以实现增值和积累。非生产性投资,是指将资金投入非物质生产领域中,不能形成生产能力,但能形成社会消费或服务能力,满足人民的物质文化生活需要的一种投资。这种投资的最终成果是形成各种非生产性资产。非生产性投资又可分为两部分:一部分是纯消费性投资,没有盈利,投资不能收回,其再投资依靠社会积累,如对学校、国防安全、社会福利设施等的投资;另一部分是可转化为无形商品的投资,有盈利,可以收回投资,甚至可实现增值和积累,如对影剧院、电视台、信息中心和咨询公司等的投资。

(3) 按照投资的方向不同,分为对内投资和对外投资。从企业的角度来看,对内投资就是项目投资,是指企业将资金投放于为取得供本企业生产经营使用的固定资产、无形资产、其他资产和垫支流动资金而形成的一种投资。对外投资,是指企业为购买国家及其他企业发行的有价证券或其他金融产品(包括期货与期权、信托、保险),或以货币资金、实物资产、无形资产向其他企业(如联营企业、子公司等)注入资金而发生的投资。

(4) 按照投资的内容不同,分为固定资产投资、无形资产投资、其他资产投资、流动资产投资、房地产投资、有价证券投资、期货与期权投资、信托投资和保险投资等多种形式。

本章所讨论的投资,是指属于直接投资范畴的企业内部投资,即项目投资。

## 二、项目投资的特点、意义及种类

(一) 项目投资及其特点

所谓项目投资,是指以特定建设项目为投资对象的一种长期投资行为。

与其他形式的投资相比,项目投资具有投资内容独特(每个项目都至少涉及一项固定资产的投资)、投资数额大、影响时间长(至少1年或一个营业周期以上)、发生频率低、变现能力差和投资风险高的特点。

### （二）项目投资的意义

从宏观角度看，项目投资有以下两方面积极意义：

第一，项目投资是实现社会资本积累功能的主要途径，也是扩大社会再生产的重要手段，有助于促进社会经济的长期可持续发展；

第二，增加项目投资，能够为社会提供更多的就业机会，提高社会总供给量，不仅可以满足社会需求的不断增长，而且会最终拉动社会消费的增长。

从微观角度看，项目投资有以下三个方面积极意义：

第一，增强投资者经济实力。投资者通过项目投资，扩大其资本积累规模，提高其收益能力，增强其抵御风险的能力；

第二，提高投资者创新能力。投资者通过自主研发和购买知识产权，结合投资项目的实施，实现科技成果的商品化和产业化，不仅可以不断地获得技术创新，而且能够为科技转化为生产力提供更好的业务操作平台；

第三，提升投资者市场竞争能力。市场竞争不仅是人才的竞争、产品的竞争，而且从根本上说是投资项目的竞争。一个不具备核心竞争能力的投资项目，是注定要失败的。无论是投资实践的成功经验还是失败的教训，都有助于促进投资者自觉按市场规律办事，不断提升其市场竞争力。

### （三）项目投资的种类

项目投资按其涉及内容还可进一步细分为单纯固定资产投资和完整工业投资。

#### 1. 单纯固定资产投资项目

单纯固定资产投资项目，是指只涉及固定资产投资而不涉及无形资产投资、其他资产投资和流动资金投资的建设项目。它以新增生产能力，提高生产效率为特征。

#### 2. 完整工业投资项目

完整工业投资项目，是以新增工业生产能力为主的投资项目，其投资内容不仅包括固定资产投资，而且还包括流动资金投资。

## 三、投资的程序

企业投资的程序主要包括以下五个步骤。

### （一）提出投资领域和投资对象

这需要在把握良好投资机会的情况下，根据企业的长远发展战略、中长期投资计划和投资环境的变化来确定。

### （二）评价投资方案的可行性

在评价投资项目的环境、市场、技术和生产可行性的基础上，对财务可行性作出总体评价。

#### 1. 可行性研究的概念

可行性是指一项事物可以做到的、现实行得通的、有成功把握的可能性。就企业投资项目而言，其可行性就是指对环境的不利影响最小，技术上具有先进性和适应性，产品在市场上能够被容纳或被接受，财务上具有合理性和较强的盈利能力，对国民经济有贡献，能够创造社会效益。

可行性研究就是对投资项目在环境、市场、技术、经济等方面的可行性进行的综合论证与科学评价。

2. 可行性研究的内容

广义的可行性研究包括机会研究、初步可行性研究和最终可行性研究三个阶段,具体又包括环境与市场分析、技术与生产分析和财务可行性评价等主要分析内容。

(1) 环境与市场分析。

在可行性研究中,必须开展建设项目的环境影响评价。所谓建设项目的环境,是指建设项目所在地的自然环境、社会环境和生态环境的统称。

建设项目的环境影响报告书应当包括下列内容:① 建设项目概况;② 建设项目周围环境现状;③ 建设项目对环境可能造成影响的分析、预测和评估;④ 建设项目环境保护措施及其技术、经济论证;⑤ 建设项目对环境影响的经济损益分析;⑥ 对建设项目实施环境监测的建议;⑦ 环境影响评价的结论。

建设项目的环境影响评价属于否决性指标,凡未开展或没通过环境影响评价的建设项目,不论其经济可行性和财务可行性如何,一律不得上马。

市场分析又称市场研究,是指在市场调查的基础上,通过预测未来市场的变化趋势,了解拟建项目产品的未来销路而开展的工作。

进行投资项目可行性研究,必须要从市场分析入手,因为一个投资项目的设想,大多来自市场分析的结果或源于某一自然资源的发现和开发,以及某一新技术新设计的应用。即使是后两种情况,也必须把市场分析放在可行性研究的首要位置。如果市场对于项目的产品完全没有需求,项目仍不能成立。

市场分析要提供未来运营期不同阶段的产品年需求量和预测价格等预测数据,同时要综合考虑潜在或现实竞争产品的市场占有率和变动趋势,以及人们的购买力及消费心理的变化情况。这项工作通常由市场营销人员或委托的市场分析专家完成。

(2) 技术与生产分析。

技术是指在生产过程中由系统的科学知识、成熟的实践经验和操作技艺综合而成的专门学问和手段。它经常与工艺通称为工艺技术,但工艺是指为生产某种产品所采用的工作流程和制造方法,不能将两者混为一谈。

广义的技术分析是指构成项目组成部分及发展阶段上凡与技术问题有关的分析论证与评价。它贯穿于可行性研究的项目确立、厂址选择、工程设计、设备选型和生产工艺确定等各项工作,成为与财务可行性评价相区别的技术可行性评价的主要内容。狭义的技术分析是指对项目本身所采用工艺技术、技术装备的构成以及产品内在的技术含量等方面内容进行的分析研究与评价。

技术可行性研究是一项十分复杂的工作,通常由专业工程师完成。

生产分析是指在确保能够通过项目对环境影响评价的前提下,所进行的厂址选择分析、资源条件分析、建设实施条件分析、投产后生产条件分析等一系列分析论证工作的统称。厂址选择分析包括选点和定址两个方面内容。前者主要指建设地区的选择,主要考虑生产力布局对项目的约束;后者则指项目具体地理位置的确定。在厂址选择时,应通盘考虑自然因素(包括自然资源和自然条件)、经济技术因素、社会政治因素和运输及地理位置因素。

生产分析涉及的因素多,问题复杂,需要组织各方面专家分工协作才能完成。

(3) 财务可行性评价。

财务可行性评价,是指在已完成相关环境与市场分析、技术与生产分析的前提下,围绕已具备技术可行性的建设项目而开展的,有关该项目在财务方面是否具有投资可行性的一种专门分析评价。本章就是在假设投资项目其他方面可行的基础上,阐述投资项目财务可行性评价的有关知识和方法。

(三) 投资方案比较与选择

在财务可行性评价的基础上,对可供选择的多个投资方案进行比较和选择。

(四) 投资方案的执行

即投资行为的具体实施。

(五) 投资方案的再评价

在投资方案的执行过程中,应注意原来作出的投资决策是否合理、是否正确。一旦出现新的情况,就要随时根据变化的情况作出新的评价和调整。

## 任务 6-2  估算财务可行性要素

【引导案例】

### 财务可行性要素

新湖公司拟建新一个生产车间,该拟建车间已经通过了市场、技术、环境等方面的评价,如果在经济上评价可行,则该新车间就可以上马了。新湖公司财务部骨干成员在财务经理的带领下,在其他有关部门人员的配合下,在财务上对拟建车间着手进行评价。在评价中需要知道投入产出具体数据,但是哪些属于投入类数据,哪些属于产出类数据呢?会计小王说,投入类要素就是那些需要支出资金的项目,比如购买固定资产、无形资产、原材料等,产出类要素就是那些收益类项目,比如营业收入等。财务经理认为小王说得不全面,那么到底投入类要素和产出类要素包括哪些呢?

【任务 6-2 学习目标】

1. 理解投入类财务可行性要素的含义及特征。
2. 掌握建设投资、流动资金投资、经营成本和税金的估算。
3. 理解产出类财务可行性要素的含义及特征。
4. 掌握营业收入、补贴收入、固定资产余值与流动资金回收额的估算。
5. 运用 Excel,正确估算投入类、产出类各种财务可行性要素。

【学习案例 1】

### A 公司 2007 年新建工业项目财务可行性要素估算案例

A 公司 2007 年拟投资新建一工业项目,建设期为 2 年,项目有效使用年限为 20 年。有关资料如下:

1. 该项目土石方建筑工程总量为 10 万立方米,同类单位建筑工程投资为 20 元/立方米;拟建厂房建筑物的实物工程量为 2 万立方米,预算单位造价为 1 100 元/立方米。

2. 该项目所需要的国内标准设备的不含增值税出厂价为 1 000 万元,增值税率为 17%,国内运杂费率为 1%;进口设备的离岸价为 100 万美元,国际运费率为 7.5%,国际运输保险费率为4%,关税税率为15%,增值税率为17%,国内运杂费率为1%,外汇牌价为1美元：8元人民币。该新建项目所在行业的标准工具、器具和生产经营用家具购置费率为狭义的设备购置费的10%。

3. 该项目进口设备的安装费按其吊装吨位计算,每吨安装费为1万元/吨,该设备为50吨;国内标准设备的安装费率为设备原价的2%。

4. 该项目的固定资产其他费用可按工程费用的20%估算。

5. 企业拟支付300万元购买一项专利权,支付75万元购买一项非专利技术;投入开办费45万元。

6. 该项目的预备费为400万元,建设期资本化利息为100万元。

7. 该项目预计投产第一年的流动资产需用额为450万元,流动负债需用额为225万元,假定该项投资发生在建设期末;预计投产第二年流动资产需用额为600万元,流动负债需用额为300万元,假定该项投资发生在投产后第一年年末。

8. 该项目预计投产后第1年外购原材料、燃料和动力费为720万元,工资及福利费为347.1万元,修理费及其他费用为60万元,年折旧费为300万元,无形资产摊销费为75万元,开办费摊销费为45万元;第2—5年每年外购原材料、燃料和动力费为900万元,工资及福利费为450万元,其他费用为150万元,每年折旧费为300万元,无形资产摊销费为75万元;第6—20年每年不包括财务费用的总成本费用为2 400万元,其中,每年外购原材料、燃料和动力费1 350万元,每年折旧费为300万元,无形资产摊销费为0万元。(固定资产采用直线法按20年计提折旧,无形资产按5年摊销,开办费在投产第一年全额摊销。)

9. 该项目只生产一种产品,假定该产品的销售单价始终保持为1 000元/件的水平,预计投产后各年的产销量数据如下：第1年为27 000件,第2—5年每年为30 000件,第6—20年每年为45 000件。企业适用的增值税税率为17%,城建税税率为7%,教育费附加率为3%。该企业不缴纳营业税和消费税。

10. 企业适用的所得税税率为25%,不享受任何减免税待遇。企业投产后预计每年需要支付贷款利息50万元。

11. 该项目的固定资产原值在终结点的预计净残值为168.73万元,全部流动资金在终结点一次回收。

**案例分析问题：**

1. 根据学习案例中的资料1,估算该项目的建筑工程费用。
2. 根据学习案例中的资料2,估算该项目的设备购置费。
3. 根据学习案例中的资料3,估算该项目设备安装费。
4. 根据学习案例中的资料4,估算该项目固定资产其他费用。
5. 根据学习案例中的资料5,估算该项目形成无形资产的费用和形成其他资产的费用。
6. 根据学习案例中的资料1-4以及资料6,估算该项目形成固定资产的费用及固定资产原值。
7. 根据学习案例中的资料7,估算该项目流动资金投资额。
8. 根据学习案例中的资料1-7,估算该项目建设投资、原始投资(初始投资)及项目总投资。
9. 根据学习案例中的资料8,估算该项目投产后各年经营成本和不包括财务费用的总成本费用。

10. 根据学习案例中的资料9,估算该项目各年营业收入、应交增值税以及营业税金及附加。

11. 根据学习案例中的资料10,估算出该项目各年的息税前利润和调整所得税。

12. 根据学习案例中的资料11,估算该项目终结时的回收额。

## 一、财务可行性要素的含义及特征

财务可行性要素是指在项目的财务可行性评价过程中,计算一系列财务可行性评价指标所必须予以充分考虑的、与项目直接相关的、能够反映项目投入产出关系的各种主要经济因素的统称。

财务可行性要素通常应具备重要性、可计量性、时间特征、效益性、收益性、可预测性和直接相关性等特征。

财务可行性评价的重要前提,是按照一定定量分析技术估算所有的财务可行性要素,进而才能计算出有关的财务评价指标。

在估算时必须注意的是,尽管相当多的要素与财务会计的指标在名称上完全相同,但由于可行性研究存在明显的特殊性,导致这些要素与财务会计指标在计量口径和估算方法方面往往大相径庭。因此,千万不能生搬硬套财务会计的现成结论。

从项目投入产出的角度看,可将新建工业投资项目的财务可行性要素划分为投入类和产出类两种类型。

## 二、投入类财务可行性要素的估算

(一) 投入类财务可行性要素的内容

投入类财务可行性要素包括以下四项内容。

1. 在建设期发生的建设投资

建设投资是指在建设期内按一定生产经营规模和建设内容进行的投资,主要包括固定资产投资、无形资产投资、其他资产投资以及预备费。

2. 在建设期期末或运营期前期发生的垫支的流动资金投资

流动资金投资是指项目投产前后分次或一次投放于营运资金项目的投资增加额,又称垫支流动资金或运营资金投资。

建设投资、流动资金投资、原始投资(又称初始投资)及其项目总投资之间的关系如下:

$$原始投资＝建设投资＋流动资金投资$$
$$项目总投资＝原始投资＋建设期资本化利息$$

3. 在运营期发生的经营成本(付现成本)

经营成本又称付现的运营成本(或简称付现成本),是指在运营期内为满足正常生产经营而动用货币资金支付的成本费用,如材料费、人工费等支出。

4. 在运营期发生的各种税金(包括营业税金及附加和企业所得税)

从企业投资者的角度看,营业税金及附加和企业所得税都属于成本费用的范畴,因此,在投资决策中需要考虑这些因素。

## (二)建设投资的估算

建设投资是建设期发生的主要投资,可分别按形成资产法和概算法进行估算,本书只介绍第一种方法。

形成资产法需要分别按形成固定资产的费用、形成无形资产的费用和形成其他资产投资的费用和预备费四项内容进行估算,此法是估算精度较高、应用较为广泛的一种估算方法。按照此种方法,建设投资计算如下:

### 1. 形成固定资产费用的估算

形成固定资产的费用是项目直接用于购置或安装固定资产应当发生的投资,具体包括:建筑工程费、设备购置费、安装工程费和固定资产其他费用。任何建设项目都至少要包括一项形成固定资产费用的投资。形成固定资产费用的资金投入方式,可根据各项工程的工期安排和建造方式确定。为简化计算,当建设期为零(即取得的固定资产不需要建设和安装)或建设期不到1年,且为自营建造时,可假定预先在建设起点一次投入全部相关资金;当建设期达到或超过1年,且为自营建造时,可假定在建设起点和以后各年年初分次投入相关资金;当建设期达到或超过1年,且为出包建造时,可假定在建设起点和建设期末分次投入相关资金。

(1) 建筑工程费的估算。建筑工程费是指为建造永久性建筑物和构筑物所需要的费用。包括场地平整、建筑厂房、仓库、电站、设备基础、工业窑炉、桥梁、码头、堤坝、隧道、涵洞、铁路、公路、水库、水坝、灌区管线敷设、矿井开凿和露天剥离等项目工程的费用。可分别按单位建筑工程投资估算法、单位实物工程量投资估算法和概算指标投资估算法进行。

① 单位建筑工程投资估算法。该方法的计算公式如下:

$$建筑工程费=同类单位建筑工程投资×相应的建筑工程总量$$

② 单位实物工程量投资估算法。该方法的计算公式如下:

$$建筑工程费=预算单位实物工程投资×相应的实物工程量$$

### 【案例分析 6-1】

根据学习案例中资料1提供的数据,A公司新建项目的建筑工程费用估算见表6-1。

表6-1 建筑工程费估算表

单位:万元

| 项 目 | 金额 | 备 注 |
|---|---|---|
| 建筑工程费的估算 | 2 400 | =土石方建筑工程投资+厂房建筑物工程投资 |
| 土石方建筑工程投资 | 200 | =20×10 |
| 厂房建筑物工程投资 | 2 200 | =1 100×2 |

(注:此表可以运用Excel表格进行计算,也可以手工计算,下表同。)

(2) 设备购置费的估算。广义的设备购置费是指为投资项目购置或自制的达到固定资产标准的各种国产或进口设备、工具、器具和生产经营用家具等应支出的费用。狭义的设备购置费则是指为取得项目经营所必需的各种机器设备、电子设备、运输工具和其他装置应支出的费用。

① 狭义设备购置费的估算。应按照设备的不同来源,分别估算国产设备和进口设备的购置费。

A. 国产设备购置费的估算。其估算公式如下:

$$设备购置费用 = 设备购买成本 \times (1 + 运费率)$$

上式中,标准国产设备的设备购买成本是指设备的发票价或出厂价;非标准国产设备的购买成本是指生产厂家为生产该设备而发生的各项费用合计,包括:非标准设备设计费、材料费、加工费、辅助材料费、专用工具费、废品损失费、外购配套件费、包装费、利润、应缴纳的消费税等。运杂费率是指除购买成本之外的设备采购、运输、途中包装、保险及仓库保管等费用合计占设备购买成本的百分比。

B. 进口设备购置费的估算。进口设备购置费包括以人民币标价用外汇支付的进口设备货价、以人民币支付的进口从属费和相关的国内运杂费,其公式如下:

$$设备购置费用 = 以人民币标价的进口设备到岸价 + 进口从属费 + 国内运杂费$$

a. 在估算以人民币标价的进口设备到岸价时,需要考虑按到岸价(CIF)结算和按离岸价(FOB)结算两种不同的结算方式。

按到岸价结算时,其估算公式为

$$以人民币标价的进口设备到岸价 = 以外币标价的进口设备到岸价 \times 人民币外汇牌价$$

按离岸价结算时,相关的估算公式为

$$以人民币标价的进口设备到岸价 = (以外币标价的进口设备离岸价 + 国际运费 + 国际运输保险费) \times 人民币外汇牌价$$

其中:

$$国际运费(外币) = 离岸价(外币) \times 国际运费率$$
$$或 = 单位运价(外币) \times 运输量$$
$$国际运输保险费(外币) = (以外币标价的进口设备离岸价 + 国际运费) \times 国际运输保险费率$$

b. 在进口设备不涉及消费税的情况下,进口从属费的计算公式为

$$进口从属费 = 进口关税 + 外贸手续费 + 结汇银行财务费$$

其中:

$$进口关税 = 以人民币标价的进口设备到岸价 \times 进口关税税率$$
$$外贸手续费 = 以人民币标价的进口设备到岸价 \times 外贸手续费率$$
$$结汇银行财务费 = 以外汇支付的进口设备货价 \times 人民币外汇牌价 \times 结汇银行财务费率$$

c. 进口设备相关的国内运杂费可按具体运输方式,根据运输单价和运量估算,亦可按下式计算:

$$国内运杂费 = (以人民币标价的进口设备到岸价 + 进口关税) \times 运杂费率$$

② 工具、器具和生产经营用家具购置费用的估算。工具、器具和生产经营用家具购置费用,是指为确保项目投产初期的生产经营而第一批购置的、没有达到固定资产标准的工具、卡具、模具和家具应发生的费用。为简化计算,可在狭义的设备购置费的基础上,按照部门或行

业规定的购置费用率进行估算。公式为

工具、器具和生产经营用家具购置费用
＝狭义的设备购置费×标准的工具、器具和生产经营用家具购置费率。

**【案例分析 6-2】**

根据学习案例中资料 2 提供的数据，设备购置费估算见表 6-2。

表 6-2 设备购置费估算表

单位：万元

| 项　目 | 金额（人民币） | 备　注 |
| --- | --- | --- |
| 设备购置费的估算 | 2 253.74 | ＝狭义设备购置费＋工具、器具和生产经营用家具购置费用 |
| ① 狭义设备购置费的估算 | 2 048.85 | ＝国产设备购置费＋进口设备购置费 |
| A. 国产设备购置费的估算 | 1 010.00 | ＝1 000×（1＋1％） |
| B. 进口设备购置费的估算 | 1 038.85 | ＝以人民币标价的进口设备到岸价（按离岸价结算）＋进口从属费＋国内运杂费 |
| a. 以人民币标价的进口设备到岸价（按离岸价结算） | 894.40 | ＝折算为人民币后的进口设备离岸价＋国际运费＋国际运输保险费 |
| 进口设备离岸价 | 800.00 | ＝100×8 |
| 国际运费 | 60.00 | ＝100×7.5％×8 |
| 国际运输保险费 | 34.40 | ＝（100＋100×7.5％）×4‰×8 |
| b. 进口从属费 | 134.16 | ＝进口关税＋外贸手续费＋结汇银行财务费 |
| 进口关税 | 134.16 | ＝以人民币标价的进口设备到岸价×进口关税税率 |
| 外贸手续费 | 0.00 | |
| 结汇银行财务费 | 0.00 | |
| c. 国内运杂费 | 10.29 | ＝（以人民币标价的进口设备到岸价＋进口关税）×运杂费率 |
| ② 工具、器具和生产经营用家具购置费用的估算 | 204.89 | ＝狭义的设备购置费×标准的工具、器具和生产经营用家具购置费率 |

（3）安装工程费的估算。需要吊装的设备，往往按需要安装设备的重量和单价进行估算；其他需要安装的设备通常按设备购置费的一定百分比进行估算。需要注意的是，按后者估算时，要注意核实购置设备合同中是否包括了安装所需材料，是全部还是只包括了一部分（如从国外进口的石油化工设备中，一般都包括了部分安装材料）。如果设备购置费中包括了安装材料，则安装费率就比较低，否则就比较高。相关的估算公式如下：

安装工程费＝每吨安装费×设备吨位
安装工程费＝安装费率×设备原价

$$安装工程费 = 单位实物工程安装费标准 \times 安装实物工程量$$

**【案例分析 6-3】**

根据学习案例中资料 3 提供的数据，该项目安装工程费的估算见表 6-3。

表 6-3　安装工程费估算表

单位：万元

| 项　目 | 金　额 | 备　注 |
|---|---|---|
| 安装工程费的估算 | 70.20 | ＝进口设备的安装工程费＋国内标准设备的安装工程费 |
| 进口设备的安装工程费 | 50.00 | ＝1×50 |
| 国内标准设备的安装工程费 | 20.20 | ＝1 010×2％ |

　　(4) 固定资产其他费用的估算。固定资产其他费用包括建设单位管理费、可行性研究费、研究试验费、勘察设计费、环境影响评价费、场地准备及临时设施费、引进技术和引进设备其他费、工程保险费、工程建设监理费、联合试运转费、特殊设备安全监督检验费和市政公用设施建设及绿化费等。估算时，可按经验数据、取费标准或项目的工程费用(即：建筑工程费、广义设备购置费和安装工程费三项工程费用的合计)的一定百分比测算。

**【案例分析 6-4】**

根据学习案例中资料 4 提供的数据，该项目固定资产其他费用的估算见表 6-4。

表 6-4　固定资产其他费用估算表

单位：万元

| 项　目 | 金　额 | 备　注 |
|---|---|---|
| 固定资产其他费用的估算 | 944.79 | ＝工程费用×固定资产其他费用占工程费用的比重 |
| 该项目的工程费用 | 4 723.94 | ＝建筑工程费＋广义设备购置费＋安装工程费<br>(资料来源：表 6-1、6-2、6-3) |
| 固定资产其他费用占工程费用的比重 | 20％ | 资料 4 |

　　在项目可行性研究中，形成固定资产的费用与固定资产原值的关系如下式所示：

$$固定资产原值 = 形成固定资产的费用 + 建设期资本化利息 + 预备费$$

　　2. 形成无形资产费用的估算

　　形成无形资产的费用是指项目直接用于取得专利权、商标权、非专利技术、土地使用权和特许权等无形资产而应当发生的投资。虽然商誉和著作权也属于无形资产的范畴，但新建项目通常不涉及这些内容，故在进行可行性研究时对其不予考虑。形成无形资产费用的资金投入方式，通常假定在建设期取得时一次投入。

　　(1) 专利权和商标权的估算。在可行性研究中，应先确认项目是否通过外购或接受投资方式取得上述产权的合法所有权。如果只是短期取得某项专利权或商标的使用权，就不能将其作为无形资产进行评估;若可通过外购方式取得上述产权,则可按预计的取得成本估算;若属于投资转入,则可按约定作价或评估价进行估算。新建项目通常很少发生自创专利权和商标权的情况,若确有发生,可按成本法或市价法进行估算。

(2) 非专利技术的估算。可根据非专利技术的取得方式分别对待:若从外部一次性购入,可按取得成本估算;若作为投资转入,可按市价法或收益法进行估算。

(3) 土地使用权的估算。可按土地使用权的不同取得方式估算。如通过有偿转让方式取得土地使用权,则应按照预计发生的取得成本——土地使用权出让金估算;若属于投资方投资转入的土地使用权,可按投资合同或协议约定的价值,也可按公允价值估算。

按我国《企业会计准则》规定,用于企业自行开发建造厂房建筑物的土地使用权,不得列作固定资产价值。

(4) 特许权的估算。在项目可行性研究中,对项目有偿取得的永久或长期使用的特许权,按取得成本进行估算。

3. 形成其他资产费用的估算

形成其他资产的费用是指建设投资中除形成固定资产和无形资产的费用以外的部分,包括生产准备费和开办费两项内容。生产准备费的资金投入方式,可假定在建设期末一次投入。开办费的资金投入方式,可假定在建设期内分次投入。

(1) 生产准备费的估算。生产准备费是指新建项目或新增生产能力的企业为确保投产期初期进行必要生产准备而应发生的费用,包括职工培训费、提前进厂熟悉工艺及设备性能人员的相关费用。生产准备费可按需要培训和预计培训费标准,以及需要提前进厂的职工人数和相关费用标准进行估算;也可按工程费用和生产准备费率估算。

(2) 开办费的估算。开办费是指在企业筹建期发生的、不能计入固定资产和无形资产、也不属于生产准备费的各项费用,可按工程费用和开办费率估算。

【案例分析 6-5】

根据学习案例中资料5提供的数据,该项目形成无形资产的费用和形成其他资产的费用的估算见表 6-5。

表 6-5　形成无形资产的费用和形成其他资产费用估算表

单位:万元

| 项　目 | 金　额 | 备　注 |
|---|---|---|
| 形成无形资产费用的估算 | 375.00 | =专利权+商标权+非专利技术+土地使用权+特许权 |
| (1) 专利权和商标权的估算 | 300.00 | 资料5 |
| (2) 非专利技术的估算 | 75.00 | 资料5 |
| (3) 土地使用权的估算 | 0.00 | |
| (4) 特许权的估算 | 0.00 | |
| 形成其他资产费用的估算 | 45.00 | =生产准备费+开办费 |
| (1) 生产准备费的估算 | 0.00 | 职工培训费等 |
| (2) 开办费的估算 | 45 | 工商注册费等 |

#### 4. 预备费的估算

预备费又称不可预见费,是指在可行性研究中难以预料的投资支出,包括基本预备费和涨价预备费。预备费的资金投入方式,可假定在建设期末一次投入。

(1)基本预备费的估算。基本预备费是指由于建设期发生一般自然灾害而带来的工程损失或为防范自然灾害而采取措施而追加的投资,又称工程建设不可预见费。可按以下公式进行估算:

$$基本预备费=(形成固定资产的费用+形成无形资产的费用+形成其他资产的费用)\times 基本预备费率$$

(2)涨价预备费的估算。涨价预备费是指为应付建设期内可能发生的通货膨胀而预留的投资,又称价格上涨不可预见费。涨价预备费通常要根据工程费用和建设期预计通货膨胀率来估算。

【案例分析 6-6】

根据学习案例中资料 1-4 以及资料 6 提供的数据,估算该项目形成固定资产的费用及固定资产原值见表 6-6。

表 6-6 形成固定资产的费用及固定资产原值估算表

单位:万元

| 项 目 | 金 额 | 备 注 |
| --- | --- | --- |
| (1)形成固定资产的费用 | 5 668.73 | =建筑工程费用+设备购置费用+安装工程费用+形成固定资产的其他费用 |
| ①建筑工程费用 | 2 400 | 见表 6-1 |
| ②设备购置费用 | 2 253.74 | 见表 6-2 |
| ③安装工程费用 | 70.20 | 见表 6-3 |
| ④形成固定资产的其他费用 | 944.79 | 见表 6-4 |
| (2)建设期资本化利息 | 100 | 资料 6 |
| (3)预备费 | 400 | 资料 6 |
| 固定资产原值 | 6 168.73 | =形成固定资产的费用+建设期资本化利息+预备费 |

显然,在不考虑具体的筹资方案(即不考虑投资的资金来源)和预备费的情况下,可假定固定资产原值与形成固定资产的费用相等。

(三)流动资金投资的估算

流动资金投资可分别按分项详细估算法和扩大指标估算法进行估算,本书只介绍第一种方法。

分项详细估算法,是指根据投资项目在运营期内主要流动资产和流动负债要素的最低周转天数和预计周转额分别估算每一流动项目的占用额,进而确定各年流动资金投资的一种方法。流动资金投资属于垫付周转金,其资金投入方式也包括一次投入和分次投入两种形式。在理论上,投产第一年所需的流动资金应在项目投产前安排,即第一次投资应发生在建设期末,以后分次投资则陆续发生在运营期内前若干年的年末。(注:为简化计算,我国有关建设项目评估制度假定流动资金投资可从投产第一年开始安排。)

1. 分项详细估算法的基本公式

$$某年流动资金投资额(垫支数)=本年流动资金需用额-截止上年的流动资金投资额$$
$$或=本年流动资金需用额-上年流动资金需用额$$
$$本年流动资金需用额=本年流动资产需用额-本年流动负债需用额$$

2. 周转天数、周转次数、周转额与资金需用额的概念及其关系

某一流动项目的周转天数是指该项目的资金从其原始形态开始,依次经过各个循环阶段回到出发点,完成一次循环所需要的天数。最低周转天数则是在所有生产经营条件最为有利的情况下,完成一次周转所需要的天数。在确定各个流动项目的最低周转天数时,应综合考虑储存天数、在途天数,并考虑适当的保险系数。

某一流动项目的周转次数,是指该项目在1年内(为简化计算,假定1年按360天计)完成单一循环的次数,周转次数与周转天数的关系可以下式表示:

$$周转次数=360/周转天数$$
$$1年内最多周转次数=360/最低周转天数$$

某一流动项目的周转额,是指该项目所占用资金在1年内由于不断周转而形成的累计发生额。某一流动项目的需用额,是指该项目在任何一个时点上都至少要以其原始形态存在的价值量,它相当于该流动项目原始的投资额。资金需用额与周转额的关系如下式所示:

$$某一流动项目的资金需用额=该项目的周转额/该项目的最多周转次数$$

3. 流动资产项目的估算

(1) 存货需用额的估算。

$$存货需用额=外购原材料需用额+外购燃料动力需用额+其他材料需用额$$
$$+在产品需用额+产成品需用额$$

上式中的各项计算公式为

① 外购原材料需用额=年外购原材料费用/外购原材料的最多周转次数
② 外购燃料动力需用额=年外购燃料动力费用/外购燃料动力的最多周转次数
③ 其他材料需用额=年外购其他材料需用额/其他材料的最多周转次数
④ 在产品需用额=(年外购原材料费用+年外购燃料动力费用+年工资及福利费用+年修理费+年其他制造费用)/在产品的最多周转次数

上式中,其他制造费用是指从制造费用中扣除了所含原材料、外购燃料动力、工资及福利费、折旧费和修理费后剩余的部分。

⑤ 产成品需用额=(年经营成本-年销售费用)/产成品的最多周转次数

经营成本的估算方法将在后面介绍。

(2) 应收账款需用额的估算。应收账款需用额的估算公式:

$$应收账款需用额=年经营成本/应收账款的最多周转次数$$

(3) 预付账款需用额的估算。预付账款需用额的估算公式为

预付账款需用额＝外购商品或服务年费用金额/预付账款的最多周转次数

(4) 现金需用额的估算。现金需用额的估算公式为

现金需用额＝(年工资及福利费＋年其他费用)/现金的最多周转次数

上式中，其他费用是指从制造费用、管理费用和销售费用中扣除了所含的折旧费、无形资产和其他资产的摊销费、材料费、修理费、工资及福利费以后的剩余部分，其计算公式如下：

$$\frac{其他}{费用}=\frac{制造}{费用}+\frac{管理}{费用}+\frac{销售}{费用}-\text{以上三项费用中所含的工资及福利费、折旧费、摊销费和修理费}$$

4. 流动负债项目的估算

为简化计算，在进行财务可行性评价时假定有下式成立：

流动负债需用额＝应付账款需用额＋预收账款需用额

(1) 应付账款需用额的估算。应付账款需用额的估算公式为

应付账款需用额＝外购原材料、燃料动力及其他材料年费用/应付账款的最多周转次数

(2) 预收账款需用额的估算。预收账款需用额的估算公式为

预收账款需用额＝预收的营业收入年金额/预收账款的最多周转次数

【案例分析 6-7】

根据学习案例中资料 7 提供的数据，该项目流动资金投资额的估算见表 6-7。

表 6-7 流动资金投资估算表

单位：万元

| 项目 | 金额 | 备注 |
| --- | --- | --- |
| 流动资金投资的估算 | 300 | 第一次流动资金投资＋第二次流动资金投资 |
| (1) 第一次流动资金投资 | 225 | ＝投产第 1 年流动资金需用额 |
| 投产第 1 年流动资产需用额 | 450 | ＝存货需用额＋应收账款需用额＋预付账款需用额＋现金需用额 |
| 投产第 1 年流动负债需用额 | 225 | ＝应付账款需用额＋预收账款需用额 |
| 投产第 1 年流动资金需用额 | 225 | 投产第 1 年流动资产需用额－流动负债需用额 |
| (2) 第二次流动资金投资 | 75 | ＝投产第 2 年流动资金需用额－第一次流动资金投资 |
| 投产第 2 年流动资产需用额 | 600 | ＝存货需用额＋应收账款需用额＋预付账款需用额＋现金需用额 |
| 投产第 2 年流动负债需用额 | 300 | ＝应付账款需用额＋预收账款需用额 |
| 投产第 2 年流动资金需用额 | 300 | ＝投产第 2 年流动资产需用额－流动负债需用额 |

**【案例分析 6-8】**

根据学习案例中资料 1-7 提供的数据，该项目建设投资、原始投资（初始投资）及项目总投资的估算见表 6-8。

表 6-8  建设投资、原始投资及项目总投资估算表

单位：万元

| 项　　目 | 金　　额 | 备　　注 |
|---|---|---|
| (1) 建设投资 | 6 488.73 | ＝形成固定资产的费用＋形成无形资产的费用＋形成其他资产投资的费用＋预备费 |
| ① 形成固定资产的费用 | 5 668.73 | 见表 6-6 |
| ② 形成无形资产的费用 | 375 | 见表 6-5 |
| ③ 形成其他资产的费用 | 45 | 见表 6-5 |
| ④ 预备费 | 400 | 见表 6-6 |
| (2) 流动资金投资 | 300 | 见表 6-7 |
| (3) 原始投资 | 6 788.73 | ＝建设投资＋流动资金投资 |
| (4) 建设期资本化利息 | 100 | 资料 6 |
| (5) 项目总投资 | 6 888.73 | ＝原始投资＋建设期资本化利息 |

（四）经营成本的估算

不论什么类型的投资项目，在运营期都要发生经营成本，它的估算与具体的筹资方案无关。经营成本本来属于时期指标，为简化计算，可假定其发生在运营期各年的年末。

经营成本有加法和减法两种估算公式：

$$\text{某年经营成本} = \text{该年外购原材料、燃料和动力费} + \text{该年工资及福利费} + \text{该年修理费} + \text{该年其他费用}$$

$$\text{某年经营成本} = \text{该年不包括财务费用的总成本费用} - \text{该年折旧额} - \text{该年无形资产和其他资产的摊销额}$$

上式中，折旧额和摊销额可根据本项目的固定资产原值、无形资产和其他资产数据，以及这些项目的折旧年限和摊销年限进行测算；不包括财务费用的总成本费用可按照运营期内一个标准年份的正常产销量和预计成本消耗水平进行测算，其计算公式为

$$\text{某年不包括财务费用的总成本费用} = \text{该年固定成本（含费用）} + \text{单位变动成本（含费用）} \times \text{该年预计产销量}$$

上述成本中既不包括固定性的财务费用，也不包括变动性的财务费用。

**【案例分析 6-9】**

根据学习案例中资料 8 提供的数据，该项目经营成本的估算见表 6-9。

表 6-9  经营成本估算表

单位：万元

| 项目 | 金额 | | | 备注 |
|---|---|---|---|---|
| 经营成本的估算 | 投产后第1年 | 投产后第2—5年 | 投产后第6—20年 | |
| 1. 外购原材料、燃料和动力费 | 720 | 900 | 1 350 | 资料8 |
| 2. 工资及福利费 | 347.1 | 450 | 450 | 资料8 |
| 3. 修理费及其他费用 | 60 | 150 | 150 | 资料8 |
| 4. 年折旧费 | 300 | 300 | 300 | 资料8 |
| 5. 无形资产摊销费 | 75 | 75 | 0 | 资料8 |
| 6. 开办费摊销费 | 45 | 0 | 0 | 资料8 |
| 经营成本合计 | 1 127.1 | 1 500 | 2 100 | 不含折旧与摊销的付现成本 |
| 不包括财务费用的总成本费用 | 1 547.1 | 1 875 | 2 400 | 经营成本＋折旧与摊销 |

（五）营运期相关税金的估算

在进行财务可行性评价中，需要估算的运营期相关税金包括营业税金及附加和调整所得税两项因素。为简化计算，假定它们都发生在运营期各年的年末。

1. 营业税金及附加的估算

营业税金及附加的估算，需要通盘考虑项目投产后在运营期内应交纳的营业税、消费税、土地增值税、资源税、城市维护建设税和教育费附加等因素；尽管应交增值税不属于营业税金的范畴，但在估算城市维护建设税和教育费附加时，还要考虑应交增值税因素。

在不考虑土地增值税和资源税的情况下，营业税金及附加的估算公式如下：

营业税金及附加＝应交营业税＋应交消费税＋城市维护建设税＋教育费附加

其中：

城市维护建设税＝（应交营业税＋应交消费税＋应交增值税）×城市维护建设税税率

教育费附加＝（应交营业税＋应交消费税＋应交增值税）×教育费附加率

为简化计算，也可以合并计算城市维护建设税和教育费附加。

【案例分析 6-10】

根据学习案例中资料9提供的数据，该项目的营业收入、应交增值税及营业税金及附加估算见表 6-10。

表6-10 营业收入、应交增值税及营业税金及附加估算表

单位：万元

| 项 目 | 税率 | 金额 | | | 备 注 |
|---|---|---|---|---|---|
| | | 投产后第1年 | 投产后第2—5年 | 投产后第6—20年 | |
| (1) 营业收入 | | 2 700 | 3 000 | 4 500 | 资料9 |
| (2) 应交增值税 | | 336.6 | 357 | 535.5 | ＝销项税额－进项税额 |
| 　销项税额 | 17% | 459 | 510 | 765 | ＝营业收入×17% |
| 　进项税额 | 17% | 122.4 | 153 | 229.5 | ＝外购原材料、燃料及动力×17% |
| (3) 营业税金及附加（城建税7%＋教育费附加3%） | 10% | 33.66 | 35.7 | 53.55 | ＝应交增值税×0% |

## 2. 调整所得税的估算

调整所得税是项目可行性研究中一个专业术语，它是为简化计算而设计的虚拟企业所得税，其计算公式为

调整所得税＝(息税前利润－利息)×适用的企业所得税税率

上式中，息税前利润＝营业收入－不包括财务费用的总成本－营业税金及附加

**【案例分析6-11】**

根据学习案例中资料10提供的数据，该项目调整所得税的估算见表6-11。

表6-11 调整所得税估算表

单位：万元

| 项 目 | 税率 | 金额 | | | 备 注 |
|---|---|---|---|---|---|
| | | 投产后第1年 | 投产后第2—5年 | 投产后第6—20年 | |
| (1) 息税前利润 | | 1 119.24 | 1 089.3 | 2 046.45 | ＝营业收入－不包括财务费用的总成本费用－营业税金及附加 |
| ① 营业收入 | | 2 700 | 3 000 | 4 500 | 见表6-10 |
| ② 不包括财务费用的总成本费用 | | 1 547.1 | 1 875 | 2 400 | 见表6-9 |
| ③ 营业税金及附加 | | 33.66 | 35.7 | 53.55 | 见表6-10 |
| (2) 利息 | | 50 | 50 | 50 | 资料10 |
| (3) 调整所得税 | 25% | 267.31 | 259.83 | 499.11 | ＝(息税前利润－利息)×所得税税率 |

### 三、产出类财务可行性要素的估算

产出类财务可行性要素包括以下四项内容：(1) 在营运期发生的营业收入；(2) 在营运期发生的补贴收入；(3) 通常在项目计算期末回收的固定资产余值；(4) 通常在项目计算期末回收的流动资金。

#### （一）营业收入的估算

营业收入应按项目在运营期内有关产品的各年预计单价(不含增值税)和预测销售量(假定运营期每期均可以自动实现产销平衡)进行估算。营业收入也属于时期指标，为简化计算，假定营业收入发生于运营期各年的年末。在项目只生产经营一种产品的条件下，营业收入的估算公式为

$$年营业收入 = 该年产品不含税单价 \times 该年产品的产销量$$

见【例分析6-10】有关计算。

#### （二）补贴收入的估算

补贴收入是与运营期收益有关的政府补贴，可根据按政策退还的增值税、按销量或工作量分期计算的定额补贴和财政补贴等予以估算。

#### （三）固定资产余值的估算

在进行财务可行性评价时，假定主要固定资产的折旧年限等于运营期，则终结点回收的固定资产余值等于该主要固定资产的原值与其法定净残值率的乘积，或按事先确定的净残值估算；在运营期内，因更新改造而提前回收的固定资产余值等于其折余价值与预计可变现净收入之差。

#### （四）回收流动资金的估算

当项目处于终结点时，所有垫付的流动资金都将退出周转，因此，在假定运营期内不存在因加速周转而提前回收流动资金的前提下，终结点一次回收的流动资金必然等于各年垫支的流动资金投资额的合计数。

在进行财务可行性评价时，将在终结点回收的固定资产余值和流动资金统称为回收额。

### 【案例分析6-12】

根据学习案例中资料11提供的数据，该项目回收额的估算见表6-12。

表6-12 回收额估算表

单位：万元

| 项目 | 金额 | 备注 |
| --- | --- | --- |
| 项目回收额 | 468.73 | ＝固定资产余值＋回收流动资金 |
| (1) 固定资产余值的估算(项目结束时) | 168.73 | 资料11 |
| (2) 回收流动资金的估算(项目结束时) | 300 | 资料11 |

## 任务6-3 测算投资项目财务可行性评价指标

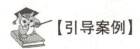
【引导案例】

### 东华电子公司合资项目评价案例

北京东方电子公司与上海浦华电子公司拟合资组建一新企业——东华电子公司。东华电子公司准备生产新型电子计算机,项目分析评价小组已收集到如下材料:

1. 为组建该项合资企业,共需固定资产投资12 000万元,另需垫支营运资金3 000万元,采用直线法计提折旧,双方商定合资期限为5年,5年后固定资产残值为2 000万元。5年中每年销售收入为8 000万元,付现成本第1年为3 000万元,以后随设备陈旧,逐年将增加修理费400万元。

2. 为完成该项目所需的12 000万元固定资产投资,由双方共同出资,各出资50%,垫支的营运资金3 000万元拟通过银行借款解决。根据分析小组测算,东华公司的加权平均资本成本为10%,东方电子公司的加权平均资本成本为8%,浦华电子公司加权平均资本成本为12%。

3. 预计东华公司实现的利润有20%以公积金、公益金的方式留归东华公司使用,其余全部进行分配,东方公司和浦华公司各得50%。但提取出的折旧不能分配,只能留在东华公司以补充资金需求。

4. 东方公司每年可以从东华公司获得800万元的技术转让收入,但要为此支付200万元的有关费用。浦华公司每年可向东华公司销售1 000万元的零配件,其销售利润预计为300万元,另外,浦华公司每年还可从东华公司获得300万元的技术转让收入,但要为此支付100万元的有关费用。

5. 设东方公司、浦华公司和东华公司的所得税税率均为25%,假设从子公司分得的股利不再交纳所得税,但其他有关收益要按25%的所得税税率依法纳税。

6. 投资项目在第5年年底出售给当地投资者经营,设备残值、累计折旧及提取的公积金等估计售价为10 000万元,扣除税金等有关费用后,预计净现金流量为6 000万元。该笔现金流量东方公司和浦华公司各分50%,假设分回母公司后不再纳税。

张玉强是一家投资咨询公司的项目经理,他分别从东华公司、东方公司和浦华公司的角度对项目进行了评价,评价结果如下:

以东华公司为主体作出评价。该投资项目有净现值2 354万元,说明是一个比较好的投资项目,可以进行投资。

以东方公司为主体作出评价。该投资项目有净现值248万元,说明可以进行投资。

以浦华公司为主体进行评价。当以浦华公司为主体进行评价时,该投资项目的净现值为—790万元,故不能进行投资。

思考:投资项目在评价中依据什么标准确定项目的财务可行性?

【任务6-3学习目标】

1. 理解财务可行性评价指标的含义及类型;理解投资项目净现金流量的含义、内容及特征。
2. 会用列表法和公式法确定投资项目的净现金流量以及计算净现值等财务评价指标。

3. 运用 Excel 计算静态投资回收期、总投资收益率、净现值、净现值率、内部收益率等财务评价指标。

4. 运用相关财务可行性评价指标判断投资项目的财务可行性。

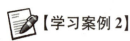【学习案例 2】

### A 公司 2007 年新建工业项目财务可行性评价指标测算案例

根据第二节【学习案例 1】中有关 A 公司财务可行性要素的估算资料可知，A 公司建设投资为 6 488.73 万元，全部建设投资拟在两年建设期内分三次投入，即在建设起点投入 5 000 万元，建设期第 2 年年初投入 1 000 万元，其余的资金在建设期末投入；全部流动资金投资 300 万元，分两次投入，即在建设期末投入 225 万元和投产后第一年年末投入 75 万元。新项目所在行业基准折现率为 10%。

**案例分析问题：**

1. 分析确定 A 公司新建项目的试产期、达产期、运营期、项目计算期。

2. 分别利用列表法和简化法测算项目计算期各年的净现金流量。

3. 运用 Excel 有关公式计算项目的静态投资回收期、总投资收益率、净现值、净现值率、内部收益率等财务评价指标。

4. 判断 A 公司投资项目的财务可行性。

本节在介绍财务可行性评价指标定义的基础上，分别讨论计算这些指标必须考虑的因素、项目现金流量的测算和确定相关折算率的方法，重点研究主要财务可行性评价指标的计算方法，并介绍根据这些指标进行财务可行性评价的技巧。

## 一、财务可行性评价指标的含义及类型

### （一）财务可行性评价指标的含义

财务可行性评价指标，是指用于衡量投资项目财务效益大小和评价投入产出关系是否合理，以及评价其是否具有财务可行性所依据的一系列量化指标的统称。由于这些指标不仅可用于评价投资方案的财务可行性，而且还可以与不同的决策方法相结合，作为多方案比较与选择决策的量化标准与尺度，因此在实践中又称为财务投资决策评价指标，简称评价指标。

### （二）财务可行性评价指标的种类

财务可行性评价指标很多，本书主要介绍静态投资回收期、总投资收益率、净现值、净现值率和内部收益率五个指标。

上述评价指标可以按以下标准进行分类。

1. 按照是否考虑资金时间价值分类，可分为静态评价指标和动态评价指标

前者是指在计算过程中不考虑资金时间价值因素的指标，简称为静态指标，包括：总投资收益率和静态投资回收期；后者是指在计算过程中充分考虑和利用资金时间价值因素的指标，主要包括净现值、净现值率和内部收益率。

2. 按指标性质不同，可分为在一定范围内越大越好的正指标和越小越好的反指标两大类

上述指标中只有静态投资回收期属于反指标。

3. 按指标在决策中的重要性分类，可分为主要指标、次要指标和辅助指标

净现值、内部收益率等为主要指标；静态投资回收期为次要指标；总投资收益率为辅助

指标。

(三) 计算财务可行性指标需要考虑的因素

财务可行性评价指标计算的重要内容之一是确定项目计算期各年的净现金流量金额,这就需要考虑财务可行性要素和项目计算期的构成。动态评价指标的计算又会涉及资金时间价值因素和风险因素。

1. 财务可行性要素

财务可行性要素包括建设投资、流动资金投资、经营成本、营业税金及附加等投入类财务可行性要素,也包括营业收入、补贴收入、固定资产余值和垫支的流动资金的回收等产出类财务可行性要素。各类要素的具体估算见第二节。

2. 项目计算期的构成

项目计算期是指投资项目从投资建设开始到最终清理结束整个过程的全部时间,包括建设期和运营期。其中建设期是指项目资金正式投入开始到项目建成投产为止所需要的时间,建设期第一年的年初称为建设起点,建设期最后一年的年末称为投产日。在实践中,通常应参照项目建设的合理工期或项目的建设进度计划合理确定建设期。项目计算期最后一年的年末称为终结点,假定项目最终报废或清理均发生在终结点(但更新改造除外)。从投产日到终结点之间的时间间隔称为运营期,又包括试产期和达产期(完全达到设计生产能力期)两个阶段。试产期是指项目投入生产,但生产能力尚未完全达到设计能力时的过渡阶段。达产期是指生产运营达到设计预期水平后的时间。运营期一般应根据项目主要设备的经济使用寿命期确定(见图 6-1)。

项目计算期、建设期和运营期之间有以下关系成立,即

$$项目计算期(n) = 建设期(s) + 运营期(p)$$

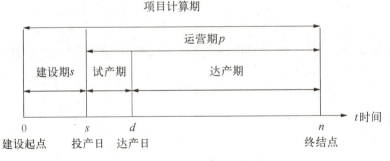

图 6-1 项目计算期示意图

 【案例分析 6-13】

根据【学习案例 2】中的有关资料,项目的试产期、达产期、运营期和项目计算期有关分析如下:

因为 A 公司新建项目在投产后第 1 年的营业收入为 2 700 万元,第 2—5 年为 3 000 万元,第 6—20 年为 4 500 万元,由于第 6—20 年每年的营业收入不再变动,因此视为达到设计生产能力,投产后的前 1—5 年营业收入低于 4 500 万元,应为试产期阶段,则:

该项目试产期=5(年),达产期=15(年),运营期=试产期+达产期=5+15=20(年)

项目计算期＝建设期＋运营期＝2＋20＝22（年）

**3. 时间价值**

由于资金时间价值是财务管理的重要观念，在计算动态评价指标时，需要考虑资金的时间价值。

**4. 投资风险**

项目投资涉及的资金大，时间长，面临的不确定因素多，所以需要考虑风险因素。投资风险既可以通过调整项目净现金流量来反映，也可以通过修改折现率指标来反映。

本节先介绍测算投资项目各年净现金流量的技巧，然后结合动态评价指标的计算讨论如何确定折现率。

## 二、投资项目净现金流量的测算

（一）投资项目净现金流量概述

**1. 投资项目的净现金流量定义**

投资项目的净现金流量（又称现金净流量，记作 $NCF_t$）是指在整个项目计算期内由建设项目每年现金流入量（记作 $CI_t$）与每年现金流出量（记作 $CO_t$）之间的差额所形成的序列指标。其理论计算公式为

某年净现金流量＝该年现金流入量－该年现金流出量，即

$$NCF_t = CI_t - CO_t (t = 0, 1, 2, \cdots, n)$$

上式中，现金流入量（又称现金流入）是指在其他条件不变时能使现金存量增加的变动量，现金流出量（又称现金流出）是指在其他条件不变时能够使现金存量减少的变动量。

**2. 投资项目的净现金流量的内容**

建设项目现金流入量包括的主要内容有：营业收入、补贴收入、回收固定资产余值和回收流动资金等产出类财务可行性要素。

建设项目现金流出量包括的主要内容有：建设投资、流动资金投资、经营成本、维持运营投资、营业税金及附加和企业所得税等投入类财务可行性要素。

**3. 投资项目的净现金流量的特征**

由上述分析可知，净现金流量具有以下两个特征：第一，无论是在运营期内还是在建设期内都存在净现金流量的范畴；第二，由于项目计算期不同阶段上的现金流入量和现金流出量发生的可能性不同，使得各阶段上的净现金流量在数值上表现出不同的特点，如建设期内的净现金流量一般小于或等于零；在运营期内的净现金流量则多为正值。

净现金流量又包括所得税前净现金流量和所得税后净现金流量两种形式。前者不受筹资方案和所得税政策变化的影响，是全面反映投资项目方案本身财务获利能力的基础数据，计算时，现金流出量的内容中不考虑调整所得税因素；后者则将所得税视为现金流出，可用于评价在考虑所得税因素时项目投资对企业价值所作的贡献，可以在税前净现金流量的基础上，直接扣除调整所得税求得。

（二）确定建设项目净现金流量的方法

确定一般建设项目的净现金流量，可分别采用列表法和简化法两种方法。列表法是指通过编制现金流量表来确定项目净现金流量的方法，又称一般方法，这是无论在什么情况下都可

以采用的方法;简化法是指在特定条件下直接利用公式来确定项目净现金流量的方法,又称特殊方法或公式法。

1. 列表法

在项目投资决策中使用的现金流量表,是用于全面反映某投资项目在其未来项目计算期内每年的现金流入量和现金流出量的具体构成内容,以及净现金流量水平的分析报表。它与财务会计使用的现金流量表在具体用途、反映对象、时间特征、表格结构和信息属性等方面都存在较大差异。

项目可行性研究中使用的现金流量表包括"项目投资现金流量表"、"项目资本金现金流量表"和"投资各方现金流量表"等不同形式。本章主要介绍项目投资现金流量表的编制方法。

项目投资现金流量表要根据项目计算期内每年预计发生的具体现金流入量要素与同年现金流出量要素逐年编制。同时还要具体详细列示所得税前净现金流量、累计所得税前净现金流量、所得税后净现金流量和累计所得税后净现金流量,并要求根据所得税前后的净现金流量分别计算两套内部收益率、净现值和投资回收期等可行性评价指标。

【案例分析6-14】

根据【学习案例1】各投入类要素和产出类要素的估算结果,结合【学习案例2】中对建设投资和流动资金投资的金额和时间的具体安排,项目计算期内各年的净现金流量的测算结果见表6-13。

2. 简化法

除更新改造项目外,新建投资项目的净现金流量分建设期和运营期分别进行计算。

(1) 建设期净现金流量,可直接按以下简化公式计算:

$$\text{建设期某年净现金流量}(NCF_t) = -\text{该年原始投资额}$$
$$= -I_t \, (t = 0, 1, \cdots, s, s \geqslant 0)$$

上式中,$I_t$ 为第 $t$ 年原始投资额(包括建设投资和流动资金投资);$s$ 为建设期年数。

由上式可见,当建设期 $s$ 不为零时,建设期净现金流量的数量特征取决于其投资方式是分次还是一次性投入。

(2) 运营期所得税前净现金流量($NCF_t$),可按以下的简化公式计算:

$$\text{运营期某年所得税前净现金流量}(NCF_t) = \text{该年的息税前利润}(EBIT_t) + \text{该年折旧}(D_t)$$
$$+ \text{该年摊销额}(M_t) + \text{该年回收额}(R_t)$$
$$- \text{该年维持运营投资}(O_t) - \text{该年流动资金投资}(C_t)$$

(3) 运营期所得税后净现金流量($NCF_t'$)。

对新建项目而言,所得税因素不会影响建设期的净现金流量,只会影响运营期的净现金流量。运营期的所得税后净现金流量($NCF_t'$)可按以下简化公式计算:

$$\text{运营期某年所得税后净现金流量} = \text{该年所得税前净现金流量} - \left(\text{该年息税前利润} - \text{利息}\right) \times \text{所得税税率} = \text{该年所得税前净现金流量} - \text{调整所得税}$$
$$= NCF_t - (EBIT_t - I) \times T$$

上式中,$NCF_t$ 为第 $t$ 年的所得税前净现金流量,$I$ 为利息,$T$ 为适用的企业所得税税率。

# 表6-13 A公司投资项目现金流量表

单位：万元

| 项目计算期（第t年） | 建设期 | | | 运 营 期 | | | | | | | | 合计 |
|---|---|---|---|---|---|---|---|---|---|---|---|---|
| | 0 | 1 | 2 | 3 | 4 | 5 | 6 | 7 | 8 | 9 | … | 21 | 22 | |
| 1 现金流入量 | 0 | 0 | 713.73 | 2700 | 3000 | 3000 | 3000 | 3000 | 4500 | 4500 | | 4500 | 4968.73 | 82668.73 |
| 1.1 营业收入 | | | | 2700 | 3000 | 3000 | 3000 | 3000 | 4500 | 4500 | | 4500 | 4500 | 82200 |
| 1.2 补贴收入 | | | | | | | | | | | | | | 0 |
| 1.3 回收固定资产余值 | | | | | | | | | | | | | 168.73 | 168.73 |
| 1.4 回收流动资金 | | | | | | | | | | | | | 300 | 300 |
| 2 现金流出量 | 5000 | 1000 | 488.73 | 1235.76 | 1535.7 | 1535.7 | 1535.7 | 1535.7 | 2153.6 | 2153.6 | | 2153.55 | 2153.55 | 46395.54 |
| 2.1 建设投资 | 5000 | 1000 | | | | | | | | | | | | 6488.73 |
| 2.2 流动资金投资 | | | 225 | 75 | | | | | | | | | | 300 |
| 2.3 经营成本 | | | | 1127.1 | 1464.3 | 1464.3 | 1464.3 | 1464.3 | 2100 | 2100 | | 2100 | 2100 | 38627.1 |
| 2.4 营业税金及附加 | | | | 33.66 | 35.7 | 35.7 | 35.7 | 35.7 | 53.55 | 53.55 | | 53.55 | 53.55 | 979.71 |
| 2.5 维持运营投资 | | | | | | | | | | | | | | 0 |
| 3 所得税前净现金流量 | −5000 | −1000 | −713.7 | 1464.24 | 1464.3 | 1464.3 | 1464.3 | 1464.3 | 2346.5 | 2346.5 | | 2346.45 | 2815.18 | 36273.19 |
| 4 累计所得税前净现金流量 | −5000 | −6000 | −6714 | −5249.5 | −3785.19 | −2320.9 | −856.59 | 607.71 | 2954.2 | 5300.6 | | 33458.01 | 36273.19 | — |
| 5 调整所得税（25%） | | | | 267.31 | 259.83 | 259.83 | 259.83 | 259.83 | 499.11 | 499.11 | | 499.11 | 499.11 | 8793.28 |
| 6 所得税后净现金流量 | −5000 | −1000 | −713.7 | 1196.93 | 1204.47 | 1204.47 | 1204.47 | 1204.5 | 1847.3 | 1847.3 | | 1847.34 | 2316.07 | 27479.91 |
| 7 累计所得税后净现金流量 | −5000 | −6000 | −6714 | −5516.8 | −4312.33 | −3107.9 | −1903.4 | −698.9 | 1148.4 | 2995.8 | | 25163.84 | 27479.91 | — |

说明：

① 各年现金流入量＝营业收入＋补贴收入＋回收固定资产余值＋回收流动资金

在建设期内，现金流入量均为0；在运营期内，除了项目计算期的最后一期外，各年的现金流入量为营业收入和补贴收入；在项目计算期的最后一期，现金流入量不包括固定资产余值和垫支的流动资金的回收额。

② 各年现金流出量＝建设投资＋流动资金投资＋经营成本＋营业税金及附加

在建设期内，现金流出量包括建设投资和流动资金投资；在运营期内，现金流出量包括流动资金投资、维持运营投资以及营业税金及附加。

③ 某年的净现金流量＝该年现金流入量−该年现金流出量

**【案例分析 6-15】**

根据【学习案例 2】与案例分析【6-9】、【案例分析 6-11】相关数据,采用简化法计算的净现金流量如下:

① 建设期各年的净现金流量:

$NCF_0 = -5\,000(万元);\ NCF_1 = -1\,000(万元);\ NCF_2 = -(488.75+225) = -713.75(万元)$

② 运营期各年的所得税前的净现金流量:

投产后第1年所得税前的净现金流量($NCF_3$) = 该年的息税前利润 + 该年折旧 + 该年摊销额 + 该年回收额 - 该年维持运营投资 - 该年流动资金投资 = $1\,119.24 + 300 + (75+45) + 0 - 0 - 75 = 1\,464.24$(万元)

投产后第2—5年所得税前的净现金流量($NCF_{4\sim7}$) = $1\,089.3 + 300 + 75 + 0 - 0 - 0 = 1\,464.3$(万元)

投产后第6—19年所得税前的净现金流量($NCF_{8\sim21}$) = $2\,046.45 + 300 + 0 + 0 - 0 - 0 = 2\,346.45$(万元)

投产后第20年所得税前的净现金流量($NCF_{22}$) = $2\,046.45 + 300 + 0 + (168.73+300) - 0 - 0 = 2\,815.18$(万元)

③ 运营期各年的所得税后的净现金流量:

投产后第1年所得税后的净现金流量($NCF'_3$) = 该年所得税前净现金流量 - (该年息税前利润 - 利息) × 所得税税率 = 该年所得税前净现金流量 - 调整所得税 = $NCF_3 - (EBIT_3 - I) \times T = 1\,464.24 - (1\,119.24 - 50) \times 25\% = 1\,464.24 - 267.31 = 1\,196.93$(万元)

投产后第2—5年所得税后的净现金流量($NCF'_{4\sim7}$) = $1\,464.3 - (1\,089.34 - 50) \times 25\%$
$= 1\,464.3 - 259.83 = 1\,204.47$(万元)

投产后第6—19年所得税后的净现金流量($NCF'_{8\sim21}$) = $2\,346.45 - (2\,046.45 - 50) \times 25\%$
$= 2\,346.45 - 499.11 = 1\,847.34$(万元)

投产后第20年所得税后的净现金流量($NCF'_{22}$) = $2\,815.18 - (2\,046.45 - 50) \times 25\%$
$= 2\,815.18 - 499.11 = 2\,316.07$(万元)

(三) 单纯固定资产投资项目净现金流量的确定方法

如果某投资项目的原始投资中,只涉及形成固定资产的费用,而不涉及形成无形资产的费用、形成其他资产的费用或流动资产投资,甚至连预备费也可以不予考虑,则该项目就属于单纯固定资产投资项目。

从这类项目所得税前净现金流量的内容看,仅涉及建设期增加的固定资产投资和终结点发生的固定资产余值,在运营期发生的因使用该固定资产而增加的营业收入、增加(或节约)的经营成本、增加的营业税金及附加,这些因素集中表现为运营期息税前利润的变动和折旧的变动。因此,估算该类项目的净现金流量可直接应用以下公式:

1. 建设期净现金流量:

建设期某年的净现金流量 = -该年发生的固定资产投资额

2. 运营期净现金流量:

运营期某年所得税前净现金流量 = 该年因使用该固定资产新增的息税前利润 + 该年因使用该固定资产新增的折旧 + 该年回收的固定资产净残值

$$\begin{matrix}\text{运营期某年所得}\\ \text{税后净现金流量}\end{matrix} = \begin{matrix}\text{运营期某年所得}\\ \text{税前净现金流量}\end{matrix} - \left(\begin{matrix}\text{该年因使用该固定资}\\ \text{产新增的息税前利润}\end{matrix} - \text{利息}\right) \times \begin{matrix}\text{所得税}\\ \text{税 率}\end{matrix}$$

**【案例分析 6-16】**

B 企业拟购建一项固定资产,需在建设起点一次投入全部资金 1 080 万元,建设期为 1 年。固定资产的预计使用寿命 10 年,期末有 100 万元净残值,按直线法折旧。预计投产后每年可使企业新增 100 万元息税前利润。适用的企业所得税税率为 25%。建设期资本化利息为 20 万元,运营期每年利息支出为 10 万元。根据上述资料,估算该项目各项指标如下:

(1) 项目计算期 = 1 + 10 = 11(年)

(2) 固定资产原值 = 原始投资 + 资本化利息 = 1 080 + 20 = 1 100 万元,每年的折旧额为:

$$\text{投产后第 1—10 年每年的折旧额} = \frac{1\,100 - 100}{10} = 100(\text{万元})$$

(3) 每年净现金流量的指标:

① 建设期净现金流量:

$$NCF_0 = -1\,100 \text{ 万元}$$
$$NCF_1 = 0 \text{ 万元}$$

② 运营期所得税前净现金流量:

$$NCF_{2-10} = \text{息税前利润} + \text{折旧} + \text{回收额} = 100 + 100 + 0 = 200(\text{万元})$$
$$NCF_{11} = 100 + 100 + 100 = 300(\text{万元})$$

③ 运营期所得税后净现金流量:

$$NCF'_{2-10} = 200 - (100 - 10) \times 25\% = 177.5(\text{万元})$$
$$NCF'_{11} = 300 - (100 - 10) \times 25\% = 277.5(\text{万元})$$

## 三、静态评价指标的计算及特征

(一) 静态投资回收期

静态投资回收期(简称回收期),是指以投资项目经营净现金流量抵偿原始投资所需要的全部时间。它有"包括建设期的投资回收期($PP$)"和"不包括建设期的投资回收期($PP'$)"两种形式。确定静态投资回收期指标可分别采用列表法和公式法。

1. 列表法

所谓列表法,是指通过列表计算"累计净现金流量"的方式,来确定包括建设期的投资回收期,进而再推算出不包括建设期的投资回收期的方法。因为不论在什么情况下,都可以通过这种方法来确定静态投资回收期,所以此法又称为一般方法。

该法的原理是:按照回收期的定义,包括建设期的投资回收期满足以下关系式,即

$$\sum_{t=0}^{PP} NCF_t = 0$$

这表明在财务现金流量表的"累计净现金流量"一栏中,包括建设期的投资回收期 $PP$ 恰

好是累计净现金流量为零的年限。

$$\begin{aligned}\text{包括建设期的} \\ \text{投资回收期}(PP)\end{aligned} = \begin{aligned}\text{最后一项为负值的累计} \\ \text{净现金流量对应的年数}\end{aligned} + \begin{aligned}\text{最后一项为负值的累计} \\ \text{净现金流量绝对值}\end{aligned} \div \begin{aligned}\text{下年度净} \\ \text{现金流量}\end{aligned}$$

$$\text{或} = \begin{aligned}\text{累计净现金流量第一} \\ \text{次出现正值的年份}\end{aligned} - 1 + \begin{aligned}\text{该年初尚未回} \\ \text{收的投资}\end{aligned} \div \begin{aligned}\text{该年净} \\ \text{现金流量}\end{aligned}$$

【案例分析 6-17】

根据【案例分析 6-14】的 A 公司净现金流量计算表(见表 6-13)中各年的累计所得税前的净现金流量资料可知,最后一项为负值的累计净现金流量对应的年数为第 6 年,其累计净现金流量绝对值为 856.59 万元,表示项目尚未收回的投资,需要从第 7 年产生的所得税前的净现金流量 1 464.3 万元中收回,则:

$$\text{包括建设期的投资回收期}\ PP = 6 + \frac{|-856.59|}{1\ 464.3} \approx 6.58(\text{年})$$

$$\text{不包括建设期的投资回收期}\ PP' = 6.58 - 2 = 4.58(\text{年})$$

同理,可以计算出所得税后的投资回收期指标分别为 7.38 年和 5.38 年。

静态投资回收期的优点是能够直观地反映原始总投资的返本期限,便于理解,计算也比较简单,可以直接利用回收期之前的净现金流量信息。缺点是没有考虑资金时间价值因素和回收期满后继续发生的现金流量,不能正确反映投资方式不同对项目的影响。

只有静态投资回收期指标小于或等于基准投资回收期的投资项目才具有财务可行性。

2. 公式法

公式法又称为简化方法。如果某一项目运营期内前若干年(假定为 $s+1$—$s+m$ 年,共 $m$ 年)每年净现金流量相等,且其合计大于或等于原始投资额,可按以下简化公式直接求出不包括建设期的投资回收期:

$$\text{不包括建设期的投资回收期}(PP') = \frac{\text{原始投资合计}}{\text{投产后前若干年每年相等的净现金流量}}$$

$$= \frac{\sum_{t=0}^{s} I_t}{NCF_{(s+1)-(s+m)}}$$

包括建设期的投资回收期$(PP)$ = 不包括建设期的投资回收期$(PP')$ + 建设期$(s)$

【案例分析 6-18】

某投资项目的所得税前净现金流量如下:$NCF_0$ 为 $-1\ 000$ 万元,$NCF_1$ 为 0 万元,运营期 $NCF_{2-10}$ 为 200 万元,$NCF_{11}$ 为 300 万元,根据上述资料,计算静态投资回收期如下:

建设期 $s=1$ 年,投产后运营期 2—10 年净现金流量相等,均为 200 万元,共计 1 800 万元,大于原始投资额 1 000 万元,所以,可以使用简化公式计算静态投资回收期。

不包括建设期的投资回收期 $PP' = 1\ 000/200 = 5(\text{年})$

包括建设期的投资回收期 $PP = PP' + s = 5 + 1 = 6(\text{年})$

## (二) 总投资收益率

总投资收益率(ROI)，又称投资报酬率，是指达产期正常年份的年息税前利润或运营期年均息税前利润占投资总额的百分比。其计算公式为

$$总投资收益率(ROI) = 年息税前利润或年均息税前利润 / 项目总投资 \times 100\%$$

**【案例分析 6-19】**

在【案例分析 6-8】已经计算出 A 公司新建项目的项目总投资为 6 888.73 万元，在【案例分析 6-11】中计算出 A 公司新项目运营期第 1 年的息税前利润为 1 119.24 万元，第 2—5 年每年的息税前利润为 1 089.3 万元，第 6—20 年的息税前利润为 2 046.45 万元，则运营期年均息税前利润＝(1 119.24＋1 089.3×4＋2 046.45×15)/20＝1 808.66(万元)。

$$总投资收益率(ROI) = 1\,808.66 / 6\,888.73 \times 100\% = 26.26\%$$

总投资收益率的优点是计算公式简单；缺点是没有考虑资金时间价值因素，不能正确反映建设期长短及投资方式不同和回收额的有无等条件对项目的影响，分子、分母的计算口径的可比性较差，无法直接利用净现金流量信息。

只有总投资收益率指标大于或等于基准总投资收益率指标的投资项目才具有财务可行性。

## 四、动态评价指标的计算及特征

### (一) 折现率的确定

在财务可行性评价中，折现率(记作 $i_c$)是指计算动态评价指标所依据的一个重要参数，财务可行性评价中的折现率可以按以下方法确定：

第一，以拟投资项目所在行业(而不是单个投资项目)的权益资本必要收益率作为折现率，适用于资金来源单一的项目；第二，以拟投资项目所在行业(而不是单个投资项目)的加权平均资金成本作为折现率，适用于相关数据齐备的行业；第三，以社会的投资机会成本作为折现率，适用于已经持有投资所需资金的项目；第四，以国家或行业主管部门定期发布的行业基准资金收益率作为折现率，适用于投资项目的财务可行性研究和建设项目评估中的净现值和净现值率指标的计算；第五，完全人为主观确定折现率，适用于按逐次测试法计算内部收益率指标。本章中所使用的折现率，以第四种方法或第五种方法确定。

### (二) 净现值

净现值(记作 NPV)，是指在项目计算期内，按设定折现率或基准收益率计算的各年净现金流量现值的代数和。其理论计算公式为

$$净现值\ NPV = \sum_{t=0}^{n}(第\ t\ 年的净现金流量 \times 第\ t\ 年的复利现值系数)$$

计算净现值指标可以通过一般方法、特殊方法以及插入函数法三种方法来完成。

1. 净现值指标计算的一般方法

具体包括公式法和列表法两种形式。

(1) 公式法。本法是指根据净现值的定义，直接利用理论计算公式来完成该指标计算的方法。

$$净现值(NPV) = NCF_0 + NCF_1 \times (P/F, i_c, 1) + NCF_2 \times (P/F, i_c, 2)$$
$$+ \cdots\cdots + NCF_n \times (P/F, i_c, n)$$

### 【案例分析 6-20】

根据【案例分析 6-15】项目净现金流量的计算结果可知：

$NCF_0 = -5\,000(万元)$；$NCF_1 = -1\,000(万元)$；$NCF_2 = -713.75(万元)$；$NCF_3 = 1\,464.24(万元)$；$NCF_{4\sim7} = 1\,464.3(万元)$；$NCF_{8\sim21} = 2\,346.45(万元)$；$NCF_{22} = 2\,815.18(万元)$。

因为已知该项目的基准折现率为 10%，则：

净现值$(NPV) = -5\,000 - 1\,000 \times (P/F, 10\%, 1) - 713.75 \times (P/F, 10\%, 2) + 1\,464.24 \times (P/F, 10\%, 2) \cdots\cdots + 2\,815.18 \times (P/F, 10\%, 22) = 7\,304.05(万元)$

(2) 列表法。本法是指通过在现金流量表上计算净现值指标的方法。即在现金流量表上，根据已知的各年净现金流量，分别乘以各年的复利现值系数，从而计算出各年折现的净现金流量，最后求出项目计算期内折现的净现金流量的代数和，就是所求的净现值指标。

根据 A 公司每年净现金流量资料(见表 6-13)，可以编制净现值计算表，见表 6-14。

由表 6-14 的数据可知，该项目折现的净现金流量合计数即净现值为 7 304.05 万元，与公式法的计算结果相同。

2. 净现值指标计算的特殊方法

本法是指在特殊条件下，当项目投产后净现金流量表现为普通年金或递延年金时，可以利用计算年金现值或递延年金现值的技巧直接计算出项目净现值的方法，又称简化方法。

由于项目各年的净现金流量 $NCF_t(t=0, 1, \cdots, n)$ 属于系列款项，所以当项目的全部原始投资均于建设期投入，运营期不再追加投资，投产后的净现金流量表现为普通年金或递延年金的形式时，就可视情况不同分别按不同的简化公式计算净现值指标。

### 【案例分析 6-21】

某投资项目的所得税前净现金流量如下：$NCF_0$ 为 $-100$ 万元，$NCF_{1\sim10}$ 为 20 万元；假定该项目的基准折现率为 10%。则按照简化方法计算的该项目的净现值(所得税前)如下：

$$NPV = -100 + 20 \times (P/A, 10\%, 10) = 22.891\,4 \approx 22.89(万元)$$

### 【案例分析 6-22】

某投资项目的所得税前净现金流量如下：$NCF_0$ 为 $-100$ 万元，$NCF_{1\sim9}$ 为 19 万元，$NCF_{10}$ 为 29 万元；假定该项目的基准折现率为 10%。则按照简化方法计算该项目的净现值(所得税前)如下：

$$NPV = -100 + 19 \times (P/A, 10\%, 9) + 29 \times (P/F, 10\%, 10)$$
$$或 = -100 + 19 \times (P/A, 10\%, 10) + 10 \times (P/F, 10\%, 10)$$
$$= 20.606\,2 \approx 20.60(万元)$$

表 6-14 净现值计算表

| 项目计算期（第 t 年） | 建设期 | | | 运营期 | | | | | | | | |
|---|---|---|---|---|---|---|---|---|---|---|---|---|
| | 0 | 1 | 2 | 3 | 4 | 5 | 6 | 7 | 8 | 9 | … | 21 | 22 |
| 所得税前净现金流量 | −5 000 | −1 000 | −713.7 | 1 464.24 | 1 464.3 | 1 464.3 | 1 464.3 | 1 464.3 | 2 346.5 | 2 346.5 | | 2 346.45 | 2 815.18 |
| 现值系数(10%) | 1 | 0.909 1 | 0.826 4 | 0.751 3 | 0.683 | 0.620 9 | 0.564 5 | 0.513 2 | 0.466 5 | 0.424 1 | | 0.135 1 | 0.122 8 |
| 所得税前净现金流量现值 | −5 000.00 | −909.10 | −589.83 | 1 100.08 | 1 000.12 | 909.18 | 826.60 | 751.48 | 1 094.64 | 995.15 | | 317.01 | 345.70 |
| 净现值 | 7 304.05 | | | | | | | | | | | | |

**【案例分析 6-23】**

某项目的所得税前净现金流量数据如下：$NCF_0$ 为 $-100$ 万元，$NCF_1$ 为 $0$ 万元，$NCF_{2-11}$ 为 $20$ 万元；假定该项目的基准折现率为 $10\%$。则按简化方法计算的该项目净现值（所得税前）如下：

$$NPV = -100 + 20 \times [(P/A, 10\%, 11) - (P/A, 10\%, 1)]$$
$$或 = 100 + 20 \times (P/A, 10\%, 10) \times (P/F, 10\%, 1)$$
$$= 11.7194 \approx 11.72（万元）$$

**【案例分析 6-24】**

某项目的所得税前净现金流量数据如下：$NCF_{0-1}$ 为 $-50$ 万元，$NCF_{2-11}$ 为 $20$ 万元；假定该项目的基准折现率为 $10\%$。则按简化方法计算的该项目净现值（所得税前）如下：

$$NPV = -50 - 50 \times (P/F, 10\%, 1) + 20 \times [(P/A, 10\%, 11) - (P/A, 10\%, 1)]$$
$$= 16.2648 \approx 16.26（万元）$$

**3. 净现值指标计算的插入函数法**

本法是指在 Excel 环境下，通过插入财务函数"NPV"，并根据计算机系统的提示正确地输入已知的基准折现率和电子表格中的净现金流量，来直接求得净现值指标的方法。

本法的应用程序如下：

（1）将已知的各年净现金流量的数值输入 Excel 电子表格的任意一行。

（2）在该电子表格的另外一个单元格中插入财务函数 NPV，并根据该函数的提示在参数 rate 栏中输入折现率 $i_c$ 的具体数值，在参数 value1 中选定 Excel 电子表格 $NCF_1$ 至 $NCF_n$ 的单元格，单击确定，并将该函数的表达式修改为

$$"= NPV(i_c, NCF_1:NCF_n) + NCF_0"$$

上式中的 $i_c$ 为已知的数据；$NCF_1$ 为第 1 期净现金流量所在的单元格参数；$NCF_n$ 为最后一期净现金流量所在的单元格参数；$NCF_0$ 为第 0 期净现金流量所在的单元格参数。

（3）回车，NPV 函数所在单元格显示的数值即为所求的净现值。

此方法具体操作见【案例分析 6-29】。

在上述介绍的各种计算方法中，按公式法展开式计算其过程太麻烦，列表法相对要简单一些；特殊方法虽然比一般方法简单，但要求的前提条件比较苛刻，需要记忆的公式也比较多；在计算机环境下，插入函数法最为省事，而且计算精确度最高，是实务中应当首选的方法。

净现值指标的优点是综合考虑了资金时间价值、项目计算期内的全部净现金流量信息和投资风险；缺点在于：无法从动态的角度直接反映投资项目的实际收益率水平，与静态投资回收期指标相比，计算过程比较繁琐。

只有净现值指标大于或等于零的投资项目才具有财务可行性。

**（三）净现值率**

净现值率（记作 NPVR），是指投资项目的净现值占原始投资现值总和的比率，亦可将其理解为单位原始投资的现值所创造的净现值。

净现值率的计算公式为

净现值率(NPVR) = 项目的净现值/原始投资的现值合计 × 100%

**【案例分析 6-25】**

根据【案例分析 6-20】中计算结果可知 A 公司净现值计为 7 304.05 万元,而项目原始投资的情况见表 6-15。

表 6-15　原始投资情况表

| 原始投资时间($t$) | 0 | 1 | 2 | 3 | 备注 |
|---|---|---|---|---|---|
| 原始投资(万元) | 5 000 | 1 000 | 713.73 | 75 | =建设投资+流动资金投资 |
| 建设投资(万元) | 5 000 | 1 000 | 488.73 | | |
| 流动资金投资(万元) | | | 225 | 75 | |
| 现值系数(10%) | 1 | 0.909 1 | 0.826 4 | 0.751 3 | |
| 原始投资现值 | 5 000 | 909.10 | 589.83 | 56.35 | 原始投资现值合计：6 555.27 |

净现值率(NPVR) = 7 304.05/6 555.27 × 100% = 111.42%

净现值率的优点是可以从动态的角度反映项目投资的资金投入与净产出之间的关系,计算过程比较简单;缺点是无法直接反映投资项目的实际收益率。

只有该指标大于或等于零的投资项目才具有财务可行性。

(四) 内部收益率

内部收益率(记作 $IRR$),是指项目投资实际可望达到的收益率。实质上,它是能使项目的净现值等于零时的折现率。$IRR$ 满足下列等式：

$$\sum_{t=0}^{n}[NCF \times (P/F, IRR, t)] = 0$$

计算内部收益率指标可以通过特殊方法、一般方法和插入函数法三种方法来完成。

1. 内部收益率指标计算的特殊方法

该法是指当项目投产后的净现金流量表现为普通年金的形式时,可以直接利用年金现值系数计算内部收益率的方法,又称为简便算法。

该法所要求的充分而必要的条件是：项目的全部投资均于建设起点一次投入,建设期为零,建设起点第 0 期净现金流量等于全部原始投资的负值,即 $NCF_0 = -I$;投产后每年净现金流量相等,第 1 至第 $n$ 期每期净现金流量取得了普通年金的形式。

应用本法的条件十分苛刻,只有当项目投产后的净现金流量表现为普通年金的形式时才可以直接利用年金现值系数计算内部收益率,在此法下,内部收益率 $IRR$ 可按下式确定：

$$(P/A, IRR, n) = \frac{I}{NCF}$$

上式中,$I$ 为在建设起点一次投入的原始投资;$(P/A, IRR, n)$ 是 $n$ 期、设定折现率为 $IRR$ 的年金现值系数;$NCF$ 为投产后 1—$n$ 年每年相等的净现金流量($NCF_1 = NCF_2 = \cdots = NCF_n = NCF$,$NCF$ 为一常数,$NCF \geq 0$)。

特殊方法的具体程序如下：

(1) 按上式计算 $(P/A, IRR, n)$ 的值，假定该值为 $C$，则 $C$ 值必然等于该方案不包括建设期的回收期；

(2) 根据计算出来的年金现值系数 $C$，查 $n$ 年的年金现值系数表；

(3) 若在 $n$ 年系数表上恰好能找到等于上述数值 $C$ 的年金现值系数 $(P/A, r, n)$，则该系数所对应的折现率 $r$ 即为所求的内部收益率 $IRR$；

(4) 若在系数表上找不到事先计算出来的系数值 $C$，则需要找到系数表上同期略大及略小于该数值的两个临界值 $C_m$ 和 $C_{m+1}$ 及相对应的两个折现率 $r_m$ 和 $r_{m+1}$，然后应用内插法计算近似的内部收益率。即，如果以下关系成立：

$$(P/A, r_m, n) = C_m > C \quad (P/A, r_{m+1}, n) = C_{m+1} < C$$

就可按下列具体公式计算内部收益率 $IRR$：

$$IRR = r_m + \frac{C - C_m}{C_{m+1} - C_m}(r_{m+1} - r_m)$$

为缩小误差，按照有关规定，$r_m$ 与 $r_{m+1}$ 之间的差不得大于 5%。

【案例分析 6-26】

某投资项目在建设起点一次性投资 254 580 元，当年完工并投产，投产后每年可获净现金流量 50 000 元，运营期为 15 年。

根据上述资料，判断并用特殊方法计算该项目的内部收益率如下：

(1) 因为：$NCF_0 = -254\,580$，$NCF = 50\,000$，

所以，此题可采用特殊方法。

(2) 计算折现率为 $IRR$，期数为 15 的年金现值系数 $(P/A, IRR, 15) = 254\,580/50\,000 = 5.091\,6$

查 15 年的年金现值系数表：

因为：$(P/A, 18\%, 15) = 5.091\,6$，所以：$IRR = 18\%$。

【案例分析 6-27】

某投资项目的所得税前净现金流量如下：$NCF_0$ 为 $-100$ 万元，$NCF_{1-10}$ 为 20 万元。根据上述资料，可用特殊方法计算内部收益率如下：

$$(P/A, IRR, 10) = 100/20 = 5.000\,0$$

查 10 年的年金现值系数表：

因为：$(P/A, 14\%, 10) = 5.216\,1 > 5.000\,0$

$(P/A, 16\%, 10) = 4.833\,2 < 5.000\,0$

所以：$14\% < IRR < 16\%$，应用内插法：

$$IRR = 14\% + \frac{5.000\,0 - 5.216\,1}{4.833\,2 - 5.216\,1} \times (16\% - 14\%) \approx 15.13\%$$

## 2. 内部收益率指标计算的一般方法

该法是指通过计算项目不同设定折现率的净现值,然后根据内部收益率的定义所揭示的净现值与设定折现率的关系,采用一定技巧,最终设法找到能使净现值等于零的折现率——内部收益率 IRR 的方法,又称为逐次测试逼近法(简称逐次测试法)。若项目不符合直接应用简便算法的条件,必须按此法计算内部收益率。

一般方法的具体应用步骤如下:

(1)先预估一个贴现率,并按此贴现率计算净现值。如果结果大于零,说明估计的贴现率偏小,应提高贴现率再次试算;如果结果小于零,说明估计的贴现率偏大,应降低贴现率再次测算。经过多次测算,找到一正一负两个最接近于零的净现值及其对应的贴现率。

(2)根据上述两个邻近的贴现率再用内插法,计算出方案的实际内部收益率。

### 【案例分析 6-28】

某投资项目只能用一般方法计算内部收益率。按照逐次测试逼近法的要求,自行设定折现率并计算净现值,据此判断调整折现率。经过 5 次测试,得到表 6-16 中所示的数据(计算过程略)。

表 6-16 逐次测试逼近法数据资料

单位:万元

| 测试次数 | 设定折现率 | 净现值 |
| --- | --- | --- |
| 1 | 10% | 918.383 9 |
| 2 | 30% | −192.799 1 |
| 3 | 20% | 217.312 8 |
| 4 | 24% | 39.317 7 |
| 5 | 26% | −30.190 7 |

计算该项目的内部收益率 IRR 的步骤如下:

因为净现值 39.317 7 和 −30.190 7 是最接近 0 的两个正负值,因此,所求的 IRR 介于其所对应的折现率 24% 和 26% 之间。用内插法可以求得 IRR。

$$IRR = 24\% + \frac{0 - 39.317\ 7}{-30.190\ 7 - 39.317\ 7} \times (26\% - 24\%) \approx 25.13\%$$

上面介绍的计算内部收益率的两种方法中,都涉及内插法的应用技巧,尽管具体应用条件不同,公式也存在差别,但该法的基本原理是一致的,即假定自变量在较小变动区间内,它与因变量之间的关系可以用线性模型来表示,因而可以采取近似计算的方法进行处理。

## 3. 内部收益率指标计算的插入函数法

本法是指在 Excel 环境下,通过插入财务函数"IRR",并根据计算机系统的提示正确地输入已知的电子表格中的净现金流量,来直接求得内部收益率指标的方法。

本法的应用程序如下:

(1)将已知的各年净现金流量 $NCF_0$—$NCF_n$ 的数值输入 Excel 电子表格的任意一行。

(2)在该电子表格的另外一个单元格中插入财务函数 IRR,输入净现金流量 NCF 参数,其函数的表达式为:"$=IRR(NCF_0:NCF_n)$"。

(3) 回车，IRR 函数所在单元格显示的数值即为所求的内部收益率。

此方法具体操作见【案例分析 6-29】。

内部收益率的优点是既可以从动态的角度直接反映投资项目的实际收益率水平，又不受基准收益率高低的影响，比较客观。缺点是计算过程复杂，尤其当运营期内大量追加投资时，有可能导致多个内部收益率出现，或偏高或偏低，缺乏实际意义。

只有当该指标大于或等于基准折现率的投资项目才具有财务可行性。

(五) 动态指标之间的关系

净现值 NPV、净现值率 NPVR 和内部收益率 IRR 指标之间存在以下数量关系，即

当 $NPV > 0$ 时，$NPVR > 0$，$IRR > i_c$；

当 $NPV = 0$ 时，$NPVR = 0$，$IRR = i_c$；

当 $NPV < 0$ 时，$NPVR < 0$，$IRR < i_c$。

此外，净现值率 NPVR 的计算需要在已知净现值 NPV 的基础上进行，内部收益率 IRR 在计算时也需要利用净现值 NPV 的计算技巧。这些指标都会受到建设期的长短、投资方式，以及各年净现金流量的数量特征的影响。所不同的是 NPV 为绝对量指标，其余为相对数指标，计算净现值 NPV 和净现值率 NPVR 所依据的折现率都是事先已知的 $i_c$，而内部收益率 IRR 的计算本身与 $i_c$ 的高低无关。

## 五、运用相关指标评价投资项目的财务可行性

财务可行性评价指标的首要功能，就是用于评价某个具体的投资项目是否具有财务可行性。在投资决策的实践中，必须对所有已经具备技术可行性的投资备选方案进行财务可行性评价。不能全面掌握某一具体方案的各项评价指标，或者所掌握的评价指标的质量失真，都无法完成投资决策的任务。

(一) 判断方案完全具备财务可行性的条件

如果某一投资方案的所有评价指标均处于可行区间，即同时满足以下条件时，则可以断定该投资方案无论从哪个方面看都具备财务可行性，或完全具备可行性。这些条件是：

(1) 净现值 $NPV \geqslant 0$；(2) 净现值率 $NPVR \geqslant 0$；(3) 内部收益率 $IRR \geqslant$ 基准折现率 $i_c$；(4) 包括建设期的静态投资回收期 $PP \leqslant \dfrac{n}{2}$（即项目计算期的一半）；(5) 不包括建设期的静态投资回收期 $PP' \leqslant \dfrac{P}{2}$（即运营期的一半）；(6) 总投资收益率 $ROI \geqslant$ 基准总投资收益率 $i$（事先给定）。

(二) 判断方案完全不具备财务可行性的条件

如果某一投资项目的评价指标均处于不可行区间，即同时满足以下条件时，则可以断定该投资项目无论从哪个方面看都不具备财务可行性，或完全不具备可行性，应当彻底放弃该投资方案。这些条件是：

(1) $NPV < 0$；(2) $NPVR < 0$；(3) $IRR < i_c$；(4) $PP > \dfrac{n}{2}$；(5) $PP' > \dfrac{P}{2}$；(6) $ROI < i$。

(三) 判断方案基本具备财务可行性的条件

如果在评价过程中发现某项目的主要指标处于可行区间（如 $NPV \geqslant 0$，$NPVR \geqslant 0$，

$IRR \geq i_c$),但次要或辅助指标处于不可行区间(如 $PP > \frac{n}{2}$,$PP' > \frac{P}{2}$ 或 $ROI < i$),则可以断定该项目基本上具有财务可行性。

**(四)判断方案基本不具备财务可行性的条件**

如果在评价过程中发现某项目出现 $NPV < 0$、$NPVR < 0$、$IRR < i_c$ 的情况,即使有 $PP \leq \frac{n}{2}$,$PP' \leq \frac{P}{2}$ 或 $ROI > i$ 发生,也可断定该项目基本上不具有财务可行性。

**(五)其他应当注意的问题**

在对投资方案进行财务可行性评价过程中,除了要熟练掌握和运用上述判定条件外,还必须明确以下两点:

第一,主要评价指标在评价财务可行性的过程中起主导作用。

在对独立项目进行财务可行性评价和投资决策的过程中,当静态投资回收期(次要指标)或总投资收益率(辅助指标)的评价结论与净现值等主要指标的评价结论发生矛盾时,应当以主要指标的结论为准。

第二,利用动态指标对同一个投资项目进行评价和决策,会得出完全相同的结论。

在对同一个投资项目进行财务可行性评价时,净现值、净现值率和内部收益率指标的评价结论是一致的。

【案例分析6-29】

根据【学习案例1】和【学习案例2】,利用Excel表格对A公司的现金流量和财务可行性指标进行计算(如图6-2所示)。

图6-2 现金流量及财务可行性指标测算

评价结论：因为该项目各项主要评价指标均达到或超过相应标准，所以完全具有财务可行性，A 公司可实施该项投资。

## 任务 6 - 4　项目投资决策方法及应用

**【引导案例】**

#### 如何选择投资方案？

维美公司对拟建新厂编制了三套方案，通过计算分析，方案一投资额 1 000 万元，项目期 10 年，净现值 200 万元；方案二投资额 1 200 万元，项目期 11 年，净现值 300 万元；方案三投资额 900 万元，项目期 9 年，净现值 -100 万元，那么，维美公司应该选择哪个方案来实施呢？

**【任务 6 - 4 学习目标】**

1. 理解投资方案及类型，理解财务可行性评价与项目投资决策的关系。
2. 掌握项目投资决策的主要方法。
3. 运用 Excel 进行固定资产更新以及购买或租赁固定资产的决策。

### 一、投资方案及其类型

前已述及，投资项目是指投资的客体，即资金投入的具体对象。譬如建设一条机器生产线或购置一台机器，就属于不同的投资项目，前者属于新建项目，后者属于单纯固定资产投资项目。

同一个投资项目完全可以采取不同的技术路线和运作手段来实现。如新建一个投资项目，其投资规模可大可小，建设期有长有短，建设方式可分别采取自营方式和出包方式。这些具体的选择最终要通过规划不同的投资方案来体现。投资方案就是基于投资项目要达到的目标而形成的有关具体投资的设想与时间安排，或者说是未来投资行动的预案。一个投资项目可以只安排一个投资方案，也可以设计多个可供选择的方案。

据投资项目中投资方案的数量，可将投资方案分为单一方案和多个方案；根据方案之间的关系，可以分为独立方案、互斥方案和组合或排队方案等。

所谓独立方案是指在决策过程，一组互相分离、互不排斥的方案或单一的方案。

在独立方案中，选择某一方案并不排斥选择另一方案。就一组完全独立的方案而言，其存在的前提条件是：(1) 投资资金来源无限制；(2) 投资资金无优先使用的排列；(3) 各投资方案所需的人力、物力均能得到满足；(4) 不考虑地区、行业之间的相互关系及其影响；(5) 每一投资方案是否可行，仅取决于本方案的经济效益，与其他方案无关。符合上述前提条件的方案即为独立方案。例如，某企业拟进行几项投资活动，这一组投资方案有：新建一条生产线；购置一辆运输汽车；新建办公楼等。这一组投资方案中各个方案之间没有什么关联，互相独立，并不存在相互比较和选择的问题。企业既可以全部不接受，也可以接受其中一个、接受多个或全部接受。

互斥方案是指互相关联、互相排斥的方案，即一组方案中的各个方案彼此可以相互代替，采纳方案组中的某一方案，就会自动排斥这组方案中的其他方案。因此，互斥方案具有排他性。例如,某企业拟投资增加一条生产线(购置设备),既可以自行生产制造,也可以向国内其他厂家订购,还可以向某外商订货,这一组设备购置方案即为互斥方案,因为在这三个方案中,只能选择其中一个方案。

## 二、财务可行性评价与项目投资决策的关系

开展财务可行性评价,就是围绕某一个投资方案而开展的评价工作,其结果是作出该方案是否具备(完全具备、基本具备、完全不具备或基本不具备)财务可行性的结论。而投资决策就是通过比较,从可供选择的备选方案中选择一个或一组最优方案的过程,其结果是从多个方案中作出了最终的选择。因此,在时间顺序上,可行性评价在先,比较选择决策在后。这种关系在不同类型的方案之间表现不完全一致。

### (一) 评价每个方案的财务可行性是开展互斥方案投资决策的前提

对互斥方案而言,评价每一方案的财务可行性,不等于最终的投资决策,但它是进一步开展各方案之间比较决策的重要前提,因为只有完全具备或基本具备财务可行性的方案,才有资格进入最终决策;完全不具备或基本不具备财务可行性的方案,不能进入下一轮比较选择。已经具备财务可行性,并进入最终决策程序的互斥方案也不能保证在多方案比较决策中被最终选定,因为还要进行下一轮淘汰筛选。

### (二) 独立方案的可行性评价与其投资决策是完全一致的行为

对于独立方案而言,评价其财务可行性的过程也就是对其作出最终决策的过程,所以,人们很容易将财务可行性评价完全等同于投资决策,如果是独立方案,这样理解也正确,但如果是互斥方案,那这样理解就错了。

其实独立方案也存在"先评价可行性,后比较选择决策"的问题,因为每个单一的独立方案,也存在着"接受"或"拒绝"的选择。只有完全具备或基本具备财务可行性的方案,才可以被接受;完全不具备或基本不具备财务可行性的方案,只能选择"拒绝",从而"拒绝"本身也是一种方案,一般称之为零方案。因此,任何一个独立方案都要与零方案进行比较决策。

## 三、项目投资决策的主要方法

投资决策方法,是指利用特定财务可行性评价指标作为决策标准或依据,对多个互斥方案作出最终决策的方法。

许多人将财务可行性评价指标的计算方法等同于投资决策的方法,这是完全错误的。事实上,在投资决策方法中,从来就不存在所谓的投资回收期法和内部收益率法。

投资决策的主要方法包括净现值法、净现值率法、差额投资内部收益率法、年等额净回收额法和计算期统一法等具体方法。

### (一) 净现值法

所谓净现值法,是指通过比较所有已具备财务可行性投资方案的净现值指标的大小来选择最优方案的方法。该法适用于原始投资相同且项目计算期相等的多方案比较决策。在此法下,净现值最大的方案为优。

【案例分析 6-30】

某投资项目需要原始投资 1 000 万元,有 A 和 B 两个互相排斥,但项目计算期相同的备选

方案可供选择,各方案的净现值指标分别为 228.91 万元和 206.02 万元。根据上述资料,按净现值法作出决策的程序如下:

(1) 评价各备选方案的财务可行性:

因为 A、B 两个备选方案的 NPV 均大于零,所以这两个方案均具有财务可行性。

(2) 按净现值法进行比较决策:

因为 228.91>206.02,所以 A 方案优于 B 方案。

(二) 净现值率法

所谓净现值率法,是指通过比较所有已具备财务可行性投资方案的净现值率指标的大小来选择最优方案的方法。该法适用于项目计算期相等且原始投资相同的多个互斥方案的比较决策。在此法下,净现值率最大的方案为优。

在投资额相同的互斥方案比较决策中,采用净现值率法会与净现值法得到完全相同的结论;但投资额不相同时,情况就可能不同。

【案例分析 6 - 31】

A 项目与 B 项目为互斥方案,它们的项目计算期相同。A 项目原始投资的现值为 150 万元,净现值为 29.97 万元;B 项目原始投资的现值为 100 万元,净现值为 24 万元。

根据上述资料,计算两个项目净现值率并按净现值和净现值率比较决策如下:

(1) 计算净现值率

A 项目的净现值率=29.97/150≈0.20

B 项目的净现值率=24/100≈0.24

(2) 利用净现值和净现值率法进行决策

在净现值法下:

因为 29.97>24,所以 A 项目优于 B 项目。

在净现值率法下:

因为 0.24>0.20,所以 B 项目优于 A 项目。

由于两个项目的原始投资额不相同,导致两种方法的决策结论相互矛盾。

(三) 差额投资内部收益率法

所谓差额投资内部收益率法,是指以两个原始投资额不同的方案的差量净现金流量(记作 $\Delta NCF$)为基础,计算出差额内部收益率(记作 $\Delta IRR$),并与基准折现率进行比较,进而判断方案孰优孰劣的方法。该法适用于两个原始投资不相同,但项目计算期相同的多方案比较决策。

当差额内部收益率指标大于或等于基准收益率或设定折现率时,原始投资额大的方案较优;反之,则投资少的方案为优。

差额投资内部收益率法的原理如下:

假定有 A 和 B 两个项目计算期相同的投资方案,A 方案的投资额大,B 方案的投资额小。我们可以把 A 方案看成两个方案之和。第一个方案是 B 方案,即把 A 方案的投资用于 B 方案;第二个方案是 C 方案,用于 C 方案投资的是 A 方案投资额与 B 方案投资额之差。因为把 A 方案的投资用于 B 方案会因此而节约一定的投资,可以作为 C 方案的投资资金来源。

C方案的净现金流量等于A方案的净现金流量减去B方案的净现金流量而形成的差量净现金流量△NCF。根据△NCF计算出来的差额内部收益率△IRR，其实质就是C方案的内部收益率。

在这种情况下，A方案等于B方案与C方案之和；A方案与B方案的比较，相当于B与C两方案之和与B方案的比较。如果差额内部收益率△IRR大于或等于基准折现率，则C方案具有财务可行性，这就意味着A方案优于B方案；如果差额内部收益率△IRR小于基准折现率，则C方案不具有财务可行性，这就意味着B方案优于A方案。

差额投资内部收益率△IRR的计算过程和计算技巧同内部收益率IRR完全一样，只是所依据的是△NCF。

【案例分析6-32】

假如A项目原始投资的现值为150万元，项目计算期第1—10年的净现金流量为29.29万元；B项目的原始投资额为100万元，项目计算期第1—10年的净现金流量为20.18万元。假定基准折现率为10%。根据上述资料，按差额投资内部收益率法进行投资决策的程序如下：

（1）计算差量净现金流量：

$$\Delta NCF_0 = -150 - (-100) = -50（万元）$$
$$\Delta NCF_{1-10} = 29.29 - 20.18 = 9.11（万元）$$

（2）计算差额内部收益率△IRR：

$$9.11 \times (P_A/A, \Delta IRR, 10) - 50 = 0$$
$$(P_A/A, \Delta IRR, 10) = 5.4885$$

因为：
$$(P_A/A, 12\%, 10) = 5.6502 > 5.4885$$
$$(P_A/A, 14\%, 10) = 5.2161 < 5.4885$$

所以：12%＜△IRR＜14%，应用内插法：

$$\Delta IRR = 12\% + \frac{5.4885 - 5.6502}{5.2161 - 5.6502} \times (14\% - 12\%) \approx 12.74\%$$

（3）作出决策：

因为：$\Delta IRR = 12.74\% > i_c = 10\%$，

所以：应当投资A项目。

（四）年等额净回收额法

所谓年等额净回收额法，是指通过比较所有投资方案的年等额净回收额（记作NA）指标的大小来选择最优方案的决策方法。该法适用于原始投资不相同、特别是项目计算期不同的多方案比较决策。在此法下，年等额净回收额最大的方案为优。

某方案的年等额净回收额等于该方案净现值与相关回收系数（或年金现值系数倒数）的乘积。计算公式如下：

$$某方案年等额净回收额 = 该方案净现值 \times 回收系数$$

$$或 = 该方案净现值 \times \frac{1}{年金现值系数}$$

**【案例分析 6-33】**

某企业拟投资建设一条新生产线。现有三个方案可供选择：A 方案的原始投资为 1 250 万元，项目计算期为 11 年，净现值为 958.7 万元；B 方案的原始投资为 1 100 万元，项目计算期为 10 年，净现值为 920 万元；C 方案的净现值为 -12.5 万元。行业基准折现率为 10%。根据上述资料，按年等额净回收额法作出最终投资决策的程序如下：

(1) 判断各方案的财务可行性。

因为 A 方案和 B 方案的净现值均大于零，所以这两个方案具有财务可行性；

因为 C 方案的净现值小于零，所以该方案不具有财务可行性。

(2) 计算各个具有财务可行性方案的年等额净回收额。

$$A 方案的年等额净回收额 = A 方案的净现值 / (P/A, 10\%, 11)$$
$$= 958.7 / 6.495\ 1 \approx 147.60 (万元)$$

$$B 方案的年等额净回收额 = B 方案的净现值 / (P/A, 10\%, 10)$$
$$= 920 / 6.144\ 6 \approx 149.72 (万元)$$

(3) 比较各方案的年等额净回收额，作出决策。

因为 149.7 > 147.6，所以 B 方案优于 A 方案。

(五) 计算期统一法

计算期统一法是指通过对计算期不相等的多个互斥方案选定一个共同的计算分析期，以满足时间可比性的要求，进而根据调整后的评价指标来选择最优方案的方法。

该法包括方案重复法和最短计算期法两种具体处理方法。

1. 方案重复法

方案重复法也称计算期最小公倍数法，是将各方案计算期的最小公倍数作为比较方案的计算期，进而调整有关指标，并据此进行多方案比较决策的一种方法。应用此法，可采取两种方式。

第一种方式，将各方案计算期的各年净现金流量或费用流量进行重复计算，直到与最小公倍数计算期相等；然后，再计算净现值、净现值率、差额内部收益率或费用现值等评价指标；最后根据调整后的评价指标进行方案的比较决策。

第二种方式，直接计算每个方案项目原计算期内的评价指标（主要指净现值），再按照最小公倍数原理分别对其折现，并求代数和，最后根据调整后的净现值指标进行方案的比较决策。

本书主要介绍第二种方式。

**【案例分析 6-34】**

A 和 B 两个方案均在建设期年末投资，它们的计算期分别为 10 年和 15 年，有关资料如表 6-17 所示。假定基准折现率为 12%。

表 6-17 净现金流量资料

单位：万元

| 时期 | 1 | 2 | 3 | 4—9 | 10 | 11—14 | 15 | 净现值 |
|---|---|---|---|---|---|---|---|---|
| A | −700 | −700 | 480 | 480 | 600 | — | — | 756.48 |
| B | −1 500 | −1 700 | −800 | 900 | 900 | 900 | 1 400 | 795.54 |

根据上述资料，按计算期统一法中的方案重复法(第二种方式)作出最终投资决策的程序如下：

确定 A 和 B 两个方案项目计算期的最小公倍数：计算结果为 30 年。

计算在 30 年内各个方案重复的次数：A 方案重复两次(30÷10−1)，而 B 方案只重复一次(30÷15−1)。

分别计算各方案调整后的净现值指标：

$$NPV'_A = 756.48 + 756.48 \times (P/F, 12\%, 10) + 756.48 \times (P/F, 12\%, 20)$$
$$\approx 1\,078.47(万元)$$
$$NPV'_B = 795.54 + 795.54 \times (P/F, 12\%, 15) \approx 940.88(万元)，$$

因为：$NPV'_A \approx 1\,078.47$ 万元 $> NPV'_B \approx 940.88$ 万元。

所以：A 方案优于 B 方案

由于有些方案的计算期相差很大，按最小公倍数所确定的计算期往往很长。假定有四个互斥方案的计算期分别为 15 年、25 年、30 年和 50 年，那么它们的最小公倍数就是 150 年，显然考虑这么长时间内的重复计算既复杂又无必要。为了克服方案重复法的缺点，人们设计了最短计算期法。

2. 最短计算期法

最短计算期法又称最短寿命期法，是指在将所有方案的净现值均还原为等额年回收额的基础上，再按照最短的计算期来计算出相应净现值，进而根据调整后的净现值指标进行多方案比较决策的一种方法。

【案例分析 6-35】

仍按案例分析 6-34 的资料，则按最小计算期法作出最终投资决策的程序如下：

确定 A 和 B 两方案中最短的计算期为 A 方案的 10 年。

计算调整后的净现值指标：

$$NPV''_A = NPV_A = 756.48(万元)$$
$$NPV''_B = NPV_B \times \frac{1}{(P/A, 12\%, 15)} \times (P/A, 12\%, 10) = 795.94 \times \frac{5.650\,2}{6.810\,9}$$
$$\approx 718.07$$

因为：$NPV''_A = 756.48(万元) > NPV''_B = 718.07(万元)，$

所以：A 方案优于 B 方案

## 四、两种特殊的固定资产投资决策

### (一) 固定资产更新决策

与新建项目相比,固定资产更新决策最大的难点在于不容易估算项目的净现金量。

在估算固定资产更新项目的净现金流量时,要注意以下四点:

第一,项目计算期不取决于新设备的使用年限,而是由旧设备可继续使用的年限决定;

第二,需要考虑在建设起点旧设备可能发生的变价净收入,并以此作为估计继续使用旧设备至期满时净残值的依据;

第三,由于以旧换新决策相当于在使用新设备和继续使用旧设备两个原始投资不同的备选方案中作出比较与选择,因此,所估算出来的是增量净现金流量($\Delta NCF$);

第四,在此类项目中,所得税后净现金流量比所得税前净现金流量更有意义。

固定资产更新决策利用差额投资内部收益率法,当更新改造项目的差额内部收益率指标大于或等于基准折现率(或设定折现率)时,应当进行更新;反之,就不应当进行更新。

【案例分析 6-36】

某企业打算变卖一套尚可使用 5 年的旧设备,另购置一套新设备来替换它。取得新设备的投资额为 180 000 元;旧设备的折余价值为 95 000 元,其变价净收入为 80 000 元;到第 5 年末新设备与继续使用旧设备届时的净残值相等。新旧设备的替换将在当年内完成(即更新设备的建设期为 0)。使用新设备可使企业在第 1 年增加营业收入 50 000 元,增加经营成本 25 000 元;从第 2—5 年内每年增加营业收入 60 000 元,增加营业成本 30 000 元。设备采用直线法折旧。适用的所得税税率为 25%。行业基准折现率为 $i_c$,分别为 8% 和 12%(假设债务利息不变)。

根据上述资料,计算该项目差量净现金流量和差额内部收益率,并分别据以作出更新决策如下:

(1) 依题意计算以下指标:

① 更新设备比继续使用旧设备增加的投资额=新设备的投资-旧设备的变价收入
$$=180\,000-80\,000=100\,000(元)$$

② 运营期第 1—5 年每年因更新改造而增加的折旧=100 000/5=20 000(元)

③ 运营期年总成本(不含财务费用)的增加额=该年增加的经营成本+该年增加的折旧,则:

$$第 1 年:25\,000+20\,000=45\,000(元)$$
$$第 2—5 年:30\,000+20\,000=50\,000(元)$$

④ 因旧固定资产提前报废发生净损失=旧固定资产折余价值-变价收入=95 000-80 000=15 000(元)

⑤ 因旧固定资产提前报废发生净损失而抵减的所得税税额=旧固定资产清理净损失×所得税税率=15 000×25%=3 750 元

⑥ 运营期年息税前利润的变动额=增加的收入-增加的成本,则:

$$第 1 年:50\,000-45\,000=5\,000(元)$$
$$第 2—5 年:60\,000-50\,000=10\,000(元)$$

⑦ 建设期差量净现金流量的计算：

$$\Delta NCF_0 = -(该年新固定资产投资-旧固定资产的变价收入)$$
$$= -(180\,000 - 80\,000) = -100\,000(元)$$

⑧ 运营期差量净现金流量的计算：

$\Delta NCF_1 =$ 该年因更新改造而增加的息税前利润×(1-所得税税率)
　　　　＋该年因更新改造而增加的折旧
　　　　＋因旧固定资产提前报废发生净损失而抵减的所得税税额
　　　　$= 5\,000 \times (1-25\%) + 20\,000 + 3\,750 = 27\,500(元)$

$\Delta NCF_{2-5} =$ 该年因更新改造而增加的息税前利润×(1-所得税税率)
　　　　＋该年因更新改造而增加的折旧
　　　　＋该年回收新固定资产净残值超过假定继续使用的旧固定资产净残值之差额
　　　　$= 10\,000 \times (1-25\%) + 20\,000 + 0 = 27\,500(元)$

(2) 根据各年差量现金流量计算差额内部收益率。

$$\Delta IRR = 100\,000/27\,500 = 3.636\,4$$

查阅年金现值系数表可知：$(P/A, 10\%, 5) = 3.790\,8 > 3.636\,4$
　　　　　　　　　　　　$(P/A, 12\%, 5) = 3.604\,8 < 3.636\,4$

则 $\Delta IRR$ 介于10%与12%之间，用内插法：

$$\Delta IRR = 10\% + \frac{3.636\,4 - 3.790\,8}{3.604\,8 - 3.790\,8} \times (12\% - 10\%) \approx 11.66\%$$

(3) 比较决策。

① 当行业基准折现率 $i_c$ 为8%时：
因为 $\Delta IRR = 11.66\% > i_c = 8\%$，所以应当更新设备。

② 当行业基准折现率 $i_c$ 为12%时：
因为 $\Delta IRR = 11.66\% < i_c = 12\%$，所以不应当更新设备。

注意：在计算运营期第一年所得税后净现金流量的公式中，该年"因更新改造而增加的息税前利润"不应当包括"因旧固定资产提前报废发生的净损失"。之所以要单独计算"因旧固定资产提前报废发生净损失而抵减的所得税额"，是因为更新改造不仅会影响到本项目自身，还会影响到企业的总体所得税水平，从而形成了"抵税效应(Tax Shield)"。如果将"因旧固定资产提前报废发生的净损失"计入"因更新改造而增加的息税前利润"，就会歪曲这种效应的计量结果。

(二) 购买或经营租赁固定资产的决策

如果企业所需用的固定资产既可以购买，也可以采用经营租赁的方式取得，就需要按照一定方法对这两种取得方式进行决策。有两种决策方法可以考虑：第一种方法是计算两个方案的差量净现金流量，然后按差额投资内部收益率法进行决策；第二种方法是直接比较两个方案的折现总费用的大小，然后选择折现总费用低的方案。

【案例分析6-37】

某企业急需一台不需要安装的设备，设备投入使用后，每年可增加的营业收入与营业税金及附加的差额为 50 000 元,增加经营成本 34 000 元。市场上该设备的购买价为 77 000 元,折旧年限为 10 年,预计净残值为 7 000 元。若从租赁公司按经营租赁的方式租入同样的设备,只需每年年末支付 9 764 元租金,可连续租用 10 年。假定基准折现率为 10%,适用的企业所得税税率为 25%。分别利用差额投资内部收益率法和比较方案的折现总费用两种方法作出是购买设备还是租赁设备的决策。

根据上述资料,利用 Excel 分析计算,具体步骤如下:

(1) 输入企业原始数据。

新建 Excel,将其命名为【案例分析 6-37】,打开此工作簿,在工作表 sheet1 中的 A1:B11 区域,输入以下内容:

| 企业相关资料 | |
|---|---|
| 项目 | 金额(元) |
| 营业收入与营业税金及附加增加的差额 | 50 000 |
| 经营成本增加 | 34 000 |
| 设备购买价格 | 77 000 |
| 设备净残值 | 7 000 |
| 折旧年限 | 10 年 |
| 租赁设备每年末租金 | 9 764 |
| 租赁期限 | 10 年 |
| 基准折现率 | 10% |
| 所得税税率 | 25% |

(2) 差额投资内部收益率法下相关指标的计算。

① 购买设备的年折旧额=(原值-净残值)/折旧年限

② 购买设备增加的年营业利润=(每年增加的营业收入-每年增加的营业税金及附加)-(每年增加的营业成本+购买设备后每年增加的折旧额)

③ 购买设备每年增加的净利润=购买设备增加的年营业利润×(1-所得税税率)

④ 购买设备每年的净现金流量=年购买设备投资+年净利润+年折旧额+年设备净残值

⑤ 租入设备每年增加的营业利润=(每年增加的营业收入-每年增加的营业税金及附加)-(每年增加经营成本+租入设备每年增加的租金)

⑥ 租入设备每年增加的净利润=租入设备每年增加的营业利润×(1-所得税税率)

⑦ 租入设备每年净现金流量=租入设备每年增加的净利润

⑧ 购买和租入设备各年差额净现金流量=购买设备各年的净现金流量-租入设备各年的净现金流量

仍在 sheet1 工作表中,在 A13:L25 区域输入下表中的文字,表格中数据根据上述有关公式计算得出。

| (1) 差额投资内部收益率法 | | | | | | | | | | | | |
|---|---|---|---|---|---|---|---|---|---|---|---|---|
| 购买设备相关指标计算 | 金额 | | | | | | | | | | | |
| 设备折旧额 | 7 000(=(B5−B6)/B7) | | | | | | | | | | | |
| 营业利润 | 9 000(=B3−B4−B15) | | | | | | | | | | | |
| 净利润 | 6 750(=B16*(1−B11)) | | | | | | | | | | | |
| 租入设备相关指标的计算 | | | | | | | | | | | | |
| 营业利润 | 6 236(=B3−B4−B8) | | | | | | | | | | | |
| 净利润 | 4 677(=B19*(1−B11)) | | | | | | | | | | | |
| 年份 | 0 | 1 | 2 | 3 | 4 | 5 | 6 | 7 | 8 | 9 | 10 |
| 购买设备所得税后的净现金流量 | −77 000 | 13 750* | 13 750 | 13 750 | 13 750 | 13 750 | 13 750 | 13 750 | 13 750 | 13 750 | 20 750* |
| 租赁设备所得税后的净现金流量 | 0 | 4 677* | 4 677 | 4 677 | 4 677 | 4 677 | 4 677 | 4 677 | 4 677 | 4 677 | 4 677 |
| 差额净现金流量 | −77 000 | 9 073 | 9 073 | 9 073 | 9 073 | 9 073 | 9 073 | 9 073 | 9 073 | 9 073 | 16 073 |
| 差量内部收益率 | 4.32%(利用财务函数中的IRR函数：=IRR(B24：L24)) | | | | | | | | | | | |

表格中带*数据的计算：13 750＝$B$17＋$B$15，20 750＝B17＋B15＋B6，4 677＝$B$20

决策：通过计算，差额内部收益率为4.32%，小于基准折现率10%，因此不应该购买设备。

(3) 折现总费用比较法。无论是购买设备还是租赁设备，每年增加的营业收入、增加的营业税金及附加和每年增加的经营成本都不变，可以不予考虑。只需考虑设备买价、租金、折旧额、净残值收入、租金与折旧抵税等不同现金流量。设备买价支出、租金支出作为现金流出，净残值收入、租金和折旧抵税的金额作为现金流入考虑。

仍在sheet1工作表中，在A26：B35区域输入下表中的文字(备注栏为数据计算具体操作)，表格中数据根据上述有关公式计算得出。

| (2) 折现总费用比较法 | 金 额 | 备 注 |
|---|---|---|
| 购买设备相关指标计算 | | |
| 设备购买价格 | 77 000 | =B5 |
| 年折旧额抵税现值 | 10 752.99 | =PV(B10, B9, −B15*B11) |
| 净残值现值 | 2 698.80 | =PV(B10, B7, −B6) |
| 购买设备的折现总费用合计 | 63 548.21 | =B29−B30−B31 |
| 租入设备相关指标的计算 | | |
| 年租金现值 | 59 995.55 | =PV(B10, B9, −B8) |
| 年租金抵税现值 | 14 998.89 | =PV(B10, B9, −B8*B11) |
| 租赁设备的折现总费用 | 44 996.66 | =B33−B34 |

通过计算,购买设备的折现总费用为 63 548.21 元,高于租入设备的折现总费用 44 996.66 元,因此,不应该购买设备,而应该租赁设备。

【任务 6 学习小结】

本任务主要涉及以下内容:

1. 投资,是指特定经济主体(包括国家、企业和个人)为了在未来可预见的时期内获得收益或使资金增值,在一定时机向一定领域的标的物投放足够数额的资金或实物等货币等价物的经济行为。按照投资行为的介入程度,分为直接投资和间接投资;按照投入的领域不同,分为生产性投资和非生产性投资;按照投资的方向不同,分为对内投资和对外投资;按照投资的内容不同,分为固定资产投资、无形资产投资、其他资产投资、流动资产投资、房地产投资、有价证券投资、期货与期权投资、信托投资和保险投资等多种形式;本任务涉及的投资,是指属于直接投资范畴的企业内部投资——即项目投资。

2. 企业投资的程序主要包括提出投资领域和投资对象、评价投资方案的可行性、投资方案比较与选择、投资方案的执行、投资方案的再评价。

3. 投入类财务可行性要素的内容包括:在建设期发生的建设投资、在建设期期末或运营期前期发生的垫支的流动资金、投资在运营期发生的经营成本(付现成本)、在运营期发生的各种税金(包括营业税金及附加和企业所得税)。

$$建设投资=形成固定资产的费用+形成无形资产的费用$$
$$+形成其他资产投资的费用+预备费$$

4. 投资项目的净现金流量(又称现金净流量,记作 $NCF_t$)是指在整个项目计算期内由建设项目每年现金流入量(记作 $CI_t$)与每年现金流出量(记作 $CO_t$)之间的差额所形成的序列指标。其理论计算公式为

$$某年净现金流量=该年现金流入量-该年现金流出量,即$$
$$NCF_t = CI_t - CO_t (t = 0, 1, 2, \cdots, n)$$

5. 项目投资评价指标包括静态评价指标和动态评价指标两类,前者分静态投资回收期、

总投资收益率两种,后者分净现值、净现值率、内部收益率三种;前者较后者简便易行,但没考虑货币时间价值,后者计算较为复杂,但考虑了货币时间价值。

6. 投资决策的主要方法包括净现值法、净现值率法、差额投资内部收益率法、年等额净回收额法和计算期统一法等具体方法。

## 【基本概念】

项目投资　可行性研究　财务可行性要素　净现值　内部收益率

## 【思考题】

1. 简述投资及其分类。
2. 简述项目投资可行性研究的含义及内容。
3. 什么是财务可行性要素？项目投资可行性研究中需要对哪些财务可行性要素进行估算？
4. 什么是财务可行性评价指标？主要包括哪些指标？
5. 什么是投资方案？财务可行性与项目投资决策有什么区别？
6. 项目投资决策主要方法包括哪些？

## 【实训项目】

见配套教材《财务管理综合练习与实训》。

# 任务 7 营运资金管理

【学习目标】

- 掌握现金的持有动机,掌握最佳现金持有量的计算
- 掌握应收账款的成本,掌握信用政策的构成与决策
- 掌握存货的功能与成本,掌握存货经济订货批量的确定
- 了解营运资金的含义与特点
- 了解现金和应收账款管理的主要内容

## 任务 7-1 认识营运资金管理

**何为营运资金?**

小周是某企业新入职的出纳,财务经理吩咐小周计算下个月的营运资金,以便弄清楚下月营运资金是否有缺口。小周认为营运资金就是占用在流动资产上的资金。于是通过查找相关资料,小周弄清楚了下个月应收账款需要占用10万元,存货需要占用20万元,货币资金最低持有10万元,其他流动资金需要10万元。于是,小周向财务经理报告说,企业下月的营运资金需要50万元。财务经理告诉小周理解不正确,营运资金不需要50万元,为什么?

【任务 7-1 学习目标】

1. 了解营运资金的概念,掌握营运资金特点。
2. 了解营运资金管理原则。

### 一、营运资金的概念和特点

(一) 营运资金的概念

营运资金又称循环资本,是指一个企业维持日常经营所需的资金,通常指流动资产减去流动负债后的余额。用公式表示为

营运资金总额＝流动资产总额－流动负债总额

所以,营运资金的管理既包括流动资产的管理,也包括流动负债的管理。

1. 流动资产

流动资产是指可以在1年以内或超过1年的一个营业周期内变现或运用的资产。流动资产具有占用时间短、周转快、易变现等特点。企业拥有较多的流动资产,可在一定程度上降低财务风险。流动资产按不同的标准可进行不同的分类,常见分类方式如下：

(1) 按占用形态不同,分为现金、交易性金融资产、应收及预付款项和存货等。

(2) 按在生产经营过程中所处的环节不同,分为生产领域中的流动资产、流通领域中的流动资产以及其他领域的流动资产。

2. 流动负债

流动负债是指需要在1年或者超过1年的一个营业周期内偿还的债务。流动负债又称短期负债,具有成本低、偿还期短的特点。流动负债按不同标准可作不同分类,最常见的分类方式有三种。

(1) 以应付金额是否确定为标准,可以分为应付金额确定的流动负债和应付金额不确定的流动负债。应付金额确定的流动负债是指那些根据合同或法律规定到期必须偿付、并有确定金额的流动负债,如短期借款、应付票据、应付账款、应付职工薪酬等。应付金额不确定的流动负债是指那些要根据企业生产经营状况,到一定时期或具备一定条件才能确定的流动负债,或应付金额需要估计的流动负债,如应交税费、应付股利等。

(2) 以流动负债的形成情况为标准,可以分为自然性流动负债和人为性流动负债。自然性流动负债是指不需要正式安排,由于结算程序或有关法律法规的规定等原因而自然形成的流动负债,如应付账款、应交税费等；人为性流动负债是指根据企业对短期资金的需求情况,通过人为安排所形成的流动负债,如短期借款。

(3) 以是否支付利息为标准,可以分为有息流动负债和无息流动负债。

(二) 营运资金的特点

营运资金一般具有如下特点：

(1) 营运资金的来源具有灵活多样性。与筹集长期资金的方式相比,企业筹集营运资金的方式较为灵活多样,通常有银行短期借款、短期融资券、商业信用、应交税费、应付股利、应付职工薪酬、应付费用、预收货款、票据贴现等多种内外部融资方式。

(2) 营运资金的数量具有波动性。流动资产的数量会随企业内外条件的变化而变化,时高时低,波动很大。季节性企业如此,非季节性企业也如此。随着流动资产数量的变动,流动负债的数量也会相应发生变动。

(3) 营运资金的周转具有短期性。企业占用在流动资产上的资金,通常会在1年或一个营业周期内收回。根据这一特点,营运资金可以用商业信用、银行短期借款等短期筹资方式来加以解决。

(4) 营运资金的实物形态具有变动性和易变现性。企业营运资金的实物形态是经常变化的,一般按照现金、材料、在产品、产成品、应收账款、现金的顺序转化。为此,在进行流动资产管理时,必须在各项流动资产上合理配置资金数额,做到结构合理,以促进资金周转顺利进行。此外,短期投资、应收账款、存货等流动资产一般具有较强的变现能力,如果遇到意外情况,企业出现资金周转不灵、现金短缺时,便可迅速变卖这些资产,以获取现金。这对财务上应付临时性资金需求具有重要意义。

二、营运资金的管理原则

企业的营运资金在全部资金中占有相当大的比重,而且周转期短,形态易变,是企业财务管理工作的一项重要内容。实证研究也表明,财务经理的大量时间都用于营运资金的管理。企业进行营运资金管理,应遵循以下四个原则。

### (一) 保证合理的资金需求

企业应认真分析生产经营状况,合理确定营运资金的需要数量。企业营运资金的需求数量与企业生产经营活动有直接关系。一般情况下,当企业产销两旺时,流动资产会不断增加,流动负债也会相应增加;而当企业产销量不断减少时,流动资产和流动负债也会相应减少。营运资金的管理必须把满足正常合理的资金需求作为首要任务。

### (二) 提高资金使用效率

加速资金周转是提高资金使用效率的主要手段之一。提高营运资金使用效率的关键就是采取得力措施,缩短营业周期,加速变现过程,加快营运资金周转。因此,企业要千方百计地加速存货、应收账款等流动资产的周转,以便用有限的资金,服务于更大的产业规模,为企业取得更好的经济效益提供条件。

### (三) 节约资金使用成本

在营运资金管理中,必须正确处理保证生产经营需要和节约资金使用成本二者之间的关系。要在保证生产经营需要的前提下,遵守勤俭节约的原则,尽力降低资金使用成本。一方面,要挖掘资金潜力,盘活全部资金,精打细算地使用资金;另一方面,积极拓展融资渠道,合理配置资源,筹措低成本资金,服务于生产经营。

### (四) 保持足够的短期偿债能力

偿债能力的高低是企业财务风险高低的标志之一。合理安排流动资产与流动负债的比例关系,保持流动资产结构与流动负债结构的适配性,保证企业有足够的短期偿债能力是营运资金管理的重要原则之一。流动资产、流动负债以及二者之间的关系能较好地反映企业的短期偿债能力。流动负债是在短期内需要偿还的债务,而流动资产则是在短期内可以转化为现金的资产。因此,如果一个企业的流动资产比较多,流动负债比较少,说明企业的短期偿债能力较强;反之,则说明短期偿债能力较弱。但如果企业的流动资产太多,流动负债太少,也不是正常现象,这可能是因流动资产闲置或流动负债利用不足所致。

## 任务 7-2 现 金 管 理

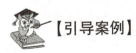

**【引导案例】**

### 现金越多越好吗

一天,会计小李和小王对企业持有现金的多少产生了分歧,小李认为企业日常经营中应该多准备一些现金,这样,企业就能及时支付工资、水电费、原材料款等,就不会因为延迟支付而给别人缺钱的印象。小王却不认同这个观点,他认为企业持有现金过多是浪费,收益太少了,如果去进行短期证券投资还会有不错的收益,何必要放弃这种收益呢?那么你认为企业现金持有是多一点好呢还是少一点好呢?

**【任务 7-2 学习目标】**

1. 了解现金持有的动机。

2. 掌握成本模式、存货模式和随机模式下最佳现金持有量的确定。
3. 了解现金回收和支出管理。

【学习案例】

以下为三个公司有关现金管理的资料：

1. 盛华公司现有 A、B、C、D 四种现金持有方案，有关成本资料如表 7-1 所示，该企业有价证券的投资收益率为 8%。

表 7-1 现金持有量备选方案资料表

单位：元

| 项目 | A | B | C | D |
| --- | --- | --- | --- | --- |
| 现金持有量 | 200 000 | 300 000 | 400 000 | 500 000 |
| 短缺成本 | 21 000 | 12 000 | 5 000 | 2 000 |
| 管理成本 | 8 000 | 8 000 | 8 000 | 8 000 |

2. 东芝公司预计在年内经营所需现金总额为 300 万元，准备用有价证券变现取得，其日常的收支较为均衡，每次有价证券的交易成本固定费用为 150 元，有价证券年收益率为 10%。

3. 清华公司有价证券的年利率为 9%，每次固定转换成本为 50 元，公司最低现金余额为 1 000 元，根据经验测算出现金余额波动标准差为 800 元。

**案例分析问题：**

1. 根据学习案例中的资料 1，利用成本模式为盛华公司作出现金持有方案的选择。

2. 根据学习案例中的资料 2，利用存货模式计算东芝公司的最佳现金持有量，并确定最低现金管理相关总成本。

3. 根据学习案例中的资料 3，利用随机模式计算清华公司现金返回线 R 和现金控制上限 H。

现金有广义、狭义之分。广义的现金是指在生产经营过程中以货币形态存在的资金，包括库存现金、银行存款和其他货币资金等。狭义的现金仅指库存现金。这里所讲的现金是指广义的现金。

保持合理的现金水平是企业现金管理的重要内容。现金是变现能力最强的资产，可以用来满足生产经营开支的各种需要，也是还本付息和履行纳税义务的保证。拥有足够的现金对于降低企业的风险、增强企业资产的流动性和债务的可清偿性有着重要的意义。但库存现金是唯一的不创造价值的资产，其持有量不是越多越好。即使是银行存款，其利率也非常低。因此，现金存量过多，它所提供的流动性边际效益便会随之下降，从而使企业的收益水平下降。

除了应付日常的业务活动之外，企业还需要拥有足够的现金偿还贷款、把握商机以及预备不时之需。企业必须建立一套管理现金的方法，持有合理的现金数额，使其在时间上继起，在空间上并存。企业必须编制现金预算，以衡量企业在某段时间内的现金流入量与流出量，以便在保证企业经营活动所需现金的同时，尽量减少企业的现金数量，提高资金收益率。

## 一、持有现金的动机

持有现金是出于三种需求：交易性需求、预防性需求和投机性需求。

(一) 交易性需求

企业的交易性需求是企业为了维持日常周转及正常商业活动所需持有的现金额。企业每日都在发生许多支出和收入,这些支出和收入在数额上不相等及时间上不匹配使企业需要持有一定现金来调节,以使生产经营活动能持续进行。

在许多情况下,企业向客户提供的商业信用条件和它从供应商那里获得的信用条件不同,使企业必须持有现金。如供应商提供的信用条件是 30 天付款,而企业迫于竞争压力,则向顾客提供 45 天的信用期,这样,企业必须筹集够 15 天的营运资金来维持企业运转。

另外,企业业务的季节性,要求企业逐渐增加存货以等待季节性的销售高潮。这时,一般会发生季节性的现金支出,企业现金余额下降,随后又随着销售高潮到来,存货减少,而现金又逐渐恢复到原来水平。

(二) 预防性需求

预防性需求是指企业需要维持充足现金,以应付突发事件。这种突发事件可能是政治环境变化,也可能是企业的某大客户违约导致企业突发性偿付等。尽管财务主管试图利用各种手段来较准确地估算企业需要的现金数,但这些突发事件会使原本很好的财务计划失去效果。因此,企业为了应付突发事件,有必要维持比日常正常运转所需金额更多的现金。

为应付意料不到的现金需要,企业掌握的现金额取决于:(1) 企业愿冒缺少现金风险的程度;(2) 企业预测现金收支可靠的程度;(3) 企业临时融资的能力。希望尽可能减少风险的企业倾向于保留大量的现金余额,以应付其交易性需求和大部分预防性需求。另外,企业会与银行维持良好关系,以备现金短缺之需。

(三) 投机性需求

投机性需求是企业为了抓住突然出现的获利机会而持有的现金,这种机会大多是一闪即逝的,如证券价格的突然下跌,企业若没有用于投机的现金,就会错过这一机会。

除了上述三种基本的现金需求以外,还有许多企业是将现金作为补偿性余额来持有的。补偿性余额是企业同意保持的账户余额,它是企业对银行所提供借款或其他服务的一种补偿。

## 二、目标现金余额的确定

(一) 成本模型

成本模型强调的是:持有现金是有成本的,最优的现金持有量是使得现金持有成本最小化的持有量。模型考虑的现金持有成本包括如下三项。

1. 机会成本

现金的机会成本,是指企业因持有一定现金余额丧失的再投资收益。再投资收益是企业不能同时用该现金进行有价证券投资所产生的机会成本,这种成本在数额上等于资金成本。例如:某企业的资本成本为 10%,年均持有现金 50 万元,则该企业每年的现金机会成本为 5 万元(50×10%)。放弃的再投资收益即机会成本属于变动成本,它与现金持有量的多少密切相关,即现金持有量越大,机会成本越大,反之就越少。

2. 管理成本

现金的管理成本,是指企业因持有一定数量的现金而发生的管理费用。例如管理者工资、安全措施费用等。一般认为这是一种固定成本,这种固定成本在一定范围内和现金持有量之间没有明显的比例关系。

3. 短缺成本

现金短缺成本是指在现金持有量不足,又无法及时通过有价证券变现加以补充所造成的损失,包括直接损失与间接损失。现金的短缺成本随现金持有量的增加而下降,随现金持有量的减少而上升,即与现金持有量负相关。

成本分析模式是根据现金有关成本,分析预测其总成本最低时现金持有量的一种方法。其计算公式为

最佳现金持有量＝min(机会成本＋管理成本＋短缺成本)

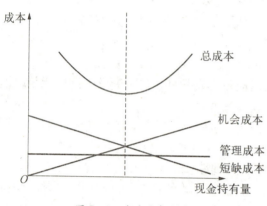

图7-1 成本分析模式

其中,管理成本属于固定成本,机会成本是正相关成本,短缺成本是负相关成本。因此,成本分析模式是要找到机会成本、管理成本和短缺成本所组成的总成本曲线中最低点所对应的现金持有量,把它作为最佳现金持有量。可用图7-1所示。

在实际工作中运用成本分析模式确定最佳现金持有量的具体步骤为:

(1) 根据不同现金持有量测算并确定有关成本数值;

(2) 按照不同现金持有量及其有关成本资料编制最佳现金持有量测算表;

(3) 在测算表中找出总成本最低时的现金持有量,即最佳现金持有量。

【案例分析7-1】

根据学习案例中的资料1,盛华公司各个现金持有量方案的相关成本及总成本计算见表7-2。

表7-2 现金持有量备选方案成本分析表

| 方案 | 现金持有量 | 机会成本(8%) | 短缺成本 | 管理成本 | 相关总成本 |
|---|---|---|---|---|---|
| A | 200 000 | 16 000 | 21 000 | 8 000 | 45 000 |
| B | 300 000 | 24 000 | 12 000 | 8 000 | 44 000 |
| C | 400 000 | 32 000 | 5 000 | 8 000 | 45 000 |
| D | 500 000 | 40 000 | 2 000 | 8 000 | 50 000 |

通过比较分析表7-2中各方案的总成本可知,B方案的相关总成本最低,因此,盛华公司持有300 000元现金时,各方面的总代价最低,300 000元为最佳现金持有量。

表7-2可以通过Excel电子表格进行计算。具体步骤如下:

(1) 在Excel工作表中A1:F6单元格输入图7-3中数据和文字;

(2) 将光标移至F3单元格,编辑公式＝C3＋D3＋E3,确定,单元格显示45 000,即为A方案的总成本;其他方案计算类推,分别得到B、C、D为44 000、45 000、50 000,见图7-2。

|   | A | B | C | D | E | F |
|---|---|---|---|---|---|---|
| 1 | 表7-2 | 现金持有量备选方案成本分析表 | | | 单位：元 | |
| 2 | 方案 | 现金持有量 | 机会成本（8%） | 短缺成本 | 管理成本 | 相关总成本 |
| 3 | A | 200000 | 16000 | 21000 | 8000 | |
| 4 | B | 300000 | 24000 | 12000 | 8000 | |
| 5 | C | 400000 | 32000 | 5000 | 8000 | |
| 6 | D | 500000 | 40000 | 2000 | 8000 | |
| 7 |   |   |   |   |   |   |

图7-2

### (二) 存货模型(威廉·鲍曼模型)

存货模型，是将存货经济订货批量模型原理用于确定目标现金持有量，其着眼点也是现金相关成本之和最低。

运用存货模式确定最佳现金持有量时，是以下列假设为前提的：(1)企业所需要的现金可通过证券变现取得，且证券变现的不确定性很小；(2)企业预算期内现金需要总量可以预测；(3)现金的支出过程比较稳定、波动较小，而且每当现金余额降至零时，均通过部分证券变现得以补足；(4)证券的利率或报酬率以及每次固定性交易费用可以获悉。如果这些条件基本得到满足，企业便可以利用存货模式来确定最佳现金持有量。这里所说的最佳现金持有量是指能够使现金管理的机会成本与转换成本之和保持最低的现金持有量。

现金的转换成本，是指企业用现金购入有价证券以及转让有价证券换取现金时付出的交易费用，即现金同有价证券之间相互转换的成本，如委托买卖佣金、委托手续费、证券过户费、实物交割手续费等。严格地讲，转换成本并不都是决策的相关成本，相关成本是指每次转换时发生的固定性费用，如证券过户费、实物交割手续费等。而委托买卖佣金、委托手续费是按委托成交金额计算的，在证券总金额既定的情况下，委托买卖佣金和手续费总额不发生变化，即与现金转换次数多少无关，所以又称为无关成本。我们简单假定，有价证券的每次转换成本相同，则转换成本总额与证券变现次数呈线性关系，用公式表示为

转换成本总额＝有价证券变现次数×每次的转换成本

现金管理总成本＝持有机会成本＋转换成本

即

$$TC = \frac{Q}{2}K + \frac{T}{Q}F$$

上式中，$Q$为最佳现金持有量(每次证券变现的数量)；$T$为一个周期内现金总需求量；$F$为每次转换有价证券的固定成本；$K$为有价证券利息率。

对自变量$Q$求导数后可得出：

$$Q = \sqrt{\frac{2TF}{K}}$$

将上式中的$Q$代入现金管理总成本的公式可得到此时的最低总成本：

$$TC = \sqrt{2TFK}$$

【案例分析 7-2】

根据学习案例中的资料 2,可以计算东芝公司最佳现金持有量:

$$Q = \sqrt{\frac{2 \times 150 \times 3\,000\,000}{10\%}} = 94\,868.33(元)$$

最低现金管理相关总成本:

$$TC = \sqrt{2 \times 150 \times 3\,000\,000 \times 10\%} = 9\,486.83(元)$$

运用财务函数也可以进行存货模式下最佳现金持有量、最低现金管理相关总成本等指标的计算。东芝公司相关指标的计算程序如下:

第一步,在 Excel 工作表中 A1:F6 区域输入下列资料,如图 7-3 所示;

|   | A | B | C | D | E | F |
|---|---|---|---|---|---|---|
| 1 | 最佳现金持有量(存货模式) | | | | | |
| 2 | 现金年需要量(元) | 转换成本(元/次) | 有价证券利率 | | | |
| 3 | 3000000 | 150 | 10% | | | |
| 4 | 计算结果 | | | | | |
| 5 | 最佳现金持有量 | 相关总成本 | 转换成本 | 机会成本 | 转换次数 | 转换周期 |
| 6 | | | | | | |
| 7 | | | | | | |

图 7-3

第二步,在 A6:F6 单元格,分别计算最佳现金持有量、相关总成本、转换成本、机会成本、转换次数及转换周期等,计算结果如图 7-4。

|   | A | B | C | D | E | F |
|---|---|---|---|---|---|---|
| 1 | 最佳现金持有量(存货模式) | | | | | |
| 2 | 现金年需要量(元) | 转换成本(元/次) | 有价证券利率 | | | |
| 3 | 3000000 | 150 | 10% | | | |
| 4 | 计算结果 | | | | | |
| 5 | 最佳现金持有量 | 相关总成本 | 转换成本 | 机会成本 | 转换次数 | 转换周期 |
| 6 | 94868.33 | 9486.83 | 4743.42 | 4743.42 | 31.62 | 11.38 |
| 7 | | | | | | |

图 7-4

说明:图 7-4 中 A6:F6 各单元格计算公式如下:
(1) 在单元格 A6 中输入:=SQRT(2 * A3 * B3/C3),回车
(2) 在单元格 B6 中输入:=SQRT(2 * A3 * B3 * C3),回车
(3) 在单元格 E6 中输入:=A3/A6,回车
(4) 在单元格 C6 中输入:=B3 * E6,回车
(5) 在单元格 D6 中输入:=A6/2 * C3

从上例可知,当现金的转换成本等于机会成本时,持有现金相关总成本最低,此时的现金持有量即为最佳现金持有量。

### (三) 随机模型(米勒-奥尔模型)

在实际工作中,企业现金流量往往具有很大的不确定性。米勒(M. Miller)和奥尔(D. Orr)设计了一个在现金流入、流出不稳定情况下确定现金最优持有量的模型。他们假定每日现金净流量的分布接近正态分布,每日现金流量可能低于也可能高于期望值,其变化是随机的。由于现金流量波动是随机的,只能对现金持有量确定一个控制区域,定出上限和下限。当企业现金余额在上限和下限之间波动时,则将部分现金转换为有价证券;当现金余额下降到下限时,则卖出部分证券。

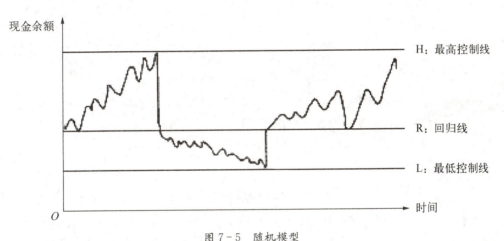

图 7-5 随机模型

图 7-5 显示了随机模型,该模型有两条控制线和一条回归线。最低控制线 L 取决于模型之外的因素,其数额是由现金管理部经理在综合考虑短缺现金的风险程度、公司借款能力、公司日常周转所需资金、银行要求的补偿性余额等因素的基础上确定的。回归线 R 可按下列公式计算:

$$R = \sqrt[3]{\frac{3b\delta^2}{4i}} + L$$

上式中,$b$ 指每次证券转换为现金或现金转换为证券的成本;$\delta$ 指公司每日现金流变动的标准差;$i$ 指以日为基础计算的现金机会成本(有价证券的日利率)。

最高控制线 H 的计算公式为 $H = 3R - 2L$。

### 【案例分析 7-3】

根据学习案例中的资料 3,清华公司现金回归线 R 和现金最高控制线 H 的计算如下:

$$\text{有价证券日利率} = 9\% \div 360 = 0.025\%$$

$$R = \sqrt[3]{\frac{3b\delta^2}{4i}} + L = \sqrt[3]{\frac{3 \times 50 \times 800^2}{4 \times 0.025\%}} + 1\,000 = 5\,579(元)$$

$$H = 3R - 2L = 3 \times 5\,579 - 2 \times 1\,000 = 14\,737(元)$$

根据计算结果,清华公司的现金余额达到14 737元时,即应以9 158元(14 737-5 579)的现金去投资有价证券,使现金持有量回落为5 579元;当公司的现金余额降至1 000元时,则应转让4 579元(5 579-1 000)有价证券,使现金持有量回升为5 579元,如图7-6。

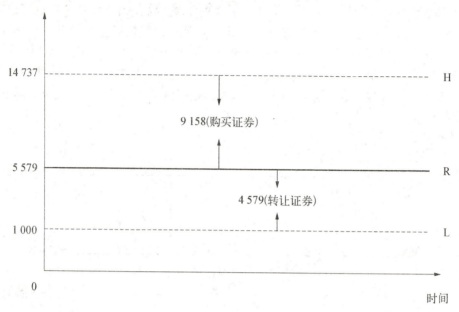

图7-6 清华公司现金持有量随机模型

运用财务函数也可以计算随机模式下的现金回归线、最高现金控制线等指标。清华公司有关指标计算的具体步骤如下:

第一步,在Excel工作表中A1:D6区域输入如图7-7中数据及文字;

第二步,计算有价证券日利率、现金回归线及现金最高控制线,其计算结果见图7-8。

| | A | B | C | D |
|---|---|---|---|---|
| 1 | 现金持有量的计算(随机模式) | | | |
| 2 | 有价证券年利率 | 固定转换成本(元/次) | 每日现金变动标准差 | 现金最低控制线 |
| 3 | 9% | 50 | 800 | 1000 |
| 4 | 计算结果 | | | |
| 5 | 有价证券日利率 | 现金回归线 | 现金最高控制线 | |
| 6 | | | | |
| 7 | | | | |

图7-7

运用随机模型求货币资金最佳持有量符合随机思想,即企业现金支出是随机的,收入是无法预知的,所以,适用于所有企业现金最佳持有量的测算。另一方面,随机模型建立在企业的现金未来需求总量和收支不可预测的前提下,因此,计算出来的现金持有量比较保守。

|   | A | B | C | D |
|---|---|---|---|---|
| 1 | 现金持有量的计算（随机模式） | | | |
| 2 | 有价证券年利率 | 固定转换成本（元/次） | 每日现金变动标准差 | 现金最低控制线 |
| 3 | 9% | 50 | 800 | 1000 |
| 4 | 计算结果 | | | |
| 5 | 有价证券日利率 | 现金回归线 | 现金最高控制线 | |
| 6 | 0.025% | 5579 | 14737 | |
| 7 | | | | |

图 7-8

说明：图 7-8 中 A6：C6 各单元格计算公式如下：
(1) 在单元格 A6 中输入：=A3/360，回车
(2) 在单元格 B6 中输入：=POWER((3*B3*C3^2)/(4*A6),1/3)+D3，回车
(3) 在单元格 E6 中输入：=3*B6－2*D3，回车

## 三、现金收支管理

### (一) 现金周转期

为了确定企业的现金周转期，需要我们来了解营运资金的循环过程：首先，企业要购买原材料，但是并不是购买原材料的当天就马上付款，这一延迟的时间段就是应付账款周转期。企业对原材料进行加工最终转变为产成品并将之卖出。这一时间段被称为应收账款周转期。而现金周转期，就是指介于公司支付现金与收到现金之间的时间段，也就是存货周转期与应收账款周转期之和减去应付账款周转期。具体循环过程如图 7-9 所示。

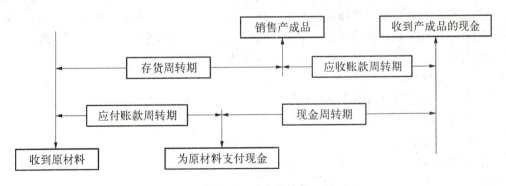

图 7-9 现金周转期

用公式来表示：

现金周转期＝存货周转期＋应收账款周转期－应付账款周转期

其中：

存货周转期＝平均存货/每天的销货成本

应收账款周转期＝平均应收账款/每天的销货收入

应付账款周转期＝平均应付账款/每天的购货成本

所以要减少现金周转期,可以从以下方面着手:加快制造与销售产成品来减少存货周转期;加速应收账款的回收来减少应收账款周转期;减缓支付应付账款来延长应付账款周转期。

(二)收款管理

1. 收账的流动时间

一个高效率的收款系统能够使收款成本和收款浮动期达到最小,同时能够保证与客户汇款及其他现金流入来源相关的信息的质量。收款系统成本包括浮动期成本、管理收款系统的相关费用(例如银行手续费)及第三方处理费用或清算相关费用。在获得资金之前,收款在途项目使企业无法利用这些资金,也会产生机会成本。信息的质量包括收款方得到的付款人的姓名、付款的内容和付款时间。信息要求及时、准确地到达收款人一方,以便收款人及时处理资金,作出发货的安排。

收款浮动期是指从支付开始到企业收到资金的时间间隔。收款浮动期主要是纸基支付工具导致的,有下列三种类型:

(1)邮寄浮动期:从付款人寄出支票到收款人或收款人的处理系统收到支票的时间间隔。

(2)处理浮动期:是指支票的接受方处理支票和将支票存入银行以收回现金所花的时间。

(3)结算浮动期:是指通过银行系统进行支票结算所需的时间。

2. 邮寄的处理

纸基支付收款系统主要有两大类:一类是柜台存入体系,一类是邮政支付系统。

这里主要讨论企业通过邮政收到顾客或其他商业伙伴支票的支付系统。一家企业可能采用内部清算处理中心或者一个锁箱来接收和处理邮政支付。具体采用哪种方式取决于两个因素:支付的笔数和金额。

企业处理中心处理支票和作存单准备都在企业内进行。这一方式主要为那些收到的付款金额相对较小而发生频率很高的企业所采用(例如公用事业企业和保险公司)。场内处理中心最大的优势在于对操作的控制。操作控制可以有助于:

(1)对系统作出调整改变;

(2)根据公司需要定制系统程序;

(3)监控掌握客户服务质量;

(4)获取信息;

(5)更新应收账款;

(6)控制成本。

3. 收款方式的改善

电子支付方式对比纸基(或称纸质)支付方式是一种改进。电子支付方式提供了如下好处:

(1)结算时间和资金可用性可以预计;

(2)向任何一个账户或任何金融机构的支付具有灵活性,不受人工干扰;

(3)客户的汇款信息可与支付同时传送,更容易更新应收账款;

(4)客户的汇款从纸基方式转向电子方式,减少或消除了收款浮动期,降低了收款成本,收款过程更容易控制,并且提高了预测精度。

(三)付款管理

现金支出管理的主要任务是尽可能延缓现金的支出时间。当然,这种延缓必须是合理合法的。

1. 使用现金浮游量

现金浮游量是指由于企业提高收款效率和延长付款时间所产生的企业账户上的现金余额和银行账户上的企业存款余额之间的差额。

2. 推迟应付款的支付

推迟应付款的支付,是指企业在不影响自己的信誉的前提下,充分运用供货方所提供的信用优惠,尽可能地推迟应付款的支付期。

3. 汇票代替支票

汇票分为商业承兑汇票和银行承兑汇票,与支票不同的是,承兑汇票并不是见票即付。这一方式的优点是推迟了企业调入资金支付汇票的实际所需时间。这样企业就只需在银行中保持较少的现金余额。它的缺点是某些供应商可能并不喜欢用汇票付款,银行也不喜欢处理汇票,它们通常需要耗费更多的人力。同支票相比,银行会收取较高的手续费。

4. 改进员工工资支付模式

企业可以为支付工资专门设立一个工资账户,通过银行向职工支付工资。为了最大限度地减少工资账户的存款余额,企业要合理预测开出支付工资的支票到职工去银行兑现的具体时间。

5. 透支

企业开出支票的金额大于活期存款余额。它实际上是银行向企业提供的信用。透支的限额,由银行和企业共同商定。

6. 争取现金流出与现金流入同步

企业应尽量使现金流出与流入同步,这样,就可以降低交易性现金余额,同时可以减少有价证券转换为现金的次数,提高现金的利用效率,节约转换成本。

7. 使用零余额账户

即企业与银行合作,保持一个主账户和一系列子账户,企业只在主账户保持一定的安全储备,而在一系列子账户不需要保持安全储备。当从某个子账户签发的支票需要现金时,所需要的资金立即从主账户划拨过来,从而使更多的资金可以用作他用。

企业若能有效控制现金支出,同样可带来大量的现金结余。控制现金支出的目标是在不损害企业信誉条件下,尽可能推迟现金的支出。

# 任务 7-3 应收账款管理

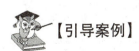
【引导案例】

## 应收账款有成本吗?

销售员肖兵认为,赊销可以增加收入,只要客户愿意购买自己的产品,即使是赊销也可以。

他认为只要产品利润大于客户应收账款资金占用的利息,企业就是划算的。比如,赊销100万元产品,扣除该产品相应成本80万元,利润20万元,100万元应收账款在信用期间的利息为2万元,则企业还有剩余利润18万元。你认为肖兵的计算是否存在问题?应收账款的成本仅仅只有资金占用成本吗?

【任务7-3学习目标】

1. 掌握应收账款成本的构成及其计算。
2. 掌握信用政策的内容。
3. 掌握信用政策决策。
4. 了解应收账款的监控以及日常管理。

【学习案例】

金立公司目前采用30天按发票金额付款的信用政策,年赊销额为3 600万元,坏账损失率为赊销额的2%,收账费用为10万元。假设该公司变动成本率为60%,等风险投资的最低报酬率为10%(即资金成本率)。公司拟调整信用条件,调整方案如下:

方案1:将信用期延长至60天,年赊销额增至4 500万元,坏账损失率为3%,收账费用为12万元;

方案2:将信用期延长至60天,为了吸引顾客尽早付款,给出了(2/10, 1/30, n/60)的现金折扣条件,年赊销额增至4 800万元,坏账损失率为1%,收账费用为6万元。公司估计有50%的顾客会在10天内付款,30%的顾客会在10以后30天以内付款。

案例分析问题:

1. 计算金立公司目前应收账款的机会成本;
2. 计算原方案、方案1和方案2的信用成本前收益以及信用成本,并作出方案的选择。

应收账款,是企业因对外赊销产品、材料、供应劳务等应向购货或接受劳务单位收取的款项。应收账款主要功能是促进销售和减少存货。然而赊销也有不利的一面,因为赊销必然要发生信用成本。由于受多种因素的影响,部分赊销货款可能不会及时收回,必然会增加收账费用和坏账损失。同时,企业增加应收账款,也会增加资金占用的机会成本,使企业的赢利下降。

## 一、应收账款的成本

应收账款的成本包括机会成本、管理成本、坏账成本。

### (一) 机会成本

机会成本,即因资金投放在应收账款上而丧失的其他收入。这一成本的大小通常与企业维持赊销业务所需要的资金数量(即应收账款投资额)、资金成本率有关。应收账款机会成本可通过以下公式计算得出:

应收账款机会成本=赊销业务所需资金×资金成本率

赊销业务所需资金=应收账款平均余额×变动成本率

应收账款平均余额=平均每日赊销额×平均收账天数

平均每日赊销额=年赊销额/360

上式中,平均收账天数一般按客户各自赊销额占总赊销额比重为权数的所有客户收账天数的加权平均数计算;资金成本率一般可按有价证券利息率计算。

【案例分析 7－4】

根据学习案例资料可知,金立公司目前年赊销额为 3 600 万元,应收账款平均收账天数为 30 天,变动成本率为 60%,资金成本率为 10%,一年按 360 天计算,则:

$$应收账款平均余额 = 3600/360 \times 30 = 300(万元)$$
$$维持赊销业务所需资金 = 300 \times 60\% = 180(万元)$$
$$应收账款机会成本 = 180 \times 10\% = 18(万元)$$

(二) 管理成本

管理成本,即对应收账款进行日常管理而耗费的开支,主要包括对客户的资信调查费用、应收账款账簿记录费用、收账费用等。

(三) 坏账成本

坏账成本,即因应收账款无法收回而给企业带来的损失。这一成本一般与应收账款数量同方向变动,即应收账款越多,坏账成本也越多。基于此,为规避发生坏账成本给企业生产经营活动的稳定性带来的不利影响,企业应合理提取坏账准备。

## 二、信用政策

信用政策即应收账款的管理政策,是指企业为应收账款投资进行规划与控制而确立的基本原则与行为规范,包括信用标准、信用期间和现金折扣政策等内容。

(一) 信用标准

信用标准,是客户获得企业商业信用所应具备的最低条件,通常以预期的坏账损失率表示。对信用标准进行定性分析的目的在于制定或选择信用标准。企业的信用标准必须合理,如果过高会使企业客户减少,虽然违约风险和收账费用降低了,但同时不利于企业的销售收入的扩大和竞争能力的提高;相反,信用标准过低,虽然有利于企业扩大销售、提高市场竞争力和占有率,但同时也会导致加大坏账损失风险和增加收账费用。

影响信用标准的基本因素包括:

(1) 同行业竞争对手的情况。面对竞争对手,企业首先考虑的是如何在竞争中处于优势地位,保持并不断扩大市场占有率。如果企业的竞争对手实力很强,企业欲取得或保持优势地位,就需要采取较低(相对于竞争对手)的信用标准;反之,其信用标准可以相应严格一些。

(2) 企业承担风险的能力。当企业承受违约风险能力较强时,可以选择较宽松的信用标准,以争取更多客户,扩大市场份额;反之,当企业承受违约风险能力较弱时,应选择较严格的信用标准,采取稳健经营策略。

(3) 客户的资信程度。企业在制定信用标准时,必须对客户的资信程度进行调查、分析,然后在此基础上,判断客户的信用等级并决定是否给予客户信用优惠。客户资信程度的高低通常决定于六个方面,即客户的信用品质、偿付能力、资本、抵押品、经济状况、持续性等,简称"6C"系统。

第一,信用品质。即客户履约或赖账的可能性,这是决定是否给予客户信用的首要因素,这主要通过了解客户以往的付款履约记录进行评价。

第二，偿付能力。顾客的偿债能力取决于流动资产的数量和质量以及与流动负债的比例。一般情况是，企业流动资产越多，其转换为现金支付债务的能力越强。同时，还要注意分析流动资产的质量、流动资产中速动资产的高低，直接反映流动资产的质量和偿债能力。

第三，资本。指客户拥有所有者权益的多少。也就是客户净资产的多少，据以评价客户的财务实力，是客户偿付债务的最终保证。

第四，抵押品。指客户为获得商业信用提供可作为资信安全保证的资产。企业在不了解客户品质的情况下，可以凭客户提供的抵押品给予其商业信用。能够作为信用担保的抵押物必须为客户实际所有，并具有较大变现能力的财产。

第五，经济状况。指可能影响顾客付款能力的经济环境，如万一出现经济不景气，会对顾客的付款产生什么影响，顾客会如何做等。

第六，持续性。即企业经营政策的连续性与稳定性。好的企业，其经营都是相对稳定的。

对顾客信用标准条件评定的途径主要有两个：一是大型企业设立的专门调查和评估客户信用程度的部门；二是社会上专设的信用资信评估机构的有偿提供。

## （二）信用期间

信用期间是企业允许顾客从购货到付款之间的时间，或者说是企业给予顾客的付款期间。例如，若某企业允许顾客在购货后的 50 天内付款，则信用期为 50 天，信用期过短，不足以吸引顾客，在竞争中会使销售额下降；信用期过长，对销售额增加固然有利，但只顾及销售增长而盲目放宽信用期，所得到的收益有时会被增长的费用抵消，甚至造成利润减少。因此，企业必须慎重研究，确定出恰当的信用期。

信用期的确定，主要是分析改变现行信用期对收入和成本的影响。延长信用期，会使销售额增加，产生有利影响；与此同时，应收账款、收账费用和坏账损失增加，会产生不利影响。当前者大于后者时，可以延长信用期，否则不宜延长。如果缩短信用期，情况与此相反。

## （三）折扣条件

现金折扣是企业对顾客在商品价格上的扣减。向顾客提供这种价格上的优惠，主要目的在于吸引顾客为享受优惠而提前付款，缩短企业的平均收款期。另外，现金折扣也能招揽一些视折扣为减价出售的顾客前来购货，借此扩大销售量。

折扣的表示常用如（5/10、3/20、N/30）这样的符号。这三个符号的含义分别为：5/10 表示 10 天内付款，可享受 5％的价格优惠，即只需支付原价的 95％，如原价为 10 000 元，只需支付 9 500 元；3/20 表示 20 天内付款，可享受 3％的价格优惠，即只需支付原价的 97％，若原价为 10 000 元，则只需支付 9 700 元；N/30 表示付款的最后期限为 30 天，此时付款无优惠。

企业采用什么程度的现金折扣，要与信用期间结合起来考虑。比如，要求顾客最迟不超过 30 天付款，若希望顾客 20 天、10 天付款，能给予多大折扣？或者给予 5％、3％的折扣，能吸引顾客在多少天内付款？不论是信用期间还是现金折扣，都可能给企业带来收益，但也会增加成本。现金折扣带给企业的好处前面已经讲过，它使企业增加的成本，则指的是价格折扣损失。当企业给予顾客某种现金折扣时，应当考虑折扣所能带来的收益与成本孰高孰低，权衡利弊。

当企业需要改变原有信用政策下的信用期间和现金折扣政策时,实质是在原有信用政策和拟改变的信用政策之间作出决策,决策的依据是比较各个信用政策下的信用成本前收益与信用成本的差额,即比较扣除信用成本后的收益,谁大就选择谁。扣除信用成本后的收益的计算程序如下:

1. 信用成本前的收益计算

$$信用成本前的收益 = 年赊销额 \times (1 - 变动成本率)$$

2. 信用成本的计算

信用成本包括应收账款机会成本、管理成本(收账费用)、坏账费用和现金折扣损失等。

(1) 应收账款占用资金机会成本。

$$应收账款占用资金的机会成本 = \frac{年赊销额}{360} \times 信用期间或平均收现期 \times 变动成本率 \times 资本成本$$

如果存在现金折扣,则平均收现期的计算以顾客付款概率为权数进行计算。如某企业现金折扣条件为(2/10,1/30,n/50),估计有50%的顾客在10天内付款,30%的顾客在10—30天内付款,20%的顾客在30—50天内付款,则:

$$平均收现期 = 10 \times 50\% + 30 \times 30\% + 50 \times 20\% = 24(天)$$

(2) 管理费用(一般为收账费用)。

(3) 坏账费用。

$$坏账费用 = 年赊销额 \times 坏账损失率$$

(4) 现金折扣损失。

$$现金折扣损失 = 年赊销额 \times 平均现金折扣率$$

平均现金折扣的计算以顾客享受折扣的概率为权数进行计算,如某企业现金折扣条件为(2/10,1/30,n/50),估计有50%的顾客在10天内付款,30%的顾客在10—30天内付款,20%的顾客在30—50天内付款,则:

$$平均现金折扣率 = 2\% \times 50\% + 1\% \times 30\% + 0 \times 20\% = 1.3\%$$

3. 扣除信用成本后的收益

$$扣除信用成本后的收益 = 信用成本前的收益 - 信用成本$$

4. 比较选择

将原信用政策和拟改变的信用政策的扣除信用成本后的收益进行比较,如果改变信用政策后的扣除信用成本收益大,则应改变信用政策,否则,不改变。

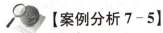
【案例分析 7-5】

根据学习案例资料,利用 Excel 计算金立公司目前信用政策和拟改变信用政策下的信用成本前收益和信用成本,在工作表中的 A1:D18 区域建立应收账款决策计算表,具体计算及结果见图 7-10。

## 应收账款决策计算表

| | A | B | C | D |
|---|---|---|---|---|
| 1 | | 应收账款决策计算表 | | |
| 2 | 方案\项目 | 目前信用条件（n/30） | 拟采用信用条1（n/60） | 拟采用信用条件2（2/10, 1/30, n/60） |
| 3 | 年赊销额(万元) | 3600 | 4500 | 4800 |
| 4 | 变动成本率 | 60% | 60% | 60% |
| 5 | 资金成本率 | 10% | 10% | 10% |
| 6 | 坏账损失率 | 2% | 3% | 1% |
| 7 | 应收账款平均收账天数 | 30 | 60 | 26 |
| 8 | 应收账款平均余额 | 300 | 750 | 346.67 |
| 9 | 维持赊销业务所需要资金 | 180 | 450 | 208.00 |
| 10 | 平均现金折扣率 | 0 | 0 | 1.300% |
| 11 | 信用成本前收益 | 1440 | 1800 | 1920 |
| 12 | 信用成本: | | | |
| 13 | 应收账款的机会成本 | 18 | 45 | 20.8 |
| 14 | 现金折扣损失 | 0 | 0 | 62.4 |
| 15 | 坏账损失 | 72 | 135 | 48 |
| 16 | 收账费用 | 10 | 12 | 6 |
| 17 | 信用成本合计 | 100 | 192 | 137.2 |
| 18 | 扣除信用成本后的收益 | 1340 | 1608 | 1782.8 |

图 7-10 应收账款决策

说明：(1) 在单元格 D7 中输入公式：=10＊50％+30＊30％+60＊20％，回车，计算结果为 24；
(2) 在单元格 B8 中输入公式：=(B3/360)＊B7，回车，计算结果为 300。C8、D8 引用 B7；
(3) 在单元格 B9 中输入公式：=B8＊B4，回车，计算结果为 180。C9、D9 引用 B9；
(4) 在单元格 D10 中输入公式：=2％＊50％+1％＊30％+0＊20％，回车，计算结果为 1.3％；
(5) 在单元格 B11 中输入公式：=B3＊(1-B4)，回车，计算结果为 1 440。C11、D11 引用 B11；
(6) 在单元格 B13 中输入公式：=B9＊B5，回车，计算结果为 18。C13、D13 引用 B13；
(7) 在单元格 B14 中输入公式：=B3＊B10，回车，计算结果为 0。C14、D14 引用 B14；
(8) 在单元格 B15 中输入公式：=B3＊B6，回车，计算结果为 72。C15、D15 引用 B15；
(9) 在单元格 B17 中输入公式：=SUM(B13:B16)，回车，计算结果为 100。C17、D17 引用 B17；
(10) 在单元格 B18 中输入公式：=B11-B17，回车，计算结果为，1 340。C18、D18 引用 B18。

根据各个方案的扣除信用成本后的收益的计算结果可知，金立公司拟改变的两个信用政策方案均优于原方案，而在拟改变的两个方案中，有现金折扣的方案 2 收益更大，因此，金立公司应该选择(2/10, 1/30, n/60)的信用政策。

### 三、应收账款的监控

实施信用政策时，企业应当监督和控制每一笔应收账款和应收账款总额。例如，可以运用应收账款周转天数衡量企业需要多长时间收回应收账款，可以通过账龄分析表追踪每一笔应收账款，可以采用 ABC 分析法来确定重点监控的对象等。

企业也必须对应收账款的总体水平加以监督，因为应收账款的增加会影响企业的流动性，还可能导致额外融资的需要。此外，应收账款总体水平的显著变化可能表明业务方面发生了改变，这可能影响公司的融资需要和现金水平。企业管理部门需要分析这些变化以确定其起因并采取纠正措施。可能引起重大变化的事件包括销售量的变化、季节性、信用标准政策的修改、经济状况的波动以及竞争对手采取的促销等行动。最后，对应收账款总额进行分析还有助于预测未来现金流入的金额和时间。

（一）应收账款周转天数

应收账款周转天数或平均收账期是衡量应收账款管理状况的一种方法。应收账款周转天数的计算方法为：将期末在外的应收账款除以该期间的平均日赊销额。应收账款周转天数提供了一个简单的指标，将企业当前的应收账款周转天数与规定的信用期限、历史趋势以及行业正常水平进行比较，可以反映企业的整体收款效率。然而，应收账款周转天数可能会被销售量的变动趋势和销售的剧烈波动以及季节性销售所破坏。

**【案例分析7-6】**

假设某公司201*年6月底的应收账款余额为300 000元，信用条件为在60天按全额付清货款，过去三个月的赊销情况为：

4月份：100 000.00元
5月份：110 000.00元
6月份：120 000.00元

应收账款周转天数的计算：

平均日销售额＝(100 000＋110 000＋120 000)÷90＝3 666.67(元)

应收账款周转天数＝期末应收账款余额÷平均日赊销额＝300 000÷3 666.67
≈81.82(天)

平均逾期天数的计算：

平均逾期天数＝应收账款周转天数－平均信用期天数＝81.82－60＝21.82(天)

（二）账龄分析表

账龄分析表将应收账款划分为未到信用期的应收账款和以30天为间隔的逾期应收账款，这是衡量应收账款管理状况的另外一种方法。企业既可以按照应收账款总额进行账龄分析，也可以分顾客进行账龄分析。账龄分析表可以确定逾期应收账款，随着逾期时间的增加，应收账款收回的可能性变小。假定信用期限为30天，表7-3中的账龄分析表反映出30%的应收账款为逾期收款。

表7-3 账龄分析表

| 账龄（天） | 应收账款金额（万元） | 占应收账款总额的百分比(%) |
| --- | --- | --- |
| 信用期内 | 600 | 60 |
| 超过信用期1个月 | 200 | 20 |
| 超过信用期2个月 | 100 | 10 |
| 超过信用期2个月以上 | 100 | 10 |
| 合　　计 | 1 000 | 100 |

账龄分析表比计算应收账款周转天数更能揭示应收账款变化趋势，因为账龄分析表给出了应收账款分布的模式，而不仅仅是一个平均数。应收账款周转天数有可能与信用期限相一致，但是有一些账户可能拖欠很严重。因此应收账款周转天数不能明确地表现出账款拖欠情

况。当各个月之间的销售额变化很大时,账龄分析表和应收账款周转天数都可能发出类似的错误信号。

（三）应收账款账户余额的模式

账龄分析表可以用于建立应收账款余额的模式,这是重要的现金流预测工具。应收账款余额的模式反映一定期间（如1个月）的赊销额在发生赊销的当月月末及随后的各月仍未偿还的百分比。企业收款的历史决定了其正常的应收账款余额的模式。企业管理部门通过将当前的模式和过去的模式进行对比来评价应收账款余额模式的任何变化。企业还可以运用应收账款账户余额的模式来进行应收账款金额水平的计划,衡量应收账款的收账效率以及预测未来的现金流。

【案例分析 7-7】

下面的例子说明 1 月份的销售在 3 月末应收账款为 50 000 元。具体计算见表 7-4。

表 7-4 各月份销售及收款情况表

单位：元

| | | | |
|---|---|---|---|
| 1月份销售： | | | 250 000.00 |
| 1月份收款（销售额的5%） | 0.05×250 000 | = | 12 500.00 |
| 2月份收款（销售额的40%） | 0.40×250 000 | = | 100 000.00 |
| 3月份收款（销售额的35%） | 0.35×250 000 | = | 87 500.00 |
| 收款合计： | | | 200 000.00 |
| 1月份的销售仍未收回的应收账款： | 250 000－200 000 | = | 50 000.00 |

计算未收回应收账款的另一个方法是将销售三个月后未收回销售额的百分比（20%）乘以销售额 250 000 元,即

$$0.2 \times 250\ 000 = 50\ 000（元）$$

## 四、应收账款日常管理

应收账款的管理难度比较大,在确定合理的信用政策之后,还要做好应收账款的日常管理工作,包括对客户的信用调查和分析评价、应收账款的催收工作等。

（一）调查客户信用

信用调查是指收集和整理反映客户信用状况的有关资料的工作。信用调查是企业应收账款日常管理的基础,是正确评价客户信用的前提条件。企业对顾客进行信用调查主要通过两种方法。

1. 直接调查

是指调查人员通过与被调查单位进行直接接触,通过当面采访、询问、观看等方式获取信用资料的一种方法。直接调查可以保证收集资料的准确性和及时性,但也有一定的局限,往往获得的是感性资料,若不能得到被调查单位的合作,则会使调查工作难以开展。

2. 间接调查

间接调查是以被调查单位以及其他单位保存的有关原始记录和核算资料为基础,通过加工整理获得被调查单位信用资料的一种方法。这些资料主要来自以下四个方面。

(1) 财务报表。通过财务报表分析,可以基本掌握一个企业的财务状况和信用状况。

(2) 信用评估机构。专门的信用评估部门,因为它们的评估方法先进,评估调查细致,评估程序合理,所以可信度较高。

(3) 银行。银行是信用资料的一个重要来源,许多银行都设有信用部,为其顾客服务,并负责对其顾客信用状况进行记录、评估。但银行的资料一般仅愿意在内部及同行进行交流,而不愿向其他单位提供。

(4) 其他途径。如财税部门、工商管理部门、消费者协会等机构都可能提供相关的信用状况资料。

(二) 评估客户信用

收集好信用资料以后,就需要对这些资料进行分析、评价。企业一般采用"5C"系统来评价,并对客户信用进行等级划分。在信用等级方面,目前主要有两种:一种是三类九等,即将企业的信用状况分为 AAA、AA、A、BBB、BB、B、CCC、CC、C 九等,其中 AAA 为信用最优等级,C 为信用最低等级。另一种是三级制,即分为 AAA、AA、A 三个信用等级。

(三) 收款的日常管理

应收账款发生后,企业应采取各种措施,尽量争取按期收回款项,否则会因拖欠时间过长而发生坏账,使企业蒙受损失。因此,企业必须在对收账的收益与成本进行比较分析的基础上,制定切实可行的收账政策。通常企业可以采取寄发账单、电话催收、派人上门催收、法律诉讼等方式进行催收应收账款,然而催收账款要发生费用,某些催款方式的费用还会很高。一般说来,收账的花费越大,收账措施越有力,可收回的账款应越多,坏账损失也就越小。因此制定收账政策,又要在收账费用和所减少坏账损失之间作出权衡。制定有效、得当的收账政策很大程度上靠有关人员的经验;从财务管理的角度讲,也有一些数量化的方法可以参照。根据应收账款总成本最小化的原则,可以通过比较各收账方案成本的大小对其加以选择。

(四) 应收账款保理

保理是保付代理的简称,是指保理商与债权人签订协议,转让其对应收账款的部分或全部权利与义务,并收取一定费用的过程。

应收账款保理是企业将赊销形成的未到期应收账款在满足一定条件的情况下,转让给保理商,以获得银行的流动资金支持,加快资金的周转。保理可以分为有追索权保理(非买断型)和无追索权保理(买断型)、明保理和暗保理、折扣保理和到期保理。

有追索权保理是指供应商将债权转让给保理商,供应商向保理商融通资金后,如果购货商拒绝付款或无力付款,保理商有权向供应商要求偿还预付的现金,如购货商破产或无力支付,只要有关款项到期未能收回,保理商都有权向供应商进行追索,因而保理商具有全部"追索权",这种保理方式在我国采用较多。无追索权保理是指保理商将销售合同完全买断,并承担全部的收款风险。

明保理是指保理商和供应商需要将销售合同被转让的情况通知购货商,并签订保理商、供应商、购货商之间的三方合同。暗保理是指供应商为了避免让客户知道自己因流动资金不足而转让应收账款,并不将债权转让情况通知客户,货款到期时仍由销售商出面催款,再向银行偿还借款。

折扣保理又称为融资保理,即在销售合同到期前,保理商将剩余未收款部分先预付给销售商,一般不超过全部合同额的70%—90%。到期保理是指保理商并不提供预付账款融资,而是在赊销到期时才支付,届时不管货款是否收到,保理商都必须向销售商支付货款。

## 任务7-4 存货管理

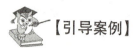

**【引导案例】**

### 海尔的营运资金管理

零库存、零距离、零运营资本是海尔营运资金管理的目标。海尔会通过具体措施实现这三个目标。

1. 海尔通过三个JIT,实现零库存管理。(1) JIT采购。就是需要多少,采购多少;通过国家化分供方,采购到完成订单最需要的零部件和原材料。(2) JIT送料。在海尔,仓库只是一个配送站。海尔规定,在仓库存放的所有物料从采购进来到车间的制造系统不能超过7天。海尔立体库的零部件一般只存放3天。(3) JIT配送。海尔在全国建议物流中心系统,无论任何地方,海尔都可以送货。

2. 零距离,即根据用户的需求拿到订单,再以最快的速度满足需求。这与商流有关,商流是以空间消灭时间。用户在网上订货,海尔根据订单送货,流程便结束。如果没有零距离,不知道用户的需求,那么企业所有的工作都是徒劳。

企业在给分供方的付款期到来之前,会先把用户的货款拿来,因为企业是根据用户的订单来制造的,这就使企业进入良性运作的过程。

3. 为实现零营运资本的管理的目标,海尔着重从以下三方面入手。

(1) 现金管理方面。海尔有一个观念:"现金流第一,利润第二。"

(2) 存货管理方面。原材料的占用,中国家电企业一般为10天,三星中国能做到8.5天,而海尔可以做到7天。海尔成品库存的天数,约为20天,也低于中国家电一般企业。

(3) 应收账款管理方面。海尔的做法是先有订单后有生产,现款现货,但给供应商的付款按惯例有一个账期,到期就在网上支付。张瑞敏每个月都要出国一次,去不同的国家,所做的事就扣准一条:减少国外的应收账款,加快国外资金周转。

**【任务7-4学习目标】**

1. 了解存货的功能。
2. 掌握持有存货的成本。
3. 掌握经济订货量的基本模型和扩展模型的有关计算。
4. 了解存货ABC控制法。

**【学习案例】**

华能公司有两个车间,其材料和零部件的需求情况如下:

1. 一车间每年需要A材料4 900千克,该材料单价为20元,单位储存成本为2元,一次订货成本为36元。正常情况下,每次订货从订货单发出到材料入库的时间为10天,即送货期为10天。

2. 二车间年需要甲零件为3 600件,单价为10元,一次订货成本为25元,单位储存成本为2元,平均交货时间为10天,在交货期内,每日送货量为30件。

3. 如果二车间需要的甲零件在交货期内一次性到货而不是陆续到货,则利用经济订货量基本模型计算得到最佳订货量$Q^*$为300件,最佳订货次数为12次。假设在交货期内二车间对甲材料的需要量及概率分布如表7-5所示,在交货期内,单位缺货成本为4元。

表7-5 甲零件在交货期内的需要量及其概率分布

| 日需要量 | 70 | 80 | 90 | 100 | 110 | 120 | 130 |
|---|---|---|---|---|---|---|---|
| 概率 | 0.01 | 0.04 | 0.2 | 0.5 | 0.2 | 0.04 | 0.01 |

**案例分析问题:**

1. 根据资料1,计算华能公司一车间A材料的经济订货量、与经济订货量有关的总成本、最佳订货次数、最佳订货周期、经济订货量所占用的资金以及再订货点。

2. 根据资料2,计算华能公司二车间甲零件的经济订货量、与经济订货量有关的总成本、最佳订货次数、最佳订货周期、经济订货量所占用的资金以及再订货点。

3. 根据资料3,确定二车间甲零件的保险储备量。

存货,是指企业在日常活动中持有以备出售的产成品或商品、处在生产过程中的在产品、在生产过程或提供劳务过程中耗用的材料和物料等。存货管理水平的高低直接影响着企业的生产经营能否顺利进行,并最终影响企业的收益、风险等状况。因此,存货管理是财务管理的一项重要内容。存货管理的目标,就是要尽力在各种存货成本与存货效益之间作出权衡,在充分发挥存货功能的基础上,降低存货成本,实现两者的最佳组合。

# 一、存货的功能

存货的功能是指存货在企业生产经营过程中起到的作用。具体包括以下五个方面。

## (一)保证生产正常进行

生产过程中需要的原材料和在产品,是生产的物质保证,为保障生产的正常进行,必须储备一定量的原材料,否则可能会造成生产中断、停工待料的现象。

## (二)有利于销售

一定数量的存货储备能够增加企业在销售方面的机动性和适应市场变化的能力。当企业市场需求量增加时,若产品储备不足就有可能失去销售良机,所以保持一定量的存货是有利于市场销售的。

## (三)便于维持均衡生产,降低产品成本

有些企业产品属于季节性产品或者需求波动较大的产品,此时若根据需求状况组织生产,则可能有时生产能力得不到充分利用,有时又超负荷生产,这会造成产品成本的上升。

## (四)降低存货取得成本

一般情况下,当企业进行采购时,进货总成本与采购物资的单价和采购次数有密切关系。而许多供应商为鼓励客户多购买其产品,往往在客户采购量达到一定数量时,给予价格折扣,

所以企业通过大批量集中进货,既可以享受价格折扣,降低购置成本,也因减少订货次数,降低了订货成本,使总的进货成本降低。

（五）防止意外事件的发生

企业在采购、运输、生产和销售过程中,都可能发生意料之外的事故,保持必要的存货保险储备,可以避免和减少意外事件的损失。

## 二、存货的持有成本

存货成本主要包括取得成本、储存成本和缺货成本。

（一）取得成本

取得成本指为取得某种存货而支出的成本,通常用 $TC_a$ 来表示。其又分为订货成本和购置成本。

1. 订货成本

订货成本指取得订单的成本,如办公费、差旅费、邮资、电报电话费、运输费等支出。订货成本中有一部分与订货次数无关,如常设采购机构的基本开支等,称为固定的订货成本,用 $F_1$ 表示;另一部分与订货次数有关,如差旅费、邮资等,称为订货的变动成本,每次订货的变动成本用 $K$ 表示;订货次数等于存货年需要量 $D$ 与每次进货量 $Q$ 之商。订货成本的计算公式为

$$订货成本 = F_1 + \frac{D}{Q}K$$

2. 购置成本

购置成本指为购买存货本身所支出的成本,即存货本身的价值,经常用数量与单价的乘积来确定。年需要量用 $D$ 表示,单价用 $U$ 表示,于是购置成本为 $DU$。

订货成本加上购置成本,就等于存货的取得成本。其公式可表达为

取得成本＝订货成本＋购置成本＝订货固定成本＋订货变动成本＋购置成本

$$TC_a = F_1 + \frac{D}{Q}K + DU$$

（二）储存成本

储存成本指为保持存货而发生的成本,包括存货占用资金所应计的利息、仓库费用、保险费用、存货破损和变质损失,等等,通常用 $TC_c$ 来表示。

储存成本也分为固定成本和变动成本。固定成本与存货数量的多少无关,如仓库折旧、仓库职工的固定工资等,常用 $F_2$ 表示。变动成本与存货的数量有关,如存货资金的应计利息、存货的破损和变质损失、存货的保险费用等,单位储存变动成本用 $K_c$ 来表示。用公式表达的储存成本为

储存成本＝储存固定成本＋储存变动成本

$$TC_c = F_2 + K_c \frac{Q}{2}$$

（三）缺货成本

缺货成本指由于存货供应中断而造成的损失,包括材料供应中断造成的停工损失、产成品

库存缺货造成的拖欠发货损失和丧失销售机会的损失及造成的商誉损失等;如果生产企业以紧急采购代用材料解决库存材料中断之急,那么缺货成本表现为紧急额外购入成本。缺货成本用 $TC_s$ 表示。

如果以 $TC$ 来表示持有存货的总成本,它的计算公式为

$$TC = TC_a + TC_c + TC_s = F_1 + \frac{D}{Q}K + DU + F_2 + K_c\frac{Q}{2} + TC_s$$

企业存货的最优化,就是使企业存货总成本即上式 $TC$ 值最小。

## 三、最优存货量的确定

### (一) 经济订货量基本模型

经济订货量是指使得持有存货的总成本最低时的订货批量,也称经济批量。

经济订货量基本模型是以如下假设为前提提出的:

(1) 企业一定时期的进货总量可以较为准确地预测;
(2) 存货的耗用或者销售比较均衡;
(3) 存货的价格稳定,且不存在数量折扣优惠;
(4) 每次的进货数量和进货日期完全由企业自行决定,且每当存货量降为零时,下一批存货均能够马上一次到位;
(5) 仓储条件及所需资金不受限制;
(6) 不允许出现缺货情形;
(7) 所需存货市场供应充足,不会因买不到所需存货而影响其他方面。

由于企业不允许缺货,即每当存货数量降至零时,下一批订货便会随即全部购入,故不存在缺货成本。因此与存货订购批量、批次直接相关的就只有取得成本和储存成本两项。持有存货的总成本公式可以简化为

$$TC = F_1 + \frac{D}{Q}K + DU + F_2 + K_c\frac{Q}{2}$$

当 $F_1$、$D$、$K$、$U$、$F_2$、$K_c$ 为常数时,总成本的大小取决于 $Q$,为了求得 $TC$ 的最小值,通过对上式求导演算,得到经济订货量 $Q^*$ 的计算公式(也可以令储存变动成本与订货变动成本相等得到该公式):

$$\text{经济订货量} Q^* = \sqrt{\frac{2KD}{K_c}}$$

这一公式称为经济订货量基本模型,按照这一批量进货,可以使得持有存货总成本最低。

这一模型还可以演化为其他形式:

$$\text{与经济订货量有关的总成本} TC(Q^*) = \sqrt{2KDK_c}$$

$$\text{最佳订货次数} N^* = \frac{D}{Q^*}$$

$$\text{最佳订货周期} T^* = \frac{1}{N^*}$$

$$\text{经济订货量占用资金 } I^* = \frac{Q^*}{2}U$$

经济订货量、变动储存成本、变动订货成本、相关总成本的关系见图 7-11。

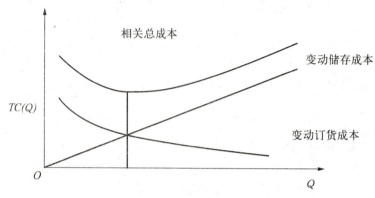

图 7-11 存货持有成本

【案例分析 7-8】

根据学习案例中的资料 1，华能公司一车间 A 材料的有关指标计算如下：

经济订货量 $Q^* = \sqrt{\dfrac{2KD}{K_c}} = \sqrt{\dfrac{2 \times 36 \times 4\,900}{2}} = 420$（千克）

与经济订货量有关的总成本 $TC(Q^*) = \sqrt{2KDK_c} = \sqrt{2 \times 4\,900 \times 36 \times 2} = 840$（元）

最佳订货次数 $N^* = \dfrac{D}{Q^*} = \dfrac{4\,900}{420} = 11.67$（次）

最佳订货周期 $T^* = \dfrac{1}{N^*} = \dfrac{360}{11.67}$（天）$\approx 31$（天）

经济订货量占用资金 $I^* = \dfrac{Q^*}{2}U = \dfrac{420}{2} \times 20 = 4\,200$（元）

### （二）基本模型的扩展

经济订货量的基本模型是在上述假设条件下建立的，在实际工作中，能满足这些假设条件的情况是很少见的。为使该模型更接近于实际，具有较高的可用性，需要对其进行扩展，即放宽假设条件。

**1. 订货提前期**

基本模型中，存货是随买随到，能瞬时供应，但事实上，企业的存货一般不能做到随用随买，因此不能等到存货全部用完之后再去补充，而需要在没有用完之时提前订货。这不影响企业的经济订货量的大小，只是改变了订货的时间。在提前订货的情况下，企业再次发出订货单时，尚有一定的库存量，称为再订货点，我们将这部分库存量用 $R$ 来表示，货物交货时间为 $L$，每日平均用量为 $d$。则再订货点数量为

$$R = L \times d$$

**【案例分析 7-9】**

根据学习案例中的资料1,一车间 A 材料的日需求量:

$$d = \frac{D}{360} = \frac{4\,900}{360} = 13.61(千克)$$

订货日至到货之间的时间(即送货期 $L$)为10天,则:

再订货点 $R = L \times d = 10 \times 13.61 = 136.1(千克)$

在这一段时间里,企业的最佳库存为136.1千克。

再订货点的示意图见图 7-12。

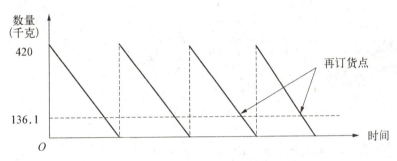

图 7-12 再订货点

当企业在库存量减少到136.1千克时,就应当再次订货,等到下批订货到达时(再次发出订货单10天后),原有的库存刚好用完。此时,除了订货提前之外,经济订货量、订货次数等情况与基本模型无差别。

经济订货量的有关计算也可以在 Excel 中进行计算,将华能公司一车间的有关资料输入工作表中的 A1:F6 区域,见图 7-13。

| | A | B | C | D | E | F |
|---|---|---|---|---|---|---|
| 1 | 华能公司一车间A材料经济定货量基本模型 | | | | | |
| 2 | 年需要量(千克) | 单价(元/千克) | 单位订货成本(元/次) | 单位储存成本(元/千克) | 交货期(天) | |
| 3 | 4900 | 20 | 36 | 2 | 10 | |
| 4 | 模型 | | | | | |
| 5 | 经济订货量(千克) | 存货相关总成本(元) | 最佳订货次数 | 最佳订货周期(天) | 经济订货量占用的资金(元) | 再订货点(千克) |
| 6 | | | | | | |
| 7 | | | | | | |

图 7-13

将结算结果放入单元格 A6:F6,见图 7-14。

**2. 存货陆续供应和使用**

在建立基本模型时,是假设存货一次全部入库,故存货增加时存量变化是一条垂直的直线。事实上,各批存货可能陆续入库,使存量陆续增加。尤其是产成品入库和在产品转移,几乎总是陆续供应和陆续耗用的。在这种情况下,需要对模型进行修改。

设每批订货量为 $Q$,每日送货量为 $P$,每日耗用量为 $d$,则:

| | A | B | C | D | E | F |
|---|---|---|---|---|---|---|
| 1 | 华能公司一车间A材料经济定货量基本模型 | | | | | |
| 2 | 年需要量（千克） | 单价（元/千克） | 单位订货成本（元/次） | 单位储存成本（元/千克） | 交货期（天） | |
| 3 | 4900 | 20 | 36 | 2 | 10 | |
| 4 | 模型 | | | | | |
| 5 | 经济订货量（千克） | 存货相关总成本（元） | 最佳订货次数 | 最佳订货周期（天） | 经济订货量占用的资金（元） | 再订货点（千克） |
| 6 | 420 | 840 | 11.67 | 31 | 4200 | 136.1 |

图 7-14

说明：(1) 在单元格 A6 中输入：=SQRT(2*A3*C3/D3)，回车，结果为 420；
(2) 在单元格 B6 中输入：=SQRT(2*C3*A3*D3)，回车，结果为 840；
(3) 在单元格 C6 中输入：=A3/A6，回车，结果为 11.67；
(4) 在单元格 D6 中输入：=360/C6，回车，结果为 31；
(5) 在单元格 E6 中输入：=A6/2*B3，回车，结果为 4 200；
(6) 在单元格 F6 中输入：=A3/360*10，回车，结果为 136.1。

$$每日入库量 = P - d$$

$$入库天数 = \frac{Q}{P}$$

$$最高库存量 = (P-d) \times \frac{Q}{P} = Q \times \left(1 - \frac{d}{P}\right)$$

$$年平均库存量 = \frac{Q}{2} \times \left(1 - \frac{d}{P}\right)$$

图 7-15 中的 $E$ 表示最高库存量，$\overline{E}$ 表示平均库存量。

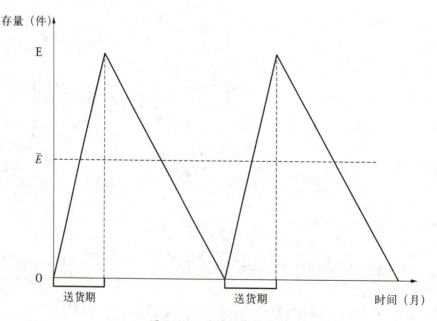

图 7-15 陆续送货模型

这样，与订货量有关的总成本（即订货变动成本与储存变动成本之和）为

$$TC(Q) = \frac{D}{Q}K + \frac{Q}{2}\left(1 - \frac{d}{P}\right)K_c$$

当订货变动成本和储存变动成本相等时,相关总成本最小,此时的订货量即为经济订货量。

$$经济订货量 Q^* = \sqrt{\frac{2KD}{K_c} \times \frac{P}{P-d}}$$

$$与经济订货量相关的总成本 TC(Q^*) = \sqrt{2KDK_c\left(1 - \frac{d}{P}\right)}$$

【案例分析 7–10】

根据学习案例中的资料 2,二车间甲零件为陆续送货,有关指标的计算如下:

$$甲零件每日需要量 d = \frac{D}{360} = \frac{3\,600}{360} = 10(件)$$

$$再订货点 R = L \times d = 10 \times 10 = 100(件)$$

$$经济订货量 Q^* = \sqrt{\frac{2KD}{K_c} \times \frac{P}{P-d}} = \sqrt{\frac{2 \times 25 \times 3\,600}{2} \times \frac{30}{30-10}} = 367(件)$$

$$与经济订货量有关的总成本 TC(Q^*) = \sqrt{2KDK_c\left(1 - \frac{d}{P}\right)}$$

$$= \sqrt{2 \times 3\,600 \times 25 \times 2 \times \left(1 - \frac{10}{30}\right)} = 490(元)$$

$$最佳订货次数 N^* = \frac{D}{Q^*} = \frac{3\,600}{367} = 9.81(次)$$

$$最佳订货周期 T^* = \frac{1}{N^*} = \frac{360}{9.81}(天) \approx 37(天)$$

$$经济订货量占用资金 I^* = \frac{Q^*}{2} \times \left(1 - \frac{d}{P}\right) \times U = \frac{367}{2} \times \left(1 - \frac{10}{30}\right) \times 10 = 1\,223.33(元)$$

本案例的有关计算也可以通过 Excel 进行,具体步骤如下:

第一步,将二车间的已知资料及需要计算的指标输入工作表中 A1:F9 区域,见图 7–16。

| | A | B | C | D | E | F |
|---|---|---|---|---|---|---|
| 1 | 华能公司二车间甲零件经济定货量模型 ||||||
| 2 | 年需要量（件） | 单价（元/件） | 单位订货成本（元/次） | 单位储存成本（元/件） | 交货期（天） | 日送货量（件） |
| 3 | 3600 | 10 | 25 | 2 | 10 | 30 |
| 4 | 基本模型 ||||||
| 5 | 经济订货量（件） | 存货相关总成本（元） | 最佳订货次数 | 最佳订货周期（天） | 经济订货量占用的资金（元） | 日需要量 |
| 6 | | | | | | |
| 7 | 陆续到货模型 ||||||
| 8 | 经济订货量（件） | 存货相关总成本（元） | 最佳订货次数 | 最佳订货周期（天） | 经济订货量占用的资金（元） | |
| 9 | | | | | | |

图 7–16

第二步,在A6：E6各单元格中,计算集中一次到货时,基本模型下的相应指标,计算公式与图7-15相同。

第三步,在A9：E9各单元格中,计算陆续到货时,各相应指标的计算,其结果见图7-17。

| | A | B | C | D | E | F |
|---|---|---|---|---|---|---|
| 1 | 华能公司二车间甲零件经济定货量模型 | | | | | |
| 2 | 年需要量（件） | 单价（元/件） | 单位订货成本（元/次） | 单位储存成本（元/件） | 交货期（天） | 日送货量（件） |
| 3 | 3600 | 10 | 25 | 2 | 10 | 30 |
| 4 | 基本模型 | | | | | |
| 5 | 经济订货量（件） | 存货相关总成本（元） | 最佳订货次数 | 最佳订货周期（天） | 经济订货量占用的资金（元） | 日需要量 |
| 6 | 300 | 600 | 12.00 | 30 | 1500 | 10.0 |
| 7 | 陆续到货模型 | | | | | |
| 8 | 经济订货量（件） | 存货相关总成本（元） | 最佳订货次数 | 最佳订货周期（天） | 经济订货量占用的资金（元） | |
| 9 | 367 | 490 | 9.80 | 37 | 1224.74 | |

图7-17

说明：(1) 在单元格F6中输入：=A3/360,回车,结果为10。
(2) 在单元格A9中输入：=SQRT(2*C3*A3/D3*F3/(F3−F6)),回车,结果为367；
(3) 在单元格B9中输入：=SQRT(2*C3*A3*D3*(F3−F6)/F3),回车,结果为490；
(4) 在单元格C9中输入：=A3/A9,回车,结果为9.8；
(5) 在单元格D9中输入：=360/C9,回车,结果为37；
(6) 在单元格E9中输入：=A9/2*(F3−F6)/F3*B3,回车,结果为1 224.47。

### 3. 保险储备

基本模型假设存货的供需稳定且可以准确预知,即每日需求量不变,供货时间不变。实际上,每日的耗用量和供应量都可能变化,交货时间也可能变化。如果发生需求加大和供应短缺的现象,企业将可能遭受损失。为了防止这种异常情况,企业需要多储备一些存货以备急用,在正常情况下不动用该批存货,只有当存货过量使用或送货延迟时才用。这种储备称为保险储备($B$)。

增加了保险储备这项内容,再订货点$R$相应会提高,即

$$R = L \times d + B$$

建立保险储备,可以使企业避免缺货或供应中断造成的损失,但是存货平均储备量增加会使储备成本升高,因此,企业确定保险储备量时,必须要考虑缺货损失与储备成本,只有使得两者之和最小的保险储备量才是合理的。在实际工作中,保险储备需要专业人士根据工作经验和概率运算求得。

如果设与保险储备有关的总成本为$TC(S,B)$,缺货成本为$C_S$,保险储备成本为$C_B$,则：

$$TC(S,B) = C_S + C_B$$

设单位缺货成本为$Ku$,一次订货缺货量为$S$,年订货次数为$N$,保险储备量为$B$,单位储存成本为$Kc$,则：

$$TC(S,B) = Ku \times S.N + B \times Kc$$

现实中，缺货量 $S$ 的概率可以根据历史经验估计；保险储备 $B$ 可选择确定。

【案例分析 7-11】

根据学习案例中的资料 3，华能公司为了避免在交货期内因为出现需求量增加或者交货延迟而给企业造成缺货损失，公司需要在正常订货点的基础上增加保险储备。二车间日需求量为 10 件，正常情况下，在交货期内（10 天内）的需求量为 100 件，即再订货点 $R$ 为 100 件。如果在交货期内日需求量 $d=10$ 件时，公司不需要动用保险储备；如果日需求量 $d>10$ 件时，公司需要动用保险储备；如果日需求量 $d<10$ 件时，不但不需要动用保险储备，连正常储备 100 件也没有用完，如图 7-18。

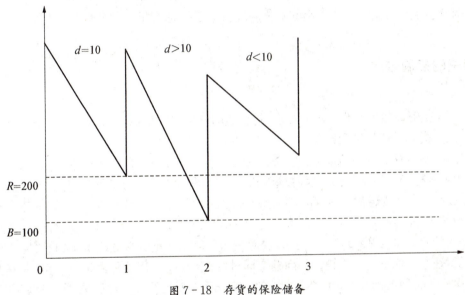

图 7-18 存货的保险储备

华能公司二车间甲零件不同保险储备量下的总成本计算：

(1) 不设置保险储备量。此时 $B=0$，在交货期内，只有日需求量超过正常储备 100 件时，才会出现缺货，则缺货的期望值 $S_0$ 及相关总成本 $TC(S,B)$ 的计算：

$$S_0 = (110-100) \times 0.2 + (120-100) \times 0.04 + (130-100) \times 0.01 = 3.1(件)$$
$$TC(S,B) = Ku \times S \times N + B \times Kc = 4 \times 3.1 \times 12 + 0 \times 2 = 148.8(元)$$

(2) 保险储备量为 10 件。此时 $B=10$，在交货期内，只有日需求量超过正常储备（100 件）与保险储备（10 件）之和（110 件）时，才会出现缺货，则缺货的期望值 $S_0$ 及相关总成本 $TC(S,B)$ 的计算：

$$S_0 = (120-110) \times 0.04 + (130-110) \times 0.01 = 0.6(件)$$
$$TC(S,B) = Ku \times S \times N + B \times Kc = 4 \times 0.6 \times 12 + 10 \times 2 = 48.8(元)$$

(3) 保险储备量为 20 件。此时 $B=20$，在交货期内，只有日需求量超过正常储备（100 件）与保险储备（20 件）之和（120 件）时，才会出现缺货，则缺货的期望值 $S_0$ 及相关总成本 $TC$

$(S, B)$ 的计算：

$$S_0 = (130 - 120) \times 0.01 = 0.1(件)$$
$$TC(S, B) = Ku \times S \times N + B \times Kc = 4 \times 0.1 \times 12 + 20 \times 2 = 44.8(元)$$

(4) 保险储备量为 30 件。此时 $B = 30$，在交货期内，甲零件的储备能满足最大需求，不会发生缺货，因此：

$$S_0 = 0(件)$$
$$TC(S, B) = Ku \times S \times N + B \times Kc = 4 \times 0 \times 12 + 30 \times 2 = 60(元)$$

比较上述不同保险储备下的总成本，最低者为最佳。当保险储备 $B = 20$ 件时，总成本 $TC(S, B) = 44.8$ 元，因此，合理的保险储备量应该确定为 20 件，或者说再订货点确定为 120 件。

上例分析了日需求量变化引起的缺货问题。至于延迟交货导致的缺货问题，其分析方法类似。

## 四、存货的控制方法

### (一) ABC 分类法

ABC 分类管理就是按照一定的标准，将企业的存货划分为 A、B、C 三类，分别实行分品种重点管理、分类别一般控制和按总额灵活掌握的存货管理方法。

首先，要确定存货分类的标准。分类的标准主要有两个：一是金额标准；二是品种数量标准。其中金额标准是最基本的，品种数量标准仅作为参考。A 类存货的特点是金额巨大，但品种数量较少；B 类存货金额一般，品种数量相对较多；C 类存货品种数量繁多，但价值金额却很小。一般而言，三类存货的金额比重大致为 A∶B∶C＝0.7∶0.2∶0.1，而品种数量比重大致为 A∶B∶C＝0.1∶0.2∶0.7。可见，A 类存货占用着企业绝大多数的资金，只要能够控制好 A 类存货，基本上就不会出现较大的问题。同时，由于 A 类存货品种数量较少，企业完全有能力按照每一个品种进行管理。B 类存货金额相对较小，企业不必像对待 A 类存货那样花费太多的精力。同时，由于 B 类存货的品种数量远多于 A 类存货，企业通常没有能力对每一具体品种加以控制，因此可以通过划分类别的方式进行大类管理。C 类存货数量多，资金占用少，不必花费太多精力，一般凭经验管理即可。

然后，在对存货进行 ABC 分类的基础上，企业应分清主次，采取相应的对策进行有效的管理、控制。对于 A 类存货，应保持严密控制，经常检查库存，详细、科学准确地确定该类存货的经济批量及有关定额；对于 C 类存货，可采用比较简化的控制方式进行管理，如集中采购、适当加大安全的存量等，以节约订货费用，同时避免缺货损失；B 类存货的控制介于 A 类和 C 类存货之间，可根据其在生产中的重要程度和采购的难易程度分别采用 A 类和 C 类存货的控制方法。

### (二) 及时生产的存货系统

及时生产系统（Just-in-time System, JIT），是指通过合理规划企业的产供销过程，使从原材料采购到产成品销售每个环节都能紧密衔接，减少制造过程中不增加价值的作业，减少库存，消除浪费，从而降低成本，提高产品质量，最终实现企业效益最大化。

及时生产的存货系统的基本原理是：只有在使用之前才从供应商处进货，从而将原材料或配件的库存数量减少到最小;只有在出现需求或接到订单时才开始生产,从而避免产成品的库存。及时生产的存货系统要求企业在生产经营的需要与材料物资的供应之间实现同步,使物资传送与作业加工速度处于同一节拍,最终将存货降低到最小限度,甚至零库存。

及时生产的存货系统的优点是降低库存成本;减少从订货到交货的加工等待时间,提高生产效率;降低废品率、再加工和担保成本。但及时生产的存货系统要求企业内外部全面协调与配合,一旦供应链破坏,或企业不能在很短的时间内根据客户需求调整生产,企业生产经营的稳定性将会受到影响,经营风险加大。此外,为了保证能够按合同约定频繁小量配送,供应商可能要求额外加价,企业因此丧失了从其他供应商那里获得更低价格的机会收益。

## 任务 7-5 流动负债管理

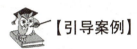
【引导案例】

### 流动负债越多越好?

南通公司是一家民营企业,老板认为长期负债成本太高,还是短期负债好,于是企业无论是购买机器设备还是购买原材料,当资金不足时,老板都去筹集短期借款,只要这些短期债务到期,企业就得想办法筹资金偿还。由此,企业常常处于资金紧张的状态,不断在偿还短期债务。后来,南通公司请了一个财务经理,财务经理认为,长期资产应该筹集长期资金,流动资产才考虑筹集短期债务。老板采纳了财务经理的建议,当企业采购机器设备需要资金时,就采用长期借款或者吸收投资的方式来满足。一段时间后,企业资金紧张的局面得到了缓解。这是什么原因呢?

【任务 7-5 学习目标】

1. 了解短期借款的有关规定。
2. 了解短期融资券的含义、分类以及发行条件和发行程序。
3. 了解商业信用的主要形式,掌握放弃现金折扣的信用决策。
4. 了解流动负债的利弊。

流动负债有三种主要来源:短期借款、短期融资券、商业信用。各种来源具有不同的获取速度、灵活性、成本和风险。

## 一、短期借款

企业的借款通常按其流动性或偿还时间的长短,划分为短期借款和长期借款。短期借款是指企业向银行或其他金融机构借入的期限在1年(含1年)以下的各种借款。短期借款通常包括以下四个方面的内容。

### (一) 信贷额度

信贷额度亦即贷款限额,是借款企业与银行在协议中规定的借款最高限额,信贷额度的有效期限通常为1年。一般情况下,在信贷额度内,企业可以随时按需要支用借款。但是,银行并不承担必须贷款的义务。如果企业信誉恶化,即使在信贷限额内,企业也可能得不到借款。此时,银行不会承担法律责任。

## (二)周转信贷协定

周转信贷协定是银行具有法律义务地承诺提供不超过某一最高限额的贷款协定。在协定的有效期内,只要企业借款总额未超过最高限额,银行必须满足企业任何时候提出的借款要求,但企业要享用周转信贷协定,通常要对贷款限额的未使用部分付给银行一笔承诺费用。

【案例分析 7-12】

某企业与银行商定的周转信贷额度为 3 000 万元,年度内实际使用了 2 500 万元,承诺费率为 0.5%,企业应向银行支付的承诺费为:

$$信贷承诺费 = (3\,000 - 2\,500) \times 0.5\% = 2.5(万元)$$

## (三)补偿性余额

补偿性余额是银行要求借款企业在银行中保持按贷款限额或实际借用额一定比例计算的最低存款余额。对于银行来说,补偿性余额有助于降低贷款风险,补偿其可能遭受的风险;对借款企业来说,补偿性余额则提高了借款的实际利率,加重了企业的负担。

【案例分析 7-13】

某企业向银行借款 1 000 万元,利率为 8%,银行要求保留 10% 的补偿性余额,则企业实际可动用的贷款为 900 万元,该贷款的实际利率为:

$$借款实际利率 = \frac{1\,000 \times 8\%}{900} = \frac{8\%}{1-10\%} = 8.89\%$$

## (四)贴现法计息

银行借款利息的支付方式一般为利随本清法,又称收款法,即在借款到期时向银行支付利息。但有时银行要求采用贴现法,即银行向企业发放贷款时,先从本金中扣除利息,而到期时借款企业再偿还全部本金。采用这种方法,企业可利用的贷款额只有本金扣除利息后的差额部分,从而提高了贷款的实际利率。

【案例分析 7-14】

某企业从银行取得借款 600 万元,期限 1 年,利率 8%,利息 48 万元。按贴现法付息,企业实际可动用的贷款为 552 万元,该借款的实际利率为:

$$借款实际利率 = \frac{600 \times 8\%}{552} = \frac{8\%}{1-8\%} = 8.7\%$$

## 二、短期融资券

### (一)短期融资券及其分类

短期融资券(以下简称融资券),是由企业依法发行的无担保短期本票。在我国,短期融资券是指企业依照《短期融资券管理办法》的条件和程序在银行间债券市场发行和交易的、约定在期限不超过 1 年内还本付息的有价证券。中国人民银行对融资券的发行、交易、登记、托管、结算、兑付进行监督管理。短期融资券按不同标准可进行不同分类。

(1) 按发行人分类,短期融资券分为金融企业的融资券和非金融企业的融资券。在我国,目前发行和交易的是非金融企业的融资券。

(2) 按发行方式分类,短期融资券分为经纪人承销的融资券和直接销售的融资券。非金融企业发行融资券一般采用间接承销方式进行,金融企业发行融资券一般采用直接发行方式进行。

(二) 短期融资券的发行条件

(1) 发行人为非金融企业,发行企业均应经过在中国境内工商注册且具备债券评级能力的评级机构的信用评级,并将评级结果向银行间债券市场公示。

(2) 发行和交易的对象是银行间债券市场的机构投资者,不向社会公众发行和交易。

(3) 融资券的发行由符合条件的金融机构承销,企业不得自行销售融资券,发行融资券募集的资金用于本企业的生产经营。

(4) 对企业发行的融资券施行余额管理,待偿还融资券余额不超过企业净资产的40%。

(5) 融资券采用实名记账方式在中央国债登记结算有限公司(简称中央结算公司)登记托管,中央结算公司负责提供有关服务。

(6) 融资券在债权债务登记日的次一工作日,即可以在全国银行间债券市场的机构投资人之间流通转让。

(三) 短期融资券的发行程序

(1) 公司作出发行短期融资券的决策;

(2) 办理发行短期融资券的信用评级;

(3) 向有关审批机构(中国人民银行)提出发行申请;

(4) 审批机关对企业提出的申请进行审查和批准;

(5) 正式发行短期融资券,取得资金。

(四) 发行短期融资券筹资的特点

(1) 短期融资券的筹资成本较低。相对于发行公司债券筹资而言,发行短期融资券的筹资成本较低。

(2) 短期融资券筹资数额比较大。相对于银行借款筹资而言,短期融资券一次性的筹资数额比较大。

(3) 发行短期融资券的条件比较严格。必须是具备一定信用等级的实力强的企业,才能发行短期融资券筹资。

## 三、商业信用

商业信用是指企业在商品或劳务交易中,以延期付款或预收货款方式进行购销活动而形成的借贷关系,是企业之间的直接信用行为,也是企业短期资金的重要来源。商业信用产生于企业生产经营的商品、劳务交易之中,是一种"自动性筹资"。

(一) 商业信用的形式

1. 应付账款

应付账款是供应商给企业提供的一个商业信用。由于购买者往往在到货一段时间后才付款,商业信用就成为企业短期资金来源。如企业规定对所有账单均见票后若干日付款,商业信用就成为随生产周转而变化的一项内在的资金来源。当企业扩大生产规模,其进货和应付账款相应增长,商业信用就提供了增产需要的部分资金。

商业信用条件常包括以下两种:(1) 有信用期,但无现金折扣。如"$n/30$"表示 30 天内按发票金额全数支付。(2) 有信用期和现金折扣,如"$2/10,n/30$"表示 10 天内付款享受现金折扣 2%,若买方放弃折扣,30 天内必须付清款项。

供应商在信用条件中规定有现金折扣,目的主要在于加速资金回收。企业在决定是否享受现金折扣时,应仔细考虑。通常,放弃现金折扣的成本是高昂的。

(1) 放弃现金折扣的信用成本。倘若买方企业购买货物后在卖方规定的折扣期内付款,可以获得免费信用,这种情况下企业没有因为取得延期付款信用而付出代价。例如,某应付账款规定付款信用条件为"$2/10,n/30$",是指买方在 10 天内付款,可获得 2%的付款折扣,若在 10 天至 30 天内付款,则无折扣;允许买方付款期限最长为 30 天。

**【案例分析 7-15】**

某企业按"$2/10,n/30$"的付款条件购入货物 60 万元。如果企业在 10 天以后付款,便放弃了现金折扣 1.2 万元(60 万元×2%),信用额为 58.8 万元(60 万元－1.2 万元)。放弃现金折扣的信用成本为

放弃折扣的信用成本率:

$$\frac{折扣率}{1-折扣率} \times \frac{360}{信用期-折扣期} = \frac{2\%}{1-2\%} \times \frac{360}{30-10} = 36.74\%$$

上式表明,放弃现金折扣的信用成本率与折扣百分比大小、折扣期长短和付款期长短有关系,与货款额和折扣额没有关系。如果企业在放弃折扣的情况下,推迟付款的时间越长,其信用成本便会越小,但展期信用的结果是企业信誉恶化导致信用度的严重下降,日后可能招致更加苛刻的信用条件。

(2) 放弃现金折扣的信用决策。企业放弃应付账款现金折扣的原因,可能是企业资金暂时的缺乏,也可能是基于将应付的账款用于临时性短期投资,以获得更高的投资收益。如果企业将应付账款额用于短期投资,所获得的投资报酬率高于放弃折扣的信用成本率,则应当放弃现金折扣。

**【案例分析 7-16】**

公司采购一批材料,供应商报价为 1 万元,付款条件为 3/10、2.5/30、1.8/50、$n/90$。目前企业用于支付账款的资金需要在 90 天时才能周转回来,在 90 天内付款,只能通过银行借款解决。如果银行利率为 12%,确定公司材料采购款的付款时间和价格。

根据放弃折扣的信用成本率计算公式,10 天付款方案,放弃折扣的信用成本率为 13.92%;30 天付款方案,放弃折扣的信用成本率为 15.38%;50 天付款方案,放弃折扣的信用成本率为 16.50%。由于各种方案放弃折扣的信用成本率均高于借款利息率,因此初步结论是要取得现金折扣,借入银行借款以偿还货款。

10 天付款方案,得折扣 300 元,用资 9 700 元,借款 80 天,利息 258.67 元,净收益 41.33 元;

30 天付款方案,得折扣 250 元,用资 9 750 元,借款 60 天,利息 195 元,净收益 55 元;

50 天付款方案,得折扣 180 元,用资 9 820 元,借款 40 天,利息 130.93 元,净收益 49.07 元。

总结论:第 30 天付款是最佳方案,其净收益最大。

2. 应计未付款

应计未付款是企业在生产经营和利润分配过程中已经计提但尚未以货币支付的款项。主要包括应付工资、应缴税金、应付利润或应付股利等。以应付工资为例,企业通常以半月或月为单位支付工资,在应付工资已计但未付的这段时间,就会形成应计未付款。它相当于职工给企业的一个信用。应缴税金、应付利润或应付股利也有类似的性质。应计未付款随着企业规模的扩大而增加,企业使用这些自然形成的资金无需付出任何代价。但企业不是总能控制这些款项,因为其支付是有一定时间的,企业不能总拖欠这些款项。所以,企业尽管可以充分利用应计未付款,但并不能控制这些账目的水平。

3. 预收货款

预收货款,是指销货单位按照合同和协议规定,在发出货物之前向购货单位预先收取部分或全部货款的信用行为。购买单位对于紧俏商品往往乐于采用这种方式购货;销货方对于生产周期长、造价较高的商品,往往采用预收货款方式销货,以缓和本企业资金占用过多的矛盾。

(二) 商业信用筹资的优缺点

1. 商业信用筹资的优点

(1) 商业信用容易获得。商业信用的载体是商品购销行为,企业总有一批既有供需关系又有相互信用基础的客户,所以对大多数企业而言,应付账款和预收账款是自然的、持续的信贷形式。商业信用的提供方一般不会对企业的经营状况和风险作严格的考量,企业无需办理像银行借款那样复杂的手续便可取得商业信用,有利于应对企业生产经营之急需。

(2) 企业有较大的机动权。企业能够根据需要,选择决定筹资的金额大小和期限长短,同样要比银行借款等其他方式灵活得多。甚至如果在期限内不能付款或交货时,一般还可以通过与客户的协商,请求延长时限。

(3) 企业一般不用提供担保。通常,商业信用筹资不需要第三方担保,也不会要求筹资企业用资产进行担保。这样,在出现逾期付款或交货的情况时,可以避免像银行借款那样面临的抵押资产被处置的风险,企业的生产经营能力在相当长的一段时间内不会受到限制。

2. 商业信用筹资的缺点

(1) 商业信用筹资成本高。尽管商业信用的筹资成本是一种机会成本,但由于商业信用筹资属于临时性筹资,其筹资成本比银行信用要高。

(2) 容易恶化企业的信用水平。商业信用的期限短,还款压力大,对企业现金流量管理的要求很高。如果长期和经常性地拖欠账款,会造成企业的信誉恶化。

(3) 受外部环境影响较大。商业信用筹资受外部环境影响较大,稳定性较差,即使不考虑机会成本,也是不能无限利用的。一是受商品市场的影响,如当求大于供时卖方可能停止提供信用。二是受资金市场的影响,当市场资金供应紧张或有更好的投资方向时,商业信用筹资就可能遇到障碍。

## 四、流动负债的利弊

(一) 流动负债的经营优势

理解流动负债(期限在 1 年或 1 年以内)和长期负债(期限在 1 年以上)的优势和劣势相当

重要。除了成本和风险的不同,为流动资产融资时使用短期和长期负债之间还存在经营上的不同。

流动负债的主要经营优势包括:容易获得,具有灵活性,能有效地为季节性信贷需要进行融资。这创造了需要融资和获得融资之间的同步性。另外,短期借款一般比长期借款具有更少的约束性条款。如果仅在一个短期内需要资金,以短期为基础进行借款可以使企业维持未来借款决策的灵活性。如果一个企业签订了长期借款协议,该协议规定了约束性条款、大量的预付成本和(或)信贷合约的初始费用,那么流动负债就不具有那种灵活性。

流动负债的一个主要使用方面是为季节性行业的流动资产进行融资。为了满足增长的需要,一个季节性企业必须增加存货和(或)应收账款。流动负债是为流动资产中的临时性的、季节性的增长进行融资的主要工具。

（二）流动负债的经营劣势

流动负债的一个经营劣势是需要持续地重新谈判或滚动安排负债。贷款人由于企业财务状况的变化,或整体经济环境的变化,可能在到期日不愿滚动贷款,或重新设定信贷额度。而且,提供信贷额度的贷款人一般要求,用于为短期营运资金缺口而筹集的贷款,必须每年支付至少1—3个月的全额款项,这1—3个月被称为结清期。贷款人之所以这么做,是为了确认企业是否在长期负债是合适的融资来源时仍然使用流动负债。许多企业的实践说明,使用短期贷款来为永久性流动资产融资是一件危险的事情。

【任务7学习小结】

本章主要涉及以下内容:

1. 现金管理的根本目标是在仍然保证企业高效、高质地开展经营活动的情况下,尽可能地保持最低现金占用量。最佳现金持有量是现金管理的重要问题,利用成本模式、存货模式和随机模式都可以确定企业的最佳持有量。

2. 应收账款是流动资产中的一个重要项目。应收账款有增加销售、扩大市场占有率和减少存货、提高资金利用效率的功能,但又会增加信用成本。应收账款管理的目标是在发挥应收账款强化竞争、扩大销售功能效应的同时,尽可能降低投资的机会成本、坏账损失与管理成本,最大限度地提高应收账款投资的效益。信用政策是企业财务政策的一个重要组成部分,主要包括信用标准、信用期间和现金折扣条件等内容。

3. 存货管理在流动资产管理中占有非常重要的地位。存货管理的目标就是要在充分发挥存货功能的前提下,不断降低存货成本,以最低的存货成本保障企业生产经营的顺利进行。经济订货量的计算有基本模型和扩展模型,经济订货量下存货的总成本为最低。存货管理监控有 ABC 分类管理法、零存货与即时管理等。

【基本概念】

营运资金　信用政策　取得成本　订货成本　储存成本

【思考题】

1. 简述营运资金的概念、特点、原则以及营运资金战略。
2. 现金持有动机有哪些?目标现金确定的方法有哪些?在什么情况下适用?

3. 应收账款的成本包括哪些?
4. 应收账款信用政策有哪些? 简述信用决策的程序。
5. 简述存货的功能。
6. 存货成本有哪些? 与存货决策有关的成本有哪些?
7. 什么是存货的经济订货量? 存货经济订货量基本模型的假设条件哪些?
8. 什么是 ABC 分类管理? 其划分的标准是什么?
9. 短期借款的有关规定有哪些?
10. 简述短期融资券的含义、分类以及发行条件和发行程序。
11. 简述商业信用主要形式,简述流动负债的利弊。

## 【实训项目】

见配套教材《财务管理综合练习与实训》。

# 任务 8
# 收益与分配管理

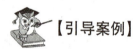【学习目标】

- 掌握收益分配的基本原则
- 掌握确定收益分配政策时应考虑的因素
- 了解股利理论
- 掌握各种股利政策的基本原理、优缺点和适用范围
- 掌握股利分配的程序
- 掌握股利分配方案的确定
- 熟悉股利的发放程序
- 熟悉股票股利的含义和优点
- 了解股票分割的含义、特点及作用
- 了解股票回购的含义、动机、方式及对股东的影响

## 任务 8-1 认识收益分配

【引导案例】

嗨,张三!我所购买股票的公司今年的净利润增长较多。

恭喜恭喜!你肯定能够收到公司的丰厚分红。

A：由被投资单位赚取了不错的净利润,你会想到什么?
B：投资是会产生回报的!
A：是的,那是不是所有投资都有回报?
B：那不一定,因为投资的结果还可能是亏损。
A：那是不是所有的投资结果为净收益的,都拿来分配?
B：当然不是啦! 因为确定收益分配需要考虑许多因素,从而产生不同的分配政策。

### 【任务 8-1 学习目标】

1. 了解收益分配的基本原则、确定收益政策应考虑的因素。
2. 了解股利理论。

## 一、收益分配的基本原则

企业的收益分配有广义的收益分配和狭义的收益分配两种。广义的收益分配是指对企业的收入和收益总额进行分配的过程;狭义的收益分配则是指对企业净收益的分配。本章所指收益分配是指企业净收益的分配。作为一项重要的财务活动,企业的收益分配应当遵循以下原则:(1)依法分配原则;(2)资本保全原则;(3)兼顾各方面利益原则;(4)分配与积累并重原则;(5)投资与收益对等原则。

## 二、确定收益分配政策时应考虑的因素

在确定企业的收益分配政策时,应当考虑相关因素的影响。

(一) 法律因素

为了保护债权人和股东的利益,法律法规就公司的收益分配作出了规定,公司的收益分配政策必须符合相关法律规范的要求。相关要求主要体现在以下四个方面:(1)资本保全约束;(2)偿债能力约束;(3)资本积累约束;(4)超额累积利润约束。

(二) 公司因素

公司在确定收益分配政策时,出于长期发展和短期经营的考虑,需要考虑以下因素:(1)现金流量;(2)投资需求;(3)筹资能力;(4)资产的流动性;(5)盈利的稳定性;(6)筹资成本;(7)股利政策惯性;(8)其他因素。

(三) 股东因素

股东在收入、控制权、税赋、风险及投资机会等方面的考虑也会对企业的收益分配政策产生影响。

(四) 债务契约与通货膨胀

## 三、股利分配对公司股价的影响以及股利理论

关于股利与股票市价间的关系,存在着不同的观点,并形成了不同的股利理论。股利理论主要包括股利无关论、股利相关论、所得税差异理论及代理理论。

(一) 股利无关论

股利无关论(也称 MM 理论)认为,在一定的假设条件限定下,股利政策不会对公司的价值或股票的价格产生任何影响。一个公司的股票价格完全由公司的投资决策的获利能力和风

险组合决定,而与公司的利润分配政策无关。该理论是建立在完全市场理论之上的,假定条件包括:(1)市场具有强式效率;(2)不存在任何公司或个人所得税;(3)不存在任何筹资费用(包括发行费用和各种交易费用);(4)公司的投资决策与股利决策彼此独立(公司的股利政策不影响投资决策)。

(二)股利相关论

股利相关理论认为,企业的股利政策会影响到股票价格。主要观点有两种。

1. 股利重要论

股利重要论(又称"在手之鸟"理论)认为,用留存收益再投资给投资者带来的收益具有较大的不确定性,并且投资的风险随着时间的推移会进一步增大,因此,投资者更喜欢现金股利,而不愿意将收益留存在公司内部,而去承担未来的投资风险。

2. 信号传递理论

信号传递理论认为,在信息不对称的情况下,公司可以通过股利政策向市场传递有关公司未来盈利能力的信息,从而会影响公司的股价。一般来讲,预期未来盈利能力强的公司往往愿意通过相对较高的股利支付水平,把自己同预期盈利能力差的公司区别开来,以吸引更多的投资者。

# 任务 8-2 制定和运用股利政策

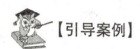

【引导案例】

### 明星公司股利政策

明星公司主要从事加工生产广播元器件和生产各种型号的广播外壳;现有权益资本1 000万元,最优资本结构(负债/权益)为35%;发行100万股普通股票,面值为1元,上年度每股股息为0.8元,并以现金股利支付给全体股东,付息比为40%。企业面临市场渐趋饱和和进口产品的激烈竞争双重压力,收益明显下降,预计全年净利润比上年下降4成。企业面临着重要的发展战略选择和股利分配方案的安排。

董事会将决定第二年的具体发展战略,它要求财务总监提出配套的股利分配方案。

可供董事会讨论的第二年发展战略有3个草案:

1. 在维持现状的基础上,加强市场的细分战略,具体细分方案由营销部作出,预算为:进一步投资120万元,在短期内可望获得25%的净收益率,暂时扭转盈利下降的势头。

2. 放弃广播器材产品中各型号外壳生产,只抓住几种主要的尚热销的元器件生产,以较短的时间退出此行业,收回投资,缩小规模,等待进一步发展的时机。

3. 以目前的生产作为过渡性生产,立刻投入新型的电脑元器件的开发。预计需筹集480万元资本去重点投入。如进展顺利,此项目第二年年底将获得回报,整个项目的投资收益率为20%以上。

为制定更合理的股利政策,财务总监又详细调查和分析了各种今后的筹资渠道等资本成本情况,有关资料如下:

(1)若运用负债筹资,根据企业所处行业,债权人更注重负债比率。平均债务利率如下表:

| 负债比率 | 可能的利率期望(%) | 负债比率 | 可能的利率期望(%) |
| --- | --- | --- | --- |
| 0—0.2 | 10 | 0.36—0.40 | 14 |
| 0.21—0.35 | 12 | 0.4 以上 | 17 |

(2) 若用普通股筹资，当前股东投资回报期望不低于18.33%。进一步分析可了解到，30%的股东偏好股票的资本收益，20%的股东偏好现金股利收益，另外50%的股东对现金股利或资本收益无明显偏好。但现有股东出于风险考虑，仅愿意以企业目前的每股收益为最大投资界域，要等企业有转机之后，才愿意进一步追加新投资。

(3) 若企业从新的股东处筹资，就目前市场状况而言，每股发行价格在5.5元至6.0元之间，且有发行价4%的筹资费用。目前本行业的市盈率偏低，仅5倍，但估计调整产业结构的本行业第二年下半年可望达到7.5倍左右。本行业所得税率为33%，无任何减免优势。

在财务总监授权作股利政策决策时，已有的约束条件如下：

(1) 因为是转产时期的特殊阶段，一方面要维持既有的资本结构，另一方面则必须保持资本结构的弹性，以应对可能出现的新财务风险。

(2) 因年初已对股东作过年度股利支付水平不变的承诺，为维护企业形象，要保证兑现既定承诺，每股派发不少于0.80元的现金或其他形式的股息。

(3) 在股息分配中，无论采用哪种或怎样的组合分配形式，都要尽可能兼顾各类股利偏好的股东利益，解决各方矛盾，使公司价值趋于增长或最大。

(4) 在股息分配中，要保证现有股东的控股权，不可分散过度。否则，董事会难以通过。

(5) 在原有负债协议中，有限制股东现金股利超标准发放的相关条款，而税务局因面临财政资金周转的困难，正对各企业非现金形式的各种股利措施倍加关注。

**思考题：**
1. 制订股利政策要考虑的因素有哪些？
2. 根据上述案例资料，你认为财务总监会设计出哪几种股利分配方案？

## 【任务8-2学习目标】

1. 掌握剩余股利政策的内容。
2. 掌握固定或稳定增长股利政策的内容。
3. 固定股利支付率政策的内容。
4. 低正常股利加额外股利政策的内容。

股利政策是指在法律允许的范围内，企业是否发放股利、发放多少股利以及何时发放股利的方针及对策。企业的净收益可以支付给股东，也可以留存在企业内部，股利政策的关键问题是确定分配和留存的比例。通常可供选择的股利政策包括：剩余股利政策、固定或稳定增长股利政策、固定股利支付率政策及低正常股利加额外股利政策。

## 一、剩余股利政策

剩余股利政策，是指公司生产经营所获得的净收益首先应满足公司的权益资金需求，如果还有剩余，则派发股利；如果没有剩余，则不派发股利。其决策步骤如下：

(1) 根据公司的投资计划,确定公司的最佳资本预算;
(2) 根据公司的目标资本结构及最佳资本预算,预计公司资金需求中所需要的权益资本数额;
(3) 尽可能用留存收益来满足资金需求中所需增加的股东权益数额;
(4) 留存收益在满足公司股东权益增加需求后,如果有剩余再用来发放股利。

剩余股利政策的优点是:留存收益优先保证再投资的需要,从而有助于降低再投资的资金成本,保持最佳的资本结构,实现企业价值的长期最大化。

剩余股利政策的缺点是:如果完全遵照执行剩余股利政策,股利发放额就会每年随投资机会和盈利水平的波动而波动。即使在盈利水平不变的情况下,股利也将与投资机会的多寡呈反方向变动:投资机会越多,股利越少;反之,投资机会越少,股利发放越多。而在投资机会维持不变的情况下,则股利发放额将因公司每年盈利的波动而同方向波动。剩余股利政策不利于投资者安排收入与支出,也不利于公司树立良好的形象,一般适用于公司初创阶段。

## 二、固定或稳定增长股利政策

固定或稳定增长股利政策,是指公司将每年派发的股利额固定在某一特定水平或是在此基础上维持某一固定比率逐年稳定增长。只有在确信公司未来的盈利增长不会发生逆转时,才会宣布实施固定或稳定增长的股利政策。在固定或稳定增长的股利政策下,首先确定的是股利分配额,而且该分配额一般不随资金需求的波动而波动。

(一) 固定或稳定增长股利政策的优点

第一,由于股利政策本身的信息含量,它能将公司未来的盈利能力、财务状况以及管理层对公司经营的信心等信息传递出去。固定或稳定增长的股利政策可以传递给股票市场和投资者一个公司经营状况稳定、管理层对未来充满信心的信号,这有利于公司在资本市场上树立良好的形象、增强投资者信心,进而有利于稳定公司股价。

第二,固定或稳定增长股利政策,有利于吸引那些打算做长期投资的股东,这部分股东希望其投资的获利能够成为其稳定的收入来源,以便安排各种经常性的消费和其他支出。

(二) 固定或稳定增长股利政策的缺点

第一,固定或稳定增长股利政策下的股利分配只升不降,股利支付与公司盈利相脱离,即不论公司盈利多少,均要按固定的乃至固定增长的比率派发股利。

第二,在公司的发展过程中,难免会出现经营状况不好或短暂的困难时期,如果这时仍执行固定或稳定增长的股利政策,那么派发的股利金额大于公司实现的盈利,必将侵蚀公司的留存收益,影响公司的后续发展,甚至侵蚀公司现有的资本,给公司的财务运作带来很大压力,最终影响公司正常的生产经营活动。

因此,采用固定或稳定增长的股利政策,要求公司对未来的盈利和支付能力能作出较准确的判断。一般来说,公司确定的固定股利额不应太高,要留有余地,以免陷入公司无力支付的被动局面。固定或稳定增长的股利政策一般适用于经营比较稳定或正处于成长期的企业,且很难被长期采用。

## 三、固定股利支付率政策

固定股利支付率政策,是指公司将每年净收益的某一固定百分比作为股利分派给股东。

这一百分比通常称为股利支付率,股利支付率一经确定,一般不得随意变更。固定股利支付率越高,公司留存的净收益越少。在这一股利政策下,只要公司的税后利润一经计算确定,所派发的股利也就相应确定了。

(一)固定股利支付率政策的优点

第一,采用固定股利支付率政策,股利与公司盈余紧密地配合,体现了多盈多分、少盈少分、无盈不分的股利分配原则。

第二,由于公司的盈利能力在年度间是经常变动的,因此,每年的股利也随着公司收益的变动而变动,并保持分配与留存收益间的一定比例关系。采用固定股利支付率政策,公司每年按固定的比例从税后利润中支付现金股利,从企业支付能力的角度看,这是一种稳定的股利政策。

(二)固定股利支付率政策的缺点

1. 传递的信息容易成为公司的不利因素

大多数公司每年的收益很难保持稳定不变,如果公司每年收益状况不同,固定支付率的股利政策将导致公司每年股利分配额的频繁变化。而股利通常被认为是公司未来前途的信号传递,那么波动的股利向市场传递的信息就是公司未来收益前景不明确、不可靠等,很容易给投资者留下公司经营状况不稳定、投资风险较大的不良印象。

2. 容易使公司面临较大的财务压力

因为公司实现的盈利越多,一定支付比率下派发的股利就越多,但公司实现的盈利多,并不代表公司有充足的现金派发股利,只能表明公司盈利状况较好而已。如果公司的现金流量状况并不好,却还要按固定比率派发股利的话,就很容易给公司造成较大的财务压力。

3. 缺乏财务弹性

股利支付率是公司股利政策的主要内容,模式的选择、政策的制定是公司的财务手段和方法。在不同阶段,根据财务状况制定不同的股利政策,会更有效地实现公司的财务目标。但在固定股利支付率政策下,公司丧失了利用股利政策的财务方法,缺乏财务弹性。

4. 合适的固定股利支付率的确定难度大

如果固定股利支付率确定得较低,不能满足投资者对投资收益的要求;而固定股利支付率确定得较高,没有足够的现金派发股利时会给公司带来巨大财务压力。另外,当公司发展需要大量资金时,也要受其制约。所以,确定较优的股利支付率的难度很大。

由于公司每年面临的投资机会、筹资渠道都不同,一成不变地奉行按固定比率发放股利政策的公司在实际中并不多见,固定股利支付率政策只是比较适用于那些处于稳定发展且财务状况也较稳定的公司。

## 四、低正常股利加额外股利政策

低正常股利加额外股利政策,是指企业事先设定一个较低的正常股利额,每年除了按正常股利额向股东发放现金股利外,还在企业盈利情况较好、资金较为充裕的年度向股东发放高于每年度正常股利的额外股利。

(一)低正常股利加额外股利政策的优点

首先,低正常股利加额外股利政策赋予公司一定的灵活性,使公司在股利发放上留有余地和具有较大的财务弹性,同时,每年可以根据公司的具体情况,选择不同的股利发放水平,以完善公司的资本结构,进而实现公司的财务目标。

其次,低正常股利加额外股利政策有助于稳定股价,增强投资者信心。由于公司每年固定派发的股利维持在一个较低的水平上,在公司盈利较少或需用较多的留存收益进行投资时,公司仍然能够按照既定承诺的股利水平派发股利,使投资者保持一个固有的收益保障,这有助于维持公司股票的现有价格。而当公司盈利状况较好且有剩余现金时,就可以在正常股利的基础上再派发额外股利,而额外股利信息的传递则有助于公司股票的股价上扬,增强投资者信心。

可以看出,低正常股利加额外股利政策既吸收了固定股利政策对股东投资收益的保障优点,同时又摒弃其对公司所造成的财务压力方面的不足,所以在资本市场上颇受投资者和公司的欢迎。

(二) 低正常股利加额外股利政策的缺点

首先,年份之间公司的盈利波动使得额外股利不断变化,或时有时无,造成分派的股利不同,容易给投资者以公司收益不稳定的感觉。

其次,当公司在较长时期持续发放额外股利后,可能会被股东误认为是"正常股利",而一旦取消了这部分额外股利,传递出去的信号可能会使股东认为这是公司财务状况恶化的表现,进而可能会引起公司股价下跌的不良后果。所以相对来说,对那些盈利水平随着经济周期而波动较大的公司或行业,这种股利政策也许是一种不错的选择。

# 任务 8-3  制订股利分配程序与方案

【引导案例】

(600498)烽火通信(32.83,-0.41,-1.23%):2009 年度利润分配实施公告

烽火通信科技股份有限公司实施 2009 年度利润分配方案为:每 10 股派 1.5 元(含税)。

股权登记日:2010 年 7 月 2 日

除息日:2010 年 7 月 5 日

现金红利到账日:2010 年 7 月 9 日

(来源:新浪财经,http://www.sina.com.cn,2010 年 06 月 28 日 22:38)

【任务 8-3 学习目标】

1. 了解股利分配的程序。
2. 了解确定股利分配方案需要考虑的内容。
3. 了解股利发放的日期。

## 一、股利分配程序

根据我国《公司法》的规定,公司税后利润分配的顺序是:

(1) 弥补企业以前年度亏损。公司的法定公积金不足以弥补以前年度亏损的,在提取法定公积金之前,应当先用当年利润弥补亏损。

(2) 提取法定盈余公积金。

(3) 提取任意盈余公积金。根据《公司法》的规定,公司从税后利润中提取法定公积金后,

经股东会或者股东大会决议,还可以从税后利润中提取任意公积金。

(4) 向股东(投资者)分配股利(利润)。根据《公司法》的规定,公司弥补亏损和提取公积金后所余税后利润,可以向股东(投资者)分配股利(利润),其中有限责任公司股东按照实缴的出资比例分取红利,全体股东约定不按照出资比例分取红利的除外;股份有限公司按照股东持有的股份比例分配,但股份有限公司章程规定不按持股比例分配的除外。

根据《公司法》的规定,股东会、股东大会或者董事会违反相关规定,在公司弥补亏损和提取法定公积金之前向股东分配利润的,股东必须将违反规定分配的利润退还公司。另外,公司持有的本公司股份不得分配利润。

## 二、股利分配方案的确定

确定股利分配方案需要考虑以下三个方面的内容。

### (一) 选择股利政策

股利政策不仅会影响股东的利益,也会影响公司的正常运营以及未来的发展,因此,制定恰当的股利政策显得尤为重要。

### (二) 确定股利支付水平

股利支付水平通常用股利支付率来衡量。股利支付率是当年发放股利与当年净利润之比,或每股股利除以每股收益。

是否对股东派发股利以及股利支付率高低的确定,取决于企业对下列因素的权衡:(1)企业所处的成长周期;(2)企业的投资机会;(3)企业的筹资能力及筹资成本;(4)企业的资本结构;(5)股利的信号传递功能;(6)借款协议及法律限制;(7)股东偏好;(8)通货膨胀等。

### (三) 确定股利支付形式

按照股份有限公司对其股东支付股利的不同方式,股利可以分为不同的种类。其中,常见的有以下四类。

#### 1. 现金股利

现金股利,是以现金支付的股利,它是股利支付的最常见的方式。

#### 2. 财产股利

财产股利,是以现金以外的其他资产支付的股利,主要是以公司所拥有的其他公司的有价证券,如公司债券、公司股票等,作为股利发放给股东。

#### 3. 负债股利

负债股利,是以负债方式支付的股利,通常以公司的应付票据支付给股东,有时也以发行公司债券的方式支付股利。

财产股利和负债股利实际上都是现金股利的替代方式,但目前这两种股利方式在我国公司实务中极少使用。

#### 4. 股票股利

股票股利,是公司以增发股票的方式所支付的股利,我国实务中通常也称其为"红股"。股票股利对公司来说,并没有现金流出企业,也不会导致公司的财产减少,而只是将公司的留存收益转化为股本。但股票股利会增加流通在外的股票数量,同时降低股票的每股价值。它不会改变公司股东权益总额,但会改变股东权益的构成。

公司发放股票股利的优点主要有:

(1) 发放股票股利既不需要向股东支付现金,又可以在心理上给股东以从公司取得投资回报的感觉。因此,股票股利有派发股利之"名",而无派发股利之"实"。

(2) 发放股票股利可以降低公司股票的市场价格,一些公司在其股票价格较高,不利于股票交易和流通时,通过发放股票股利来适当降低股价水平,促进公司股票的交易和流通。

(3) 发放股票股利,可以降低股价水平,如果日后公司将要以发行股票方式筹资,则可以降低发行价格,有利于吸引投资者。

(4) 发放股票股利可以传递公司未来发展前景良好的信息,增强投资者的信心。

(5) 股票股利降低每股市价的时候,会吸引更多的投资者成为公司的股东,从而可以使股权更为分散,有效地防止公司被恶意控制。

### 三、股利的发放

公司在选择了股利政策、确定了股利支付水平和方式后,应当进行股利的发放。公司股利的发放必须遵循相关的要求,按照日程安排来进行。一般而言,股利的支付需要按照下列日程来进行。

#### (一) 预案公布日

上市公司分派股利时,首先要由公司董事会制定分红预案,包括本次分红的数量、分红的方式,股东大会召开的时间、地点及表决方式等,以上内容由公司董事会向社会公开发布。

#### (二) 宣布日

董事会制订的分红预案必须经过股东大会讨论。只有讨论通过之后,才能公布正式分红方案及实施的时间。

#### (三) 股权登记日

这是由公司在宣布分红方案时确定的一个具体日期。凡是在此指定日期收盘之前取得了公司股票,成为公司在册股东的投资者都可以作为股东享受公司分派的股利,在此日之后取得股票的股东则无权享受已宣布的股利。

#### (四) 除息日

在除息日,股票的所有权和领取股息的权利分离,股利权利不再从属于股票,所以在这一天购入公司股票的投资者不能享有已宣布发放的股利。另外,由于失去了"附息"的权利,除息日的股价会下跌,下跌的幅度约等于分派的股息。

#### (五) 股利发放日

在这一天,公司按公布的分红方案向股权登记日在册的股东实际支付股利。

## 任务 8 - 4 股票分割和股票回购

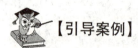【引导案例】

**丽珠医药集团股份有限公司股票回购案例**

回购方案:

(一) 股份回购的目的

近三年来,通过不断改革创新,公司的经营能力稳步提升,主营业务盈利水平迅速增长,而近一段时期公司的股价在证券市场却持续下跌,尤其是境内上市外资股(B股)股份的价格表现与公司的内在价值极不相符,公司的投资价值被严重低估。这不但有损公司在资本市场的良好形象,而且对全体股东的利益也造成一定损害。因此,公司拟回购部分境内上市外资股(B股)股份,以增强公众投资者对公司的信心,并进一步提升公司价值,实现股东利益最大化。公司回购的股份将依法注销。

(二)回购股份的方式

通过深圳证券交易所以集中竞价交易方式回购公司部分境内上市外资股(B股)股份。

(三)回购价格及定价原则

参照目前国内证券市场医药制造类上市公司平均市盈率、市净率水平,结合A股市场与B股市场的估值差异,确定公司本次回购境内上市外资股(B股)股份价格为不超过16.00港元/股。

公司在回购股份期内送股、转增股本或现金分红,自股价除权、除息之日起,相应调整回购股份价格上限。

(四)拟回购股份的种类、数量和占总股本的比例

拟回购股份的种类:公司境内上市外资股(B股)股份。

拟回购股份的数量:公司将根据回购方案实施期间境内上市外资股(B股)。

股份市场价格的变化情况,结合公司经营状况和每股净资产值,在回购资金总额不超过1.6亿港元、回购股份价格不超过16.00港元/股的条件下,本次回购股份的数量以回购期满时实际回购的股份数量为准。拟回购股份占总股本的比例:以回购资金最高限额1.6亿港元及最高回购价格16.00港元/股计算,预计公司回购境内上市外资股(B股)股份约为1 000万股,回购股份比例分别约占公司已发行B股股份和总股本的8.18%和3.27%。

(五)回购资金总额及来源

拟用于回购的资金总额:不超过1.6亿港元。

拟用于回购资金来源:公司自有资金。

(六)回购股份期限

回购期限自回购报告书公告之日起12个月,如果在此期限内回购资金使用金额达到最高限额,则回购方案实施完毕,回购期限自该日起提前届满。

公司将根据股东大会和董事会授权,在回购期限内根据市场情况择机作出回购决策并予以实施。

(摘自:新浪财经,《丽珠医药集团股份有限公司回购部分境内上市外资股(B股)股份报告书》,2008年12月8日。)

## 【任务8-4学习目标】

1. 了解股票分割的含义。
2. 了解股票回购的有关规定。
3. 了解股票回购的动机、影响和方式。

## 一、股票分割

股票分割又称股票拆细,即将一股股票拆分成多股股票的行为。

股票分割对公司的资本结构不会产生任何影响,一般只会使发行在外的股票总数增加,资产负债表中股东权益各账户(股本、资本公积、留存收益)的余额都保持不变,股东权益的总额也保持不变。

股票分割的作用主要有:

(1) 股票分割会使公司每股市价降低,买卖该股票所必需的资金量减少,易于增加该股票在投资者之间的换手,并且可以使更多的资金实力有限的潜在股东变成持股的股东。因此,股票分割可以促进股票的流通和交易。

(2) 股票分割可以向投资者传递公司发展前景良好的信息,有助于提高投资者对公司的信心。

(3) 股票分割可以为公司发行新股做准备。公司股票价格太高,会使许多潜在的投资者力不从心而不敢轻易对公司的股票进行投资。在新股发行之前,利用股票分割降低股票价格,可以促进新股的发行。

(4) 股票分割有助于公司并购政策的实施,增加对被并购方的吸引力。

(5) 股票分割带来的股票流通性的提高和股东数量的增加,会在一定程度上加大对公司股票恶意收购的难度。

## 二、股票回购

### (一) 股票回购及其法律规定

股票回购,是指上市公司出资将其发行的流通在外的股票以一定价格购买回来予以注销或作为库存股的一种资本运作方式。

我国《公司法》规定,公司不得收购本公司股份。但是,有下列情形之一的除外:

(1) 减少公司注册资本;

(2) 与持有本公司股份的其他公司合并;

(3) 将股份奖励给本公司职工;

(4) 股东因对股东大会作出的公司合并、分立决议持异议,要求公司收购其股份的。

### (二) 股票回购的动机

在证券市场上,股票回购的动机主要有以下八点。

1. 现金股利的替代

对公司来讲,派发现金股利会对公司产生未来的派现压力,而股票回购属于非正常股利政策,不会对公司产生未来的派现压力。对股东来讲,需要现金的股东可以选择出售股票,不需要现金的股东可以选择继续持有股票。因此,当公司有富余资金,但又不希望通过派现方式进行分配的时候,股票回购可以作为现金股利的一种替代。

2. 提高每股收益

由于财务上的每股收益指标是以流通在外的股份数作为计算基础,有些公司为了自身形象、上市需求和投资人渴望高回报等原因,采取股票回购的方式来减少实际支付股利的股份数,从而提高每股收益指标。

3. 改变公司的资本结构

股票回购可以改变公司的资本结构,提高财务杠杆水平。

4. 传递公司的信息以稳定或提高公司的股价

由于信息不对称和预期差异,证券市场上的公司股票价格可能被低估,而过低的股价将会对公司产生负面影响。因此,如果公司认为公司的股价被低估时,可以进行股票回购,以向市场和投资者传递公司真实的投资价值,稳定或提高公司的股价。

5. 巩固既定控制权或转移公司控制权

许多股份公司的大股东为了保证其所代表股份公司的控制权不被改变,往往采取直接或间接的方式回购股票,从而巩固既有的控制权。

6. 防止敌意收购

股票回购有助于公司管理者避开竞争对手企图收购的威胁,因为它可以使公司流通在外的股份数变少,股价上升,从而使收购方要获得控制公司的法定股份比例变得更为困难。

7. 满足认股权的行使

在企业发行可转换债券、认股权证或施行经理人员股票期权计划及员工持股计划的情况下,采取股票回购的方式既不会稀释每股收益,又能满足认股权的行使。

8. 满足企业兼并与收购的需要

在进行企业兼并与收购时,产权交换的实现方式包括现金购买及换股两种。如果公司有库藏股,则可以用公司的库藏股来交换被并购公司的股权,这样可以减少公司的现金支出。

(三) 股票回购的影响

1. 股票回购对上市公司的影响

(1) 股票回购需要大量资金支付回购的成本,容易造成资金紧张,资产流动性降低,影响公司的后续发展。

(2) 公司进行股票回购,无异于股东退股和公司资本的减少,在一定程度上削弱了对债权人利益的保障。

(3) 股票回购可能使公司的发起人股东更注重创业利润的兑现,而忽视公司长远的发展,损害公司的根本利益。

(4) 股票回购容易导致公司操纵股价。公司回购自己的股票,容易导致其利用内幕消息进行炒作,或操纵财务信息,加剧公司行为的非规范化,使投资者蒙受损失。

2. 股票回购对股东的影响

对于投资者来说,与现金股利相比,股票回购不仅可以节约个人税收,而且具有更大的灵活性。因为股东对公司派发的现金股利没有是否接受的可选择性,而对股票回购则具有可选择性,需要现金的股东可选择卖出股票,而不需要现金的股东则可继续持有股票。如果公司急于回购相当数量的股票,而对股票回购的出价太高,以至于偏离均衡价格,那么结果会不利于选择继续持有股票的股东,因为回购行动过后,股票价格会出现回归性下跌。

【任务 8 学习小结】

本任务主要涉及以下内容:

1. 收益分配的原则:(1) 依法分配原则;(2) 资本保全原则;(3) 兼顾各方面利益原则;(4) 分配与积累并重原则;(5) 投资与收益对等原则。

2. 在确定企业的收益分配政策时,应当考虑相关因素的影响:(1) 法律因素;(2) 公司因素;(3) 股东因素;(4) 债务契约与通货膨胀。

3. 关于股利与股票市价间的关系,存在着不同的观点,并形成了不同的股利理论。股利理论主要包括股利无关论、股利相关论、所得税差异理论及代理理论。

4. 股利政策是指在法律允许的范围内,企业是否发放股利、发放多少股利以及何时发放股利的方针及对策。企业的净收益可以支付给股东,也可以留存在企业内部,股利政策的关键问题是确定分配和留存的比例。通常可供选择的股利政策包括:剩余股利政策、固定或稳定增长股利政策、固定股利支付率政策及低正常股利加额外股利政策。

5. 根据我国《公司法》的规定,公司税后利润分配的顺序是:(1)弥补企业以前年度亏损;(2)提取法定盈余公积金;(3)提取任意盈余公积金;(4)向股东(投资者)分配股利(利润)。

6. 股票分割对公司的资本结构不会产生任何影响,一般只会使发行在外的股票总数增加,资产负债表中股东权益各账户(股本、资本公积、留存收益)的余额都保持不变,股东权益的总额也保持不变。

7. 股票回购,是指上市公司出资将其发行的流通在外的股票以一定价格购买回来予以注销或作为库存股的一种资本运作方式。

**【基本概念】**

股利政策　股票分割　股票回购

**【思考题】**

1. 收益分配的原则是什么?
2. 影响收益分配的因素有哪些?
3. 股利政策主要有哪些,各自的内容是什么?
4. 股利分配的程序是怎样的?
5. 什么是股票的分割与回购?

**【实训项目】**

2014年4月30日傍晚,文女士下班回家,爱人周先生告知她一个惊人的消息:她买的美的集团股票每股收盘价为16.42元!由于近段时间股市行情不好,文女士有好些天都没有关注股票市场了。听爱人这样说,她心理一惊,她可是以每股46.07元买入的,差不多跌了30元,怎么会跌得如此惨烈!文女士不太相信,赶紧打开电脑查看情况,结果,当天是美的集团的除权除息日,文女士悬着的心才放了下来。原来,美的集团2013年度利润方案及资本公积金转增股本方案为:每10股派发现金20.00元(含税);同时,以资本公积金向全体股东每10股转增15股。昨天是股权登记日,今天是除权除息日。文女士用计算器计算了一下,自己的股票仅仅是略有亏损,并不像爱人周先生想象的那样已经惨跌。

问题分析:

1. 如果2014年4月30日,美的集团的开盘价为18元,则2014年4月29日,该股票的收盘价是多少?
2. 除权除息日后,文女士持有的美的集团股票价格为多少时,她才会保本?

# 任务 9
# 财务分析与评价

【学习目标】

- 掌握财务分析的含义、内容及其局限性
- 掌握财务分析方法的种类、含义、原理及应注意的问题
- 掌握分析偿债能力、运营能力、获利能力和发展能力的指标与方法
- 掌握杜邦财务分析体系的应用
- 熟悉财务综合指标分析的含义及特点
- 熟悉业绩评价的评价指标、评价标准、评价方法和综合评价报告
- 了解沃尔比重评分法的含义和基本原理

## 任务 9-1 认识财务分析

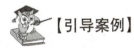【引导案例】

### 超六成个股报喜　业绩浪行情扑面而来

年年岁岁花相似,岁岁年年人不同。每年年报披露期间,市场都会迎来一轮年报行情,去年中兵光电、万通地产等上市公司在年报披露前后走出了一波持续上涨行情,对此,投资者恐怕还记忆犹新。2010年是否依旧如此?过去几年,哪些行业能在1月持续跑赢大盘?今年1月又将如何?

　　根据统计,截至1月14日,共有702家上市公司披露年报业绩预告,其中报喜公司所占比重超过六成,为66.24%。其中,预增、续盈、扭亏、略增类报喜公司数目分别为192、71、94、108家,所占比重分别27.35%、10.11%、13.39%、15.28%。

从报喜公司所属行业看,按证监会行业分类,建筑业、食品饮料、医药生物制品、批发和零售贸易、信息技术业、农林牧渔业、电力、煤气及水的生产供应业、机械、设备、仪表、纺织、服装、皮毛、造纸印刷行业报喜公司所占比重较高,已披露年报业绩预告的这些行业上市公司有超过7成的公司业绩向好;而传播与文化产业、交通运输与仓储业报喜公司比重最差,报喜公司比重低于4成。

业绩是推动股价的重要因素,靓丽的年报业绩催生了今年如火如荼的年报行情。自去年12月以来,年报行情就逐渐展开。相比整个大盘区间震荡的走势,率先披露年报的上市公司在二级市场上表现抢眼,沪市第一、第二家披露年报的上市公司卧龙地产、卧龙电气近两周分

别上涨26.26％、37.64％；深市前几家公司预约披露的公司除S*ST集琦停牌外，其他表现也很突出，栋梁新材和禾盛新材近两周分别上涨37.22％、50.89％。

（来源：新华网，2010年1月16日）

【任务9－1学习目标】

1. 了解财务分析的基本概念、主要依据和主要作用。
2. 理解不同的主体对财务分析信息的需求和财务分析的内容。
3. 了解财务分析的局限性。

## 一、财务分析的意义

财务分析是根据企业财务报表等信息资料，采用专门方法，系统分析和评价企业财务状况和经营成果以及未来发展趋势的过程。

财务分析以企业财务报告及其他相关资料为主要依据，对企业的财务状况和经营成果进行评价和剖析，反映企业在运营过程中的利弊得失和发展趋势，从而为改进企业财务管理工作和优化经济决策提供重要的财务信息。

财务分析可以判断企业的财务实力；可以评价和考核企业的经营业绩，揭示财务活动存在的问题；可以挖掘企业潜力，寻求提高企业经营管理水平的经济效益的途径；可以评价企业的发展趋势。

## 二、财务分析的内容

财务分析信息的需求者主要包括企业所有者、企业债权人、企业经营决策者和政府等。不同主体出于不同的利益考虑，对财务分析信息有着各自不同的要求。

企业所有者作为投资人，关心其资本的保值和增值状况，因此较为重视企业获利能力指标。

企业债权人因不能参与企业剩余收益分享，首先关注的是其投资的安全性，因此更重视企业偿债能力指标。

企业经营决策者必须对企业经营理财的各个方面，包括运营能力、偿债能力、获利能力及发展能力的全部信息予以详尽地了解和掌握。

政府兼具多重身份，既是宏观经济管理者，又是国有企业的所有者和重要的市场参与者，因此政府对企业财务分析的关注点因所具身份不同而异。

总的来看，财务分析的基本内容包括偿债能力分析、运营能力分析、获利能力分析、发展能力分析和综合能力分析五个方面。

## 三、财务分析的局限性

财务分析的局限性主要表现为资料来源的局限性、分析方法的局限性和分析指标的局限性。

（一）资料来源的局限性

1. 报表数据的时效性问题

财务报表中的数据，均是企业过去经济活动的结果和总结，用于预测未来发展趋势，只有参考价值,并非绝对合理。

2. 报表数据的真实性问题

在企业形成其财务报表之前,信息提供者往往对信息使用者所关注的财务状况以及对信息的偏好进行仔细分析与研究,并尽力满足信息使用者对企业财务状况和经营成果信息的期望。其结果极有可能使信息使用者所看到的报表信息与企业实际状况相距甚远,从而误导信息使用者的决策。

3. 报表数据的可靠性问题

财务报表虽然是按照会计准则编制的,但不一定能准确地反映企业的客观实际。例如:报表数据未按照通货膨胀进行调整;某些资产以成本计价,并不代表其现在真实价值;许多支出在记账时存在灵活性,既可以作为当期费用,也可以作为资本项目在以后年度摊销;很多资产以估计值入账,但未必正确;偶然事件可能歪曲本期的损益,不能反映盈利的正常水平。

4. 报表数据的可比性问题

根据会计准则的规定,不同的企业或同一个企业的不同时期都可以根据情况采用不同的会计政策和会计处理方法,使得报表上的数据在企业不同时期和不同企业之间的对比在很多时候失去意义。

5. 报表数据的完整性问题

由于报表本身的原因,其提供的数据是有限的。对报表使用者来说,可能不少需用的信息,在报表或附注中根本找不到。

(二) 财务分析方法的局限性

对于比较分析法来说,在实际操作时,比较的双方必须具备可比性才有意义。

对于比率分析法来说,比率分析法是针对单个指标进行分析,综合程度较低,在某些情况下无法得出令人满意的结论;比率指标的计算一般都是建立在以历史数据为基础的财务报表之上的,这使比率指标提供的信息与决策之间的相关性大打折扣。

对于因素分析法来说,在计算各因素对综合经济指标的影响额时,主观假定各因素的变化顺序而且规定每次只有一个因素发生变化,这些假定往往与事实不符。

无论何种分析法均是对过去经济事项的反映。随着环境的变化,这些比较标准也会发生变化。而在分析时,分析者往往只注重数据的比较,而忽略经营环境的变化,这样得出的分析结论也是不全面的。

(三) 财务分析指标的局限性

1. 财务指标体系不严密

每一个财务指标只能反映企业的财务状况或经营状况的某一方面,每一类指标都过分强调本身所反映的方面,导致整个指标体系不严密。

2. 财务指标所反映的情况具有相对性

在判断某个具体财务指标是好还是坏,或根据一系列指标形成对企业的综合判断时,必须注意财务指标本身所反映情况的相对性。因此,在利用财务指标进行分析时,必须掌握好对财务指标的"信任度"。

3. 财务指标的评价标准不统一

比如,对流动比率,人们一般认为指标值为2比较合理,速动比率则认为1比较合适,但许多成功企业的流动比率都低于2,不同行业的速动比率也有很大差别,如采用大量现金销售的企业,几乎没有应收账款,速动比率大大低于1是很正常的。相反,一些应收账款较多的企业,速动比率可能要大于1。因此,在不同企业之间用财务指标进行评价时没有一个统一标准,不便于不同行业间的对比。

4. 财务指标的计算口径不一致

比如,对反映企业营运能力指标,分母的计算可用年末数,也可用平均数,而平均数的计算又有不同的方法,这些都会导致计算结果不一样,不利于评价比较。

## 任务 9-2　学习财务分析方法

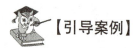

### 比较之后的选择

红帆公司计划购买一家上市公司的股票,作为长期投资。总经理选择了3家上市公司,想听听财务经理的建议,然后作出购买选择。财务经理吩咐两个会计找出3家上市公司近5年的会计报表进行了对比分析。除此之外,他们还找到了与3家公司同一行业的另外5家企业进行比较分析,然后给出了建议。财务经理为什么要找这么多年、这么多家企业的报表进行分析呢?

【任务 9-2 学习目标】

1. 掌握财务比较分析法的特点及其三种主要分析方式的运用。
2. 掌握财务比率分析法的特点及其三类比率分析方式的运用。
3. 掌握因素分析法的特点及其两种主要分析方式的运用。

## 一、比较分析法

比较分析法,是通过对比两期或连续数期财务报告中的相同指标,确定其增减变动的方向、数额和幅度,来说明企业财务状况或经营成果变动趋势的一种方法。

比较分析法的具体运用主要有重要财务指标的比较、会计报表的比较和会计报表项目构成的比较三种方式。

(一)重要财务指标的比较

这种方法是指将不同时期财务报告中的相同指标或比率进行比较,直接观察其增减变动情况及变动幅度,考察其发展趋势,预测其发展前景。不同时期财务指标的比较主要有以下两种方法。

1. 定基动态比率

定基动态比率,是以某一时期的数额为固定的基期数额而计算出来的动态比率。计算公式如下:

$$定基动态比率 = \frac{分析期数额}{固定基期数额} \times 100\%$$

$$定基增长率 = 定基动态比率 - 1$$

需要说明的是,计算定基动态比率时,固定基期一般选择企业发展历史中具有分期意义的时期,如五年规划期的上一年,或者企业发展历史中发生重大变化的上一年。

**【案例分析 9-1】**

中国东方航空集团公司是 2002 年在原东方航空集团的基础上,兼并中国西北航空公司,联合云南航空公司重组而成。其重组后到 2004 年各年的主营业务收入及利润如表 9-1 所示。

表 9-1  东方航空公司 2001—2004 年主营业务收入及利润表

单位:百万元

| 年 份 | 2001 年 | 2002 年 | 2003 年 | 2004 年 |
|---|---|---|---|---|
| 主营业务收入 | 12 411 | 12 959 | 13 999 | 19 893 |
| 主营业务利润 | 2 218 | 2 434 | 1 927 | 3 248 |

(资料来源:刘淑茹、赵明晓等:《财务管理案例精选精析》,中国社会科学出版社 2008 年。)

分析:以公司重组前一年,即 2001 年为基期,重组后三年,即 2004 年主营业务收入的定基比率为 160.29% $\left(即\dfrac{19\,893}{12\,411}\times100\%\right)$,增长 60.29%;主营业务利润定基比率为 146.44% $\left(即\dfrac{3\,248}{2\,218}\times100\%\right)$,增长 46.44%。可以看出,重组后,东方航空集团公司主营业务收入增长比较快,但其利润增长明显低于业务收入的增长,这很可能是由于成本费用增长过猛造成,需进一步作成本费用定基比率分析予以证实。

2. 环比动态比率

环比动态比率,是以每一分析期的前期数额为基期数额而计算出来的动态比率。其计算公式如下:

$$环比动态比率=\dfrac{本期某财务指标值}{前期财务指标值}\times100\%$$

$$环比增长率=环比动态比率-1$$

**【案例分析 9-2】**

资料同前一案例。

分析:编制环比动态比率分析表如下:

表 9-2  东方航空公司 2001—2004 年主营业务收入及利润环比动态比率分析表

单位:百万元

| 年 份 | 2001 年 | | 2002 年 | | 2003 年 | | 2004 年 | |
|---|---|---|---|---|---|---|---|---|
| | 金额 | 环比% | 金额 | 环比% | 金额 | 环比% | 金额 | 环比% |
| 主营业务收入 | 12 411 | 100 | 12 959 | 104.42 | 13 999 | 108.03 | 19 893 | 142.10 |
| 主营业务利润 | 2 218 | 100 | 2 434 | 109.74 | 1 927 | 79.17 | 3 248 | 168.55 |

从表 9-2 可以看出,重组后的前两年主营业务收入环比增长率较低,分别为 4.42％和 8.03％,2004 年增长率比较高,达 42.10％；再看主营业务利润环比变化,2002 年增长 9.74％,2003 年下降 20.83％,2004 增长 68.55％,分别比主营业务收入环比增长高 5.32 个百分点,低 28.86 个百分点,高 26.45 个百分点。这表明两方面的问题：其一,重组后的前两年东方航空集团公司财务业绩平庸,2004 年才有上佳表现；其二,公司重组三年,主营业务利润增减极不稳定,需要进一步分析原因。

(二) 会计报表的比较

这是指将连续数期的会计报表的金额并列起来,比较其相同指标的增减变动金额和幅度,据以判断企业财务状况和经营成果发展变化的一种方法。

会计报表的比较,具体包括资产负债表比较、利润表比较和现金流量表比较等。

(三) 会计报表项目构成的比较

这种方法是在会计报表比较的基础上发展而来的,是以会计报表中的某个总体指标作为 100％,再计算出其各组成项目占该总体指标的百分比,从而比较各个项目百分比的增减变动,以此来判断有关财务活动的变化趋势。

采用比较分析法时,应当注意以下问题：第一,所对比指标的计算口径必须一致；第二,应剔除偶发性项目的影响,使分析所利用的数据能反映正常的经营状况；第三,应运用例外原则对某项有显著变动的指标作重点分析,研究其产生的原因,以便采取对策,趋利避害。

## 二、比率分析法

比率分析法是通过计算各种比率指标来确定财务活动变动程度的方法。比率指标的类型主要有构成比率、效率比率、相关比率三类。

(一) 构成比率

构成比率又称结构比率,是某项财务指标的各组成部分数值占总体数值的百分比,反映部分与总体的关系。比如,企业资产中流动资产、固定资产和无形资产占资产总额的百分比(资产构成比率),企业负债中流动负债和长期负债占负债总额的百分比(负债构成比率)等。利用构成比率,可以考察总体中某个部分的形成和安排是否合理,以便协调各项财务活动。

(二) 效率比率

效率比率,是某项财务活动中所费与所得的比率,反映投入与产出的关系。利用效率比率指标,可以进行得失比较,考察经营成果,评价经济效益。比如,将利润项目与销售成本、销售收入、资本金等项目加以比较,可以计算出成本利润率、销售利润率和资本金利润率等利润率指标,从不同角度观察比较企业获利能力的高低及其增减变化情况。

(三) 相关比率

相关比率,是以某个项目和与其有关但又不同的项目加以对比所得的比率,反映有关经济活动的相互关系。利用相关比率指标,可以考察企业相互关联的业务安排得是否合理,以保障经营活动顺畅进行。比如,将流动资产与流动负债进行对比,计算出流动比率,可以判断企业短期偿债能力,将负债总额与资产总额进行对比,可以判断企业长期偿债能力。

采用比率分析法时,应当注意以下三点：第一,对比项目的相关性；第二,对比口径的一致性；第三,衡量标准的科学性。

## 三、因素分析法

因素分析法是依据分析指标与其影响因素的关系，从数量上确定各因素对分析指标影响方向和影响程度的一种方法。采用这种方法的出发点在于，当有若干因素对分析指标发生影响作用时，假定其他各个因素都无变化，顺序确定每一个因素单独变化所产生的影响。

因素分析法具体有两种：连环替代法和差额分析法。

### （一）连环替代法

连环替代法，是将分析指标分解为各个可以计量的因素，并根据各个因素之间的依存关系，顺次用各因素的比较值（通常即实际值）替代基准值（通常为标准值或计划值），据以测定各因素对分析指标的影响。

【案例分析 9-3】

理正机械公司某型号产品原材料费用分析资料如下表。

表 9-3　理正机械公司某型号产品原材料费用分析表

| 项　目 | 单位 | 上年实际数 | 本年实际数 |
| --- | --- | --- | --- |
| 产品产量 A | 件 | 100 | 110 |
| 单位产品材料消耗量 B | 千克 | 8 | 7 |
| 材料单价 C | 元 | 5 | 6 |
| 材料费用总额 | 元 | 4 000 | 4 620 |

分析：设材料费用总额为 $Y$，上年实际值为 $Y_0$，本年实际值为 $Y_1$；

产品产量为 $A$，上年实际值为 $A_0$，本年实际值为 $A_1$；

单位产品材料消耗量为 $B$，上年实际值为 $B_0$，本年实际值为 $B_1$；

材料单价为 $C$，上年实际值为 $C_0$，本年实际值为 $C_1$。

关系式：$Y = A \times B \times C$

第一步，计算材料费用本年与上年总差异额：

$$Y_1 - Y_0 = A_1 \times B_1 \times C_1 - A_0 \times B_0 \times C_0 = 110 \times 7 \times 6 - 100 \times 8 \times 5$$
$$= 4\,620 - 4\,000 = 620(元)$$

第二步，对总差异额进行因素分析。

影响材料费用总额增减的因素有三个，$A$、$B$、$C$。按照先数量因素后质量因素的先后顺序进行因素替换分析。

1. 产品产量变动的影响额：

$$A_1 \times B_0 \times C_0 - A_0 \times B_0 \times C_0 = 110 \times 8 \times 5 - 100 \times 8 \times 5 = 4\,400 - 4\,000 = 400(元)$$

2. 单位产品材料消耗量变动的影响额：

$$A_1 \times B_1 \times C_0 - A_1 \times B_0 \times C_0 = 110 \times 7 \times 5 - 110 \times 8 \times 5 = 3\,850 - 4\,400 = -550(元)$$

3. 材料单价变动的影响额：

$$A_1 \times B_1 \times C_1 - A_1 \times B_1 \times C_0 = 110 \times 7 \times 6 - 110 \times 7 \times 5 = 4\,620 - 3\,850 = 770(元)$$

第三步，验正各因素的影响额的代数和与总差异的一致性。

$$Y_1 - Y_0 = 620 = 400 + (-550) + 770 = 620$$

### （二）差额分析法

差额分析法是连环替代法的一种简化形式，是利用各个因素的比较值与基准值之间的差额，来计算各因素对分析指标的影响。

【案例分析 9-4】

资料同前例。

1. 产品产量变动的影响额 $= (A_1 - A_0) \times B_0 \times C_0 = 400$ 元
2. 单位产品材料消耗量变动的影响额 $= A_1 \times (B_1 - B_0) \times C_0 = -550$ 元
3. 材料单价变动的影响额 $= A_1 \times B_1 \times (C_1 - C_0) = 770$ 元

差额分析的计算结果与连环替代分析一致。

采用因素分析法时，必须注意以下问题：第一，因素分解的关联性；第二，因素替代的顺序性；第三，顺序替代的连环性；第四，计算结果的假定性。

## 任务 9-3　财务指标分析

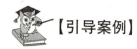【引导案例】

### 如何制作财务分析报告

在某公司财务部工作的小李，最近接到了公司总经理制作一份公司 2008 年度的财务分析报告的任务。虽说是某名牌大学会计系的高材生，可小李在这方面却没有什么经验。财务经理给小李传授了以下经验。

制作财务分析报告，方法的选择最为关键。常用的财务分析方法有比较分析法、比率分析法、因素分析法，实际工作中比率分析应用最为广泛。如果对外报送资料，比率分析法确实是最合适的，但是如果是用于公司内部管理，比率分析法（这里特指财务比率）只能作为补充和判断。

**确定分析重点**

在制作财务分析报告时，管理层关注的问题通常需要详细描述。一般来说，企业在不同的时期所需要重点关注的问题是不同的，例如对融资活动，在信贷政策宽松、效益良好的情况下，企业会关心如何压缩筹资成本、减少库存现金（含银行存款），而在金融危机到来时，会更关心如何才能持有足够企业生存和发展的现金。财务人员应当对宏观经济形势、行业特征和企业经营的特点有足够的了解，才能对经营环境作出合理的判断，从而确定正确的财务分析重点。

运用财务比率指标进行判断。当企业的生产经营活动出现异常时，与其相关的财务指标也将会随之发生变动，通过历史数据或者预算数据，我们可以大致判定一个分析的范围。例如，当企业存货周转率出现异常变动时，我们可以初步将销售成本和期末库存的存货确定为分析范围，然后通过进一步的查找，确定具体的分析对象。

**可借鉴 ABC 管理法**

分析报告的制作是财务分析工作中最重要的工作内容,是财务分析工作全部成果的体现。不要追求完美,内容尽量短小精悍。撰写分析报告,可借鉴存货的 ABC 管理法,对于重点分析的问题确认为 A 类,应当详细进行描述和分析,对于次要问题,归为 B 类,简单描述,对于 C 类问题一带而过或者干脆不提。

对于已经确定的 A 类问题,需要多进行调查了解,揭开其产生的真正原因,并且能够在报告中准确地描述。撰写报告需要技巧。文字、表格和图形,这是常用在分析报告中的三种形式,图形直观,表格精确,文字翔实。在撰写分析报告时,财务人员应合理地运用这三种工具。个人认为对于已经确定的 C 类问题的内容,做成一个集合归类,直接用图形进行表示,然后简单文字描述即可。对于 B 类问题的内容,可以考虑采用图形或表格进行描述(比如描述增长率等),同时可以考虑使用文字作补充。对于 A 类问题,我们需要考虑图形、表格及文字搭配进行描述,并且侧重于文字描述。

(资料来源:中国会计网)

**【任务 9-3 学习目标】**

1. 理解总结和评价企业财务状况与经营成果的偿债能力指标、运营能力指标、获利能力指标和发展能力指标的含义和计算公式。
2. 运用 Excel,正确计算财务分析指标值。
3. 根据财务分析指标值正确判断和评价企业财务状况与经营成果。

**【学习案例】**

### 重庆百货大楼股份有限公司 2008 年财务分析案例

**公司简介**

重庆百货大楼股份有限公司(以下简称"公司"、"本公司")前身为"重庆百货大楼",成立于 1950 年,是西南地区最早的一家国有大型商业企业。1992 年 6 月,经重庆市体改委批准由重庆百货大楼独家发起,以定向募集方式设立"重庆百货大楼股份有限公司",设立时总股本为 12 000 万股。1996 年 7 月,经中国证监会[1996]第 115 号文核准和上海证券交易所上证上[96]字第 047 号文同意,公司 3 000 万股内部职工股在上海证券交易所挂牌上市。1997 年 4 月 11 日,公司按 10∶7 比例派送红股,总股本增加到 20 400 万股。2006 年 5 月 29 日,公司实施股权分置改革方案,股权分置改革方案实施股权登记日登记在册的流通股股东每 10 股获得 2.8 股非流通股股东所支付的对价。

截至 2008 年 12 月 31 日,公司注册资本为 204 000 000 元,总股本为 204 000 000 股,其中:有限售条件的流通股 68 759 106 股,占总股本的 33.71%;无限售条件的流通股 135 240 894 股,占总股本的 66.29%。

公司经营范围:零售工艺美术品(含黄金饰品),连锁销售:烟、酒、茶叶、粮油制品、副食品、其他食品(以上范围仅限具有经营许可资格的分支机构经营)、日用百货、针纺织品、服装、五金、交电、通讯器材、家用电器售后维修服务、日用杂品(不含烟花爆竹)、家具、计量衡器具、劳动保护用品、普通机械、建筑材料和化工产品及原料(不含危险化学品),普通货运(按许可证核定事项从事经营),停车服务,场地租赁。

2008年度公司实现营业收入64.21亿元,同比增长17%,完成股东大会下达计划的107.32%,市场份额进一步扩大。实现利润总额1.81亿元,同比增长50.28%,完成计划136.36%,实现净利润1.63亿元,同比增长61.36%,在复杂多变的市场情形和激烈的竞争中,保证了效益的大幅度提高。2006—2008年度公司平均净利润增长达到32.89%,全面履行了股权分置改革中作出的2006—2008年净利润年平均增长不低于10%的承诺。

法定地址为重庆市渝中区民权路2号。法定代表人肖诗新先生。

摘录公司2008年及2006年财务报告中合并会计报表相关会计资料如下(单位:元)。

| 会计报表项目名称 | 2008年年末 | 2007年年末 | 备注 |
| --- | --- | --- | --- |
| 货币资金 | 233 475 921.08 | 246 876 664.78 | 2008年合并资产负债表 |
| 交易性金融资产 | 0 | 0 | 2008年合并资产负债表 |
| 应收票据 | 2 093 829.78 | 5 355 576.50 | 2008年合并资产负债表 |
| 应收账款 | 10 406 142.00 | 6 837 421.05 | 2008年合并资产负债表,2006年9 282 232.81 |
| 预付账款 | 146 888 448.33 | 147 664 873.61 | 2008年合并资产负债表 |
| 其他应收款 | 17 754 184.16 | 10 915 377.49 | 2008年合并资产负债表 |
| 存货 | 587 075 568.24 | 518 553 667.83 | 2008年合并资产负债表,2006年418 852 045.52 |
| 一年内到期的非流动资产 | 0 | 0 | 2008年合并资产负债表 |
| 流动资产合计 | 997 694 093.59 | 936 203 581.26 | 2008年合并资产负债表,2006年845 808 522.23 |
| 资产总计 | 2 368 850 883.03 | 2 152 735 963.30 | 2008年合并资产负债表,2006年1 890 025 468.04 |
| 短期借款 | 0 | 0 | 2008年合并资产负债表 |
| 应付利息 | 0 | 0 | 2008年合并资产负债表 |
| 一年内到期的非流动负债 | 0 | 0 | 2008年合并资产负债表 |
| 流动负债合计 | 1 479 888 895.90 | 1 301 873 274.83 | 2008年合并资产负债表 |
| 长期借款 | 45 000 000.00 | 130 000 000.00 | 2008年合并资产负债表 |
| 应付债券 | 0 | 0 | 2008年合并资产负债表 |
| 负债合计 | 1 524 888 895.90 | 1 431 993 274.83 | 2008年合并资产负债表 |
| 股东权益合计 | 843 961 987.13 | 720 742 688.47 | 2008年合并资产负债表 |
| 利润总额 | 180 997 800.76 | 120 440 631.21 | 2008年合并利润表 |
| 利息支出 | 5 910 725.74 | 11 499 044.32 | 2008年合并利润表附注 |
| 经营活动产生的现金流量净额 | 369 291 188.53 | 366 200 751.72 | 2008年合并现金流量表 |
| 营业收入 | 6 420 589 566.95 | 5 487 816 175.23 | 2008年合并利润表,2005年35 367 097.58 |

续 表

| 会计报表项目名称 | 2008年年末 | 2007年年末 | 备 注 |
|---|---|---|---|
| 营业成本 | 6 247 735 838.42 | 5 370 219 630.46 | 2008年合并利润表 |
| 营业税金及附加 | 41 894 451.63 | 29 962 479.44 | 2008年合并利润表 |
| 销售费用 | 516 878 860.96 | 418 084 367.89 | 2008年合并利润表 |
| 管理费用 | 272 094 164.97 | 261 539 572.72 | 2008年合并利润表 |
| 营业利润 | 173 481 298.53 | 118 029 114.77 | 2008年合并利润表 |
| 利润总额 | 180 997 800.76 | 120 440 631.21 | 2008年合并利润表 |
| 净利润 | 165 166 867.74 | 102 309 448.28 | 2008年合并利润表 |
| 归属于母公司所有者的净利润 | 162 631 269.89 | 100 785 265.38 | 2008年合并利润表 |
| 利息支出 | 5 910 725.74 | 11 499 044.32 | 2008年合并利润表附注 |
| 股本 | 204 000 000.00 | 204 000 000.00 | 2008年合并资产负债表 |
| 资本公积 | 91 621 039.29 | 91 621 039.29 | 2008年合并资产负债表 |
| 股东权益合计 | 843 961 987.13 | 720 742 688.47 | 2008年合并资产负债表，2005年604 090 804.10 |
| 经营活动产生的现金流量净额 | 369 291 188.53 | 366 200 751.72 | 2008年合并现金流量表 |
| 股份总数 | 204 000 000 | 204 000 000 | |
| 当期发行在外普通股加权平均数 | 203 289 087.36 | 205 684 215.06 | |

**案例分析问题：**

1. 根据重庆百货大楼股份有限公司2008年财务报表及相关资料分析评价公司偿债能力。

2. 根据重庆百货大楼股份有限公司2008年财务报表及相关资料分析评价公司运营能力。

3. 根据重庆百货大楼股份有限公司2008年财务报表及相关资料分析评价公司获利能力。

4. 根据重庆百货大楼股份有限公司2008年财务报表及相关资料分析评价公司发展能力。

## 一、偿债能力指标

偿债能力，是指企业偿还到期债务（包括本息）的能力。偿债能力指标包括短期偿债能力指标和长期偿债能力指标。

（一）短期偿债能力指标

短期偿债能力，是指企业流动资产对流动负债及时足额偿还的保证程度，是衡量企业当期财务能力(尤其是流动资产变现能力)的重要标志。

企业短期偿债能力的衡量指标主要有流动比率、速动比率和现金流动负债比率三项。

1. 流动比率

流动比率,是流动资产与流动负债的比率,它表明企业每一元流动负债有多少流动资产作为偿还保证,反映企业用可在短期内转变为现金的流动资产偿还到期流动负债的能力。其计算公式如下:

$$流动比率=\frac{流动资产}{流动负债}$$

一般情况下,流动比率越高,说明企业短期偿债能力越强。国际上通常认为,流动比率的下限为100%,而流动比率等于200%时较为适当。流动比率过低,表明企业可能难以按期偿还债务。流动比率过高,表明企业流动资产占用较多,会影响资金的使用效率和企业的筹资成本,进而影响获利能力。

2. 速动比率

速动比率,是企业速动资产与流动负债的比率。其中,速动资产,是指流动资产减去变现能力较差且不稳定的存货、预付账款、待摊费用等后的余额。其计算公式如下:

$$速动比率=\frac{速动资产}{流动负债}$$

速动资产=货币资金+交易性金融资产+应收账款+应收票据
=流动资产-存货-预付账款-一年内到期的非流动资产-其他流动资产

一般情况下,速动比率越高,说明企业偿还流动负债的能力越强。国际上通常认为,速动比率等于100%时较为适当。速动比率小于100%,表明企业面临很大的偿债风险。速动比率大于100%,表明企业会因现金及应收账款占用过多而增加企业的机会成本。

3. 现金流动负债比率

现金流动负债比率,是企业一定时期的经营现金净流量同流动负债的比率,它可以从现金流量角度来反映企业当期偿付短期负债的能力。其计算公式如下:

$$现金流动负债比率=\frac{年经营现金净流量}{年末流动负债}$$

年经营现金净流量指一定时期内(年),企业经营活动所产生的现金及现金等价物流入量与流出量的差额。

现金流动负债比率越大,表明企业经营活动产生的现金净流量越多,越能保障企业按期偿还到期债务。但是,该指标也不是越大越好,指标过大表明企业流动资金利用不充分,获利能力不强。

(二) 长期偿债能力指标

长期偿债能力,是指企业偿还长期负债的能力。企业长期偿债能力的衡量指标主要有资产负债率、产权比率、或有负债比率、已获利息倍数和带息负债比率五项。

1. 资产负债率

资产负债率又称负债比率,是指企业负债总额对资产总额的比率,反映企业资产对债权人权益的保障程度。其计算公式如下：

$$资产负债率 = \frac{负债总额}{资产总额} \times 100\%$$

一般情况下，资产负债率越小，说明企业长期偿债能力越强。保守的观点认为资产负债率不应高于50%，而国际上通常认为资产负债率等于60%时较为适当。从债权人来说，该指标越小越好，这样企业偿债越有保证。从企业所有者来说，该指标过小表明企业对财务杠杆利用不够。企业的经营决策者应当将偿债能力指标与获利能力指标结合起来分析。

2. 产权比率

产权比率也称资本负债率，是指企业负债总额与所有者权益总额的比率，反映企业所有者权益对债权人权益的保障程度。其计算公式为

$$产权比率 = \frac{负债总额}{所有者权益总额} \times 100\%$$

一般情况下，产权比率越低，说明企业长期偿债能力越强。产权比率与资产负债率对评价偿债能力的作用基本相同，两者的主要区别是：资产负债率侧重于分析债务偿付安全性的物质保障程度；产权比率则侧重于揭示财务结构的稳健程度以及自有资金对偿债风险的承受能力。

3. 或有负债比率

或有负债比率，是指企业或有负债总额对所有者权益总额的比率，反映企业所有者权益应对可能发生的或有负债的保障程度。其计算公式为

$$或有负债比率 = \frac{或有负债总额}{所有者权益总额} \times 100\%$$

或有负债总额＝已贴现商业承兑汇票金额＋对外担保金额＋未决诉讼、未决仲裁金额（除贴现与担保引起的诉讼或仲裁）＋其他或有负债金额

4. 已获利息倍数

已获利息倍数，是指企业一定时期息税前利润与利息支出的比率，反映了获利能力对债务偿付的保障程度。其中，息税前利润总额指利润总额与利息支出的合计数，利息支出指实际支出的借款利息、债券利息等。其计算公式为

$$已获利息倍数 = \frac{息税前利润总额}{利息支出}$$

$$息税前利润总额 = 利润总额 + 利息支出$$

一般情况下，已获利息倍数越高，说明企业长期偿债能力越强。国际上通常认为，该指标为3时较为适当，从长期来看至少应大于1。

5. 带息负债比率

带息负债比率，是指企业某一时点的带息负债总额与负债总额的比率，反映企业负债中带息负债的比重，在一定程度上体现了企业未来的偿债（尤其是偿还利息）压力。其计算公式为

$$带息负债比率 = \frac{短期借款 + 一年内到期的长期负债 + 长期借款 + 应付债券 + 应付利息}{负债总额} \times 100\%$$

一般情况下,带息负债比率越低,表明企业的偿债压力越低,尤其是偿还债务利息的压力越低;带息负债比率较高,表明企业承担的偿债风险和偿还债务利息的风险较大。

**【案例分析 9-5】**

1. 根据学习案例的资料制作重庆百货大楼股份有限公司偿债能力会计数据与财务指标 Excel 电子表格如图 9-1。

| | A | B | C | D |
|---|---|---|---|---|
| 1 | | 重庆百货大楼股份有限公司有关偿债能力会计报表数据与财务指标 | | |
| 2 | 会计报表项目名称 | 2008年末 | 2007年末 | 备注 |
| 3 | 货币资金 | 233,475,921.08 | 246,876,664.78 | 2008年合并资产负债表 |
| 4 | 交易性金融资产 | 0 | 0 | 2008年合并资产负债表 |
| 5 | 应收票据 | 2,093,829.78 | 5,355,576.50 | 2008年合并资产负债表 |
| 6 | 应收账款 | 10,406,142.00 | 6,837,421.05 | 2008年合并资产负债表2006年9282232.81 |
| 7 | 预付款项 | 146,888,448.33 | 147,664,873.61 | 2008年合并资产负债表 |
| 8 | 其他应收款 | 17,754,184.16 | 10,915,377.49 | 2008年合并资产负债表 |
| 9 | 存货 | 587,075,568.24 | 518,553,667.83 | 2008年合并资产负债表2006年418852045.52 |
| 10 | 一年内到期的非流动资产 | 0 | 0 | 2008年合并资产负债表 |
| 11 | 流动资产合计 | 997,694,093.59 | 936,203,581.26 | 2008年合并资产负债表2006年845808522.23 |
| 12 | 资产总计 | 2,368,850,883.03 | 2,152,735,963.30 | 2008年合并资产负债表2006年1890025468.04 |
| 13 | 短期借款 | 0 | 0 | 2008年合并资产负债表 |
| 14 | 应付利息 | 0 | 0 | 2008年合并资产负债表 |
| 15 | 一年内到期的非流动负债 | 0 | 0 | 2008年合并资产负债表 |
| 16 | 流动负债合计 | 1,479,888,895.90 | 1,301,873,274.83 | 2008年合并资产负债表 |
| 17 | 长期借款 | 45,000,000.00 | 130,000,000.00 | 2008年合并资产负债表 |
| 18 | 应付债券 | 0 | 0 | 2008年合并资产负债表 |
| 19 | 负债合计 | 1,524,888,895.90 | 1,431,993,274.83 | 2008年合并资产负债表 |
| 20 | 股东权益合计 | 843,961,987.13 | 720,742,688.47 | 2008年合并资产负债表 |
| 21 | 利润总额 | 180,997,800.76 | 120,640,631.21 | 2008年合并利润表 |
| 22 | 利息支出 | 5,910,725.74 | 11,499,044.32 | 2008年合并利润表附注 |
| 23 | 经营活动产生的现金流量净额 | 369,291,188.53 | 366,200,751.72 | 2008年合并现金流量表 |
| 24 | 流动比率 | 65.38% | 65.38% | 0.00% |
| 25 | 速动比率 | 16.62% | 19.90% | -3.28% |
| 26 | 现金流动负债比率 | 24.95% | 64.37% | -39.42% |
| 27 | 资产负债率 | 64.37% | 66.52% | -2.15% |
| 28 | 产权比率 | 180.68% | 198.68% | -18.00% |
| 29 | 已获利息倍数 | 31.62 | 11.47 | 20.15 |
| 30 | 带息负债比率 | 2.95% | 9.08% | -6.13% |

图 9-1 公司有关偿债能力会计报表数据及财务指标

2. Excel 偿债能力指标计算操作如下:

2008 年年末流动比率"=B11/B16"

2008 年年初流动比率"=C11/C16"

2008 年年末速动比率"=(B3+B4+B5+B6)/B16"

2008 年年初速动比率"=(C3+C4+C5+C6)/C16"

2008 年年末现金流动负债比率"=B23/B16"

2008 年年初现金流动负债比率"=C23/C16"

2008 年年末资产负债率"=B19/B12"

2008 年年初资产负债率"=C19/C12"

2008 年年末产权比率"=B19/B20"

2008 年年初产权比率"=C19/C20"

2008 年年末已获利息倍数"=(B21+B22)/B22"

2008 年年初已获利息倍数"=(C21+C22)/C22"

2008 年年末带息负债比率"=(B13+B15+B17+B18+B14)/B19"

2008年年初带息负债比率"=(C13+C15+C17+C18+C14)/C19"

3. 公司偿债能力评价

从短期偿债能力指标看,重庆百货大楼股份有限公司2008年流动比率和速动比率都过低,分别仅达到65.38%和16.62%。流动比率2008年与2007年持平,比国际上通常下限标准100%还低34.62个百分点;速动比率2008年不仅低于国际通常标准(100%)83.38个百分点,而且比上年还下降3.28个百分点。比较两年的流动资产、速动资产和流动负债绝对额如图9-2。

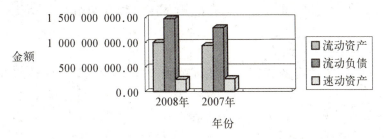

图9-2 重百公司2007—2008年流动资产、流动负债比较图

从图9-2中可以看出,两年流动资产合计均低于流动负债合计,并且在流动资产中,可以及时变现的速动资产比例极低,而存货却高达5亿元以上,这对短期债务到期偿付是非常困难的。同时,2008年现金流动负债比率为24.95%,较2007年剧烈下降39.42个百分点,说明2008年经营活动现金净流量偿付短期债务的能力也大大下降。总之,该公司短期偿债能力相当脆弱,需要引起高度重视。

从长期偿债能力指标看,该公司资产负债率两年均保持在60%以上,且2008年较2007年下降2.15个百分点,符合国际通常标准,比较合适。2008年产权比率为180.68%,较2007年下降18个百分点,风险有所下降,且也能发挥财务杠杆作用,比较合适。已获利息倍数2008年为31.62,较2007年提高20.15倍,说明偿付债务利息决定有保证。带息负债比率2008年仅为2.95%,并且较2007年下降6.13个百分点,也说明该公司偿债风险和偿付利息的风险极小。

总体看,该公司长期偿债能力是比较强的,但速动资产较少,而存货高达5亿元以上的流动资产结构对短期债务的偿付有极大风险。

## 二、运营能力指标

运营能力,是指企业基于外部市场环境的约束,通过内部人力资源和生产资料的配置组合而对财务目标实现所产生作用的大小。运营能力指标包括人力资源运营能力指标和生产资料运营能力指标。

(一) 人力资源运营能力指标

人力资源运营能力通常采用劳动效率指标来分析。劳动效率,是指企业营业收入或净产值与平均职工人数(可以视不同情况具体确定)的比率。

对企业劳动效率进行考核评价主要是采用比较的方法。例如,将实际劳动效率与本企业计划水平、历史先进水平或同行业平均先进水平等指标进行对比。

### (二) 生产资料运营能力指标

生产资料的运营能力实际上就是企业的总资产及其各个组成要素的运营能力。资产运营能力的强弱取决于资产的周转速度、资产运行状况、资产管理水平等多种因素。

资产的周转速度,通常用周转率和周转期来表示。(1) 周转率是企业在一定时期内资产的周转额与平均余额的比率,反映企业资产在一定时期的周转次数。周转次数越多,表明周转速度越快,资产运营能力越强。(2) 周转期是周转次数的倒数与计算期天数的乘积,反映资产周转一次所需要的天数。周转期越短,表明周转速度越快,资产运营能力越强。

生产资料运营能力可以从流动资产周转情况、固定资产周转情况、总资产周转情况等方面进行分析。

**1. 流动资产周转情况**

反映流动资产周转情况的指标主要有应收账款周转率、存货周转率和流动资产周转率。

(1) 应收账款周转率。应收账款周转率,是企业一定时期营业收入(或销售收入,本章下同)与平均应收账款余额的比率,反映企业应收账款变现速度的快慢和管理效率的高低。其计算公式为

$$应收账款周转率(次数) = \frac{营业收入}{平均应收账款余额}$$

$$平均应收账款余额 = \frac{应收账款余额年初数 + 应收账款年末数}{2}$$

$$应收账款周转率(天数) = \frac{平均应收账款余额 \times 360}{营业收入}$$

应收账款周转率次数越多或周转天数越少,表明周转率越高,反之越低。一般情况下,应收账款周转率越高越好,应收账款周转率高,表明收账迅速,账龄较短;资产流动性强,短期偿债能力强;可以减少坏账损失等。

(2) 存货周转率。存货周转率,是企业一定时期营业成本(或销售成本,本章下同)与平均存货余额的比率,反映企业生产经营各环节的管理状况以及企业的偿债能力和获利能力。其计算公式为

$$存货周转率(周转次数) = \frac{营业成本}{平均存货余额}$$

$$平均存货余额 = \frac{存货余额年初数 + 存货余额年末数}{2}$$

$$存货周转率(周转天数) = \frac{平均存货余额 \times 360}{营业成本}$$

一般情况下,存货周转率越高越好。存货周转率高,表明存货变现的速度快;周转额较大,表明资金占用水平较低。

(3) 流动资产周转率。流动资产周转率,是企业一定时期营业收入与平均流动资产总额的比率。其计算公式为

$$流动资产周转率(周转次数) = \frac{营业收入}{平均流动资产总额}$$

$$平均流动资产总额 = \frac{流动资产总额年初数 + 流动资产总额年末数}{2}$$

$$流动资产周转率(周转天数) = \frac{平均流动资产总额 \times 360}{营业收入}$$

一般情况下,流动资产周转率越高越好。流动资产周转率高,表明以相同的流动资产完成的周转额较多,流动资产利用效果较好。

2. 固定资产周转情况

反映固定资产周转情况的主要指标是固定资产周转率,它是企业一定时期营业收入与平均固定资产净值的比值。其计算公式为

$$固定资产周转率(周转次数) = \frac{营业收入}{平均固定资产净值}$$

$$平均固定资产净值 = \frac{固定资产净值年初数 + 固定资产净值年末数}{2}$$

$$固定资产周转率(周转天数) = \frac{平均固定资产净值 \times 360}{营业收入}$$

一般情况下,固定资产周转率越高越好。固定资产周转率高,表明企业固定资产利用充分,固定资产投资得当,固定资产结构合理,能够充分发挥效率。

3. 总资产周转情况

反映总资产周转情况的主要指标是总资产周转率,它是企业一定时期营业收入与平均资产总额的比值。其计算公式为

$$总资产周转率(周转次数) = \frac{营业收入}{平均资产总额}$$

$$平均资产总额 = \frac{资产总额年初数 + 资产总额年末数}{2}$$

$$总资产周转率(周转天数) = \frac{平均资产总额 \times 360}{营业收入}$$

一般情况下,总资产周转率越高越好。总资产周转率高,表明企业全部资产的使用效率较高。

【案例分析 9-6】

1. 根据学习案例资料,制作重庆百货大楼股份有限公司营运能力会计数据与财务指标 Excel 电子表格如图 9-3。

2. Excel 财务指标计算操作如下:

本年应收账款周转率(次数)"=B3*2/(B6+C6)"

上年应收账款周转率(次数)"=C3*2/(C6+9282232.81)"

本年存货周转率(次数)"=B4*2/(B7+C7)"

上年存货周转率(次数)"=C4*2/(C7+418852045.52)"

本年流动资产周转率(次数)"=B3*2/(B8+C8)"

上年流动资产周转率(次数)"=C3*2/(C8+845808522.23)"

| | A | B | C | D |
|---|---|---|---|---|
| 1 | | 重庆百货股份有限公司有关营运能力会计报表数据与财务指标 | | |
| 2 | 会计报表项目名称 | 2008年末 | 2007年末 | 备注 |
| 3 | 营业收入 | 6,420,589,566.95 | 5,487,816,175.23 | 2008年合并利润表 |
| 4 | 营业成本 | 6,247,735,838.42 | 5,370,219,630.46 | 2008年合并利润表 |
| 5 | 职工人数 | | | |
| 6 | 应收账款 | 10,406,142.00 | 6,837,421.05 | 2008年合并资产负债表2006年9282232.81 |
| 7 | 存货 | 587,075,568.24 | 518,553,667.83 | 2008年合并资产负债表2006年418852045.52 |
| 8 | 流动资产合计 | 997,694,093.59 | 936,203,581.26 | 2008年合并资产负债表2006年845808522.23 |
| 9 | 固定资产 | 1,165,002,633.92 | 1,065,958,263.29 | 2008年合并资产负债表2006年977152466.11 |
| 10 | 资产总计 | 2,368,850,883.03 | 2,152,735,963.30 | 2008年合并资产负债表2006年1890025468.04 |
| 11 | 经营活动产生的现金流量净额 | 369,291,188.53 | 366,200,751.72 | 2008年合并现金流量表 |
| 12 | 应收账款周转率(次数) | 744.69 | 680.89 | |
| 13 | 存货周转率(次数) | 11.30 | 11.46 | |
| 14 | 流动资产周转率(次数) | 6.64 | 6.16 | |
| 15 | 固定资产周转率(次数) | 5.76 | 5.37 | |
| 16 | 总资产周转率(次数) | 2.84 | 2.71 | |
| 17 | 资产现金回收率 | 16.33% | 0.18 | |
| 18 | | | | |

图9-3 公司营运能力会计报表数据与财务指标

本年固定资产周转率(次数)"＝B3＊2/(B9+C9)"

上年固定资产周转率(次数)"＝C3＊2/(C9+977152466.11)"

本年总资产周转率(次数)"＝B3＊2/(B10+C10)"

本年总资产周转率(次数)"＝C3＊2/(C10+1890025468.04)"

本年资产现金回收率"＝B11＊2/(B10+C10)"

本年资产现金回收率"＝C11＊2/(C10+1890025468.04)"

3. 公司营运能力评价

从该公司营运能力财务指标看,2008年应收账款周转率(次数)744.69次,存货周转率(次数)11.3次,流动资产周转率(次数)6.64次,固定资产周转率(次数)5.76次,总资产周转率(次数)2.84次,并且应收账款、流动资产和固定资产周转分别较2007年加快63.8次、0.48次和0.39次,总资产周转加快0.13次,说明应收账款回收加速,流动资产、固定资产以及总资产利用效果均良好,仅流动资产周转加速0.48次一项,就可节约资金75 263 577.70元〔即

$$\frac{6\ 420\ 589\ 566.95}{360} \times \left(\frac{360}{6.64} - \frac{360}{6.16}\right)\text{〕}。$$

## 三、获利能力指标

获利能力就是企业资金增值的能力,通常表现为企业收益数额的大小与水平的高低。获利能力指标主要包括营业利润率、成本费用利润率、盈余现金保障倍数、总资产报酬率、净资产收益率和资本收益率六项。实务中,上市公司经常采用每股收益、每股股利、市盈率、每股净资产等指标评价其获利能力。

(一) 营业利润率

营业利润率,是企业一定时期营业利润与营业收入的比率。其计算公式为

$$营业利润率 = \frac{营业利润}{营业收入} \times 100\%$$

营业利润率越高,表明企业市场竞争力越强,发展潜力越大,盈利能力越强。

在实务中,也经常使用营业毛利率、营业净利率等指标来分析企业经营业务的获利水平。其计算公式分别为

$$营业净利率 = \frac{净利润额}{营业收入} \times 100\%$$

$$营业毛利率 = \frac{营业收入 - 营业成本}{营业收入} \times 100\%$$

(二)成本费用利润率

成本费用利润率,是企业一定时期利润总额与成本费用总额的比率。其计算公式为

$$成本费用利润率 = \frac{利润总额}{成本费用总额} \times 100\%$$

其中: 成本费用总额 = 营业成本 + 营业税金及附加 + 销售费用 + 管理费用 + 财务费用

成本费用利润率越高,表明企业为取得利润而付出的代价越小,成本费用控制得越好,盈利能力越强。

(三)盈余现金保障倍数

盈余现金保障倍数,是企业一定时期经营现金净流量与净利润的比值,反映了企业当期净利润中现金收益的保障程度,真实反映了企业盈余的质量。其计算公式如下:

$$盈余现金保障倍数 = \frac{经营现金净流量}{净利润}$$

一般来说,当企业当期净利润大于0时,盈余现金保障倍数应当大于1。该指标越大,表明企业经营活动产生的净利润对现金的贡献越大。

(四)总资产报酬率

总资产报酬率,是企业一定时期内获得的报酬总额与平均资产总额的比率,反映了企业资产的综合利用效果。其计算公式如下:

$$总资产报酬率 = \frac{息税前利润总额}{平均资产总额} \times 100\%$$

其中: 息税前利润总额 = 利润总额 + 利息支出 = 净利润 + 所得税 + 利息支出

一般情况下,总资产报酬率越高,表明企业的资产利用效益越好,整个企业盈利能力越强。

(五)净资产收益率

净资产收益率,是企业一定时期净利润与平均净资产的比率,反映了企业自有资金的投资收益水平。其计算公式如下:

$$净资产收益率 = \frac{净利润}{平均净资产} \times 100\%$$

一般认为,净资产收益率越高,企业自有资本获取收益的能力越强,运营效益越好,对企业投资人、债权人利益的保证程度越高。

(六)资本收益率

资本收益率,是企业一定时期净利润与平均资本(即资本性投入及其资本溢价)的比率,反

映企业实际获得的投资额回报水平。其计算公式如下：

$$资本收益率 = \frac{净利润}{平均资本} \times 100\%$$

$$平均资本 = \frac{[实收资本(股本)年初数 + 资本公积年初数] + [实收资本(股本)年末数 + 资本公积年末数]}{2}$$

上述资本公积仅指资本溢价（或股本溢价）。

### （七）每股收益

每股收益也称每股利润或每股盈余，是反映企业普通股股东持有每一股份所能享有企业利润或承担企业亏损的业绩评价指标。每股收益的计算包括基本每股收益和稀释每股收益。其计算公式为

$$基本每股收益 = \frac{归属普通股股东的当期净利润}{当期发行在外普通股的加权平均数}$$

其中：当期发行在外普通股的加权平均数 = 期初发行在外普通股股数 + 当期新发行普通股股数 × 已发行时间 ÷ 报告期时间 − 当期回购普通股股数 × 已回购时间 ÷ 报告期时间（已发行时间、报告期时间和已回购时间一般按天数计算，在不影响计算结果的前提下，也可以按月份简化计算）。

稀释每股收益是在考虑潜在普通股稀释性影响的基础上，对基本每股收益的分子、分母进行调整后再计算的每股收益。稀释性潜在普通股指当期转换成普通股的可转换公司债券、认股权证和股票期权等。

每股收益越高，表明公司的获利能力越强。

### （八）每股股利

每股股利，是上市公司本年发放的普通股现金股利总额与年末普通股总数的比值，反映上市公司当期利润的积累和分配情况。其计算公式为

$$每股股利 = \frac{普通股股利总额}{年末普通股股数}$$

### （九）市盈率

市盈率，是上市公司普通股每股市价相当于每股收益的倍数，反映投资者对上市公司每股净利润愿意支付的价格，可以用来估计股票的投资报酬和风险。其计算公式为

$$市盈率 = \frac{普通股每股市价}{普通股每股收益}$$

一般来说，市盈率高，说明投资者对该公司的发展前景看好，愿意出较高的价格购买该公司股票。但是，某种股票的市盈率过高，也意味着这种股票具有较高的投资风险。

### （十）每股净资产

每股净资产，是上市公司年末净资产（即股东权益）与年末普通股总数的比值。其计算公式为

$$每股净资产 = \frac{年末股东权益}{年末普通股总数}$$

**【案例分析 9-7】**

1. 根据学习案例资料,制作重庆百货大楼股份有限公司获利能力会计报表数据与财务指标 Excel 电子表格,如图 9-4。

| | A | B | C | D |
|---|---|---|---|---|
| 1 | 重庆百货大楼股份有限公司有关获利能力会计报表数据与财务指标 | | | |
| 2 | 会计报表项目名称 | 2008年末 | 2007年末 | 备注 |
| 3 | 营业收入 | 6,420,589,566.95 | 5,487,816,175.23 | 2008年合并利润表 |
| 4 | 营业成本 | 5,404,675,595.49 | 4,644,131,976.84 | 2008年合并利润表 |
| 5 | 营业税金及附加 | 41,894,451.63 | 29,962,479.44 | 2008年合并利润表 |
| 6 | 销售费用 | 516,878,860.96 | 418,084,367.89 | 2008年合并利润表 |
| 7 | 管理费用 | 272,094,164.97 | 261,539,572.72 | 2008年合并利润表 |
| 8 | 财务费用 | 10,193,246.51 | 17,373,956.47 | 2008年合并利润表 |
| 9 | 营业利润 | 173,481,298.53 | 118,029,114.77 | 2008年合并利润表 |
| 10 | 利润总额 | 180,997,800.76 | 120,440,631.21 | 2008年合并利润表 |
| 11 | 净利润 | 165,166,867.74 | 102,309,448.28 | 2008年合并利润表 |
| 12 | 归属于母公司所有者的净利润 | 162,631,269.89 | 100,785,265.38 | 2008年合并利润表 |
| 13 | 利息支出 | 5,910,725.74 | 11,499,044.32 | 2008年合并利润表附注 |
| 14 | 股本 | 204,000,000.00 | 204,000,000.00 | 2008年合并资产负债表 |
| 15 | 资本公积 | 91,621,039.29 | 91,621,039.29 | 2008年合并资产负债表 |
| 16 | 股东权益合计 | 843,961,987.13 | 720,742,688.47 | 2008年合并资产负债表 |
| 17 | 经营活动产生的现金流量净额 | 369,291,188.53 | 366,200,751.72 | 2008年合并现金流量表 |
| 18 | 资产总计 | 2,368,850,883.03 | 2,152,735,963.30 | 2008年合并资产负债表2006年1890025468.04 |
| 19 | 股份总数 | 204,000,000.00 | 204,000,000.00 | 2008年财务报告资料 |
| 20 | 当期发行在外普通股加权平均数 | 203289087.4 | 205684215.1 | 2008年财务报告资料 |
| 21 | 营业利润率 | 2.70% | 2.15% | |
| 22 | 营业毛利率 | 15.82% | 15.37% | |
| 23 | 成本费用利润率 | 2.90% | 2.24% | |
| 24 | 盈余现金保障倍数 | 2.24 | 3.58 | |
| 25 | 总资产报酬率 | 8.27% | 6.53% | |
| 26 | 净资产收益率 | 21.11% | 14.96 | |
| 27 | 资本收益率 | 55.87% | 34.61% | 2006年股本204,000,000.00资本公积 91,621,039.29 |
| 28 | 基本每股收益 | 0.8 | 0.49 | |
| 29 | 每股股利 | 0.2 | 0.2 | 两年均每10股派发现金红利2元。 |
| 30 | 每股净资产 | 4.14 | 3.53 | |

图 9-4 公司获利能力会计报表数据与财务指标

2. 公司获利能力财务指标计算操作如下:

本年营业利润率 "=B9/B3"

上年营业利润率 "=C9/C3"

本年营业毛利率 "=(B3−B4)/B3"

上年营业毛利率 "=(C3−C4)/C3"

本年成本费用利润率 "=B10/(B4+B5+B6+B7+B8)"

上年成本费用利润率 "=C10/(C4+C5+C6+C7+C8)"

本年盈余现金保障倍数 "=B17/B11"

上年盈余现金保障倍数 "=C17/C11"

本年总资产报酬率 "=(B10+B13)*2/(B18+C18)"

上年总资产报酬率 "=(C10+C13)*2/(C18+1890025468.04)"

本年净资产收益率 "=B11*2/(B16+C16)"

本年资本收益率 "=B11*2/(B14+B15+C14+C15)"

上年资本收益率 "=C11*2/(C14+C15+204000000+91621039.29)"

本年基本每股收益"＝B12/B20"
上年基本每股收益"＝C12/C20"
本年每股净资产"＝B16/B19"
上年每股净资产"＝C16/C19"

3. 公司获利能力评价

从该公司获利能力财务指标看,2008年营业毛利率、营业利润率、成本费用利润率分别较2007年提高0.45、0.55、0.66个百分点,从而保证了总资产报酬率、净资产收益率和资本收益率分别提高了1.74、7.15和21.26个百分点,基本每股收益增加了0.31元,每股净资产增加了0.61元,说明该公司2008年获利能力和股东收益大大提高。但是,2008年盈余现金保障倍数虽然仍高达2.24,却比2007年下降1.34,表明2008年经营活动产生的净利润对现金的贡献在减弱。因此,2008年股东每股现金红利仍与2007年的0.2元保持一致也合理。

## 四、发展能力指标

发展能力,是企业在生存的基础上,扩大规模、壮大实力的潜在能力。分析发展能力主要考察以下八项指标:营业收入增长率、资本保值增值率、资本积累率、总资产增长率、营业利润增长率、技术投入比率、营业收入三年平均增长率和资本三年平均增长率。

### (一) 营业收入增长率

营业收入增长率,是企业本年营业收入增长额与上年营业收入总额的比率,反映企业营业收入的增减变动情况。其计算公式如下:

$$营业收入增长率 = \frac{本年营业收入增长额}{上年营业收入总额} \times 100\%$$

其中: 本年营业收入增长额＝本年营业收入总额－上年营业收入总额

营业收入增长率大于零,表明企业本年营业收入有所增长。该指标值越高,表明企业营业收入的增长速度越快,企业市场前景越好。

### (二) 资本保值增值率

资本保值增值率,是企业扣除客观因素后的本年年末所有者权益总额与年初所有者权益总额的比率,反映企业当年资本在企业自身努力下实际增减变动的情况。其计算公式如下:

$$资本保值增值率 = \frac{扣除客观因素后年末所有者权益总额}{年初所有者权益总额} \times 100\%$$

一般认为,资本保值增值率越高,表明企业的资本保全状况越好,所有者权益增长越快,债权人的债务越有保障。该指标通常应当大于100%。

### (三) 资本积累率

资本积累率,是企业本年所有者权益增长额与年初所有者权益的比率,反映企业当年资本的积累能力。其计算公式如下:

$$资本积累率 = \frac{本年所有者权益增长额}{年初所有者权益}$$

资本积累率越高,表明企业的资本积累越多,应对风险、持续发展的能力越强。

（四）总资产增长率

总资产增长率，是企业本年总资产增长额同年初资产总额的比率，反映企业本期资产规模的增长情况。其计算公式如下：

$$总资产增长率 = \frac{本年总资产增长额}{年初资产总额} \times 100\%$$

其中： 本年总资产增长额 = 年末资产总额 - 年初资产总额

总资产增长率越高，表明企业一定时期内资产经营规模扩张的速度越快。但在分析时，需要关注资产规模扩张的质和量的关系，以及企业的后续发展能力，避免盲目扩张。

（五）营业利润增长率

营业利润增长率，是企业本年营业利润增长额与上年营业利润总额的比率，反映企业营业利润的增减变动情况。其计算公式如下：

$$营业利润增长率 = \frac{本年营业利润增长额}{上年营业利润总额} \times 100\%$$

其中： 本年营业利润增长额 = 本年营业利润总额 - 上年营业利润总额

（六）技术投入比率

技术投入比率，是企业本年科技支出（包括用于研究开发、技术改造、科技创新等方面的支出）与本年营业收入的比率，反映企业在科技进步方面的投入，在一定程度上可以体现企业的发展潜力。其计算公式为

$$技术投入比率 = \frac{本年科技投支出合计}{本年营业收入净额}$$

（七）营业收入三年平均增长率

营业收入三年平均增长率表明企业营业收入连续三年的增长情况，体现企业的持续发展态势和市场扩展能力。其计算公式为

$$营业收入三年平均增长率 = \left( \sqrt[3]{\frac{本年营业收入总额}{三年前营业收入总额}} - 1 \right) \times 100\%$$

（八）资本三年平均增长率

资本三年平均增长率表明企业资本连续三年的积累情况，在一定程度上体现企业持续发展水平和趋势。其计算公式为

$$资本三年平均增长率 = \left( \sqrt[3]{\frac{本年年末所有者权益总额}{三年前年末所有者权益总额}} - 1 \right) \times 100\%$$

一般认为，资本三年平均增长率越高，表明企业所有者权益得到保障的程度越大，应对风险和持续发展的能力越强。

【案例分析 9-8】

1. 根据学习案例资料，制作重庆百货大楼股份有限公司发展能力会计报表数据与财务指标 Excel 电子表格，如图 9-5。

| | A | B | C | D |
|---|---|---|---|---|
| 1 | | 重庆百货大楼股份有限公司发展能力财务报表数据与财务指标 | | |
| 2 | 会计报表项目名称 | 2008年末 | 2007年末 | 备注 |
| 3 | 营业收入 | 6,420,589,566.95 | 5,487,816,175.23 | 2005年营业收入3,670,975,813.98 |
| 4 | 营业利润 | 173,481,298.53 | 118,029,114.77 | 2008年合并利润表 |
| 5 | 资产总计 | 2,368,850,883.03 | 2,152,735,963.30 | 2008年合并资产负债表 |
| 6 | 股东权益合计 | 843,961,987.13 | 720,742,688.47 | 2005年末股东权益604090804.10 |
| 7 | 营业收入增长率 | 17.00% | | |
| 8 | 总资产增长率 | 10.04% | | |
| 9 | 资本保值增值率 | 117.10% | | |
| 10 | 资本积累率 | 17.10% | | |
| 11 | 营业收入三年平均增长率 | 20.48% | | |
| 12 | 资本三年平均增长率 | 11.79% | | |
| 13 | | | | |

图9-5　公司发展能力会计报表数据与财务指标

2. Excel发展能力指标计算操作：

本年营业收入增长率"＝(B2－C2)/C2"

本年总资产增长率"＝(B4－C4)/C4"

本年资本保值增值率"＝B5/C5"

本年资本积累率"＝(B5－C5)/C5"

营业收入三年平均增长率"＝POWER(B3/3670975813.98,1/3)－1"

资本三年平均增长率"＝POWER(B6/604090804.1,1/3)－1"

3. 公司发展能力评价

从该公司发展能力指标看，不仅2008年营业收入增长率、总资产增长率和资本积累率均保持在两位数及其以上，而且营业收入三年平均增长率和资本三年平均增长率也保持在两位数以上，2008年资本积累率与营业收入增长率同步达到17%以上，说明该公司不仅发展成长性比较好，而且股利分配政策的效果也比较好。

## 五、综合指标分析

（一）综合指标分析的含义和特点

综合指标分析，就是将运营能力、偿债能力、获利能力和发展能力指标等诸方面纳入一个有机的整体之中，全面地对企业经营状况、财务状况进行解剖与分析。

综合指标分析的特点体现在其财务指标体系的要求上。综合财务指标体系的建立应当具备三个基本素质：(1)指标要素齐全适当；(2)主辅指标功能匹配；(3)满足多方信息需要。

（二）综合指标分析方法

综合指标分析方法主要有杜邦财务分析体系和沃尔比重评分法。

1. 杜邦财务分析体系

杜邦财务分析体系(简称杜邦体系)，是利用各财务指标间的内在关系，对企业综合经营理财及经济效益进行系统分析评价的方法。该体系以净资产收益率为核心，将其分解为若干财务指标，通过分析各分解指标的变动对净资产收益率的影响来揭示企业获利能力及其变动原因。杜邦体系各主要指标之间的关系如下：

净资产收益率＝总资产净利率×权益乘数＝营业净利率×总资产周转率×权益乘数

其中：　　　　　　　营业净利率＝净利润÷营业收入

总资产周转率＝营业收入÷平均资产总额

权益乘数＝资产总额÷所有者权益总额＝1÷(1－资产负债率)

**【案例分析 9-9】**

根据重庆百货大楼股份有限公司 2008 年会计报表数据及相关财务指标制作公司 2008 年杜邦财务分析系统图，如图 9-6。

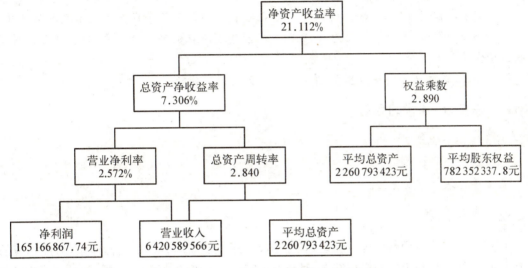

图 9-6　公司 2008 年杜邦财务分析系统图

在具体运用杜邦体系进行分析时，可以采用因素分析法，首先确定营业净利率、总资产周转率和权益乘数的基准值，然后顺次代入这三个指标的实际值，分别计算分析这三个指标的变动对净资产收益率的影响方向和程度；还可以使用因素分析法进一步分解各个指标并分析其变动的深层次原因，找出解决的方法。

2. 沃尔比重评分法

沃尔比重评分法是指将选定的财务比率用线性关系结合起来，并分别给定各自的分数比重，然后通过与标准比率进行比较，确定各项指标的得分及总体指标的累计分数，从而对企业的信用水平作出评价的方法。

沃尔比重评分法的基本步骤包括：(1) 选择评价指标并分配指标权重；(2) 确定各项评价指标的标准值与标准系数；(3) 对各项评价指标计分并计算综合分数；(4) 形成评价结果。

## 任务 9-4　业 绩 评 价

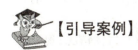
**【引导案例】**

### 华能集团业绩考核制度经历了三个发展阶段

第一个阶段是"目标系统"阶段(1989—1991)。在这一阶段，考核指标主要是一些绝对量，如主要产品产出单位、完工百分比、利润、还贷和管理费等。这个系统的主要缺陷是，没有对投资效果进行考核,从而使得子公司投资失控。

第二个阶段是"以合同为基础的管理责任系统"阶段(1992—1996)。该系统除了利润指标外,还增加了一些反映经营效率方面的指标,如净资产收益率、净资产增加值、偿还母公司贷款和利润上交等指标。但是,这一系统的问题是,不同子公司具有不同的获利水平,使用统一的标准不能达到考核经营效率的目的。同时,该系统也没有考虑对过程的监控。

第三个阶段是"业绩考核制度"阶段(自1997年以来)。为了考察投资效益,同时考虑到不同产业的差异,华能集团在1997年把以合同为基础的管理责任系统改为业绩考核制度。华能集团还调整了考核指标,以反映经营效率和过程控制。如采用了净资产收益率及其他比率。同时,为了体现债务风险和偿债能力,以及改变华能集团存在的高负债现象,华能集团用总资产收益率代替净资产增加值。

那么,业绩考核包含哪些内容呢,是不是仅仅只有财务指标呢?

【任务9-4 学习目标】

1. 了解业绩评价的意义和内容。
2. 掌握业绩评级指标体系。
3. 掌握业绩评级标准及方法。

## 一、业绩评价的意义

业绩评价,是指运用数理统计和运筹学的方法,通过建立综合评价指标体系,对照相应的评价标准,定量分析与定性分析相结合,对企业一定经营期间的盈利能力、资产质量、债务风险以及经营增长等经营业绩和努力程度等各方面进行的综合评判。

科学地评价企业业绩,可以为出资人行使经营者的选择权提供重要依据;可以有效地加强对企业经营者的监管和约束;可以为有效激励企业经营者提供可靠依据;还可以为政府有关部门、债权人、企业职工等利益相关方提供有效的信息支持。

## 二、业绩评价的内容

业绩评价由财务业绩定量评价和管理业绩定性评价两部分组成。

(一) 财务业绩定量评价

财务业绩定量评价,是指对企业一定期间的盈利能力、资产质量、债务风险和经营增长四个方面进行定量对比分析和评判。

企业盈利能力分析与评判主要通过资本及资产报酬水平、成本费用控制水平和经营现金流量状况等方面的财务指标,综合反映企业的投入产出水平以及盈利质量和现金保障状况。

企业资产质量分析与评判主要通过资产周转速度、资产运行状态、资产结构以及资产有效性等方面的财务指标,综合反映企业所占用经济资源的利用效率、资产管理水平和资产的安全性。

企业债务风险分析与评判主要通过债务负担水平、资产负债结构、或有负债情况、现金偿债能力等方面的财务指标,综合反映企业的债务水平、偿债能力及其面临的债务风险。

企业经营增长分析与评判主要通过销售增长、资本积累、效益变化以及技术投入等方面的财务指标,综合反映企业的经营增长水平及发展后劲。

### (二)管理业绩定性评价

管理业绩定性评价,是指在企业财务业绩定量评价的基础上,通过采取专家评议的方式,对企业一定期间的经营管理水平进行定性分析和综合评判。

## 三、评价指标

业绩评价指标由财务业绩定量评价指标和管理业绩定性评价指标两大体系构成。确定各项具体指标之后,再分别分配以不同的权重,使之成为一个完整的指标体系。

### (一)财务业绩定量评价指标

财务业绩定量评价指标依据各项指标的功能作用划分为基本指标和修正指标。其中,基本指标反映企业一定期间财务业绩的主要方面,并得出企业财务业绩定量评价的基本结果。修正指标是根据财务指标的差异性和互补性,对基本指标的评价结果作进一步的补充和矫正。

企业盈利能力指标,包括净资产收益率、总资产报酬率两个基本指标和营业利润率、盈余现金保障倍数、成本费用利润率、资本收益率四个修正指标。

企业资产质量指标,包括总资产周转率、应收账款周转率两个基本指标和不良资产比率、流动资产周转率、资产现金回收率三个修正指标。

企业债务风险指标,包括资产负债率、已获利息倍数两个基本指标和速动比率、现金流动负债比率、带息负债比率、或有负债比率四个修正指标。

企业经营增长指标,包括营业收入增长率、资本保值增值率两个基本指标和营业利润增长率、总资产增长率、技术投入率三个修正指标。

### (二)管理业绩定性评价指标

管理业绩定性评价指标包括企业发展战略的确立与执行、经营决策、发展创新、风险控制、基础管理、人力资源、行业影响、社会贡献八个方面的指标。

## 四、评价标准和评价方法

### (一)评价标准

业绩评价标准分为财务业绩定量评价标准和管理业绩定性评价标准。

财务业绩定量评价标准包括国内行业标准和国际行业标准。国内行业标准根据国内企业年度财务和经营管理统计数据,运用数理统计方法,分年度、分行业、分规模统一测算。国际行业标准根据居于行业国际领先地位的大型企业相关财务指标实际值,或者根据同类型企业相关财务指标的先进值,在剔除会计核算差异后统一测算。财务业绩定量评价标准按照不同行业、不同规模及指标类别,划分为优秀、良好、平均、较低和较差五个档次。

管理业绩定性评价标准根据评价内容,结合企业经营管理的实际水平和出资人监管要求等统一测算,并划分为优、良、中、低和差五个档次。

### (二)评价方法

#### 1. 财务业绩定量评价方法

财务业绩定量评价是运用功效系数法的原理,以企业评价指标实际值对照企业所处行业(规模)标准值,按照既定的计分模型进行定量测算。其基本步骤包括:(1)提取相关数据,加以调整,计算各项指标实际值;(2)确定各项指标标准值;(3)按照既定模型对各项指标评价计分;(4)计算财务业绩评价分值,形成评价结果。

2. 管理业绩定性评价方法

管理业绩定性评价是运用综合分析判断法的原理,根据评价期间企业管理业绩状况等相关因素的实际情况,对照管理业绩定性评价参考标准,对企业管理业绩指标进行分析评议,确定评价分值。其基本步骤包括:(1)收集整理相关资料;(2)参照管理业绩定性评价标准,分析企业管理业绩状况;(3)对各项指标评价计分;(4)计算管理业绩评价分值,形成评价结果。

3. 计算综合业绩评价分值,形成综合评价结果

根据财务业绩定量评价结果和管理业绩定性评价结果,按照既定的权重和计分方法,计算出业绩评价总分,并考虑相关因素进行调整后,得出企业综合业绩评价分值。

综合评价结果是根据企业综合业绩评价分值及分析得出的评价结论,分为优、良、中、低和差五个等级。

## 五、综合评价报告

综合评价报告是根据业绩评价结果编制、反映被评价企业业绩状况的文件,由报告正文和附件构成。

综合评价报告正文应当包括评价目的、评价依据与评价方法、评价过程、评价结果以及评价结论、需要说明的重大事项等内容。

综合评价报告附件应当包括企业经营业绩分析报告、评价结果计分表、问卷调查结果分析、专家咨询报告、评价基础数据及调整情况等内容。

【任务9 学习小结】

1. 本章主要介绍了现代公司财务分析方法、财务指标分析的运用,以及业绩评价的指标体系、方法和综合评价报告。

2. 财务分析方法包括比较分析法、比率分析法和因素分析法。比较分析法是通过对比两期或者连续数期财务报告中相同指标,确定其增减变动的方向、数额和幅度,说明企业财务状况或经营成果变动趋势的一种方法。比率分析法是通过计算各种比率指标来确定经济活动变动程度的一种分析方法。因素分析法是分析指标与其影响因素的内在关系,从数量上确定各因素对分析指标的影响方向和程度的一种方法,具体包括连环替代法和差额分析法两种方法。

3. 财务分析指标包括偿债能力指标、营运能力指标、获利能力指标和发展能力指标四大类别。将各种指标等诸方面纳入一个有机的整体中,对企业经营状况、财务状况进行全面的解剖和分析的方法称为综合指标分析,主要方法有杜邦财务分析法和沃尔比重评分法。

4. 业绩评价是运用数理统计和运筹学的方法,通过建立综合评价指标体系,对照相应的评价标准,定量分析与定性分析相结合,对企业一定经营期间获利能力、资产质量、债务风险以及经营增长等经营业绩和努力程度进行综合评判。业绩评价包括财务业绩评价和管理业绩评价两部分,业绩评价的内容和结果,最后形成书面文件,即业绩评价报告。

【基本概念】

财务分析 比较分析法 比率分析法 因素分析法 流动比率 速动比率 资产负债率 产权比率 已获利息倍数 存货周转率 流动资产周转率 总资产周转率 营业利润

率　成本费用利润率　总资产报酬率　净资产收益率　资本收益率　每股收益　市盈率　资本保值增值率　资本积累率　杜邦财务分析体系　沃尔比重评分法　业绩评价　综合评价报告

**【思考题】**

1. 如何理解和看待财务分析的意义、内容和局限性？
2. 财务分析的主要方法有哪些，不同的方法有何特点？
3. 总结和评价企业财务状况和经营成果的分析指标有哪些类别，其作用是什么？
4. 杜邦财务分析体系的基本思想和各主要指标间的关系是什么？

**【实训项目】**

见配套教材《财务管理综合练习与实训》。

# 附表一
## 一元复利终值系数表(FVIF) $F=(1+i)^n$

| n | 1% | 2% | 3% | 4% | 5% | 6% | 7% | 8% | 9% | 10% | 11% | 12% |
|---|---|---|---|---|---|---|---|---|---|---|---|---|
| 1 | 1.010 | 1.020 | 1.030 | 1.040 | 1.050 | 1.060 | 1.070 | 1.080 | 1.090 | 1.100 | 1.110 | 1.120 |
| 2 | 1.020 | 1.040 | 1.061 | 1.082 | 1.103 | 1.124 | 1.145 | 1.166 | 1.188 | 1.210 | 1.232 | 1.254 |
| 3 | 1.030 | 1.061 | 1.093 | 1.125 | 1.158 | 1.191 | 1.225 | 1.260 | 1.295 | 1.331 | 1.368 | 1.405 |
| 4 | 1.041 | 1.082 | 1.126 | 1.170 | 1.216 | 1.262 | 1.311 | 1.360 | 1.412 | 1.464 | 1.518 | 1.574 |
| 5 | 1.051 | 1.104 | 1.159 | 1.217 | 1.276 | 1.338 | 1.403 | 1.469 | 1.539 | 1.611 | 1.685 | 1.762 |
| 6 | 1.062 | 1.126 | 1.194 | 1.265 | 1.340 | 1.419 | 1.501 | 1.587 | 1.677 | 1.772 | 1.870 | 1.974 |
| 7 | 1.072 | 1.149 | 1.230 | 1.316 | 1.407 | 1.504 | 1.606 | 1.714 | 1.828 | 1.949 | 2.076 | 2.211 |
| 8 | 1.083 | 1.172 | 1.267 | 1.369 | 1.477 | 1.594 | 1.718 | 1.851 | 1.993 | 2.144 | 2.305 | 2.476 |
| 9 | 1.094 | 1.195 | 1.305 | 1.423 | 1.551 | 1.689 | 1.838 | 1.999 | 2.172 | 2.358 | 2.558 | 2.773 |
| 10 | 1.105 | 1.219 | 1.344 | 1.480 | 1.629 | 1.791 | 1.967 | 2.159 | 2.367 | 2.594 | 2.839 | 3.106 |
| 11 | 1.116 | 1.243 | 1.384 | 1.539 | 1.710 | 1.898 | 2.105 | 2.332 | 2.580 | 2.853 | 3.152 | 3.479 |
| 12 | 1.127 | 1.268 | 1.426 | 1.601 | 1.796 | 2.012 | 2.252 | 2.518 | 2.813 | 3.138 | 3.498 | 3.896 |
| 13 | 1.138 | 1.294 | 1.469 | 1.665 | 1.886 | 2.133 | 2.410 | 2.720 | 3.066 | 3.452 | 3.883 | 4.363 |
| 14 | 1.149 | 1.319 | 1.513 | 1.732 | 1.980 | 2.261 | 2.579 | 2.937 | 3.342 | 3.797 | 4.310 | 4.887 |
| 15 | 1.161 | 1.346 | 1.558 | 1.801 | 2.079 | 2.397 | 2.759 | 3.172 | 3.642 | 4.177 | 4.785 | 5.474 |
| 16 | 1.173 | 1.373 | 1.605 | 1.873 | 2.183 | 2.540 | 2.952 | 3.426 | 3.970 | 4.595 | 5.311 | 6.130 |
| 17 | 1.184 | 1.400 | 1.653 | 1.948 | 2.292 | 2.693 | 3.159 | 3.700 | 4.328 | 5.054 | 5.895 | 6.866 |
| 18 | 1.196 | 1.428 | 1.702 | 2.026 | 2.407 | 2.854 | 3.380 | 3.996 | 4.717 | 5.560 | 6.544 | 7.690 |
| 19 | 1.208 | 1.457 | 1.754 | 2.107 | 2.527 | 3.026 | 3.617 | 4.316 | 5.142 | 6.116 | 7.263 | 8.613 |
| 20 | 1.220 | 1.486 | 1.806 | 2.191 | 2.653 | 3.207 | 3.870 | 4.661 | 5.604 | 6.727 | 8.062 | 9.646 |

## 附表一

一元复利终值系数表(FVIF)  $F=(1+i)^n$

续 表

| n | 1% | 2% | 3% | 4% | 5% | 6% | 7% | 8% | 9% | 10% | 11% | 12% |
|---|---|---|---|---|---|---|---|---|---|---|---|---|
| 21 | 1.232 | 1.516 | 1.860 | 2.279 | 2.786 | 3.400 | 4.141 | 5.034 | 6.109 | 7.400 | 8.949 | 10.804 |
| 22 | 1.245 | 1.546 | 1.916 | 2.370 | 2.925 | 3.604 | 4.430 | 5.437 | 6.659 | 8.140 | 9.934 | 12.100 |
| 23 | 1.257 | 1.577 | 1.974 | 2.465 | 3.072 | 3.820 | 4.741 | 5.871 | 7.258 | 8.954 | 11.026 | 13.552 |
| 24 | 1.270 | 1.608 | 2.033 | 2.563 | 3.225 | 4.049 | 5.072 | 6.341 | 7.911 | 9.850 | 12.239 | 15.179 |
| 25 | 1.282 | 1.641 | 2.094 | 2.666 | 3.386 | 4.292 | 5.427 | 6.848 | 8.623 | 10.835 | 13.585 | 17.000 |
| 26 | 1.295 | 1.673 | 2.157 | 2.772 | 3.556 | 4.549 | 5.807 | 7.396 | 9.399 | 11.918 | 15.080 | 19.040 |
| 27 | 1.308 | 1.707 | 2.221 | 2.883 | 3.733 | 4.822 | 6.214 | 7.988 | 10.245 | 13.110 | 16.739 | 21.325 |
| 28 | 1.321 | 1.741 | 2.288 | 2.999 | 3.920 | 5.112 | 6.649 | 8.627 | 11.167 | 14.421 | 18.580 | 23.884 |
| 29 | 1.335 | 1.776 | 2.357 | 3.119 | 4.116 | 5.418 | 7.114 | 9.317 | 12.172 | 15.863 | 20.624 | 26.750 |
| 30 | 1.348 | 1.811 | 2.427 | 3.243 | 4.322 | 5.743 | 7.612 | 10.063 | 13.268 | 17.449 | 22.892 | 29.960 |
| 35 | 1.417 | 2.000 | 2.814 | 3.946 | 5.516 | 7.686 | 10.677 | 14.785 | 20.414 | 28.102 | 38.575 | 52.800 |
| 40 | 1.489 | 2.208 | 3.262 | 4.801 | 7.040 | 10.286 | 14.974 | 21.725 | 31.409 | 45.259 | 65.001 | 93.051 |
| 45 | 1.565 | 2.438 | 3.782 | 5.841 | 8.985 | 13.765 | 21.002 | 31.920 | 48.327 | 72.890 | 109.53 | 163.99 |
| 50 | 1.645 | 2.692 | 4.384 | 7.107 | 11.467 | 18.420 | 29.457 | 46.902 | 74.358 | 117.39 | 184.56 | 289.00 |

| n | 13% | 14% | 15% | 16% | 17% | 18% | 19% | 20% | 25% | 30% | 40% | 50% |
|---|---|---|---|---|---|---|---|---|---|---|---|---|
| 1 | 1.130 | 1.140 | 1.150 | 1.160 | 1.170 | 1.180 | 1.190 | 1.200 | 1.250 | 1.300 | 1.400 | 1.500 |
| 2 | 1.277 | 1.300 | 1.323 | 1.346 | 1.369 | 1.392 | 1.416 | 1.440 | 1.563 | 1.690 | 1.960 | 2.250 |
| 3 | 1.443 | 1.482 | 1.521 | 1.561 | 1.602 | 1.643 | 1.685 | 1.728 | 1.953 | 2.197 | 2.744 | 3.375 |
| 4 | 1.630 | 1.689 | 1.749 | 1.811 | 1.874 | 1.939 | 2.005 | 2.074 | 2.441 | 2.856 | 3.842 | 5.063 |
| 5 | 1.842 | 1.925 | 2.011 | 2.100 | 2.192 | 2.288 | 2.386 | 2.488 | 3.052 | 3.713 | 5.378 | 7.594 |
| 6 | 2.082 | 2.195 | 2.313 | 2.436 | 2.565 | 2.700 | 2.840 | 2.986 | 3.815 | 4.827 | 7.530 | 11.391 |
| 7 | 2.353 | 2.502 | 2.660 | 2.826 | 3.001 | 3.185 | 3.379 | 3.583 | 4.768 | 6.275 | 10.541 | 17.086 |
| 8 | 2.658 | 2.853 | 3.059 | 3.278 | 3.511 | 3.759 | 4.021 | 4.300 | 5.960 | 8.157 | 14.758 | 25.629 |
| 9 | 3.004 | 3.252 | 3.518 | 3.803 | 4.108 | 4.435 | 4.785 | 5.160 | 7.451 | 10.604 | 20.661 | 38.443 |
| 10 | 3.395 | 3.707 | 4.046 | 4.411 | 4.807 | 5.234 | 5.695 | 6.192 | 9.313 | 13.786 | 28.925 | 57.665 |
| 11 | 3.836 | 4.226 | 4.652 | 5.117 | 5.624 | 6.176 | 6.777 | 7.430 | 11.642 | 17.922 | 40.496 | 86.498 |

续　表

| n | 13% | 14% | 15% | 16% | 17% | 18% | 19% | 20% | 25% | 30% | 40% | 50% |
|---|---|---|---|---|---|---|---|---|---|---|---|---|
| 12 | 4.335 | 4.818 | 5.350 | 5.936 | 6.580 | 7.288 | 8.064 | 8.916 | 14.552 | 23.298 | 56.694 | 129.75 |
| 13 | 4.898 | 5.492 | 6.153 | 6.886 | 7.699 | 8.599 | 9.596 | 10.699 | 18.190 | 30.288 | 79.371 | 194.62 |
| 14 | 5.535 | 6.261 | 7.076 | 7.988 | 9.007 | 10.147 | 11.420 | 12.839 | 22.737 | 39.374 | 111.12 | 291.93 |
| 15 | 6.254 | 7.138 | 8.137 | 9.266 | 10.539 | 11.974 | 13.590 | 15.407 | 28.422 | 51.186 | 155.57 | 437.89 |
| 16 | 7.067 | 8.137 | 9.358 | 10.748 | 12.330 | 14.129 | 16.172 | 18.488 | 35.527 | 66.542 | 217.80 | 656.84 |
| 17 | 7.986 | 9.276 | 10.761 | 12.468 | 14.426 | 16.672 | 19.244 | 22.186 | 44.409 | 86.504 | 304.91 | 985.26 |
| 18 | 9.024 | 10.575 | 12.375 | 14.463 | 16.879 | 19.673 | 22.901 | 26.623 | 55.511 | 112.46 | 426.88 | 1 477.9 |
| 19 | 10.197 | 12.056 | 14.232 | 16.777 | 19.748 | 23.214 | 27.252 | 31.948 | 69.389 | 146.19 | 597.63 | 2 216.8 |
| 20 | 11.523 | 13.743 | 16.367 | 19.461 | 23.106 | 27.393 | 32.429 | 38.338 | 86.736 | 190.05 | 836.68 | 3 325.3 |
| 21 | 13.021 | 15.668 | 18.822 | 22.574 | 27.034 | 32.324 | 38.591 | 46.005 | 108.42 | 247.06 | 1 171.4 | 4 987.9 |
| 22 | 14.71 | 17.86 | 21.64 | 26.19 | 31.63 | 38.14 | 45.92 | 55.206 | 135.53 | 321.18 | 1 639.9 | 7 481.8 |
| 23 | 16.63 | 20.36 | 24.89 | 30.38 | 37.01 | 45.01 | 54.65 | 66.247 | 169.41 | 417.54 | 2 295.9 | 11 223 |
| 24 | 18.79 | 23.21 | 28.63 | 35.24 | 43.30 | 53.11 | 65.03 | 79.497 | 211.76 | 542.80 | 3 214.2 | 16 834 |
| 25 | 21.23 | 26.46 | 32.92 | 40.87 | 50.66 | 62.67 | 77.39 | 95.396 | 264.70 | 705.64 | 4 499.9 | 25 251 |
| 26 | 23.99 | 30.17 | 37.86 | 47.41 | 59.27 | 73.95 | 92.09 | 114.48 | 330.87 | 917.33 | 6 299.8 | 37 877 |
| 27 | 27.11 | 34.39 | 43.54 | 55.00 | 69.35 | 87.26 | 109.59 | 137.37 | 413.59 | 1 192.5 | 8 819.8 | 56 815 |
| 28 | 30.63 | 39.20 | 50.07 | 63.80 | 81.13 | 102.97 | 130.41 | 164.84 | 516.99 | 1 550.3 | 12 348 | 85 223 |
| 29 | 34.62 | 44.69 | 57.58 | 74.01 | 94.93 | 121.50 | 155.19 | 197.81 | 646.23 | 2 015.4 | 17 287 | 127 834 |
| 30 | 39.12 | 50.95 | 66.21 | 85.85 | 111.06 | 143.37 | 184.68 | 237.38 | 807.79 | 2 620.0 | 24 201 | 191 751 |
| 35 | 72.07 | 98.10 | 133.18 | 180.31 | 243.50 | 328.00 | 440.70 | 590.67 | 2 465.2 | 9 727.9 | 130 161 | 1 456 110 |
| 40 | 132.78 | 188.88 | 267.86 | 378.72 | 533.87 | 750.38 | 1 051.67 | 1 469.8 | 7 523.2 | 36 119 | 700 038 | 11 057 332 |
| 45 | 244.64 | 363.68 | 538.77 | 795.44 | 1 170.5 | 1 716.7 | 2 509.65 | 3 657.3 | 22 959 | 134 107 | 3 764 971 | 83 966 617 |
| 50 | 450.74 | 700.23 | 1 083.66 | 1 670.7 | 2 566.2 | 3 927.4 | 5 988.91 | 9 100.4 | 70 065 | 497 929 | 20 248 916 | 637 621 500 |

# 附表二
# 一元复利现值系数表（PVIF） $P=(1+i)^{-n}$

| n | 1% | 2% | 3% | 4% | 5% | 6% | 7% | 8% | 9% | 10% | 11% | 12% |
|---|---|---|---|---|---|---|---|---|---|---|---|---|
| 1 | 0.9901 | 0.9804 | 0.9709 | 0.9615 | 0.9524 | 0.9434 | 0.9346 | 0.9259 | 0.9174 | 0.9091 | 0.9009 | 0.8929 |
| 2 | 0.9803 | 0.9612 | 0.9426 | 0.9246 | 0.9070 | 0.8900 | 0.8734 | 0.8573 | 0.8417 | 0.8264 | 0.8116 | 0.7972 |
| 3 | 0.9706 | 0.9423 | 0.9151 | 0.8890 | 0.8638 | 0.8396 | 0.8163 | 0.7938 | 0.7722 | 0.7513 | 0.7312 | 0.7118 |
| 4 | 0.9610 | 0.9238 | 0.8885 | 0.8548 | 0.8227 | 0.7921 | 0.7629 | 0.7350 | 0.7084 | 0.6830 | 0.6587 | 0.6355 |
| 5 | 0.9515 | 0.9057 | 0.8626 | 0.8219 | 0.7835 | 0.7473 | 0.7130 | 0.6806 | 0.6499 | 0.6209 | 0.5935 | 0.5674 |
| 6 | 0.9420 | 0.8880 | 0.8375 | 0.7903 | 0.7462 | 0.7050 | 0.6663 | 0.6302 | 0.5963 | 0.5645 | 0.5346 | 0.5066 |
| 7 | 0.9327 | 0.8706 | 0.8131 | 0.7599 | 0.7107 | 0.6651 | 0.6227 | 0.5835 | 0.5470 | 0.5132 | 0.4817 | 0.4523 |
| 8 | 0.9235 | 0.8535 | 0.7894 | 0.7307 | 0.6768 | 0.6274 | 0.5820 | 0.5403 | 0.5019 | 0.4665 | 0.4339 | 0.4039 |
| 9 | 0.9143 | 0.8368 | 0.7664 | 0.7026 | 0.6446 | 0.5919 | 0.5439 | 0.5002 | 0.4604 | 0.4241 | 0.3909 | 0.3606 |
| 10 | 0.9053 | 0.8203 | 0.7441 | 0.6756 | 0.6139 | 0.5584 | 0.5083 | 0.4632 | 0.4224 | 0.3855 | 0.3522 | 0.3220 |
| 11 | 0.8963 | 0.8043 | 0.7224 | 0.6496 | 0.5847 | 0.5268 | 0.4751 | 0.4289 | 0.3875 | 0.3505 | 0.3173 | 0.2875 |
| 12 | 0.8874 | 0.7885 | 0.7014 | 0.6246 | 0.5568 | 0.4970 | 0.4440 | 0.3971 | 0.3555 | 0.3186 | 0.2858 | 0.2567 |
| 13 | 0.8787 | 0.7730 | 0.6810 | 0.6006 | 0.5303 | 0.4688 | 0.4150 | 0.3677 | 0.3262 | 0.2897 | 0.2575 | 0.2292 |
| 14 | 0.8700 | 0.7579 | 0.6611 | 0.5775 | 0.5051 | 0.4423 | 0.3878 | 0.3405 | 0.2992 | 0.2633 | 0.2320 | 0.2046 |
| 15 | 0.8613 | 0.7430 | 0.6419 | 0.5553 | 0.4810 | 0.4173 | 0.3624 | 0.3152 | 0.2745 | 0.2394 | 0.2090 | 0.1827 |
| 16 | 0.8528 | 0.7284 | 0.6232 | 0.5339 | 0.4581 | 0.3936 | 0.3387 | 0.2919 | 0.2519 | 0.2176 | 0.1883 | 0.1631 |
| 17 | 0.8444 | 0.7142 | 0.6050 | 0.5134 | 0.4363 | 0.3714 | 0.3166 | 0.2703 | 0.2311 | 0.1978 | 0.1696 | 0.1456 |
| 18 | 0.8360 | 0.7002 | 0.5874 | 0.4936 | 0.4155 | 0.3503 | 0.2959 | 0.2502 | 0.2120 | 0.1799 | 0.1528 | 0.1300 |
| 19 | 0.8277 | 0.6864 | 0.5703 | 0.4746 | 0.3957 | 0.3305 | 0.2765 | 0.2317 | 0.1945 | 0.1635 | 0.1377 | 0.1161 |

续 表

| n | 1% | 2% | 3% | 4% | 5% | 6% | 7% | 8% | 9% | 10% | 11% | 12% |
|---|---|---|---|---|---|---|---|---|---|---|---|---|
| 20 | 0.819 5 | 0.673 0 | 0.553 7 | 0.456 4 | 0.376 9 | 0.311 8 | 0.258 4 | 0.214 5 | 0.178 4 | 0.148 6 | 0.124 0 | 0.103 7 |
| 21 | 0.811 4 | 0.659 8 | 0.537 5 | 0.438 8 | 0.358 9 | 0.294 2 | 0.241 5 | 0.198 7 | 0.163 7 | 0.135 1 | 0.111 7 | 0.092 6 |
| 22 | 0.803 4 | 0.646 8 | 0.521 9 | 0.422 0 | 0.341 8 | 0.277 5 | 0.225 7 | 0.183 9 | 0.150 2 | 0.122 8 | 0.100 7 | 0.082 6 |
| 23 | 0.795 4 | 0.634 2 | 0.506 7 | 0.405 7 | 0.325 6 | 0.261 8 | 0.210 9 | 0.170 3 | 0.137 8 | 0.111 7 | 0.090 7 | 0.073 8 |
| 24 | 0.787 6 | 0.621 7 | 0.491 9 | 0.390 1 | 0.310 1 | 0.247 0 | 0.197 1 | 0.157 7 | 0.126 4 | 0.101 5 | 0.081 7 | 0.065 9 |
| 25 | 0.779 8 | 0.609 5 | 0.477 6 | 0.375 1 | 0.295 3 | 0.233 0 | 0.184 2 | 0.146 0 | 0.116 0 | 0.092 3 | 0.073 6 | 0.058 8 |
| 26 | 0.772 0 | 0.597 6 | 0.463 7 | 0.360 7 | 0.281 2 | 0.219 8 | 0.172 2 | 0.135 2 | 0.106 4 | 0.083 9 | 0.066 3 | 0.052 5 |
| 27 | 0.764 4 | 0.585 9 | 0.450 2 | 0.346 8 | 0.267 8 | 0.207 4 | 0.160 9 | 0.125 2 | 0.097 6 | 0.076 3 | 0.059 7 | 0.046 9 |
| 28 | 0.756 8 | 0.574 4 | 0.437 1 | 0.333 5 | 0.255 1 | 0.195 6 | 0.150 4 | 0.115 9 | 0.089 5 | 0.069 3 | 0.053 8 | 0.041 9 |
| 29 | 0.749 3 | 0.563 1 | 0.424 3 | 0.320 7 | 0.242 9 | 0.184 6 | 0.140 6 | 0.107 3 | 0.082 2 | 0.063 0 | 0.048 5 | 0.037 4 |
| 30 | 0.741 9 | 0.552 1 | 0.412 0 | 0.308 3 | 0.231 4 | 0.174 1 | 0.131 4 | 0.099 4 | 0.075 4 | 0.057 3 | 0.043 7 | 0.033 4 |
| 35 | 0.705 9 | 0.500 0 | 0.355 4 | 0.253 4 | 0.181 3 | 0.130 1 | 0.093 7 | 0.067 6 | 0.049 0 | 0.035 6 | 0.025 9 | 0.018 9 |
| 40 | 0.671 7 | 0.452 9 | 0.306 6 | 0.208 3 | 0.142 0 | 0.097 2 | 0.066 8 | 0.046 0 | 0.031 8 | 0.022 1 | 0.015 4 | 0.010 7 |
| 45 | 0.639 1 | 0.410 2 | 0.264 4 | 0.171 2 | 0.111 3 | 0.072 7 | 0.047 6 | 0.031 3 | 0.020 7 | 0.013 7 | 0.009 1 | 0.006 1 |
| 50 | 0.608 0 | 0.371 5 | 0.228 1 | 0.140 7 | 0.087 2 | 0.054 3 | 0.033 9 | 0.021 3 | 0.013 4 | 0.008 5 | 0.005 4 | 0.003 5 |
| n | 13% | 14% | 15% | 16% | 17% | 18% | 19% | 20% | 25% | 30% | 40% | 50% |
| 1 | 0.885 0 | 0.877 2 | 0.869 6 | 0.862 1 | 0.854 7 | 0.847 5 | 0.840 3 | 0.833 3 | 0.800 0 | 0.769 2 | 0.714 3 | 0.666 7 |
| 2 | 0.783 1 | 0.769 5 | 0.756 1 | 0.743 2 | 0.730 5 | 0.718 2 | 0.706 2 | 0.694 4 | 0.640 0 | 0.591 7 | 0.510 2 | 0.444 4 |
| 3 | 0.693 1 | 0.675 0 | 0.657 5 | 0.640 7 | 0.624 4 | 0.608 6 | 0.593 4 | 0.578 7 | 0.512 0 | 0.455 2 | 0.364 4 | 0.296 3 |
| 4 | 0.613 3 | 0.592 1 | 0.571 8 | 0.552 3 | 0.533 7 | 0.515 8 | 0.498 7 | 0.482 3 | 0.409 6 | 0.350 1 | 0.260 3 | 0.197 5 |
| 5 | 0.542 8 | 0.519 4 | 0.497 2 | 0.476 1 | 0.456 1 | 0.437 1 | 0.419 0 | 0.401 9 | 0.327 7 | 0.269 3 | 0.185 9 | 0.131 7 |
| 6 | 0.480 3 | 0.455 6 | 0.432 3 | 0.410 4 | 0.389 8 | 0.370 4 | 0.352 1 | 0.334 9 | 0.262 1 | 0.207 2 | 0.132 8 | 0.087 8 |
| 7 | 0.425 1 | 0.399 6 | 0.375 9 | 0.353 8 | 0.333 2 | 0.313 9 | 0.295 9 | 0.279 1 | 0.209 7 | 0.159 4 | 0.094 9 | 0.058 5 |
| 8 | 0.376 2 | 0.350 6 | 0.326 9 | 0.305 0 | 0.284 8 | 0.266 0 | 0.248 7 | 0.232 6 | 0.167 8 | 0.122 6 | 0.067 8 | 0.039 0 |
| 9 | 0.332 9 | 0.307 5 | 0.284 3 | 0.263 0 | 0.243 4 | 0.225 5 | 0.209 0 | 0.193 8 | 0.134 2 | 0.094 3 | 0.048 4 | 0.026 0 |

附表二
一元复利现值系数表(PVIF)  $P = (1+i)^{-n}$

续　表

| $n$ | 13% | 14% | 15% | 16% | 17% | 18% | 19% | 20% | 25% | 30% | 40% | 50% |
|---|---|---|---|---|---|---|---|---|---|---|---|---|
| 10 | 0.2946 | 0.2697 | 0.2472 | 0.2267 | 0.2080 | 0.1911 | 0.1756 | 0.1615 | 0.1074 | 0.0725 | 0.0346 | 0.0173 |
| 11 | 0.2607 | 0.2366 | 0.2149 | 0.1954 | 0.1778 | 0.1619 | 0.1476 | 0.1346 | 0.0859 | 0.0558 | 0.0247 | 0.0116 |
| 12 | 0.2307 | 0.2076 | 0.1869 | 0.1685 | 0.1520 | 0.1372 | 0.1240 | 0.1122 | 0.0687 | 0.0429 | 0.0176 | 0.0077 |
| 13 | 0.2042 | 0.1821 | 0.1625 | 0.1452 | 0.1299 | 0.1163 | 0.1042 | 0.0935 | 0.0550 | 0.0330 | 0.0126 | 0.0051 |
| 14 | 0.1807 | 0.1597 | 0.1413 | 0.1252 | 0.1110 | 0.0985 | 0.0876 | 0.0779 | 0.0440 | 0.0254 | 0.0090 | 0.0034 |
| 15 | 0.1599 | 0.1401 | 0.1229 | 0.1079 | 0.0949 | 0.0835 | 0.0736 | 0.0649 | 0.0352 | 0.0195 | 0.0064 | 0.0023 |
| 16 | 0.1415 | 0.1229 | 0.1069 | 0.0930 | 0.0811 | 0.0708 | 0.0618 | 0.0541 | 0.0281 | 0.0150 | 0.0046 | 0.0015 |
| 17 | 0.1252 | 0.1078 | 0.0929 | 0.0802 | 0.0693 | 0.0600 | 0.0520 | 0.0451 | 0.0225 | 0.0116 | 0.0033 | 0.0010 |
| 18 | 0.1108 | 0.0946 | 0.0808 | 0.0691 | 0.0592 | 0.0508 | 0.0437 | 0.0376 | 0.0180 | 0.0089 | 0.0023 | 0.0007 |
| 19 | 0.0981 | 0.0829 | 0.0703 | 0.0596 | 0.0506 | 0.0431 | 0.0367 | 0.0313 | 0.0144 | 0.0068 | 0.0017 | 0.0005 |
| 20 | 0.0868 | 0.0728 | 0.0611 | 0.0514 | 0.0433 | 0.0365 | 0.0308 | 0.0261 | 0.0115 | 0.0053 | 0.0012 | 0.0003 |
| 21 | 0.0768 | 0.0638 | 0.0531 | 0.0443 | 0.0370 | 0.0309 | 0.0259 | 0.0217 | 0.0092 | 0.0040 | 0.0009 | 0.0002 |
| 22 | 0.0680 | 0.0560 | 0.0462 | 0.0382 | 0.0316 | 0.0262 | 0.0218 | 0.0181 | 0.0074 | 0.0031 | 0.0006 | 0.0001 |
| 23 | 0.0601 | 0.0491 | 0.0402 | 0.0329 | 0.0270 | 0.0222 | 0.0183 | 0.0151 | 0.0059 | 0.0024 | 0.0004 | 0.0001 |
| 24 | 0.0532 | 0.0431 | 0.0349 | 0.0284 | 0.0231 | 0.0188 | 0.0154 | 0.0126 | 0.0047 | 0.0018 | 0.0003 | 0.0001 |
| 25 | 0.0471 | 0.0378 | 0.0304 | 0.0245 | 0.0197 | 0.0160 | 0.0129 | 0.0105 | 0.0038 | 0.0014 | 0.0002 | 0 |
| 26 | 0.0417 | 0.0331 | 0.0264 | 0.0211 | 0.0169 | 0.0135 | 0.0109 | 0.0087 | 0.0030 | 0.0011 | 0.0002 | 0 |
| 27 | 0.0369 | 0.0291 | 0.0230 | 0.0182 | 0.0144 | 0.0115 | 0.0091 | 0.0073 | 0.0024 | 0.0008 | 0.0001 | 0 |
| 28 | 0.0326 | 0.0255 | 0.0200 | 0.0157 | 0.0123 | 0.0097 | 0.0077 | 0.0061 | 0.0019 | 0.0006 | 0.0001 | 0 |
| 29 | 0.0289 | 0.0224 | 0.0174 | 0.0135 | 0.0105 | 0.0082 | 0.0064 | 0.0051 | 0.0015 | 0.0005 | 0.0001 | 0 |
| 30 | 0.0256 | 0.0196 | 0.0151 | 0.0116 | 0.0090 | 0.0070 | 0.0054 | 0.0042 | 0.0012 | 0.0004 | 0 | 0 |
| 35 | 0.0139 | 0.0102 | 0.0075 | 0.0055 | 0.0041 | 0.0030 | 0.0023 | 0.0017 | 0.0004 | 0.0001 | 0 | 0 |
| 40 | 0.0075 | 0.0053 | 0.0037 | 0.0026 | 0.0019 | 0.0013 | 0.0010 | 0.0007 | 0.0001 | 0 | 0 | 0 |
| 45 | 0.0041 | 0.0027 | 0.0019 | 0.0013 | 0.0009 | 0.0006 | 0.0004 | 0.0003 | 0 | 0 | 0 | 0 |
| 50 | 0.0022 | 0.0014 | 0.0009 | 0.0006 | 0.0004 | 0.0003 | 0.0002 | 0.0001 | 0 | 0 | 0 | 0 |

# 附表三
# 一元年金终值系数表（FVIFA） $F = [(1+i)^n - 1]/i$

| n | 1% | 2% | 3% | 4% | 5% | 6% | 7% | 8% | 9% | 10% | 11% | 12% |
|---|---|---|---|---|---|---|---|---|---|---|---|---|
| 1 | 1.000 | 1.000 | 1.000 | 1.000 | 1.000 | 1.000 | 1.000 | 1.000 | 1.000 | 1.000 | 1.000 | 1.000 |
| 2 | 2.010 | 2.020 | 2.030 | 2.040 | 2.050 | 2.060 | 2.070 | 2.080 | 2.090 | 2.100 | 2.110 | 2.120 |
| 3 | 3.030 | 3.060 | 3.091 | 3.122 | 3.153 | 3.184 | 3.215 | 3.246 | 3.278 | 3.310 | 3.342 | 3.374 |
| 4 | 4.060 | 4.122 | 4.184 | 4.246 | 4.310 | 4.375 | 4.440 | 4.506 | 4.573 | 4.641 | 4.710 | 4.779 |
| 5 | 5.101 | 5.204 | 5.309 | 5.416 | 5.526 | 5.637 | 5.751 | 5.867 | 5.985 | 6.105 | 6.228 | 6.353 |
| 6 | 6.152 | 6.308 | 6.468 | 6.633 | 6.802 | 6.975 | 7.153 | 7.336 | 7.523 | 7.716 | 7.913 | 8.115 |
| 7 | 7.214 | 7.434 | 7.662 | 7.898 | 8.142 | 8.394 | 8.654 | 8.923 | 9.200 | 9.487 | 9.783 | 10.089 |
| 8 | 8.286 | 8.583 | 8.892 | 9.214 | 9.549 | 9.897 | 10.260 | 10.637 | 11.028 | 11.436 | 11.859 | 12.300 |
| 9 | 9.369 | 9.755 | 10.159 | 10.583 | 11.027 | 11.491 | 11.978 | 12.488 | 13.021 | 13.579 | 14.164 | 14.776 |
| 10 | 10.462 | 10.950 | 11.464 | 12.006 | 12.578 | 13.181 | 13.816 | 14.487 | 15.193 | 15.937 | 16.722 | 17.549 |
| 11 | 11.567 | 12.169 | 12.808 | 13.486 | 14.207 | 14.972 | 15.784 | 16.645 | 17.560 | 18.531 | 19.561 | 20.655 |
| 12 | 12.683 | 13.412 | 14.192 | 15.026 | 15.917 | 16.870 | 17.888 | 18.977 | 20.141 | 21.384 | 22.713 | 24.133 |
| 13 | 13.809 | 14.680 | 15.618 | 16.627 | 17.713 | 18.882 | 20.141 | 21.495 | 22.953 | 24.523 | 26.212 | 28.029 |
| 14 | 14.947 | 15.974 | 17.086 | 18.292 | 19.599 | 21.015 | 22.550 | 24.215 | 26.019 | 27.975 | 30.095 | 32.393 |
| 15 | 16.097 | 17.293 | 18.599 | 20.024 | 21.579 | 23.276 | 25.129 | 27.152 | 29.361 | 31.772 | 34.405 | 37.280 |
| 16 | 17.258 | 18.639 | 20.157 | 21.825 | 23.657 | 25.673 | 27.888 | 30.324 | 33.003 | 35.950 | 39.190 | 42.753 |
| 17 | 18.430 | 20.012 | 21.762 | 23.698 | 25.840 | 28.213 | 30.840 | 33.750 | 36.974 | 40.545 | 44.501 | 48.884 |
| 18 | 19.615 | 21.412 | 23.414 | 25.645 | 28.132 | 30.906 | 33.999 | 37.450 | 41.301 | 45.599 | 50.396 | 55.750 |
| 19 | 20.811 | 22.841 | 25.117 | 27.671 | 30.539 | 33.760 | 37.379 | 41.446 | 46.018 | 51.159 | 56.939 | 63.440 |

附表三

一元年金终值系数表(FVIFA)  $F = [(1+i)^n - 1]/i$

续 表

| n | 1% | 2% | 3% | 4% | 5% | 6% | 7% | 8% | 9% | 10% | 11% | 12% |
|---|---|---|---|---|---|---|---|---|---|---|---|---|
| 20 | 22.019 | 24.297 | 26.870 | 29.778 | 33.066 | 36.786 | 40.995 | 45.762 | 51.160 | 57.275 | 64.203 | 72.052 |
| 21 | 23.239 | 25.783 | 28.676 | 31.969 | 35.719 | 39.993 | 44.865 | 50.423 | 56.765 | 64.002 | 72.265 | 81.699 |
| 22 | 24.472 | 27.299 | 30.537 | 34.248 | 38.505 | 43.392 | 49.006 | 55.457 | 62.873 | 71.403 | 81.214 | 92.503 |
| 23 | 25.716 | 28.845 | 32.453 | 36.618 | 41.430 | 46.996 | 53.436 | 60.893 | 69.532 | 79.543 | 91.148 | 104.60 |
| 24 | 26.973 | 30.422 | 34.426 | 39.083 | 44.502 | 50.816 | 58.177 | 66.765 | 76.790 | 88.497 | 102.17 | 118.16 |
| 25 | 28.243 | 32.030 | 36.459 | 41.646 | 47.727 | 54.865 | 63.249 | 73.106 | 84.701 | 98.347 | 114.41 | 133.33 |
| 26 | 29.526 | 33.671 | 38.553 | 44.312 | 51.113 | 59.156 | 68.676 | 79.954 | 93.324 | 109.18 | 128.00 | 150.33 |
| 27 | 30.821 | 35.344 | 40.710 | 47.084 | 54.669 | 63.706 | 74.484 | 87.351 | 102.723 | 121.10 | 143.08 | 169.37 |
| 28 | 32.129 | 37.051 | 42.931 | 49.968 | 58.403 | 68.528 | 80.698 | 95.339 | 112.97 | 134.21 | 159.82 | 190.70 |
| 29 | 33.450 | 38.792 | 45.219 | 52.966 | 62.323 | 73.640 | 87.347 | 103.97 | 124.14 | 148.63 | 178.40 | 214.58 |
| 30 | 34.785 | 40.568 | 47.575 | 56.085 | 66.439 | 79.058 | 94.461 | 113.28 | 136.31 | 164.49 | 199.02 | 241.33 |
| 35 | 41.660 | 49.994 | 60.462 | 73.652 | 90.320 | 111.43 | 138.24 | 172.32 | 215.71 | 271.02 | 341.59 | 431.66 |
| 40 | 48.886 | 60.402 | 75.401 | 95.026 | 120.80 | 154.76 | 199.64 | 259.06 | 337.88 | 442.59 | 581.83 | 767.09 |
| 45 | 56.481 | 71.893 | 92.720 | 121.03 | 159.70 | 212.74 | 285.75 | 386.51 | 525.86 | 718.90 | 986.64 | 1 358.2 |
| 50 | 64.463 | 84.579 | 112.80 | 152.67 | 209.35 | 290.34 | 406.53 | 573.77 | 815.08 | 1 163.9 | 1 668.8 | 2 400.0 |

| n | 13% | 14% | 15% | 16% | 17% | 18% | 19% | 20% | 25% | 30% | 40% | 50% |
|---|---|---|---|---|---|---|---|---|---|---|---|---|
| 1 | 1.000 | 1.000 | 1.000 | 1.000 | 1.000 | 1.000 | 1.000 | 1.000 | 1.000 | 1.000 | 1.000 | 1.000 |
| 2 | 2.130 | 2.140 | 2.150 | 2.160 | 2.170 | 2.180 | 2.190 | 2.200 | 2.250 | 2.300 | 2.400 | 2.500 |
| 3 | 3.407 | 3.440 | 3.473 | 3.506 | 3.539 | 3.572 | 3.606 | 3.640 | 3.813 | 3.990 | 4.360 | 4.750 |
| 4 | 4.850 | 4.921 | 4.993 | 5.066 | 5.141 | 5.215 | 5.291 | 5.368 | 5.766 | 6.187 | 7.104 | 8.125 |
| 5 | 6.480 | 6.610 | 6.742 | 6.877 | 7.014 | 7.154 | 7.297 | 7.442 | 8.207 | 9.043 | 10.946 | 13.188 |
| 6 | 8.323 | 8.536 | 8.754 | 8.977 | 9.207 | 9.442 | 9.683 | 9.930 | 11.259 | 12.756 | 16.324 | 20.781 |
| 7 | 10.405 | 10.730 | 11.067 | 11.414 | 11.772 | 12.142 | 12.523 | 12.916 | 15.073 | 17.583 | 23.853 | 32.172 |
| 8 | 12.757 | 13.233 | 13.727 | 14.240 | 14.773 | 15.327 | 15.902 | 16.499 | 19.842 | 23.858 | 34.395 | 49.258 |
| 9 | 15.416 | 16.085 | 16.786 | 17.519 | 18.285 | 19.086 | 19.923 | 20.799 | 25.802 | 32.015 | 49.153 | 74.887 |

续 表

| n | 13% | 14% | 15% | 16% | 17% | 18% | 19% | 20% | 25% | 30% | 40% | 50% |
|---|---|---|---|---|---|---|---|---|---|---|---|---|
| 10 | 18.420 | 19.337 | 20.304 | 21.321 | 22.393 | 23.521 | 24.709 | 25.959 | 33.253 | 42.619 | 69.814 | 113.33 |
| 11 | 21.814 | 23.045 | 24.349 | 25.733 | 27.200 | 28.755 | 30.404 | 32.150 | 42.566 | 56.405 | 98.739 | 171.00 |
| 12 | 25.650 | 27.271 | 29.002 | 30.850 | 32.824 | 34.931 | 37.180 | 39.581 | 54.208 | 74.327 | 139.23 | 257.49 |
| 13 | 29.985 | 32.089 | 34.352 | 36.786 | 39.404 | 42.219 | 45.244 | 48.497 | 68.760 | 97.625 | 195.93 | 387.24 |
| 14 | 34.883 | 37.581 | 40.505 | 43.672 | 47.103 | 50.818 | 54.841 | 59.196 | 86.949 | 127.91 | 275.30 | 581.86 |
| 15 | 40.417 | 43.842 | 47.580 | 51.660 | 56.110 | 60.965 | 66.261 | 72.035 | 109.69 | 167.29 | 386.42 | 873.79 |
| 16 | 46.672 | 50.980 | 55.717 | 60.925 | 66.649 | 72.939 | 79.850 | 87.442 | 138.11 | 218.47 | 541.99 | 1 311.7 |
| 17 | 53.739 | 59.118 | 65.075 | 71.673 | 78.979 | 87.068 | 96.022 | 105.931 | 173.64 | 285.01 | 759.78 | 1 968.5 |
| 18 | 61.725 | 68.394 | 75.836 | 84.141 | 93.406 | 103.740 | 115.266 | 128.117 | 218.04 | 371.52 | 1 064.7 | 2 953.8 |
| 19 | 70.749 | 78.969 | 88.212 | 98.603 | 110.28 | 123.41 | 138.17 | 154.74 | 273.56 | 483.97 | 1 491.6 | 4 431.7 |
| 20 | 80.947 | 91.025 | 102.44 | 115.38 | 130.03 | 146.63 | 165.42 | 186.69 | 342.94 | 630.17 | 2 089.2 | 6 648.5 |
| 21 | 92.470 | 104.77 | 118.81 | 134.84 | 153.14 | 174.02 | 197.85 | 225.03 | 429.68 | 820.22 | 2 925.9 | 9 973.8 |
| 22 | 105.49 | 120.44 | 137.63 | 157.41 | 180.17 | 206.34 | 236.44 | 271.03 | 538.10 | 1 067.3 | 4 097.2 | 14 962 |
| 23 | 120.20 | 138.30 | 159.28 | 183.60 | 211.80 | 244.49 | 282.36 | 326.24 | 673.63 | 1 388.5 | 5 737.1 | 22 443 |
| 24 | 136.83 | 158.66 | 184.17 | 213.98 | 248.81 | 289.49 | 337.01 | 392.48 | 843.03 | 1 806.0 | 8 033.0 | 33 666 |
| 25 | 155.62 | 181.87 | 212.79 | 249.21 | 292.10 | 342.60 | 402.04 | 471.98 | 1 054.8 | 2 348.8 | 11 247 | 50 500 |
| 26 | 176.85 | 208.33 | 245.71 | 290.09 | 342.76 | 405.27 | 479.43 | 567.38 | 1 319.5 | 3 054.4 | 15 747 | 75 752 |
| 27 | 200.84 | 238.50 | 283.57 | 337.50 | 402.03 | 479.22 | 571.52 | 681.85 | 1 650.4 | 3 971.8 | 22 047 | 113 628 |
| 28 | 227.95 | 272.89 | 327.10 | 392.50 | 471.38 | 566.48 | 681.11 | 819.22 | 2 064.0 | 5 164.3 | 30 867 | 170 443 |
| 29 | 258.58 | 312.09 | 377.17 | 456.30 | 552.51 | 669.45 | 811.52 | 984.07 | 2 580.9 | 6 714.6 | 43 214 | 255 666 |
| 30 | 293.20 | 356.79 | 434.75 | 530.31 | 647.44 | 790.95 | 966.71 | 1 181.9 | 3 227.2 | 8 730.0 | 60 501 | 383 500 |
| 35 | 546.68 | 693.57 | 881.17 | 1 120.7 | 1 426.5 | 1 816.7 | 2 314.2 | 2 948.3 | 9 856.8 | 32 423 | 325 400 | 2 912 217 |
| 40 | 1 013.7 | 1 342.0 | 1 779.1 | 2 360.8 | 3 134.5 | 4 163.2 | 5 529.8 | 7 343.9 | 30 089 | 120 393 | 1 750 092 | 22 114 663 |
| 45 | 1 874.2 | 2 590.6 | 3 585.1 | 4 965.3 | 6 879.3 | 9 531.6 | 13 203 | 18 281 | 91 831 | 447 019 | 9 412 424 | 167 933 233 |
| 50 | 3 459.5 | 4 994.5 | 7 217.7 | 10 436 | 15 090 | 21 813 | 31 515 | 45 497 | 280 256 | 1 659 761 | 50 622 288 | 1 275 242 998 |

# 附表四
# 一元年金现值系数表（PVIFA） $P=[1-(1+i)^{-n}]/i$

| n | 1% | 2% | 3% | 4% | 5% | 6% | 7% | 8% | 9% | 10% | 11% | 12% |
|---|---|---|---|---|---|---|---|---|---|---|---|---|
| 1 | 0.990 1 | 0.980 4 | 0.970 9 | 0.961 5 | 0.952 4 | 0.943 4 | 0.934 6 | 0.925 9 | 0.917 4 | 0.909 1 | 0.900 9 | 0.892 9 |
| 2 | 1.970 4 | 1.941 6 | 1.913 5 | 1.886 1 | 1.859 4 | 1.833 4 | 1.808 0 | 1.783 3 | 1.759 1 | 1.735 5 | 1.712 5 | 1.690 1 |
| 3 | 2.941 0 | 2.883 9 | 2.828 6 | 2.775 1 | 2.723 2 | 2.673 0 | 2.624 3 | 2.577 1 | 2.531 3 | 2.486 9 | 2.443 7 | 2.401 8 |
| 4 | 3.902 0 | 3.807 7 | 3.717 1 | 3.629 9 | 3.546 0 | 3.465 1 | 3.387 2 | 3.312 1 | 3.239 7 | 3.169 9 | 3.102 4 | 3.037 3 |
| 5 | 4.853 4 | 4.713 5 | 4.579 7 | 4.451 8 | 4.329 5 | 4.212 4 | 4.100 2 | 3.992 7 | 3.889 7 | 3.790 8 | 3.695 9 | 3.604 8 |
| 6 | 5.795 5 | 5.601 4 | 5.417 2 | 5.242 1 | 5.075 7 | 4.917 3 | 4.766 5 | 4.622 9 | 4.485 9 | 4.355 3 | 4.230 5 | 4.111 4 |
| 7 | 6.728 2 | 6.472 0 | 6.230 3 | 6.002 1 | 5.786 4 | 5.582 4 | 5.389 3 | 5.206 4 | 5.033 0 | 4.868 4 | 4.712 2 | 4.563 8 |
| 8 | 7.651 7 | 7.325 5 | 7.019 7 | 6.732 7 | 6.463 2 | 6.209 8 | 5.971 3 | 5.746 6 | 5.534 8 | 5.334 9 | 5.146 1 | 4.967 6 |
| 9 | 8.566 0 | 8.162 2 | 7.786 1 | 7.435 3 | 7.107 8 | 6.801 7 | 6.515 2 | 6.246 9 | 5.995 2 | 5.759 0 | 5.537 0 | 5.328 2 |
| 10 | 9.471 3 | 8.982 6 | 8.530 2 | 8.110 9 | 7.721 7 | 7.360 1 | 7.023 6 | 6.710 1 | 6.417 7 | 6.144 6 | 5.889 2 | 5.650 2 |
| 11 | 10.367 6 | 9.786 8 | 9.252 6 | 8.760 5 | 8.306 4 | 7.886 9 | 7.498 7 | 7.139 0 | 6.805 2 | 6.495 1 | 6.206 5 | 5.937 7 |
| 12 | 11.255 1 | 10.575 3 | 9.954 0 | 9.385 1 | 8.863 3 | 8.383 8 | 7.942 7 | 7.536 1 | 7.160 7 | 6.813 7 | 6.492 4 | 6.194 4 |
| 13 | 12.133 7 | 11.348 4 | 10.635 0 | 9.985 6 | 9.393 6 | 8.852 7 | 8.357 7 | 7.903 8 | 7.486 9 | 7.103 4 | 6.749 9 | 6.423 5 |
| 14 | 13.003 7 | 12.106 2 | 11.296 1 | 10.563 1 | 9.898 6 | 9.295 0 | 8.745 5 | 8.244 2 | 7.786 2 | 7.366 7 | 6.981 9 | 6.628 2 |
| 15 | 13.865 1 | 12.849 3 | 11.937 9 | 11.118 4 | 10.379 7 | 9.712 2 | 9.107 9 | 8.559 5 | 8.060 7 | 7.606 1 | 7.190 9 | 6.810 9 |
| 16 | 14.717 9 | 13.577 7 | 12.561 1 | 11.652 3 | 10.837 8 | 10.105 9 | 9.446 6 | 8.851 4 | 8.312 6 | 7.823 7 | 7.379 2 | 6.974 0 |
| 17 | 15.562 3 | 14.291 9 | 13.166 1 | 12.165 7 | 11.274 1 | 10.477 3 | 9.763 2 | 9.121 6 | 8.543 6 | 8.021 6 | 7.548 8 | 7.119 6 |
| 18 | 16.398 3 | 14.992 0 | 13.753 5 | 12.659 3 | 11.689 6 | 10.827 6 | 10.059 1 | 9.371 9 | 8.755 6 | 8.201 4 | 7.701 6 | 7.249 7 |
| 19 | 17.226 0 | 15.678 5 | 14.323 8 | 13.133 9 | 12.085 3 | 11.158 1 | 10.335 6 | 9.603 6 | 8.950 1 | 8.364 9 | 7.839 3 | 7.365 8 |

续 表

| n | 1% | 2% | 3% | 4% | 5% | 6% | 7% | 8% | 9% | 10% | 11% | 12% |
|---|---|---|---|---|---|---|---|---|---|---|---|---|
| 20 | 18.045 6 | 16.351 4 | 14.877 5 | 13.590 3 | 12.462 2 | 11.469 9 | 10.594 0 | 9.818 1 | 9.128 5 | 8.513 6 | 7.963 3 | 7.469 4 |
| 21 | 18.857 0 | 17.011 2 | 15.415 0 | 14.029 2 | 12.821 2 | 11.764 1 | 10.835 5 | 10.016 8 | 9.292 2 | 8.648 7 | 8.075 1 | 7.562 0 |
| 22 | 19.660 4 | 17.658 0 | 15.936 9 | 14.451 1 | 13.163 0 | 12.041 6 | 11.061 2 | 10.200 7 | 9.442 4 | 8.771 5 | 8.175 7 | 7.644 6 |
| 23 | 20.455 8 | 18.292 2 | 16.443 6 | 14.856 8 | 13.488 6 | 12.303 4 | 11.272 2 | 10.371 1 | 9.580 2 | 8.883 2 | 8.266 4 | 7.718 4 |
| 24 | 21.243 4 | 18.913 9 | 16.935 5 | 15.247 0 | 13.798 6 | 12.550 4 | 11.469 3 | 10.528 8 | 9.706 6 | 8.984 7 | 8.348 1 | 7.784 3 |
| 25 | 22.023 2 | 19.523 5 | 17.413 1 | 15.622 1 | 14.093 9 | 12.783 4 | 11.653 6 | 10.674 8 | 9.822 6 | 9.077 0 | 8.421 7 | 7.843 1 |
| 26 | 22.795 2 | 20.121 0 | 17.876 8 | 15.982 8 | 14.375 2 | 13.003 2 | 11.825 8 | 10.810 0 | 9.929 0 | 9.160 9 | 8.488 1 | 7.895 7 |
| 27 | 23.559 6 | 20.706 9 | 18.327 0 | 16.329 6 | 14.643 0 | 13.210 5 | 11.986 7 | 10.935 2 | 10.026 6 | 9.237 2 | 8.547 8 | 7.942 6 |
| 28 | 24.316 4 | 21.281 3 | 18.764 1 | 16.663 1 | 14.898 1 | 13.406 2 | 12.137 1 | 11.051 1 | 10.116 1 | 9.306 6 | 8.601 6 | 7.984 4 |
| 29 | 25.065 8 | 21.844 4 | 19.188 5 | 16.983 7 | 15.141 1 | 13.590 7 | 12.277 7 | 11.158 4 | 10.198 3 | 9.369 6 | 8.650 1 | 8.021 8 |
| 30 | 25.807 7 | 22.396 5 | 19.600 4 | 17.292 0 | 15.372 5 | 13.764 8 | 12.409 0 | 11.257 8 | 10.273 7 | 9.426 9 | 8.693 8 | 8.055 2 |
| 35 | 29.408 6 | 24.998 6 | 21.487 2 | 18.664 6 | 16.374 2 | 14.498 2 | 12.947 7 | 11.654 6 | 10.566 8 | 9.644 2 | 8.855 2 | 8.175 5 |
| 40 | 32.834 7 | 27.355 5 | 23.114 8 | 19.792 8 | 17.159 1 | 15.046 3 | 13.331 7 | 11.924 6 | 10.757 4 | 9.779 1 | 8.951 1 | 8.243 8 |
| 45 | 36.094 5 | 29.490 2 | 24.518 7 | 20.720 0 | 17.774 1 | 15.455 8 | 13.605 5 | 12.108 4 | 10.881 2 | 9.862 8 | 9.007 9 | 8.282 5 |
| 50 | 39.196 1 | 31.423 6 | 25.729 8 | 21.482 2 | 18.255 9 | 15.761 9 | 13.800 7 | 12.233 5 | 10.961 7 | 9.914 8 | 9.041 7 | 8.304 5 |

| n | 13% | 14% | 15% | 16% | 17% | 18% | 19% | 20% | 25% | 30% | 35% | 40% | 50% |
|---|---|---|---|---|---|---|---|---|---|---|---|---|---|
| 1 | 0.885 0 | 0.877 2 | 0.869 6 | 0.862 1 | 0.854 7 | 0.847 5 | 0.840 3 | 0.833 3 | 0.800 0 | 0.769 2 | 0.740 7 | 0.714 3 | 0.666 7 |
| 2 | 1.668 1 | 1.646 7 | 1.625 7 | 1.605 2 | 1.585 2 | 1.565 6 | 1.546 5 | 1.527 8 | 1.440 0 | 1.360 9 | 1.289 4 | 1.224 5 | 1.111 1 |
| 3 | 2.361 2 | 2.321 6 | 2.283 2 | 2.245 9 | 2.209 6 | 2.174 3 | 2.139 9 | 2.106 5 | 1.952 0 | 1.816 1 | 1.695 9 | 1.588 9 | 1.407 4 |
| 4 | 2.974 5 | 2.913 7 | 2.855 0 | 2.798 2 | 2.743 2 | 2.690 1 | 2.638 6 | 2.588 7 | 2.361 6 | 2.166 2 | 1.996 9 | 1.849 2 | 1.604 9 |
| 5 | 3.517 2 | 3.433 1 | 3.352 2 | 3.274 3 | 3.199 3 | 3.127 2 | 3.057 6 | 2.990 6 | 2.689 3 | 2.435 6 | 2.220 0 | 2.035 2 | 1.736 6 |
| 6 | 3.997 5 | 3.888 7 | 3.784 5 | 3.684 7 | 3.589 2 | 3.497 6 | 3.409 8 | 3.325 5 | 2.951 4 | 2.642 7 | 2.385 2 | 2.168 0 | 1.824 4 |
| 7 | 4.422 6 | 4.288 3 | 4.160 4 | 4.038 6 | 3.922 4 | 3.811 5 | 3.705 7 | 3.604 6 | 3.161 1 | 2.802 1 | 2.507 5 | 2.262 8 | 1.882 9 |
| 8 | 4.798 8 | 4.638 9 | 4.487 3 | 4.343 6 | 4.207 2 | 4.077 6 | 3.954 4 | 3.837 2 | 3.328 9 | 2.924 7 | 2.598 2 | 2.330 6 | 1.922 0 |
| 9 | 5.131 7 | 4.946 4 | 4.771 6 | 4.606 5 | 4.450 6 | 4.303 0 | 4.163 3 | 4.031 0 | 3.463 1 | 3.019 0 | 2.665 3 | 2.379 0 | 1.948 0 |

附表四

一元年金现值系数表(PVIFA) $P = [1-(1+i)^{-n}]/i$

续 表

| n | 13% | 14% | 15% | 16% | 17% | 18% | 19% | 20% | 25% | 30% | 35% | 40% | 50% |
|---|---|---|---|---|---|---|---|---|---|---|---|---|---|
| 10 | 5.4262 | 5.2161 | 5.0188 | 4.8332 | 4.6586 | 4.4941 | 4.3389 | 4.1925 | 3.5705 | 3.0915 | 2.7150 | 2.4136 | 1.9653 |
| 11 | 5.6869 | 5.4527 | 5.2337 | 5.0286 | 4.8364 | 4.6560 | 4.4865 | 4.3271 | 3.6564 | 3.1473 | 2.7519 | 2.4383 | 1.9769 |
| 12 | 5.9176 | 5.6603 | 5.4206 | 5.1971 | 4.9884 | 4.7932 | 4.6105 | 4.4392 | 3.7251 | 3.1903 | 2.7792 | 2.4559 | 1.9846 |
| 13 | 6.1218 | 5.8424 | 5.5831 | 5.3423 | 5.1183 | 4.9095 | 4.7147 | 4.5327 | 3.7801 | 3.2233 | 2.7994 | 2.4685 | 1.9897 |
| 14 | 6.3025 | 6.0021 | 5.7245 | 5.4675 | 5.2293 | 5.0081 | 4.8023 | 4.6106 | 3.8241 | 3.2487 | 2.8144 | 2.4775 | 1.9931 |
| 15 | 6.4624 | 6.1422 | 5.8474 | 5.5755 | 5.3242 | 5.0916 | 4.8759 | 4.6755 | 3.8593 | 3.2682 | 2.8255 | 2.4839 | 1.9954 |
| 16 | 6.6039 | 6.2651 | 5.9542 | 5.6685 | 5.4053 | 5.1624 | 4.9377 | 4.7296 | 3.8874 | 3.2832 | 2.8337 | 2.4885 | 1.9970 |
| 17 | 6.7291 | 6.3729 | 6.0472 | 5.7487 | 5.4746 | 5.2223 | 4.9897 | 4.7746 | 3.9099 | 3.2948 | 2.8398 | 2.4918 | 1.9980 |
| 18 | 6.8399 | 6.4674 | 6.1280 | 5.8178 | 5.5339 | 5.2732 | 5.0333 | 4.8122 | 3.9279 | 3.3037 | 2.8443 | 2.4941 | 1.9986 |
| 19 | 6.9380 | 6.5504 | 6.1982 | 5.8775 | 5.5845 | 5.3162 | 5.0700 | 4.8435 | 3.9424 | 3.3105 | 2.8476 | 2.4958 | 1.9991 |
| 20 | 7.0248 | 6.6231 | 6.2593 | 5.9288 | 5.6278 | 5.3527 | 5.1009 | 4.8696 | 3.9539 | 3.3158 | 2.8501 | 2.4970 | 1.9994 |
| 21 | 7.1016 | 6.6870 | 6.3125 | 5.9731 | 5.6648 | 5.3837 | 5.1268 | 4.8913 | 3.9631 | 3.3198 | 2.8519 | 2.4979 | 1.9996 |
| 22 | 7.1695 | 6.7429 | 6.3587 | 6.0113 | 5.6964 | 5.4099 | 5.1486 | 4.9094 | 3.9705 | 3.3230 | 2.8533 | 2.4985 | 1.9997 |
| 23 | 7.2297 | 6.7921 | 6.3988 | 6.0442 | 5.7234 | 5.4321 | 5.1668 | 4.9245 | 3.9764 | 3.3254 | 2.8543 | 2.4989 | 1.9998 |
| 24 | 7.2829 | 6.8351 | 6.4338 | 6.0726 | 5.7465 | 5.4509 | 5.1822 | 4.9371 | 3.9811 | 3.3272 | 2.8550 | 2.4992 | 1.9999 |
| 25 | 7.3300 | 6.8729 | 6.4641 | 6.0971 | 5.7662 | 5.4669 | 5.1951 | 4.9476 | 3.9849 | 3.3286 | 2.8556 | 2.4994 | 1.9999 |
| 26 | 7.3717 | 6.9061 | 6.4906 | 6.1182 | 5.7831 | 5.4804 | 5.2060 | 4.9563 | 3.9879 | 3.3297 | 2.8560 | 2.4996 | 1.9999 |
| 27 | 7.4086 | 6.9352 | 6.5135 | 6.1364 | 5.7975 | 5.4919 | 5.2151 | 4.9636 | 3.9903 | 3.3305 | 2.8563 | 2.4997 | 2.0000 |
| 28 | 7.4412 | 6.9607 | 6.5335 | 6.1520 | 5.8099 | 5.5016 | 5.2228 | 4.9697 | 3.9923 | 3.3312 | 2.8565 | 2.4998 | 2.0000 |
| 29 | 7.4701 | 6.9830 | 6.5509 | 6.1656 | 5.8204 | 5.5098 | 5.2292 | 4.9747 | 3.9938 | 3.3317 | 2.8567 | 2.4999 | 2.0000 |
| 30 | 7.4957 | 7.0027 | 6.5660 | 6.1772 | 5.8294 | 5.5168 | 5.2347 | 4.9789 | 3.9950 | 3.3321 | 2.8568 | 2.4999 | 2.0000 |
| 35 | 7.5856 | 7.0700 | 6.6166 | 6.2153 | 5.8582 | 5.5386 | 5.2512 | 4.9915 | 3.9984 | 3.3330 | 2.8571 | 2.5000 | 2.0000 |
| 40 | 7.6344 | 7.1050 | 6.6418 | 6.2335 | 5.8713 | 5.5482 | 5.2582 | 4.9966 | 3.9995 | 3.3332 | 2.8571 | 2.5000 | 2.0000 |
| 45 | 7.6609 | 7.1232 | 6.6543 | 6.2421 | 5.8773 | 5.5523 | 5.2611 | 4.9986 | 3.9998 | 3.3333 | 2.8571 | 2.5000 | 2.0000 |
| 50 | 7.6752 | 7.1327 | 6.6605 | 6.2463 | 5.8801 | 5.5541 | 5.2623 | 4.9995 | 3.9999 | 3.3333 | 2.8571 | 2.5000 | 2.0000 |

### 图书在版编目(CIP)数据

财务管理——基于工作任务与 Excel 工具/李国渝,张小红主编.
—上海:复旦大学出版社,2014.7(2018.12 重印)
(复旦卓越·育兴系列教材)
ISBN 978-7-309-10689-3

Ⅰ. 财… Ⅱ. ①李…②张… Ⅲ. 财务管理-高等学校-教材 Ⅳ. F275

中国版本图书馆 CIP 数据核字(2014)第 103519 号

---

财务管理——基于工作任务与 Excel 工具
李国渝　张小红　主编
责任编辑/鲍雯妍

复旦大学出版社有限公司出版发行
上海市国权路 579 号　邮编:200433
网址:fupnet@fudanpress.com　http://www.fudanpress.com
门市零售:86-21-65642857　团体订购:86-21-65118853
外埠邮购:86-21-65109143　出版部电话:86-21-65642845
大丰市科星印刷有限责任公司

开本 787×1092　1/16　印张 17.5　字数 415 千
2018 年 12 月第 1 版第 2 次印刷

ISBN 978-7-309-10689-3/F·2051
定价:36.00 元

如有印装质量问题,请向复旦大学出版社有限公司出版部调换。
版权所有　侵权必究